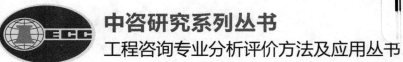

中咨研究系列丛书

工程咨询专业分析评价方法及应用丛书

工程项目资源节约及综合利用分析评价理论方法及应用

主　编　李开孟

副主编　张小利　叶　丰

中国电力出版社
CHINA ELECTRIC POWER PRESS

内 容 提 要

本书基于科学发展观和循环经济的理念，系统地阐述了水资源，土地资源，能源、海洋及沿海滩涂资源，主要金属矿产资源，生物资源，森林资源等各类资源开发、节约及综合利用的相关理论、资源现状及开发利用存在的问题，以及资源可持续性开发利用的对策措施，并提出在工程项目决策中进行资源节约与综合利用分析评价的理论方法及具体应用。

本书可作为各类工程咨询机构、发展改革部门、项目业主单位、投融资机构相关领域专业人员开展专业学习、业务进修及继续教育用书，也可作为大专院校相关专业研究生和本科生教材使用。

图书在版编目（CIP）数据

工程项目资源节约及综合利用分析评价理论方法及应用/李开孟主编. —北京：中国电力出版社，2014.7（2020.9 重印）
（工程咨询专业分析评价方法及应用丛书）
ISBN 978-7-5123-5606-1

Ⅰ．①工… Ⅱ．①李… Ⅲ．①基本建设项目－资源评价－研究 Ⅳ．①F282

中国版本图书馆 CIP 数据核字（2014）第 042368 号

中国电力出版社出版、发行
（北京市东城区北京站西街 19 号 100005 http://www.cepp.sgcc.com.cn）
三河市航远印刷有限公司印刷
各地新华书店经售

*

2014 年 7 月第一版 2020 年 9 月北京第二次印刷
787 毫米×1092 毫米 16 开本 19.75 印张 486 千字
印数 3001—4000 册 定价 70.00 元

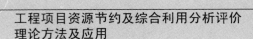

丛 书 总 序

现代咨询企业怎样才能不断提高核心竞争力？我们认为，关键在于不断提高研究水平。咨询就是参谋，如果没有对事物的深入研究、深层剖析和深刻见解，就当不好参谋，做不好咨询。

我国的工程咨询业起步较晚。以 1982 年中国国际工程咨询公司（简称中咨公司）的成立为标志，我国的工程咨询业从无到有，已经发展成具有较大影响的行业，见证了改革开放的历史进程，通过自我学习、国际合作、兼容并蓄、博采众长，为国家的社会经济发展做出了贡献，同时也促进了自身的成长与壮大。

但应该清醒地看到，我国工程咨询业与发达国家相比还有不小差距。西方工程咨询业已经有一百多年的发展历史，其咨询理念、方法、工具和手段，以及咨询机构的管理等各方面已经成熟，特别是在研究方面有着深厚基础。而我国的工程咨询业尚处于成长期，尤其在基础研究方面显得薄弱，因而总体上国际竞争力还不强。当前，我国正处于社会经济发生深刻变革的关键时期，不断出现各种新情况、新问题，很多都是中国特定的发展阶段和转轨时期所特有的，在国外没有现成的经验可供借鉴，需要我们进行艰辛的理论探索。全面贯彻和落实科学发展观，实现中华民族伟大复兴的中国梦，对工程咨询提出了新的要求，指明了发展方向，也提供了巨大发展空间。这更需要我们研究经济建设特别是投资建设领域的各种难点和热点问题，创新咨询理论和方法，以指导和推动咨询工作，提高咨询业整体素质，造就一批既熟悉国际规则、又了解国情的专家型人才队伍。

中咨公司重视知识资产的创造、积累，每年都投入相当的资金和人力开展研究工作，向广大客户提供具有一定的学术价值和应用价值的各类咨询研究报告。《中咨研究系列丛书》的出版，就是为了充分发挥这些宝贵的智力财富应有的效益，同时向社会展示我们的研究实力，为提高我国工程咨询业的核心竞争力做出贡献。

立言，诚如司马迁所讲"成一家之言"，"藏诸名山，传之其人"。一个人如此，一个企业也是如此。努力在社会上树立良好形象，争取为社会做出更大贡献，同时，还应当让社会倾听其声音，了解其理念，分享其思想精华。中咨公司会向着这个方向不断努力，不断将自己的研究成果献诸社会。我们更希望把《中咨研究系列丛书》这项名山事业坚持下去，让中咨的贡献持久恒长。

《中咨研究系列丛书》编委会

前　言

　　中咨公司一直非常重视工程咨询理论方法及行业标准规范的研究制定工作。公司成立30多年来，接受国家发展改革委等有关部门的委托，以及公司自开课题开展了众多专题研究，取得了非常丰富的研究成果，部分成果以国家有关部委文件的方式在全国印发实施，部分成果以学术专著、论文、研究报告等方式在社会上予以推广应用，大部分成果则是以中咨公司内部咨询业务作业指导书、业务管理制度及业务操作规范等形式，用于规范和指导公司各部门及所属企业承担的各类咨询评估业务。中咨公司开展的各类咨询理论方法研究工作，为促进我国工程咨询行业健康发展发挥了重要作用。

　　进入新世纪新阶段，尤其是党中央、国务院提出贯彻落实科学发展观并对全面深化改革进行了一系列战略部署，对我国工程咨询理念及理论方法体系的创新提出了更高要求。从2006年开始，中咨公司先后组织公司各部门及所属企业的100多位咨询专家，开展了包括10大领域咨询业务指南、39个行业咨询评估报告编写大纲、24个环节咨询业务操作规范及10个专业分析评价方法体系在内的83个课题研究工作，所取得的研究成果已经广泛应用于中咨公司各项咨询业务中，对于推动中咨公司承担各类业务的咨询理念、理论体系及方法创新发挥了十分重要的作用，同时也有力地巩固了中咨公司在我国工程咨询行业的领先者地位，对推动我国工程咨询行业的创新发展发挥了无可替代的引领和示范作用。

　　工程咨询专业分析评价方法的创新，在工程咨询理念及理论方法体系创新中具有十分重要的地位。工程咨询是一项专业性要求很强的工作，咨询业务受到多种不确定性因素的影响，需要对特定领域的咨询对象进行全面系统地分析论证，往往难度很大。这就需要综合运用现代工程学、经济学、管理学等多学科理论知识，借助先进的科技手段、调查预测方法、信息处理技术，在掌握大量信息资料的基础上对未来可能发生的情况进行分析论证，因此对工程咨询从业人员的基本素质、知识积累，尤其是对其所采用的分析评价方法提出了很高的要求。

　　研究工程咨询专业分析评价关键技术方法，要在继承的基础上，通过方法创新，建立一套与国际接轨，并符合我国国情的工程咨询分析评价方法体系，力求在项目评价及管理的关键路径和方法层面进行创新。所提出的关键技术方法路径，应能满足工程咨询业务操作的实际需要，体现工程咨询理念创新的鲜明特征，与国际工程咨询所采用的分析评价方法接轨，并能对各领域不同环节开展工程咨询工作所采用的分析评价方法起到规范的作用。

　　本次纳入《工程咨询专业分析评价方法及应用丛书》范围内的各部专著，都是中咨公司过去多年开展工程咨询实践的经验总结，以及相关研究成果的积累和结晶。公司各部门及所属企业的众多专家，包括在职的和已经离退休的各位资深专家，都以不同的方式为这套丛书的编写和出版做出了重要贡献。

在丛书编写和出版过程中，我们邀请了清华大学经管学院蔚林巍教授、北京大学工业工程与管理系张宏亮教授、同济大学管理学院黄瑜祥教授、天津大学管理学院孙慧教授、中国农业大学人文学院靳乐山教授、哈尔滨工程大学管理学院郭韬教授、中央财经大学管理科学与工程学院张小利教授、河海大学中国移民研究中心陈绍军教授、国家环境保护部环境规划院大气环境规划部宁淼博士、中国科学院大学工程教育学院詹伟博士等众多国内知名专家参与相关专著的编写和修改工作，并邀请美国斯坦福大学可持续发展与全球竞争力研究中心主任、美国国家工程院 James O. Leckie 院士、执行主任王捷教授等国内外知名专家学者对丛书的修改完善提出意见和建议。

本次结集出版的《工程咨询专业分析评价方法及应用丛书》，是《中咨研究系列丛书》中的一个系列，是针对工程咨询专业分析评价方法的研究成果。中咨公司出版《中咨研究系列丛书》的目的，一是与我国工程咨询业同行交流中咨公司在工程咨询理论方法研究方面取得的成果，搭建学术交流的平台；二是推动工程咨询理论方法的创新研究，探索构建我国咨询业知识体系的基础架构；三是针对我国咨询业发展的新趋势及新经验，出版公司重大课题研究成果，推动中咨公司实现成为我国"工程咨询行业领先者"的战略目标。

纳入《工程咨询专业分析评价方法及应用丛书》中的《工程项目资源节约及综合利用分析评价理论方法及应用》，是专门针对工程项目资源节约分析评价的专著。本书在中咨公司2010 年出版的《投资项目资源开发利用及分析评价》专著的基础上，基于科学发展观和循环经济的理念，系统地阐述了水资源，土地资源，能源、海洋及沿海滩涂资源，主要金属矿产资源，生物资源，森林资源等各类资源开发、节约及综合利用的相关理论、资源现状及开发利用存在的问题，以及资源可持续性开发利用的对策措施，并提出在工程项目决策中进行资源节约与综合利用分析评价的理论方法及具体应用。另外，中央财经大学管理科学与工程学院研究生涂星星、孙然和杨亚仙也为本书修改做出了贡献。

本套丛书的编写出版工作，由研究中心具体负责。研究中心是中咨公司专门从事工程咨询基础性、专业性理论方法及行业标准制定相关研究工作的内设机构。其中，开展工程咨询理论方法研究，编写出版《中咨研究系列丛书》，是中咨公司研究中心的一项核心任务。

我们希望，《工程咨询专业分析评价方法及应用丛书》的出版，能够对推动我国工程咨询专业分析评价方法创新，推动我国工程咨询业的健康发展发挥积极的引领和带动作用。

编　者

2014 年 3 月 28 日

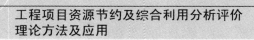
目　　录

第一章

资 源 概 述

资源，尤其是自然资源，是经济社会发展的物质基础，是实现可持续发展的重要保障。相对于人类的需求，资源的数量总是有限的，即使是可再生资源，在一定的时间和空间范围内也是有限的，更不用说不可再生资源。合理开发并有效利用自然资源，对人类社会的发展具有重要而深远的现实和历史意义。资源开发利用合理与否，不但影响当代经济与社会发展，而且还将影响未来经济社会的可持续发展。研究如何有效利用资源，必须研究资源本身的一系列特征。

第一节 资源及其分类

一、资源的概念

（一）资源的一般概念

从普遍意义上讲，资源是指自然界及人类社会中一切能为人类形成资财的要素。在我国《辞海》中，资源是指"资财的来源，一般指自然的财源"。所以，资源又称"财源"。资财有的来自天然，有的来自人为，或二者兼而有之。因此，资源可区别为两个范畴：一是自然界赋予的自然资源，如土地、水、气候、矿藏、森林、渔业资源等；二是来自人类的社会、经济、技术因素。至于经过人类开发利用和改造的自然资源，如已开垦利用的土地等，因为附加了人为的因素，一般应具有双重性。但是，人们仍然通称这类资源为自然资源。

经济学中所说的资源，是指生产实践的自然条件和物质基础，具有实体性。"资"就是"有用"、"有价值"的东西，即一切生产资料、生活资料，"源"就是"来源"。具体来说，资源是指在一定的经济、技术条件下，能为人类所用的一切物质、能量和信息，是创造人类社会财富的源泉。这其中，既包括现在正为人类所使用的资源，也包括现在虽然还未被人类所利用，但将来可能被人类利用的潜在资源。

随着人口、资源、环境问题的产生与发展以及资源经济学体系的不断完善，资源经济学逐渐形成了特定的有关资源的概念。美国著名资源经济学家阿兰·兰德尔认为："资源是由人发现的有用途和有价值的物质，自然状态的未加工过的资源可被输入生产过程变成有价值的物质，或者也可以直接进入消费过程给人们以舒适而产生价值。"

资源是自然界、人类和文化（科学技术）相结合的产物。凡是能对人类社会发展产生影响和做出贡献的要素，均可成为资源。近年来，资源一词已广泛出现在法律、政治、科学技术、社会、伦理等诸多研究领域，其内涵和外延已有明显的变化，不同领域各取其是。例如，在这些领域，资源包括人力及其劳动的有形和无形积累，如资金、设备、技术和知识、制度等，甚至还有"信息资源"的提法。这种资源概念的通用化，反映了自然与社会在某些侧面具有结构和功能的相似性。因此，也可以认为，资源是指对人有用或有使用价值的某种东西。广义而言，人类在生产、生活和精神上所需求的物质、能量、信息、劳动力、资金和技术等，均可称之为资源，包括自然资源、经济资源、社会资源、人力资源等各种资源。对于资源科学研究而言，资源则专指狭义的自然资源。本书中的所谓资源，均是指自然资源。

（二）自然资源的概念

资源主要有两类，即自然资源和社会资源，前者主要是指自然界中人类能够开发利用的物质和条件，如光、热、水、土地、大气、空间、矿产、海洋、森林等，而后者则是指人类通过自身劳动，在开发利用自然资源的过程中形成的物质与精神财富，诸如人力资本、资金、技术、信息、知识、文化等。自然资源是人类社会赖以生存与发展的物质基础和保障，社会资源则决定着自然资源开发利用的效率和效果，甚至包括自然资源开发利用的方法。人类社会的发展，就是建立在人类利用自己掌握的社会资源对自然资源进行开发、萃取、利用和加工过程的基础之上，将自然物变成人类社会的有用商品。

自然资源是人类社会生存和发展的最基本的物质和能量基础。人类社会发展的历史，实际上是人类不断认识、获取自然资源的历史。人类社会的每一次重大进步和变革，都紧紧伴随着对自然资源的认识和开发、利用的革命性变化。因此，自然资源是相对于人类并依人类的存在而存在，以人类的发展而发展。

《英国大百科全书》中对自然资源的定义是：人类可以利用的自然生成物以及形成这些成分的源泉的环境功能。前者如土地、水、大气、岩石、矿物及其积聚的森林、草场、矿床、陆地、海洋等；后者如太阳能、地球物理的循环机能（气象、海象、水文、地理的现象等）、生态学的循环机能（植物的光合作用、生物的食物链、微生物的腐败分解作用等）、地球化学的循环机能（地热现象、化石燃料、非燃料矿物的生成作用等）。

《辞海》中对自然资源的解释为："天然存在的自然物，不包括人类加工制造的原料。如土地资源、矿产资源、水利资源、生物资源、海洋资源等，是生产的原料来源和布局的场所。"本书将采用上述两个解释作为自然资源的基本定义。

1972 年，联合国环境规划署（UNEP）对资源所下的定义是："在一定的时间、地点条件下，能够产生经济价值，以提高人类当前和未来福利的自然环境因素和条件"。从这些定义中，我们可以感受到自然资源的以下两个重要含义。

1. 自然资源与自然环境

自然资源与自然环境，是自然界同一自然实体的两个不同侧面，二者既有区别又有密切联系。自然资源是指自然环境中一切能够为人类所利用的自然要素，即自然环境要素，其系统十分庞大，由土地、光、热、水、岩石、矿物、生物等构成。这些要素在一定的历史阶段以及一定的社会、经济和技术条件下，有的能为人类所利用，有的暂时不能或还不能为人类所利用。凡能为人类利用的环境要素，称为自然资源；现在不能但预计将来能利用的，可称为广大的资源或潜在资源；现在不能而将来也难以利用的，则仍属环境要素而不能称为资源。因此，自然环境和自然资源是一个事物的两个方面，概念不同，但二者密不可分。自然环境蕴含着自然资源，自然资源蕴含着自然环境，两者同处于一个辩证统一体中，是一个不可分割的整体。对任何自然资源的开发利用，必然要影响环境，自然资源的任何变化，都有可能引起环境的变化。反过来，自然环境的变化，也必然会影响自然资源。因此，自然资源的开发利用，必须与环境治理和保护相结合。

2. 自然资源与社会、经济、技术发展

自然资源是一个动态概念，它的内涵随社会、经济和技术的发展而不断扩大和深化。约10万年前的旧石器时代，称得上资源的，只有维持人类生命的野果、野禽、野兽和鱼类以及作为工具的石头、木头等简单物品；到了约1万年前的新石器时代，栽培植物和驯养的动物加入了资源的行列；在始于公元前3000多年的青铜时代，铜、锡等矿石，耕作的土地，用于灌溉和饮用的水，都已成为资源；公元前五世纪的铁器时代，资源中又增加了铁、金、银、汞、石料、水力等；公元五世纪后，随着风车、航海事业的发展，风能、海洋水产逐渐成为人们广泛利用的资源；18世纪中叶的工业革命时期，由于蒸汽机的发明，煤得到大量开采利用；这之后延续了数十年的西方殖民时期，随着火车、轮船、电力、炼钢以及汽车内燃机的发展，锰、镍、钨等黑色金属和有色金属成为冶炼合金的重要矿产资源，石油也成为能源矿产资源；第二次世界大战前后，随着飞机制造业、化肥工业、人造纤维、原子能技术的发展，使铝、磷、钾和一些稀有元素及铀、钍等放射性元素，成为重要的矿产资源；20世纪50年代以后，随着空间技术、电子技术的发展，更多的稀有元素和半导体元素以及海洋空间、宇宙空间等，也都逐步成为资源的重要内容。所以，从一定的历史阶段来说，自然资源是有限的，但从自然与人类发展的历史来说，资源又是无限的。人类社会、经济和技术的发展进步，不断使新的资源被发现和开发利用。

自然资源有两类基本矛盾：一类来自资源系统的内部，土地、水、矿产、生物、气候等资源的组合与匹配，组成了不同的资源类型与资源结构；另一类来自系统外部，表现为人与自然资源的矛盾。值得注意的是，在这两类矛盾中，人与自然资源的矛盾往往起到主要的作用，人永远占据矛盾的主要方面。自然资源的供应是有限的，而人类的需求是无限的。人类滥用资源可以导致自然资源的流失、破坏、退化，乃至枯竭，人类也可以用自己的智慧合理科学地利用资源，不断发掘新的资源，提高资源的利用效率，使自然资源与人类社会可持续发展。

二、资源的本质及特征

（一）资源的本质

就其本质而言，自然资源具有两重性，即自然性和社会性，前者如各种矿物资源、生物资源等都是纯天然产物，其直观特征是天然性；后者则是指人类社会经济活动已将全球几乎所有的资源都纳入了其活动范围，地球上基本不存在尚未为人类所瓜分、占有或使用的领土及其所属资源。自然资源是在自然力作用下形成的，因而具有自然性。但是，具有自然性的资源是自然科学研究的对象，而不是资源经济学等学科研究的对象。虽然资源经济学在研究资源时会涉及资源的自然属性，但主要是从技术的角度，说明资源的物理、化学、生物等方面的使用价值。因此，资源的自然性仅仅是资源经济学理论研究的既定前提和出发点，而资源的社会性才是资源经济理论研究的重要内容。这是因为，离开了人类对资源的占有、生产、分配和使用活动以及相关的制度安排，离开了资源与人口的关系来分析研究资源，资源就不能称其为资源，只能表现为一种自然物，有经济价值即使用价值，而毫无社会经济意义。因此，资源的社会性体现的是一种人与资源的关系，更深刻地说，它体现的是一种人与人之间的社会经济关系。因此，资源自然性是社会性的物质基础和具体存在形式，资源社会性是自然性的抽象，是资源的本质特征。从资源经济的角度来看，在资源自然性的基础上，主要从资源社会性的角度来研究资源经济的发展问题，特别是要探讨资源经济发展的内在规律，阐明资源经济制度变迁或创新的内在特征与要求，以促进资源经济的可持续发展。

资源的社会性具体表现在四个方面。第一，资源的社会性直接表现为人类对生存空间和生存条件的占有关系，这种占有关系是社会群体通过不同的组织机构来确定的。作为最高级别的社会群体组织的国家，拥有领土主权（包括领土、领海、领空），实现领土的国家占有，由此实现对领土所属全部资源的占有。国家为了其领土不被其他国家或社会群体组织所侵占、重新瓜分，不惜投入大量的劳动（人力、物力、财力）来维护领土主权的完整性，从而维护领土所属全部资源的占有关系。当然，国家对资源的占有是分层次的：第一层是全人类共同占有和分享的资源，如国际公海的自然资源为所有国家共同占有、共同使用，但存在着国际公共资源遭受抢掠性开发、过度使用的问题；第二层是少数几个国家共同占有和分享的资源，如国际河流的水资源为该河流流经的几个国家共同占有和分享，但存在着分享程度的差异和矛盾；第三层是一个国家独立占有的其领土范围内的所有资源，然后在该国范围内实行适合其国情的资源占有、分配与开发利用的制度和政策。

第二，资源的社会性派生出资源的经济性。资源因其物理、化学、生物属性而具有使用价值，当被不同的社会利益主体占有时，可以满足人们不同的消费需求，资源主体在让渡资源使用价值的同时要求得到合理的利益补偿，这一让渡过程是通过交换进行或完成的。通过交换而获得的资源在经济上的作用表现为，它经过生产过程可以增值，成为已增值的劳动产品或商品，从而不同程度地满足其他的生产消费或人们的生活消费。这就是说，资源的经济性是从资源的生产、交换、分配和消费过程体现出来的。资源的占有关系和交换关系是资源的物理、化学、生物上的使用价值转变为资源的经济上的使用价值的充分必要条件，是自然物转化为商品的基本前提。因此，没有资源的社会性，就不可能有资源的经济性。

第三，资源的经济性造成了资源的稀缺性。资源的占有决定着资源的生产、交换、流通、分配与消费，资源的经济性要求资源实现生产与再生产。但是，资源的总量是相对固定的，而随着人口的增加（尤其是人口的快速增加），人均资源量随着资源的快速消耗而大幅度减少，因而资源绝对量和相对量的减少增加了资源的经济性，并使这种经济性转化成稀缺性。资源的稀缺性要求人类在经济活动中努力实现资源的优化配置；同时，资源的稀缺性反过来又强化了资源的社会占有关系，要求进一步提高资源的经济性。

第四，资源的社会性、经济性和稀缺性共同决定着资源经济制度的形成与变迁，这就是资源的制度性。人类对资源的开发利用经历了一个从无序逐步走向有序、从纯粹地获取逐步转到开发与保护相结合的发展过程。在这个漫长的过程中，人类逐步形成了各类资源的占有、交换、开发利用、优化配置的制度。具体来说，资源制度的形成与变迁过程表现为：从群体获取自然食物的活动范围的习惯确定到群体组织对自然食物获取范围的土地的占有；从国家政权对领土主权的界定到领土范围内所属资源的全部占有；从国家对地表所属资源的开发利用到对地下、领海和领空资源的开发利用；从国内资源的开发利用到国际资源交换、国际公共资源的共同分享；从单纯的向自然界获取资源到对资源的综合开发利用、恢复与保护相结合；从单一的、主要的资源政策实施到全部资源法律制度的确定；从正式的资源制度安排到非正式的资源制度变迁等。随着经济市场化、社会化不断地向其深度和广度发展，资源制度也在不断变迁和创新。可以说，人类生活的地球的每一个角落的自然资源均已被制度化了，已经不存在纯粹自然的资源，人类所拥有的资源都是制度性资源。

（二）资源的主要特征

不同的自然资源，具有不同的形态、功能、用途和价值，但是，它们也具有某些共同的特征，其中主要的特征包括有限性、整体性、地域性和多样性。

（1）有限性。相对于人类的需求而言，在一定时间和空间范围内，任何自然资源都是有限的，这既表现在资源总量上的有限性，也表现在可替代资源品种的有限性，而资源分布的地域差异，进一步凸显了这种有限性。在人类历史的早期，人口数量少，生产力水平低，自然资源的有限性表现得不够明显。进入 20 世纪以后，随着人口的剧增、生产水平的提高以及生产、生活物质消耗的增加，自然资源的有限性日趋明显，自然资源供给的紧张状况已经对经济繁荣、社会发展乃至人类的生存带来了一定的威胁。自然资源不断地被人类所消耗，而且消耗速度急剧增长，使自然资源日益明显地表现出稀缺的本质特征。在自然资源的开发利用与管理中，无论人们所取时段的长短如何，从发展的观点去考察，人类开发利用自然资源的活动总会具有无限大的延续性。但是，就其自身的数量而言，自然资源总是有限的，这就使得每个时段所拥有的自然资源量趋于无穷小，即自然资源表现出稀缺特征。稀缺的自然资源作为一个最终的限制因素，制约着区域、国家乃至全球的经济发展前景。

但是，用发展和辩证的眼光来看，资源开发利用的潜力又是无限的。一方面资源的可更新性、再生性和循环性是相对无限的，只要保护得当，可以源远流长，生生不息，永续利用；另一方面，随着科学技术水平的不断提高，资源的种类、品种，以及开发利用的深度和广度会不断增大。这样就可以扩大资源的来源，发现新的资源，提高现有资源的利用率，使有限的资源无限地发挥生产和服务潜力。资源开发潜力的无限性正是人类社会经济可持续发展的物质基础。

（2）整体性。各种自然资源在生物圈中互相依存，相互制约，互为因果，构成完整的资源生态系统。构成生物圈资源的各要素本身形成一个自然综合体，它们互相依存、互相联系，形成一个整体。认识自然资源的整体性，应从两个方面考虑。首先，系统的每个要素都承担着特殊的作用，都是系统不可或缺的组成部分，也就是说，离开某一要素，系统的功能就要受到影响，原有系统就会出现质的改变。其次，系统各要素之间的互相联系是整体性形成的唯一原因。系统各要素之间通过能量流、物质流和信息流维系在一起，形成复杂的统一整体。如果某一流通环节出现故障，势必影响其他要素功能的发挥，甚至使系统发生变化。因此，人类在改变一种资源或资源生态系统中的某些成分时，不可能使其周围的环境完全保持不变；任何一个生态系统内部某些要素的改变，必然引起该资源生态系统内部结构的变化，而且一个系统的变化还不可避免地影响到与之有关的其他系统。因此，对自然资源的开发利用，要充分认识自然资源系统的整体性特点，使系统结构稳定地朝着有利于人类生活和生产的方向发展。

（3）地域性。自然资源的地域性也称空间性或地区性，是指各种自然资源在地域上分布极不平衡，其组合形式千差万别，从而形成了各具特色的地区性资源。由于地球与太阳的相对位置及其运动变化的特点，以及地球表面海陆分布及地形、地貌、地质条件的不同，资源的性质、数量、质量及其组合特征具有明显的区域差异性。这种地域差异性最好的例证就是地球上五个地带的划分。各地带之间的资源状况有着巨大的差异。自然资源的分布，有的受地带性因素的影响，有的受非地带性因素的制约。不仅不同种类的自然资源的地带性分布规律会有很大差异，而且同一种自然资源因受不同属性的地带性规律的影响也表现出很大的空间差别。气候、水、土壤和生物的地域分布主要受地带性因素的影响，但同时也受非地带性因素的制约，地质、矿产、地貌等主要受非地带性因素的控制。此外，自然资源开发利用的社会经济条件和技术工艺水平也具有地域性差异。因此，对自然资源的研究和开发利用，必须遵循因地制宜的原则，充分发挥地区资源优势，扬长避短，择优利用。

（4）多样性。资源多样性表现在资源种类、功能和用途的多样。从种类上讲，按照不同的分类标准，资源可有多种多样的种类，如可再生与不可再生资源、空间资源与物质资源、土地资源与水资源等。同时，同一种资源又因其功能的多样性可用于多样的用途。例如，土地资源既可用于农业，也可用于工业、交通等其他行业以及改善人们的居住条件；水资源既可以用于农业生产，也可直接用于人类生活。资源的多用性主要是因为资源构成的成分是多样的，其功能具有多样性。而由不同物质组成的资源，仍可具有相似的理化、生物及经济特性，从而具有相同的资源功能。有限资源的多用性成为经济学这一学科存在的基本前提之一。正是存在着资源用途上的多面性，才产生了如何将有限资源在不同用途上进行最优分配的问题。这样将有限资源进行最优配置的一般科学，就是经济分析或经济学。如果一种资源只有一种用途，每种资源只能投入到某一具体的生产过程而不能同时投入到其他生产过程，那么就不会存在资源配置问题。

资源功能和用途的多样性，客观上决定了同一资源在不同利用方式之间配置的竞争性和同一利用方式上不同资源之间的可替代性。资源配置的竞争性和可替代性，一方面要把有限的资源配置到所能取得最大效益或社会福利的用途上去；另一方面应在达到既定的配置目标前提下，通过具有相同功能资源之间的替代，使资源投入成本最小。另外，部分资源的多用性具有同时利用上的兼容性，如水资源既可以用于养殖，同时也可以用于观光和一定程度的水上运动。一些矿藏还可以进行多次加工，提炼出不同的工业产品等。这不仅为人们发展多种产业提供了可能，也提醒着人们可根据资源的多用性程度和特点，对区域内资源进行综合开发和利用，以取得资源配置的综合效益。

三、资源的分类

（一）资源分类的方法

对资源进行明确的分类，是明晰资源产权，促进资源流动并实现资源最优配置的前提条件，也是合理开发利用和有效管理资源的必要条件。由于自然资源的内涵与外延十分丰富而广阔，加之人类对资源的认识在不断深化，至今尚没有一个公认的自然资源分类系统。就目前的情况而言，人们都是从不同角度或出于不同的需要，为说明自然资源某一方面的特征而对其进行分类。

例如，我国《辞海》中将自然资源区分为土地、矿藏、气候、水利、生物、海洋等资源；1984 年版的《简明不列颠百科全书》把自然资源分为可更新资源和不可更新资源；《中国大百科全书·经济学卷》按自然资源的存在形式与恢复条件进行分类。此外，在生产管理实践中，通常是按自然资源的用途与社会经济部门进行分类，如分为农业资源、林业资源、矿业资源、水资源、医药卫生资源、旅游与环境资源等；为满足对农业资源的利用与管理需要，人们将有关的自然资源进一步划分为土地资源、水资源、森林资源、牧地饲料资源、野生动物资源、鱼类资源及物种遗传资源等；出于开发利用与管理的需要，也有对某类自然资源进行逐级分类的，如矿产资源可分为能源矿产资源、金属矿产资源、非金属矿产资源；对生物资源可细分为植物资源、动物资源、微生物资源等。

（二）自然资源的分类

由于不同自然科学研究领域上的区别和研究目的的不同，自然科学家们在资源的分类问题上存在着不同的观点。例如，有的将自然资源分为恒定性资源、可再生资源及不可再生资源；有的将自然界资源按照一个矩阵资源系统进行划分，分为土地资源、水资源、海洋资源、矿产资源、能源资源、森林资源、草地资源、物种资源、旅游资源等主要种类；有的从人类利用自然资源的角度，将其分为物质资源、能源资源、环境资源和信息资源四个层次等。这里，我们采用通常的方法并根据本书内容的需要，按照自然资源的属性、用途、种类和产业利用对其进行分类，如图1-1所示。

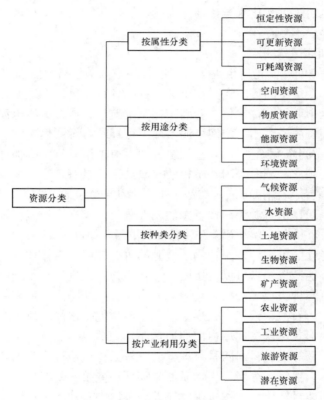

图1-1 资源分类

1. 自然资源按属性分类

（1）恒定性资源。恒定性资源指那些取之不尽、用之不竭的自然资源，通常称为非耗竭性资源或无限资源，如太阳能、风能、光能、空间资源等。当前人类的不当活动造成环境污染，对这类资源的利用也形成了不良的影响，如大气污染影响太阳能的直接利用效率；太空垃圾影响人类的太空活动等。

（2）可更新资源。可更新资源又称为可再生资源，是指具有自我更新复原的特性，并可持续利用的一类自然资源，如土壤资源、各种生物资源、水资源等。如果在人类不合理的开发利用下，破坏了这类资源的可更新再生机制，或破坏了它们复原的环境，它们只能在一次性利用后枯竭。可更新资源是人类生存最重要的物质基础之一，无论衣、食、住、行均不能脱离对这类资源的利用。这类资源给人类带来福利已持续了百万年，今后仍需为人类永续利用。由于人类不合理的开发利用和掠夺性的经营，对这类资源的永续利用形成了与日俱增的威胁，如水土流失、土地退化、耕地减少、处于濒危或灭绝的生物物种日趋增多等，如对这一趋势不加以有效遏制，终将危及全人类的生存。

（3）可耗竭资源。可耗竭资源又称为不可更新资源或不可再生资源，是指在人类开发利用过程中，其存量逐渐减少以致枯竭的那一类资源，这种资源的属性是无法再生或更新。如矿产资源是经过漫长的地质时期形成的，形成过程极其缓慢，多以万年、百万年计。矿产资源在地球上的储量有限，对人类来说，其储量可以看作是固定的，一旦被耗尽则无法再生、补充。例如石油、煤等，当它们作为能源利用时，除其中一部分变成功能做功外，另一部分变化为热能耗散。虽然这种变化未导致地球上碳、氢、氧数量的变化，但被人类利用的这部分石油与煤在自然界已不复存在。

2. 自然资源按用途分类

（1）空间资源。空间资源指可供人类利用的各种空间，包括地面空间、地下空间、水面、水体、天空、海域、太空空间等。人类在土地上种植各种作物，在地面、地下、水中修建各类建筑、工程，在水中航行，在水体中养殖，在空中航运、传送无线电波，在太空中进行宇航探测等都是对空间资源的利用。空间资源不属于可耗竭资源或恒定性资源，大多是有限的（太空资源，即宇宙空间资源除外），对空间资源的占有使用具有强排他性。多数形式的空间资源受到国家领土、领空、领海等国家主权的权属约束，具有国家主权的强排他性。

（2）物质资源。物质资源指可供人类从事生产活动的物质性原材料，是人类劳动的对象，如矿产资源、生物资源、水资源等。按资源的属性分类，矿产资源属耗竭性资源，在人类开发利用中，其存量逐渐减少；生物资源为具有自我更新复原能力、可持续利用的可更新资源；水资源是具有循环特性的可循环资源。物质资源的占有使用具有排他性。

（3）能源资源。能源资源指可以直接或通过转换为人类提供有用能的自然资源。目前，人类已发现的能源资源种类很多，按其来源可分为4类：一是来自太阳的能量，除了直接来自太阳的辐射能之外，石油、天然气、煤炭以及生物质能、水能、风能、海洋能等都间接来自太阳；二是以地热形式储藏在地球内部的地热能，如温泉、蒸汽、干热岩体等；三是地球上的核能，包括铀、钍等核燃料；四是月球、太阳等天体对地球产生的能量，如潮汐能。值得指出的是，石油、天然气、煤炭、生物质能是物质和能量的复合体，其作为能量资源的标志是人类可将其用于能量转化。如按资源的属性分类，则石油、天然气、煤炭和核能属于耗竭性资源，其他属于非耗竭性资源。

（4）环境资源。在环境科学中，环境是指围绕着人群的空间，环境资源指直接或间接影响人类生活与社会发展的各种可利用因素和条件的总和。环境资源包括天然的区位地理条件、气候、生物多样性、游憩条件、吸纳人类废弃物进行生态自净的能力等。根据资源属性分类，环境资源属于非耗竭性或恒定性资源。然而，就人类与环境的关系而言，人类是属于环境的，环境也是属于人类的。环境以其固有的方式不断控制人类的活动，而人类的活动也以越来越强的干扰力冲击着自然环境，造成自然环境的改变乃至破坏，使原有环境系统的动态平衡失去恢复的能力。

3. 自然资源按种类分类

（1）气候资源。气候资源指能够为人类社会提供可以利用的气候要素中的物质、能量和条件，主要包括太阳能、热量、降水、风能，以及大气的某些成分等，各种气候要素的数量、组合状况、分布特征和变化规律构成了不同类型的气候资源。

气候资源的主要特点包括：①从长期看，它是年复一年周而复始、取之不尽、用之不竭的，但就某一时间而言，又是有限的；②在空间分布上，具有广布性和不均衡性，地球上到处都有可利用的气候资源，但光、热、水、气流等在大范围内的区域性差异和在同一区域内的水平和垂直分布的多样性普遍存在；③在时间分布上，具有连续性和不稳定性，在历史时间序列中，气候具有准长期的重现性，也有短周期的波动，而一年内光、热、水、气流等的季节变化很大；④气候要素之间的相互依存、相互制约的不可取代性，构成了气候资源的整体性和功能性，气候要素中的任何一个要素的变化，均会引起其他要素的变化，从而影响气候资源的可利用程度及其功能的发挥；⑤在现有的技术条件下，人类对于气候资源主要是适应性利用，只是在有效范围内，才能施加积极的影响，例如人工增雨、合理的生态改造与建设等。气候资源几乎可以被各种产业活动开发利用，气候资源的发掘和利用程度，受人类认识自然规律的程度和生产技术水平的限制。

（2）水资源。水资源指可供人类直接利用，能不断更新的天然淡水。主要指陆地上的地表水和地下水。通常以淡水体一年补给量作为水资源的定量指标，如用河川年径流量表示地表水资源量，用含水层补给量表示地下水资源量。也有学者将水资源定义为自然界任何形态的水，包括气态水、液态水和固态水。陆地上各种水都处于全球水循环过程中，不断得到大气降水的补给，通过径流、蒸发而排泄，并长期保持水量的收支平衡。水作为自然环境的组成要素，既是一切生物赖以生存的基本条件和人类从事生产活动的重要资源，又是自然环境的重要要素，即水的生态功能、资源功能和环境功能。

水资源的主要特点包括：①循环性和有限性，地表水和地下水不断得到大气降水的补给，开发利用后可以恢复和更新，由于各种水体的补给量不同且有限，这种有限性决定了水资源在一定数量限度内才是取之不尽、用之不竭的；②时空分布不均匀性，由于气候资源在空间分布的不均衡性和周期变化及降水和径流的时空差异，导致水资源在地区分布上很不均匀，年际年内变化大，这给开发利用带来了许多困难；③用途广泛性，水资源用途十分广泛，各行各业和生态环境都离不开水；④经济上的两重性，由于降水和径流时空分布不均，过多可形成洪、涝，过少则形成干旱、用水短缺，水的可供利用及可能引起灾害，决定了水资源在经济上利与害的两重性。

（3）土地资源。作为资源的土地是在一定技术经济条件下可为人类利用的土地，土地资源与土地在概念上非常接近，不同的是土地资源强调土地对人类的有用性。土地资源是比土壤更为广泛的概念，它包括了影响土地用途潜力的所有自然环境，诸如气候、地貌、土壤、植被、水文，以及人类过去、现在的活动成果。

土地是自然界的产物，对于人类来说，其主要功能包括：①容载功能，土地是使一切劳动过程得以实现的基础和必要条件，它为劳动者提供立足处所，为整个劳动过程提供工作场所；②栽培植物功能，在农业中人们利用土地栽培植物，土地在农业生产中起着劳动工具和对象的作用；③供给自然资源的载体功能，一切自然资源或以土地为载体，或以土地为下垫面，相互作用，构成自然联合体。

作为生产资料，土地具有以下重要特点：①土地是自然界的产物，人类不能像制造机器一样来制造土地，"填海造地"等只是土地的改良措施而绝非创造土地；②土地的数量（面积）是有限的，人类只能在面积限定的土地上活动，可以依据需要和可能改变土地的用途，但不能改变其总面积；③土地的位置固定，不能移动，任何土地都固定在一定的区域之内，具有特定的地貌、基础地质、土壤、植被、水文、气候等自然特征和人口、生产力、区位等社会特征；④土地具有永续利用的可能性，土地永续存在，其生产能力具有可塑性，人们可通过科学技术的运用提高其使用效率，也可能因为利用不当或滥用破坏而使其生产能力降低，甚至消失；⑤土地在社会生产过程中的作用和地位不可取代，具有不可替代性，人类的活动只能改良和完善土地的功能。

（4）生物资源。生物资源是生物圈中的植物、动物与微生物组成的各种资源总称。它们是有生命、可繁殖、可遗传、具有新陈代谢机能的资源。它们均属于可再生资源或可更新资源。这类资源是地球上对人类社会最重要且内容最为丰富的一类资源，是为人类提供衣、食原料的主要来源，尤其是为人类提供食物来源的唯一不可替代的资源，同时也是维持人类生存环境，保证环境质量与生态平衡的环境资源。生物资源区别于其他非生物资源的基本特征，是新陈代谢机能，具有可遗传、可生殖和生态适应性、生态脆弱性以及生物多样性特征。研究表明，地球已知生物计有 1300 万～1400 万种。正是这种多样性，满足了人类对开发利用生物资源的需要；也正是由于他们可新陈代谢、可繁殖、可遗传，才保证了这类资源的可再生性；由于它们具有生态适应能力和生态脆弱性，所以一旦环境变化或遭破坏，不再适合其生存和繁衍，它们就会从地球上消失，再不复出现。为了使生物资源得以持续利用，必须强调资源保护，使开发利用与生物种群的恢复增殖相协调，利用生物资源的强度与开发速度不超出生物资源的生态耐受能力，不破坏生物资源的恢复与再生特性，使之不致出现衰退与灭绝。

（5）矿产资源。矿产资源指由地质作用形成且具有利用价值，呈固态、液态、气态的自然资源。矿产资源是一种基本生产资料和劳动对象，是人类赖以生存和发展的重要物质基础。在当今世界，95%的能源和 80%的工业原材料取自矿产资源。矿产资源具有自然资源和经济资源的双重属性。

作为一种重要的自然资源，矿产资源的主要特点包括：①难确定性，矿产资源绝大部分隐伏在地面以下，控制成矿的地质条件极为复杂，其储存的时间、空间，质量和数量都具有难以确定性，人类只有通过努力才能发现它，且不论做了怎样仔细的探查工作，也只能求得相对准确的探查结果；②不可再生性，矿产资源是亿万年地质历史的产物，在短暂的人类历史中不可能再生，在一定的技术条件下，它们总是有限的，迟早会被人类开发殆尽而最终枯竭；③分布不均匀性，由于地壳运动的不均衡性和成矿地质作用的复杂性和特殊性，使矿产资源在地壳中的空间分布很不均匀，局部集中；④概念的动态性，矿产资源的内涵与外延，取决于人类对自然界认识和利用的深度和广度，从第一块"石头"被利用到现在，已供人类利用的矿产资源有 200 余种，就是这种动态性的体现，随着人类智慧的不断进步，科学技术的不断发展，将进一步推进对矿产资源开发利用的深度与广度；⑤不可创造性，矿产资源是大自然免费赋予人类的物质财富，矿产资源是地质作用的结果，人类不可能通过劳动去创造，矿产资源本身没有凝结人类的劳动而只有使用价值，矿产资源的价值只是在探明矿产资源的过程中注入了大量活劳动和物化劳动才使之得以实现。

4. 自然资源按产业利用分类

（1）农业资源。农业资源指人们从事农业生产或农业经济活动所利用或可资利用的各种资源的总称，包括自然资源，也包括社会经济资源。自然资源是自然生成的，社会资源是人类社会劳动形成的。能被用于农业生产的自然物质与能量，称为农业自然资源，主要包括气候资源、土地资源、水资源和生物资源。农业自然资源具有各自的特性，如气候资源具有周而复始的循环特性；水资源具有流动性和可循环性；作为农业资源的土地具有肥力，能种植农业作物；生物资源具有可遗传繁衍的特性。

除此之外，农业资源还具有以下共性：①整体性，组成农业自然资源的各个要素是相互联系、相互制约的整体，一种因素的变化会引起其他因素的相应变化，甚至导致从一种资源组合转变为另一种资源组合，例如荒漠在水利灌溉条件下可以变为绿洲；②地域性，自然资源形成条件和组合分布具有很大的地域差异，这种地域差异是形成不同农业生产地域布局的最主要因素；③可更新性，农业自然资源多具有长期循环和可更新性，如气候资源、水资源的周而复始，生物的不断繁衍等；④可培育性，人类通过农业劳动投入，如兴修水利，可以变旱地为水浇地，变荒漠为绿洲；⑤数量上的有限性和潜力上的无限性。农业自然资源的数量是有限的，但人类可以运用自己的智慧，使数量有限的自然资源，相对无限地发挥其生产潜力。

（2）工业资源。工业资源指能直接进入工业生产领域，为工业生产提供原料或动力的资源，如矿产资源、水资源、农产品原料等。工业资源中的自然资源包括可再生资源和非再生资源两部分，前者如农产品资源、森林资源等，后者如各类矿产资源。

自然资源在作为工业用途时，具有两个特征：①自然资源在工业利用时，一般都要发生物理的、化学的或生物化学的变化，如矿产资源的冶炼、化工原料矿产的加工、食品的加工制作与药物的提取等；②工业资源多数为不可再生资源，但有些是可以回收和循环使用的，如许多种金属都可以回收使用，工业冷却用水可循环利用等。

（3）旅游资源。旅游资源指可供人类享用的自然景观、自然环境、人文景观和一些特种的劳动服务。旅游资源按属性可以分为自然旅游资源、人文旅游资源与劳动服务三大类。大多数旅游资源具有无限重复使用的价值，如游览、泛舟、滑雪、海水浴等，具有永续性，仅少数会被消耗掉，如采集、狩猎、垂钓等，需要再生产与扩充。自然旅游资源是在自然界的一定空间位置内，在某种主导因素的作用下，在其他非主导因素的参与下，经过长期发展而形成的自然景观和自然环境。

根据这类资源形成的地理环境，人们通常将之分为四类：①地理人文景观类旅游资源，是由地球表层岩石圈物质组成的景观类型，亦称岩石圈层旅游资源，例如典型地质构造、标准地层剖面、生物化石集产地、地质灾害遗迹、名山、火山熔岩景观、沙漠与戈壁、洞穴等；②水域风光类旅游资源，是地球上被水占据或覆盖而形成的水圈物质，包括液态水和固态水构成的景观类型，例如海域、河流、瀑布、湖泊、泉、冰川等；③生物景观类旅游资源，从陆地到海洋，从地表到空中，生物无处不在，是生物圈物质构成的景观类型，例如森林、草原、古树、奇花异草、野生动物栖息地等；④天象气候类旅游资源，是主要发生在大气圈对流层中的有观赏价值的天象气候现象，例如极光、云雾、海市蜃楼、特异气候等。

（4）潜在资源。潜在资源指现在虽然已认识，但因经济技术条件的限制，目前尚无能力开发利用，在未来有可能成为社会财富的自然物。在人类社会发展的过程中，人类对自然物的开发利用是随着社会经济发展水平的提高、科学技术手段与设施的进步而发展的。在原始社会，人类依靠狩猎、采集等手段利用自然资源；而今天，人们对自然资源的开发利用，其深度与广度已与古代有着极大的差异。例如今天对石油、天然气、电能、核能、风能的使用已远不同于古代的柴薪,在大洋中发现的天然气水合物(可燃冰)有可能成为接替石油的新一代能源,其潜力巨大。同样,人类明天将会以更大的广度和深度去开发利用新的自然资源,因此,潜在资源的范围是深广的。从理论上讲,人类的智慧发展是无限的,潜在资源也可能是无限的。

第二节 资源的形成与分布规律

资源的形成与分布受自然规律支配,不以人的意志为转移,具有广泛性和不均衡性特征,两者常常是矛盾的统一。如地表生物圈中的土地资源、气候资源、水资源和生物资源之间,相互联系、相互制约地组成一个统一的综合体系。同时,各种自然资源本身也受内外因素的影响,各自形成独立的综合体,各具特色、有规律地分布在世界各地。自然资源的分布规律和其开发利用密切相关。自然资源只有得到人类社会的开发利用,才会产生经济价值,充分发挥其促进经济增长与社会发展进步的作用。而自然资源的开发利用,也只有在充分认识和掌握其形成与分布规律的前提下,才能合理、有效,实现效益最大化。所以,研究自然资源的开发利用问题,不仅需要了解资源,特别是自然资源的概念、本质特征及分类,还要认识自然资源的形成与分布规律。

一、资源形成与分布的地理规律

（一）资源地理观

《中国百科全书》(地理卷),将资源地理归为经济地理的一个分支。苏联学者认为,自然资源地理学位于自然地理学与经济地理学之间的边缘,属于普遍地理学研究范畴;1985年出版的《朗曼地理学辞典》中还没有录入资源地理学这个条目。这些都表明,资源地理学的对象、内容和方法等在学术界还没有一个统一的认识。2000年出版的《中国资源科学百科全书》,把资源地理学作为一门实践性很强的综合性学科列入资源科学体系,它并不是以严密的理论体系见长,而是在第二次世界大战之后,基于军事和经济规划的需要,逐步形成并日趋完善的。为了更准确地把握和理解资源地理学的内涵与外延,有必要先从地理学的角度来审视自然资源的一些基本概念和问题。

（二）地理环境与自然资源

地理环境与自然资源是两个既有联系又有区别的概念。在人类社会产生之前,地球系统完全按照自己固有的规律演化,首先是原始地表自然环境的形成和发展,这个阶段只形成了原始的岩石圈、水圈和大气圈;然后是自然地理环境(或称自然环境、地质环境)的形成与演化,这一过程大约开始于30亿年前,其最显著的特征是生物圈的形成;最后,大约在二三百万年前,自然环境终于演化成地理环境,这便是人类的出现。人类和人类社会的产生与发展,并不能从根本上改变地球系统的自然过程,但却改变了这些过程的纯自然性质,赋予它们社会和经济属性。因此,离开了人类和人类社会,离开了地理环境,谈论自然资源是毫无意义的。可以说,从人类利用的角度提出的自然资源是联系人与地的纽带,是人类活动与地理环境相互作用的一种正向反映。因此,自然资源应包含在地理环境中,可认为是地理环境中人类在技术上可以利用的部分。

自然资源作为地理环境的一部分,具有地理环境的许多属性,如地域性和相关性。自然资源的地域性有4个方面的含义:①不同区域具有主导的自然资源类型;②成因上相关的一些自然资源类型多在地域上形成一个有机的整体；③同一自然资源类型在不同地区的保证程度（质量）、数量大小差异很大；④由于各地区人口和经济社会条件不同，对自然资源的利用方式和程度不同，所造成的结果也不相同。自然资源的相关性是指：①同一区域内不同资源类型之间持因果共轭关系构成"资源链"；②不同区域之间由物质与能量传输或社会经济联系的共轭关系，往往发生资源的异地转化。

（三）人地关系与自然资源

从分类上讲，自然资源可以划分为可更新资源与不可更新资源，这显然出自生态学的观点，这种划分并不十分严格，因为它没有考虑到自然资源是透过人地关系，从人类利用的角度提出来的科学概念。在某种时间尺度上，所有的资源都是可更新的，关键是更新的速率与人类利用的速率之间的相对大小；而且，更新也不应该简单地被理解成一种纯自然过程。当今地球表层所有的生态系统都或多或少、或强或弱地受到了人类的干扰，人类的干扰可以显著地改变更新的速率。反过来，人类的过度利用，也能使可更新资源变成不可更新资源，如土壤侵蚀量人为增大，超过自然更新的阈值就会变成劣土，生物的过度利用会造成物种的灭绝，这些都是不可逆的过程。J. E. Tilton 等人根据资源更新的速率与人类利用的速率相对大小和人类对自然更新过程的干扰程度，将自然资源划分为可持续利用资源和不可持续利用资源两大类，在一定程度上既考虑了时空尺度，又考虑了人类作用。诸如潮汐能、风能和太阳能以及全球水分循环等都属于可持续利用资源，它们的流动或转化基本上与人类目前的利用水平无关，而像化石燃料、矿物等属于不可持续利用资源，与人类的利用相比，这类资源的形成和更新过程太慢，目前也不能以合理的价格进行人工更新，此类资源的过度利用肯定是不能长久的，除非找到替代品，否则短缺总会来临。大多数自然资源都处于这两种极端状况之间，它们将来能否持续利用，很大程度取决于人类的选择。人类可以使利用率低于自然更新率，也可以通过投资加快更新速率从而与利用率相平衡。诸如铜、铁一类的金属矿物的持续利用，除了人类的开采量外，还要受到人类投资对它们进行再循环的影响，而像空气和水的可持续利用，则取决于污染程度和人类为减轻污染、提高环境质量所做的努力。

（四）时空尺度与资源地理

不论是研究自然资源的开发利用及其规划问题，还是研究资源的管理与保护政策问题，时空尺度都很重要。技术经济学家往往着眼于较短期的经济效益，而人类生态学家则常常着眼于较长远的生态平衡，这两者之间在时间尺度上是有矛盾的。技术经济学家考虑的时间尺度是几年或十几年，而生态学家考虑的时间尺度则是几十年甚至几百年。如果从战略上来研究有关资源的规划和政策，那就必须至少考虑到几十年和上百年的供求关系和生态效应。虽然拟定具体规划可以局限在几年之内（如当年计划、三年计划、五年计划），但是制定长远政策则必须顾及十几年甚至几十年。政策不宜多变，不宜朝令夕改，否则就会引起各方面的不稳定和不平衡。分析再生资源的循环周期（如林木的更新）和非再生资源的回收周期（如废旧金属的回炉），也都有个时间尺度问题。

此外，研究资源的供求关系，也必须有个空间尺度，即是从全球来考虑问题，还是从全国来考虑问题，抑或是一省、一个地区、一个县等。拟定规划，可以分省、分地区、分县来进行，范围不宜太大，否则规划就难以具体实施。制定国内政策则必须考虑全国（如制定资源法、森林法、国土法等）；制定对外政策则必须考虑全球（如制定海洋法、确定 200 海里专属经济区等）。尤其是对国家资源与环境安全而言，必须从全球尺度考虑问题，寻求对策。按照供求的组合关系，进行资源的地域管理，就要分析各类资源的集中或分散程度，计算资源、能源产地与工厂、市场的距离以及其他各种数量关系。不论是调查一个县或一个省还是全国的自然资源，都要弄清哪些资源可以自给（是长期还是短期），哪些资源短缺（缺多少），哪些可用替代品，哪些必须进口（需要多少，从哪儿进口）。此外，还要了解运输能力如何，能源充足与否，因为原料、燃料、产品都需要通过运输才能从产地到达工厂，再从工厂到达市场，而生产和运输都离不开能源。所有这些问题都研究清楚，就可以做出合理的资源配置与高效的资源管理，以便为更加合理地布局生产提供科学依据。

（五）地域差异与资源短缺问题

从资源能否持续利用的角度来看，大多数资源短缺情况都是可以避免的，因为资源短缺不只是一个自然的限制，更多的是人类社会不合理的开发利用、人口增长过快、不能及时开发出替代资源等原因造成的。

在一个资金、劳力、技术和信息等可以完全自由流动的理想经济体系中，生产和消费两方面的因素可以调动起来，自动调整，以避免和克服所有的短缺问题。任何一种资源一旦处于短缺状态时，价格就会上升，从而触发生产、消费等发生一系列变化，这些变化应该能逐渐克服短缺。短期的价格上升导致需求下降，因为消费者会减少资源的利用。如果高价格维持的时间足够长，就会刺激技术革新，使资源的需求在较长的时期内进一步下降。同时，供应将发生变化，上升的价格将允许已知的但以前并不经济的资源得到利用，开发效率更高的技术和寻求新的资源受到鼓励，资源短缺由此得到缓解和克服。

由于各种因素的影响，现实中的市场经济体系，或多或少总是偏离理想的状态，存在着种种缺陷和扭曲，因此，经济系统并不能依靠自身完全解决各种资源短缺问题。其中，地域差异是一个重要的原因。

资源利用存在着区域间的差异。第一，资源的地理分布不同，一些国家可能拥有丰富的矿藏和化石燃料，而另一些国家则拥有迷人的沙滩和休养地。第二，资源开发的历史也是不同的，发达国家由于长期的资源开发，已经耗尽了他们自己的优质低价资源，他们利用其先进的技术、雄厚的经济实力和武力，消耗着其他地区的资源。第三，由于经济发展水平和人口分布的差异，人均消耗资源量更是大不一样。例如，一个美国人每年消耗的能源是一个印度人的 35 倍，消耗的水量是一个加纳人的 70 倍。总的来看，发达国家的人口仅占世界总人口的 1/5，但却消耗了世界资源的 2/3。这种资源分布、开发和消耗在区域之间的差异，会引起地缘政治问题，无论是对富国还是对穷国，都能造成一定的资源短缺问题。如 20 世纪 70 年代石油输出国组织的联合禁运行动，造成全球石油危机。20 世纪 50～80 年代社会主义国家与资本主义国家两大阵营的对垒，更是出于地缘政治的考虑，对一些重要的战略资源实行封锁和禁运。目前，国际社会对某些国家实行全面或部分"禁运"，使得一些国家的人民连维持生存所必需的物质资源都感到匮乏，从某种意义来说，也属于地缘政治方面的原因。

就我国而言，因资源分布的地区差别和资源短缺的地区差别，决定了南水北调和北煤南运的格局。东、中、西部，内陆与沿海、城市与农村之间经济发展水平的差异，很容易形成地方保护主义，出现"棉花大战"、"蚕茧大战"等现象，这些问题只依靠经济系统自身是无法解决的。

二、自然资源的分布规律

在自然界，自然资源的形成和分布受自然规律支配，既具有广泛性的一面，又具有不均衡性的一面，二者常常是矛盾的统一。如蕴藏于地壳之中的矿物资源，以及地表生物圈中的土地资源、气候资源、水资源和生物资源等，都是相互联系、相互制约地组成一个统一的自然综合体系。

（一）地下矿产资源的分布规律

矿产资源是指由地质作用所形成的，赋存于地表和地壳中，采用现代生产技术，能够为国民经济所利用的矿物资源。这些矿物资源一般有固体、液体和气体三种存在形态。大多数矿产是固体，液体、气体矿床也都是埋藏在固体地壳之中，地壳中的矿物资源，随着地球各部分构造和化学元素组合的不同，有着不同的地理分布规律。

1. 地球矿产资源的垂直分布

地球是一个具有很小扁平率（1/298）的椭球体，其内部构造呈球层结构。从地心到地表，可粗略地分为以下层次，如图1-2所示。

（1）地核。地球的核心部分，分为内核和外核。围绕地心，其半径约有3500km，组成地核的物质最重，温度最高（可高达5000℃以上），压力最大（318万～360万大气压）。其中主要是铁质熔融液，除集中大量铁元素外，其他元素主要是镍、钴、钼等，其余是少量的硫、磷、碳以及铂和铂族元素锇、铱、钌、铑和钯等，它们共同组成了地球的中心铁核，即内核。

（2）地幔。地幔位于地壳以下，地核以上，是地球的中间层，其厚度有2900km，是地球内部体积最大、质量最大的一层。地幔又可分成上地幔和下地幔两层。组成地幔的物质平均密

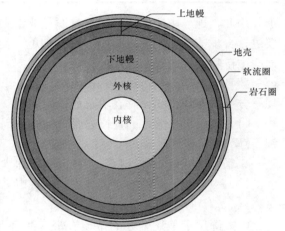

图1-2 地球内部结构

度3.64～6不等，愈深愈重；温度很高，约为1200～3000℃；压力很大，约为50万～150万大气压，因而呈现为一种变形的弹性固体。从元素组成看，地幔属于硫化物、氧化物带，主要由硫铁矿组成，部分为镍黄铁矿和黄铜矿，也有一些金属氧化物，但主要在亲硫元素集中的地方。各种有色金属铜、铅、锌、镉、汞、锑、铋、砷及贵重金属银等都属亲硫元素。在此层的上半部为一厚达1200km的榴辉岩层，是从地幔到地壳的过渡地带，其岩性特征对于揭示地壳运动和岩浆活动的能量与物质来源，以及有关矿产的形成与分布有着重要意义。

（3）地壳。地球层圈的最外层，是一个厚达100km左右的岩石硬壳。在这100km厚的岩层中，又可分为上下两层：上层以硅铝为主，称为硅铝层，厚约20km，代表岩石是花岗岩，构成大陆的上层；下层以硅镁为主，称为硅镁层，厚约80km，代表岩石是玄武岩，它是大陆和大洋的基础。目前人类所能接触到的仅为16～20km深的地方，在这部分固态地壳构造中，95%是岩浆岩，5%是沉积岩，而沉积岩又是岩浆岩形成的。因此，组成地壳的化学元素主要是亲石元素的硅酸盐化合物，即氧、硅、铝、钙、钾、锂、铷、铯、锶、钡、钛、锆、锰、钨、锡、钍、铀、铍、硼、氟、氯、溴以及稀土元素等。苏联地质学家A.E费尔斯曼曾经根据克拉克值计算过岩浆岩的平均化学成分，其中各种元素所占比重见表

1-1。这其中，有许多化学元素尽管在地壳中所占的百分比不大，但它们的绝对储量很大，如表 1-2 所示。

表 1-1　　　　　　　　　　　　岩浆岩的平均化学成分

元素	含量	元素	含量	元素	含量
氧	49.13%	铁	4.20%	钾	2.35%
硅	26.00%	钙	3.25%	镁	2.35%
铝	7.45%	钠	2.40%	其他	2.87%

表 1-2　　　　　　　　　　　　铀、钍的平均含量与绝对储量

化学元素	地壳中的平均含量（%）	绝对储量（t）
铀	3×10^{-4}	$10^{13} \sim 10^{14}$
钍	1×10^{-3}	$10^{14} \sim 10^{15}$

因此，地壳中所埋藏的矿产资源是非常丰富多样的，无论从品种、数量和质量上说，只要进行合理的开发利用，都能够充分满足人类社会发展对各种矿物资源的需要，决不会出现地壳中矿物资源匮乏和枯竭的可能。

萨乌式金曾经在《经济地理学导论》一书中，概略地记述了地壳中各种化学元素的"理想"分布规律，他指出存在着三种垂直带：

（1）表层带是酸性的花岗岩带，拥有下列典型元素：氢、氯、锂、铍、硼、氧、氟、钠、铝、(磷)、硅、(氟)、钾、(钛)、(锰)、铷、钇、锆、铌、钼、锡、铯、稀土元素、钽、钨、(金)、镭、氡、钍、铀（括号中的元素不太典型）。

（2）中部带是基性的玄武岩带，拥有下列典型元素：碳、氧、钠、镁、铝、硅、磷、硫、氯、锰、溴、碘、钡、锶。

（3）深层带是超基性的橄榄岩带，拥有下列典型元素：钛、钡、铬、铁、钴、镍、铑、钯、锇、钼。除此之外，还分出典型脉状化学元素群（多半是金属）。脉岩中一般集中有硫、钴、镍、锌、镓、锗、砷、硒、钼、镉、铟、锡、锑、金、汞、铝、铋；随着进入地壳岩层的深处，氧、硅、铝、钠、磷、钡和锶的含量逐渐减少，镁、钙、铁和钛的含量逐渐增多。

2. 地质构造运动与地壳矿产资源分布

实际上，地壳中矿物资源的分布是非常不均匀的，世界上很难找到两个拥有完全相同金属矿床综合体的比较广大的地区。地球本身长期以来不断发生地壳运动和造山作用，地壳中埋藏在深处的深层岩隆起到地球表面，使人们在地壳表层能够看到和取得绝大部分的矿物资源。

与造山运动最早阶段有联系的是铂、铬、铁、钡、磷、镍、钴、铜等矿物资源的出现。略微迟些出现的，多半是铁、铜、铅、锌、重晶石等矿物资源，部分是钴、砷、银、金等矿物资源。中期造山运动以形成锡、钨、钼、金、铍、硼、钽、铌等矿物资源为特征。在晚期，矿物的组成基本上承袭了中期的元素，但伴生有铁、银、铅、锌，这些元素在造山运动的最后阶段中又重新起着主导的作用。苏联学者比留宾曾对不同的造山运动阶段所形成矿物资源的分布规律做过初步估算（按总量的百分比计算），结果见表 1-3。

表 1-3　　　　　　　　　　各造山运动时期金属矿产储量分配表

造山运动时期	锡	钨	钼	金	铜	铅	镍	钴
新生代（最近时期）	14	3	91	13	47	26	7	6.5
中生代	50	81	5	16	2	30	14	14.5
华力西运动	24	16	1	4	8	27	16.5	17
加里东运动	2	—	2	6	14	17	—	—
前寒武纪	10	—	1	61	29	—	62.5	62
全世界储量	100	100	100	100	100	100	100	100

地壳运动和造山作用，不仅使地壳中的岩层发生断裂和位移，而且也不断地引起化学元素的迁移和聚集。在地球内部的高温、高压之下，具有挥发性的气体如氢、氩、氮、氧等，它们的熔点、沸点都很低，极易转移；比较活泼的非金属如磷、碘等，多与其他元素化合成为可挥发的化合物，极易发生转移；碱金属如锂、钠、钾和碱土金属如铍、镁、钙、锶、钡、镭等，极易形成稳定的、难挥发的氧化物和卤化物。普通金属如铁、镍、铜、铅等，沸点高达 2000～3500℃，多是不挥发的金属矿物，在自然界一般呈游离状态，只有二氧化碳和氯化钨等一部分化合物容易挥发。因此，在地壳运动和造山作用发生过程中，上述各种化学元素所处的物理化学环境，诸如所含物质的浓度、温度、压力、氧化还原单位、溶液的 pH 值以及成矿围岩的性质发生变化，更加剧了各种元素的迁移和聚集，最终形成具有工业利用价值的矿物资源。

通过内生作用形成的矿产资源，主要是地球内部深处的岩浆熔融体及其派生物——气水溶液，随着地壳运动和造山作用而发生的岩浆活动所富集而成。岩浆熔融体本身的组成，除了硅盐物质外，还含有水、碳酸、硫、氟、氯及各种金属元素。他们在内应力的影响下，沿着裂隙和破碎处钻到地壳的上部层位。随着岩浆熔融体冷却过程的先后及其对围岩的影响，在岩浆期阶段，在超基性岩中形成了铂及铂族金属、金刚石、铬刚石、铬铁矿等矿物资源；在碱性岩中形成稀土元素矿物资源；在基生岩中形成了钒钛磁铁矿和铜镍硫化物等矿物资源。岩浆熔融体继续冷却进入伟晶岩期阶段，由于挥发性组分的大量集中，使岩黏性减小，流动性增大，在适当的地质条件下，形成某些矿物结晶粗大的脉状体，即称为伟晶岩。与伟晶岩有关的矿物资源，多为石料、宝石、细石料、稀有金属矿物（如锆英石、铌铁矿等）及稀土元素矿物（如褐帘石、独居石、磷酸钇矿等）。

通过外生作用形成的矿产资源，主要与地球外应力有关，即由岩石圈、水圈、大气圈和生物圈及太阳能的相互作用而形成的矿物资源。它是在一般的地表温度和压力条件下进行的，由于接近地表，这类资源含有丰富的游离氧，组成的矿物成分主要是造岩元素钾、钠、钙、镁、硅等和造岩与造矿之间的过渡元素铁、锰、铝等的氧化物或含氧盐类。它们在各种外力作用下，不断地风化、搬运和沉积，形成各种具有工业价值的矿物资源。

通过变质作用形成的矿产资源，多是上述内生作用和外生作用形成的岩石和矿物。因地壳运动，下降到地壳深处，随着温度和压力的增高，它们的矿物成分、化学成分、物理性质、结构和构造发生变化，如发生脱水去氧作用，可使赤铁矿变成磁铁矿，形成含铁石英岩型铁矿资源。某些矿物在高温条件下与石英作用，形成新的硅酸盐类矿物。某些矿物可以重结晶或再结晶，如煤变质后形成石墨等。

（二）地表生态资源的分布规律

由土地、水、气候和生物四大资源组成的所谓生态资源，是发展农业生产的重要物质基础。生态资源在地理分布上有一个显著的特点，即整个生物圈资源实际上是一个不可分割的统一整体，土地、水、气候和生物资源之间有着千丝万缕的联系。就地球陆地而言，可以说在任何一个空间里，这四种资源同时存在着，并且相互联系、相互制约，构成统一的系统，称之为资源生态系统。同时，组成生物圈资源的自然要素，本身又各自形成一个自然综合体而互相联系和制约着，如土地资源中的湖泊生态系统、沼泽生态系统、森林生态系统等，任何一种自然资源的开发利用，随着向广度和深度发展，必然会使其他多种自然资源受到一连串的影响，以致整个生态系统发生变化。我国西北部的黄土高原就是一个鲜明例证。在远古时代，黄土高原上有不少森林植被，由于长期以来对森林植被的不合理砍伐，毁掉了山上的森林，引起了径流的变化，带来了严重的水土流失，使肥沃的土地沦为瘠薄的黄土沟壑和荒坡，并给远在千里之外的黄河下游带来了深重的灾难。因而，对生物圈资源的综合开发，要求把利用资源与保护资源结合起来，不仅要求单项地研究各种资源的利用与保护，而且要求把自然界作为整体，研究生态系统的合理利用与保护问题。

生态资源地理分布的另一特征是具有地带性和区域性。万物生长靠太阳，太阳辐射是生命活动的唯一能量来源，地表能够接受太阳辐射的光能和热量，由于受地球本身运动、海陆分布和地表形态的影响，在地表形成明显的地带性和区域性差别，直接影响到地表气候、土壤、植被及动物界的地理分布。从全球范围看，首先显示的是热量差异引起的纬度地带性，表现为东西扩展、南北更替的自然规律。如在北半球，自南而北，可以区分出热带植被类型、亚热带植被类型、温带植被类型和寒带植被——苔原等地带性的差别。其次是水分差异引起的经度地带性，表现为南北扩展、东西更替的自然规律。如在中国北部，自东向西，可以区分出湿润地区、半湿润地区、半干旱地区与干旱地区及相应的植被、土壤分异。再次是垂直地带性，在高山地区，由于水热条件的高度差异，同样也出现类似植被生态环境的垂直变化。最后，在各个植被类型带中，又受海陆分布、地理位置及地质地貌条件变化的影响，也出现若干类地区性差别。如在同一热带植被类型带中，可以进一步区分出热带雨林、季风雨林、热带疏林、热带草原和红树林等地区性植被类型。在同一温带植被类型带，也可以进一步分出阔叶林、针叶林、草原和荒漠等，在一定程度上反映着经度变化。

生态资源具有可更新性和可塑性的特点，并且是发展、变化的，它们的地理分布特征在一定程度上与人类利用的程度密切相关。如土壤养分和水分的不断消耗和补充，可以通过降水、地表水与地下水的循环和平衡及气候条件的变化，不断地消耗、补充、生长和恢复。只要开发利用合理就能始终处于周而复始，持续利用的良好状态。如果开发利用不合理，就可能给自然资源带来不利影响，导致资源性质向着不利于人类的方面改变，引起资源生产性能的下降，迫使自然资源的地理分布发生变化，由此带来种种不良后果和消极影响。

（三）资源分布的一般规律与统计规律

一般来讲，资源分布可以用三维坐标体系来表达，即在垂直坐标体系中，可以用距特定参考点的空间距离（x、y、z）来表达，而在球面坐标体系中，则可以用距特定参考点的度数（经度λ，纬度δ）以及高度h来表达。

从资源分布的空间特征及所具有的范围看，资源分布一般表现为点状分布、线状分布和面状分布。面状分布又可分为斑块状与条带状两种。资源在空间上的分布特征因种类而异，生态资源的分布具有某种地带性规律，而矿产资源分布则表现为非地带性。自然资源的分布在很大程度上决定着人类的开发程度和方式。自然资源分布密集地区，常常因开发成本小于分布疏散地区而受到重度开发。点状分布的资源与面状分布的资源在开发布局上有很大的不同，前者与矿产资源开发相类似，沿矿点布局；后者则与土地资源开发相一致，呈现出区域性的带状布局。线状分布的资源与河流水资源开发相关，呈现出串珠状的开发布局，如黄河上游的串珠状梯级开发的水电站就是这一类型资源开发的代表。资源分布的最好表现方法就是编制资源分布图，它是资源调查结果在空间分布规律表现的有效工具。近年来，人们利用地理信息系统技术，可以对资源分布进行数据库管理并通过计算机实施数字化表达与管理。

自然资源在地理空间的分布是不均匀的，呈地带性（如森林资源等）或非地带性（如矿产资源等）。从本质上看，自然资源形成于一定的环境，无论是成矿带、沉积盆地，还是气候带、地貌类型区，都可以认为是地域分异的结果。环境的地域分异，决定了自然资源分布的地域差异，因此自然资源的宏观分布规律一般可以从板块构造、古沉积环境、气候带与地貌类型方面把握。

某种自然资源在一定地区（如矿区、沉积盆地）的分布，服从一定的统计规律，其中 Zipf 规则最为经典。这一规则认为，不同等级自然资源的资源量之间服从下列关系

$$P_r^q = P_n / r$$

或

$$\ln P_n - \ln r = q \ln P_r$$

式中　P_r——第 r 级资源的资源量，q 为某一常数。

经典理论还以布拉德福德（Bradford）律来估算资源出现频度，这一规律认为，按大小排序给定的资源序列，其单元的频度以幂函数形式增加，即频度序列为 a_0，a_1，a_2，……，a_{r-1}，……这个规则估计了分布频数，但仍称为 Zipf 规则。

在现代文献中，资源学家们不断地引进其他的分布，如 Γ-分布、指数分布、对数分布、对数正态分布和 Pareto 分布等，其中尤以对数正态分布和 Pareto 分布最常见，Pareto 分布的累计概率为

$$F(x) = 1 - \left(\frac{x' - x_c}{a} + 1 \right)^{\frac{1}{b}}$$

式中　x_c——最小资源量；

　　a——归一化常数；

　　x'——资源量；

　　b——形式参数。

在无偏情况下（$x_c=0$），一般取 Pareto 分布的概率密度为

$$f(x) = Kx^{-s} \quad (K > 0, S > 0)$$

式中：K 与 S 是常数，$f(x)$ 表示为 x 的概率密度函数。可以看出，Zipf 规则（或 Bradiord 律）是无偏 Pareto 分布的特殊形式。

对资源分布的估计，主要用于自然资源的勘探，用于估计未探明资源量。在矿产资源的分布研究方面，近年来转向重视资源的组合类型。对生物资源的研究，开始注意生态位和最小限制因子律对资源分布的影响。

三、资源的时间和空间配置

（一）资源的时间配置

资源时间配置是指自然资源在不同时段上的最优分布，也就是通常所说的动态优化问

题，即根据资源动态特征，实现资源开发利用的最佳时段、最佳时限的控制与决策。如本章中所述，自然资源按属性可分为不可更新资源和可更新资源两大类。由于这两类资源的动态特征各不相同，其动态优化过程也自然不同，这里将重点讨论上述两类资源的动态优化问题。优化过程在数学运算中常常是一个极值的求解过程，包括极大值（如净收益、产值和产量等）和极小值（如成本等），优化过程包括静态和动态。在静态优化模型中，最常用的有线性规划、目标规划等方法。这些方法已在现实经济生活中发挥了重要作用，解决了一部分资源配置过程中的动态问题。资源的动态优化，从根本上讲是一个非线性的问题。近年来，最常用的方法是拉格朗日乘数法，即构造一个最优化问题

$$\max V(x_1, \cdots, x_n)$$

给出约束条件

$$G(x_1, \cdots, x_n) \geqslant C$$

定义原问题的拉格朗日表达式

$$L = V(x_1, \cdots, x_n) - \lambda \left[G(x_1, \cdots, x_n) - C \right]$$

式中：λ 称为拉格朗日乘数，它表示因为约束参数 C 发生变化而带来的目标值的变化，并反映出约束条件的边际价值，即如果约束参数 C 代表某些投入或资源供应的变化，则 λ 反映在 V 上投入的价格或价值。因此，λ 又常被称作投入 V 的影子价格。

1. 不可更新资源的最优时间配置

任何一段对人类有意义的有限时间内，质量不变，但数量随人类的开采活动而减少的资源，称为不可更新资源。随着对这类资源，特别是地下矿产资源的不断开采，可采储量会愈来愈少，长期开采成本逐渐提高，在资源耗竭以前，就可能使成本高到足以扼杀需求量的程度。因此，资源耗竭的严格概念并非指储量为零，而是指成本升高到将需求量压低到零的水平，实际耗竭时限要比理论耗竭时限短得多。

不可更新资源在时间上的最优配置称为期间最优配置，是指在一个有限的时间周期 T 内，各时期 t_i 资源最优开采的策略。这里的最优不是指特定时期的个别变化，而是指保证整个开采周期取得最优效果的总策略及其在各时期的子策略。显然，子策略的最优化必须服从期间最优准则，下面将重点讨论期间最优配置的一般模型。

在任一时间，矿产资源开采的净收益由两个因素确定，即收益 $P(R) \cdot R$ 和成本 $C \cdot R$，在一个任意长的有限周期 T 内，最大净收益现值为

$$\max PV = \int_0^T \frac{P(R) \cdot R - C \cdot R}{e^{rt}} dt$$

这里，$P(R)$ 为需求函数，即开采品价格 P 与开采量 R 之间的关系

$$P(R) = \beta_2 - \beta_1 \cdot R$$

开采率为存量随时间的变化速率，即

$$\frac{ds(t)}{dt} = -R(t)$$

则期间开采量为

$$\int_0^t R(t) \ dt = R(T) \leqslant S$$

另有

$$\begin{cases} P\cdot R \geqslant 0 \\ P\cdot R - C\cdot R \geqslant 0 \end{cases}$$

以上诸方程构成了最优开采模型,模型中的变量是:PV 为纯收益或净收益或净收益现值;T 为时间周期长度;P 为价格或价格需求函数;R 为开采量或开采时间路径;C 为成本变化率或单位成本;r 为利率或折现率;t 为时间;S 为资源存量;$R(T)$ 为累积开采量;β_1,β_2 为价格需求函数中的参数。该模型的哈密尔顿函数为

$$H = \frac{P(R)\cdot R - C\cdot R}{e^{rt}} - \lambda R$$

上式的第一部分是折现净收益函数,第二部分是资源的矿区使用费(或影子价格)λ 与开采量 R 的乘积。对时间离散问题,上述模型可修改为

$$\max PV = \sum_{t=0}^{t-1} \frac{P(R)\cdot R - C\cdot R}{(1+r)^t}$$

$$\sum_{t=0}^{t-1} R_t = P(T-1) \leqslant S$$

则

$$H = \frac{P(R)\cdot R - C\cdot R}{(1+r)^t} - \lambda R$$

根据以上两式,可导出最优开采量的时间路径

$$R_t = \beta_0 + \frac{(S - T\beta_0)(1+r)^t}{\mu(T)}$$

根据以上公式,决策者就可以在 T 已定的条件下,按照矿产开发的设计规划,顺利地求出各年度(t_i)的最优开采量。这也是唯一能在既定的需求水平下,使整个开采期收益现值最大化的开采序列,或称为最优控制开采量序列。

利用该模型,还可以讨论技术进步对期间最优配置的影响。迄今为止的人类发展表明,技术进步一直在脉冲式地缓解着资源的耗竭过程,但矿产资源的不可再生性决定了技术进步对其影响的局限性。一般来说,技术进步的作用只体现在以下两个方面:通过勘探发现新存量和在生产过程中重复利用或再循环。

对存量增加的情形,只要在模型中引入资源的发现量 Z 和勘探或发现的成本函数 $P(Z)$,则公式变为

$$\int_0^t \left[P(R)\cdot R - C(R) - P(Z)\cdot e^{-rt} \right] dt$$

满足

$$\frac{dS}{dt} = Z - R$$

构造的哈密尔顿函数为

$$H = \frac{P(R)\cdot R - C(R) - P(Z)}{e^{rt}} - \lambda(ZR)$$

重复利用或再循环,只是一种节约使用资源的方法,也间接地反映了存量的增加,其模型与上述各式相同,只是 Z 代表资源的节约量或重复利用量,P 为重复利用或再循环的成本。

对上述模型的分析，可得到影子价格与资源发现量（节约量）的关系以及开采量、存量及发现量之间的关系等。技术进步为资源价格随边际成本上升的过程增加了一个制动调节器，也就是说，技术进步是降低成本、平抑价格的一种有目的的活动。

2. 可更新资源的最优管理

可更新资源与不可更新资源的不同之处，在于这类资源具有再生能力，并且在不受人为干扰的自然环境中具有自身特点决定的动态规律，这类资源包括森林、鱼类、土地以及水资源等。大多数可更新资源的数量具有时变动态特征。以生物资源为例，如果将其限定在一种自然环境状态下，其数量变化表现为一个连续的生长繁衍过程，并呈现某种规律性，称为数量动态基本特征，或自然成长规律。若假定所处环境是无限适应的，其生长的典型特征就是指数增长规律，即生物累积量随时间变化为

$$\frac{\mathrm{d}R}{\mathrm{d}t} = rR$$

式中　　R——存量（或生物累积量）；

t——时间；

r——纯比率或内禀增长率，$r=b-m$，b 为出生率，m 为死亡率。

该式又称为马尔萨斯生物总数成长规律，也称指数增长率，转化为可预测模型为

$$R(t) = R(0)\mathrm{e}^{rt}$$

这一模型虽然在数学关系上很简单，但在资源经济问题研究中具有广泛用途，它反映了在广延时间流中呈无限指数增长的动态规律。

任何资源的发展演变过程，都会受到人为调节、自身更新机能和环境容量等方面因素的限制，这些限制条件必然会影响可更新资源生长的动态规律。描述这些规律的方法和模型有多种，其中，由比利时数学生物学家 P. F. Verhulst 提出的逻辑斯蒂模型，可用于反映种群受环境容量限制而表现的有限增长趋势，其表达式为

$$\frac{\mathrm{d}R}{\mathrm{d}t} = rR\left(1 - \frac{R}{k}\right)$$

该模型描述的生长累积量的时变，受初始量、内禀增长率和环境容量三因素的制约。环境容量可看作除种群固有增长机制之外其他要素限制作用的总和。显然，当初始量很小，而环境容量很大时，R/k 近似地等于零，此时的模型就变成了指数增长率。

逻辑斯蒂模型在可更新资源最优管理中具有重要应用价值，尤其是对以"收获"生产量为主的资源，可以在观测工作的基础上对其增长规律进行拟合，得到单位时间内生长量最大的时间，及可能达到的单位面积高产量，有利于制定资源管理和收获的最优策略。

根据以上对可更新资源动态特征的分析，从管理者的角度看，这类资源的开发控制，应侧重于对种群规模或资源存量的最优控制。从一个连续的时间过程看，管理者的目标应是整个开发周期的净收益现值最大化，即

$$\max \int_0^T NB(R \bullet E) \bullet \mathrm{e}^{-\delta t} \mathrm{d}t$$

式中　　NB——净效益函数，它受种群规模 R 和开发努力量 E 两个因素的影响；

δ——折现率；

T——开发周期长度。

假设种群在人为影响条件下的数量动态特征为

$$\frac{\mathrm{d}R}{\mathrm{d}t} = F(R) - h$$

式中：$h=ER$；E 为投入收获过程中的努力量；R 为种群规模。

净效益函数 $NB=Ph-CE=PER-CE$，这里 P 为收获物的单价，C 为单位成本。对于期间配置决策来说，决策目标为

$$\max PV = \int_n^T (PER - CE) \cdot \mathrm{e}^{-\delta t}\mathrm{d}t$$

满足

$$\frac{\mathrm{d}R}{\mathrm{d}t} = F(R) - h$$

最优控制的哈密尔顿函数为

$$H = \frac{(PR - C)}{\mathrm{e}^{\delta t}} + \lambda \left[E(R) - ER \right]$$

根据该模型，可求出代表最优平衡水平种群规模的解。由于最优解取决于种群变化率方程 $F(R)$ 的具体形式，一旦 $F(R)$ 的形式确定，便可导出最优平衡解。如 $F(R)$ 满足

$$F(R) = rR\left(1 - \frac{R}{k}\right)$$

则有

$$\delta = r - \frac{2rR}{k} + \frac{C \cdot (CR - rR^2/r)}{R^2(P-C/R)}$$

上式表明，如果环境容量 k 已知，若要获得单位生物产品的价格 P、成本 CR，选择适当的折现率 r，很容易从该方程中解得一个表示最优种群水平的正实根 R'。此时对于 R' 的最优收获工作量为

$$E' = \frac{F(R')}{R'}$$

这就是模型给出的对于可更新资源保护有重要意义的最优种群控制的基本结果。同理，对两种群生物资源的最优收获策略的模型是

$$\max PV = \int_0^\infty \frac{(p_1 q_1 R_1 + p_2 q_2 R_2 - C)}{\mathrm{e}^{\delta t}} \cdot E(t)\mathrm{d}t$$

满足

$$\begin{cases} \mathrm{d}R_1/\mathrm{d}t = r_1 R_1(1 - R_1/r_1) - q_1 ER_1 \\ \mathrm{d}R_2/\mathrm{d}t = r_2 R_2(1 - R_2/r_2) - q_2 ER_2 \end{cases}$$

最终可确定最优种群水平 R_1 和 R_2，最优收获策略就是根据实际种群规模 R_1 和 R_2，采用适当的努力量 E 或收获率 h，使种群尽快趋于最优水平 R_1 和 R_2。如果成本是变动的，则 C 是边际成本。依次类推，可得到多种群可更新资源的最优收获策略模型。

（二）资源的空间区域配置

1. 区位理论

地球上人们可以利用的自然资源是相对有限的，且在空间分布上表现出极大的差异性。与此同时，资源要素的不完全流动性以及社会经济状况的差异性又进一步加强了这种差异。

因此，如何在时间和空间上优化配置这些稀缺的资源，组织生产，在最大程度上满足人们的物质消费需求，就成为资源学界长期研究的课题。从资源地理学的角度来看，资源优化配置主要是资源在空间上的最优配置问题。

资源的空间配置实质上就是资源在区域上的最优分配问题，对这一问题的研究已有悠久的历史。最早的较为成熟的理论应追溯到德国经济学家杜能的"孤立国"区位理论，即资源配置的地理空间效应。该理论主要研究在某些假设条件下，如何安排农业布局才能充分利用土地资源，在单位面积上获得最大利润。他认为，利润 P 是农业生产成本 E、农产品市场价格 V 与运费 T 这三个因素共同决定的，即

$$P=V-(E+T)$$

在此影响下，1909 年韦伯（Weber）完成了《论工业区位》，这是世界上第一部关于工业区位的比较完整和系统的理论著作，为西方工业区位理论奠定了基础。在若干假设条件下，韦伯研究了运输费用、工资因素、位置因素（包括集中因素和分散因素）等对资源配置和工业布局的影响，他还提出了一个"原料指数"的概念，并根据它的值来配置资源。

德国经济学家廖什（Losch）的著作《经济空间秩序：关于区位、经济区和贸易的研究》，被认为是 20 世纪前半期西方经济学界最重要的区位理论之一。廖什用利润原则来说明区位趋势，把利润原则同产品的销售范围联系起来进行研究，他从单个经济单位出发，将它置于实际空间中，探讨在布局过程中会受到的竞争者、消费者和供应者的共同影响。他第一个研究了所有工业配置的相互关系以及配置的全面平衡体系。这使得区位理论从局部均衡走向了一般均衡，拓展了区位理论。

上述区位理论都从属于古典区位理论，其共同点都是通过对复杂现实世界的简化、采用抽象的逻辑推理，来达到对一般理论方法的归纳概括。二战结束后，区位论向两个方向发展，一是微观布局理论中多种因素（包括非经济因素）分析的加强，二是宏观布局理论的产生，这标志着区域经济学的形成和区域资源配置理论研究的崛起。

20 世纪 50 年代以来，随着以凯恩斯主义为代表的西方宏观经济学的发展，越来越多的学者开始注重宏观区位问题的研究。廖什和克里斯泰勒试图在区域资源配置研究中阐明并应用"中心地域"概念，他们认为"中心地域"不是对区域带的再划分，而是将在一个区域带内的村庄、小城镇和城市有机联系在一起，形成一个相互依存的网络，在此基础上形成梯级，促进区域资源在各梯级的有效配置并最终促进区域的发展。1955 年，佩鲁（Perronx）提出了法国国土规划系统中的"增长引力中心"（增长极）理论。该理论将区域看作是由一个中心城镇构成的区域体。中心城镇具有密集的人口和繁荣的经济活动，在其中可以经济有效地布置非农投资。区域的繁荣来源于区域内经济产业的盈利和增长。这些理论在许多欧洲国家被广泛用于制定和评价经济政策。

上述理论均探讨区域内或区域整体的资源配置问题，对多区域（或区域间）的资源配置问题的研究，始于 20 世纪 60 年代，继列昂捷夫于 1951 年首先提出国民经济投入—产出模型和艾萨德提出一般区间投入—产出模型之后，在此基础上发展了许多运输及投资成本最小化的区域配置模型。

可见，从空间上来看，资源的配置包括区域内、区域整体以及多区域之间，而从研究内容上又可分为解释性和政策性两大类，前者包括投入—产出、空间一般均衡、中心地域、移民、增长引力中心（生长极）、城市土地均衡、运输、空间依存效应等；后者则包括经济增

长、运输与投资成本最小化、多区域规划、空间竞争、运输与土地利用优化等。现代区域资源配置研究具有三个特点：①研究方法多元化，且向模拟型方向发展；②在考虑多区域、多部门大规模综合模型时，更关心多个亚系统连接的大型配置模型；③随着计算技术的发展，配置模型由理论向应用转变。其发展方向趋向于建模思想、多目标分析、区域结构分析、区域发展模型与区域系统分析应用等五个方面。

2. 区域间的资源配置

区域间的资源配置也称为多区域配置，通常包括两层含义：一是在不同空间的资源配置；二是在同一空间内各亚区域与全局的协调配置。

对第一层含义来讲，区域间协调配置的理论基础是比较利益原则，又称"比较成本学说"。它是由英国古典政治经济学家李嘉图针对国际贸易首先提出的，以取代传统的绝对利益原则。绝对利益原则认为，各个区域（国家）都有生产条件上的某种绝对优势。如果他们各自利用其优势进行专业化生产，通过贸易进行交换，会使各地的资源、劳动力和资本等生产要素得到最有效的利用。而比较利益原则认为，一国应生产那些资源消耗最低的产品出口，换取那些虽比国外产品耗费低，但在国内并非耗费最低的产品。因此，一国要生产什么，不是以它的资源绝对优势，而是以哪种产业耗费资源最少为依据，国与国之间的交换方向和性质，依比较利益而定。这一理论很快就被广泛应用于利益主体不同的区域，以确定最优的区域间资源配置格局，并从不同研究角度得到了发展。

对第二层含义而言，侧重于研究在一个统一的发展目标下，使特定空间内总体配置效果与其区域自持发展相结合，构成一种协调发展的区间资源配置格局，这些配置问题要考虑下述几个原则：

（1）从总体上把握全区的资源状况、发展目标与可能性，在此基础上考虑各亚区域自身发展的一般规律以及外部刺激（如价格、利润率、需求等）对各亚区域的影响，及各亚区域可能做出的反应。

（2）总体目标的确定，在生态许可的范围内要能够充分保证全面动员各亚区域的自然资源和经济资源，全部投入到经济流转过程，不存在总体上稀缺的资源在某些亚区域有闲置的状况。

（3）亚区域的自持和全局经济辐射力是同等重要的。对于前者，应通过流通费用的详细核算，从社会最终费用的角度构造必要的亚区域自持性约束空间，而对于后者，则通过开放性的约束来实现，即对那些有比较利益的配置项目，暂时牺牲局部利益求得发展，以通过补偿的方式维持亚区域的自持能力。

对于局部与整体协调的配置问题，目标多、约束条件也多，需用线性规划模型求解。解法有二，其一是采用大型配置模型的分解原理，把一个总模型分解成若干亚模型，其二是直接构造局部与整体协调的大型配置模型。

资源配置的目标，就是资源的配置和利用达到最优比。何为最优化？传统经济学中以资源配置与经济增长之间的关系为评价标准，当资源配置有利于经济增长时就认为是优化，否则就为非优化。因此，无论利用什么样的资源，采取什么样的资源组合，只要有利于提高经济增长速率就会受到鼓励。这就必然会导致某些支持人类生存与发展的重要资源日益匮乏，生物多样性日趋减少，环境污染日趋严重，最终危及人类的生存环境和经济社会的可持续发展。

　　正如《我们共同的未来》中指出的：持续发展是一种行为准则，用以约束我们目前消费行为的准则，这种代际责任感是一种新的政治原则，须用以指导当今的经济增长。持续发展实际上是指在不损及后代人需要的基础上来满足当代人的平均生活水平的不断提高，同时又保证不损害经济社会的持续发展，亦即不损害未来人的利益。然而，传统经济学主要以"经济增长"为核心，对持续发展涉及很少，人们很难根据诸如收入、消费和投资等方面的资料准确说明持续发展问题。20世纪末，随着资源价值论与资源核算论的提出，促使资源输入和耗费被纳入到整个国民经济核算体系的理念得以形成，也就是说，在经济增长的概念中包含着对资源消费甚至是对环境破坏的补偿。随着资源经济理论和方法的不断完善，最终将达到资源配置的双重目标：经济增长和持续发展。

第二章

资源史观与科学发展观

不论是从概念、本质特征及分类上了解自然资源，还是从形成与分布规律及配置方面了解自然资源，目的都是为了认识并进而开发利用自然资源。人类对自然资源的认识和开发利用，是一个曲折的历程，一个随着人类社会的发展和进步而逐步演进的历程，即人类—资源关系的演进历程，其间大致经历了传统资源史观和资源可持续利用史观两大演变阶段。一般认为，传统资源史观包括古代朴素资源史观，近代无限资源史观和现代人本位资源史观，而资源可持续利用史观则是在这三者的基础上，依据可持续发展的理念提出并发展起来的。

第一节　传统资源史观与资源可持续利用史观

一、传统资源史观的历史演变

（一）古代朴素资源史观

人类在地球上存在的历史大约为 300 多万年，这与地球约 46 亿年漫长的历史相比，仅仅是短暂的一瞬。由于各种条件的制约，早期人口的数量在长时间内处于一个很低的水平。在旧石器时代，原始人类的思维能力很低，到了新石器时代，人类的劳动工具有了一定的改进，并能制造一些骨器、角器，还进一步发展了一些复合工具。在距今一万五千年左右的新石器时代晚期，由于弓箭的发明，人类依靠集体力量捕猎的动物逐渐增多，开始了兽类的驯化和饲养。同时，人类逐渐对植物的生长习性积累了一定的知识，并利用简单粗糙的原始农具，对那些产量较高、食用价值较大的野生植物进行种植，这就是原始农业的开始。当时，人类对其周围生物和环境的影响是局部的、微小的，就其对生物圈的影响而言并不明显地超过其他的动物，因而对自然界原始平衡状态的干扰不大。从自然资源的原始利用到原始农业、再到农业社会，人们从崇拜自然到尊重自然，产生了一系列朴素的资源科学思想。

1. 自然资源的原始利用与自然崇拜时期

从狩猎—采集型社会过渡到农业社会，人类花费了近 300 万年的时间，才使野生流量资源终被耗尽，取而代之的是农业社会中人工培育的流量资源及其相应的流量技术。这一时期几乎占据了人类历史的 80%～90%，人类利用的基本上是可更新资源，尤其是生物资源，其更新的时间尺度可以用年来度量，除土地资源外，与人类个体生存的时间尺度基本一致，并没有数量级上的差别。人类采用古老的流量技术——采集与狩猎，利用初等的流量资源——生物资源，来支撑人类社会发展，这种资源利用技术与资源利用类型，是狩猎—采集型社会的基本特点和生存基础。

在狩猎—采集型社会，人类利用的主要是野生生物资源，当人们有意识地把种子撒向大地时，人类文明便前进了一大步，土地成了农业文明时代的核心资源。早期农业生产能利用的土地仅限于有自然水利条件的松软土地，即河流沿岸与绿洲盆地。因此，远古文明理所当然地产生于大河流域或绿洲地区。这样，居住在相互分割的小块可耕地上的人们，自然而然地形成了各自的"城市国家"。在诸多自然力量左右人类生存的变幻莫测的世界里，人类只能以迷信和崇拜来保佑自己，对自然及自然资源的认识处于混沌、神秘阶段。中国原始社会一些部落把云等天气现象、熊等飞禽走兽这些自然物作为"图腾"膜拜，甚至认为山和山上的树木都有神灵存在。因为"神"或"上帝"主宰着所有自然变化和人类社会活动，所以神的赐物——云、雨等自然现象也就成为人类崇拜的对象。当时，人类生产力水平低下，对资源的需求与利用，仅限于个体与小型群体繁衍的极低层次。古代人类由对神的敬畏而产生了对自然的敬畏，慑于自然威力而产生出了各种自然图腾。这段时期，人类对自然资源的利用虽然也积累了一些极为原始的经验，但基本上没有总结和记载。只有考古学家们利用零星而片断的考古发掘与记录，对这一时期人类在利用自然资源方面的情况进行约略的推断和复原。

2. 古代朴素的资源意识与尊重自然观

公元前 15 世纪，在美索不达米亚及西北印度，人类开始在城市及河岸和绿洲地区建立水渠。公元前 1400 年前后，能够用于开垦耕地的铁器出现。灌溉的普及使得在干燥土地上发展农业生产成为可能，而铁器的发明在开发森林及在坚硬土地上耕作发挥了重要作用。铁器的出现、灌溉的普及以及农业生产技术的进步，导致了"古代社会"的"农业革命"，结果是统治系统从有限的河岸、绿洲扩展到周围地域，可以支配周围农村和商业道路的"区域国家"开始形成，并进入一个长期运转和发展阶段。同时，原来的自然图腾也逐步凝固或汇入宗教。

此时，自然资源的种类已扩展到矿石（铁、铅、金、银、铜、锡）、土地（耕地）、林木（建房材料、冶炼燃料）、水流（灌溉）、水力（水车）等，资源的供给规模扩大到能维持国家的正常运行，尤其是对农业自然资源的开发利用，在深度与广度上已远非昔日可比。总体看来，古代人类只是小规模和低水平地利用着"自然资源"（主要以生物质资源为主），在人们的认识上，"资源"并未从自然界中剥离出来。因此，对资源的认识基本上囊括或隐含在人们对大自然的认识之中。这种古代资源观的主要特征，一方面表现在对资源及其关系的神秘认识，另一方面体现在强调与自然的协调与共生。这些朴素的资源意识和尊重自然观念，在西方古代哲学著作以及中国古代哲学、农书中俯拾即是。

古希腊哲学家柏拉图已经认识到：不能使国家过大或过小，也就是要尽量保持人口的平衡；土地必须足以维持一定数量居民的最低生活，而一国的人口也应尽量保持稳定。亚里士多德的"理性思维"认为：人类生活及社会的每个方面，都是思考与分析的客体；宇宙万物不被神、机会和幻术所控制，而是遵循着一定的规律运行。这与公元前 6 世纪老子"人法地、地法天、天法道、道法自然"的尊重自然观念如出一辙。

在欧洲、中东、印度和中国，普遍发达的奴隶制度都是其古代社会的重要特征。古代文明发展到公元前后，人口已达 2.5 亿。古代人们已经失去了物理意义上的新边疆，古罗马和中国实质上都已不能再扩展疆域；同时，由于古代人类的唯一能源——森林资源枯竭，给产业活动以毁灭性打击，物质生产水平也难以提高；作为原始动力的奴隶供应也开始减少；古代社会生产力在耕地、能源和工具等 3 项条件的制约下难以发展。到公元 2 世纪，无论东方还是西方，由于不可能开拓新疆域和能源枯竭，对物质生产的增加感到绝望，由此产生了反物质主义思想：人们对精神生活的关心超过了对物质的关心。在古罗马帝国，崇尚清贫的未开化的异教开始流行；在中国，求仙之术及老子和庄子的思想广泛传播。

需要指出的是，贯穿于整个奴隶社会的"尊天命"和"反天命"，"天人相反"与"天人相分"等的哲学思想斗争，既是以后几千年人类无所顾忌地开发资源的"单向索取"思想的根源，也是神化的（"天亦道"）"资源保护"思想的基础。此外，中国几千年传统文化中的"中庸之道"、"天人合一"等许多重要的哲学思想，都是合理利用资源及人口、资源、环境与经济协调发展的思想基础。资源科学思想在这一漫长历史时期，经历了从唯心主义到唯物主义的萌发过程。

3. 中世纪欧洲的宗教禁锢与中国古代农业的因地制宜思想

一般将公元 5 世纪西罗马帝国灭亡到 15 世纪意大利文艺复兴这一千多年称作中世纪，或中古时期。公元最初的五百多年，是古典文化持续衰落的时期。基督教的兴起、西罗马帝国的灭亡、柏拉图学园被封闭和亚历山大里亚图书馆被焚，可以看成是古典文化衰落的标志和里程碑。此后五百多年，由于异族入侵，原西罗马帝国的大部区域即欧洲进入了黑暗年代，经济大倒退、文化跌入低谷、人们的精神陷于愚昧和迷信之中。

在中世纪，整个欧洲被基督教所统治；从伊比利亚半岛到印度，进而到马来西亚和印度尼西亚的广大地区为伊斯兰教所统治。在宗教精神强大的中世纪，想靠理性去观察和认识事物的理性主义被当作邪恶的思想而受到攻击。希腊精致的宇宙理论被抛弃，代之以原始粗陋的宇宙图景：宇宙是个大帐篷，天是篷盖，地是篷底，耶路撒冷居篷底中央，日月星辰挂在盖上，即宇宙帐篷说。在中国，宗教特别是佛教，也具有很强的影响力。唐代，中国出现了以火药、指南针、印刷术等为代表的技术进步。在资源开发方面最重要的是煤炭利用，特别是唐末发明了炼焦方法以后，煤的利用在 10 世纪迅速普及，主要用于取暖和烧饭；同时铁、铜产量迅速提高。到 11 世纪，欧洲也开始使用煤炭，矿产资源开始进入社会化生产过程。

中国古代农业的因地制宜思想，早在封建社会前期就与资源利用密切联系在一起，成为中国古代资源保护思想的组成部分之一。那时，因地制宜思想的内容，主要是关于如何合理利用土壤和不同的地理条件，如提出了不同土壤所宜种植的作物，即所谓"土宜"思想，以及不同的地理条件各有所适宜发展的生产，即所谓"地宜"思想。从资源保护的角度而论，因地制宜思想最迟在汉代已有所发展：资源的利用，要尽量利用和发挥自然条件之所宜，不损伤资源，以便更好地发展生产，并使资源能较长时期利用。在这一长久的农业文明时期，虽然金属工具和简单机械有了应用，但耕地、草场、森林、水域等可更新资源，仍是人类主要的生产对象和生存基础，对自然资源的认识仍因宗教的禁锢和对自然的神化而受到限制。

（二）近代资源无限史观

从文艺复兴到工业革命结束大约 400 年的时间里，世界人口增长到了 10 亿。尽管人口有很大的增长，但在当时的生产条件下，人类对环境并没有形成很大的压力，这时人类与资源的状况，可以形象地用"天苍苍野茫茫"的牧童式的经济来表达——人口稀少、土地广阔、资源丰富。在这充满革命性的历史变革和人类社会迅速发展的时期，人类基本上还没有意识到资源将会成为社会经济发展的制约因素。大规模的资源开发利用是这时期人类发展的主旋律，资源无限史观占据了人类认识的主导地位。在长期的生产实践中，产生了一些有关农业自然资源合理利用的朴素思想，在一些政治思想家和博物学家的著作中，对自然资源进行了记载和总结。这些零星但又宝贵的经验，为 19 世纪开始的各有关学科对各种自然资源进行的科学研究，提供了重要基础。

1. 文艺复兴与地理大发现

公元 14 世纪以后，科学技术赖以发展的社会条件发生了变化，中国的封建社会在经历了 1500 年的繁盛期后，逐渐趋向衰落。在中国封建社会后期的数百年中，除了延用已有的理论之外，可以说没有产生重大的理论发展和技术突破。而欧洲已度过了黑暗时代，进入了文艺复兴的转折时期。以意大利为先驱，一大批知识分子高举科学大旗，向束缚了人类思想的神学和经院哲学发起了最后冲击。以人文主义为主要特征的文艺复兴，一方面极大地促进了西方近代科学革命，另一方面为西方资本主义的产生奠定了思想和文化基础。

1492—1498 年，哥伦布先后 4 次航海探险，试图发现从欧洲西航到东方的航道，不料却发现了美洲大陆。1497—1499 年，葡萄牙人瓦科斯·达·伽玛发现了由欧洲绕过非洲直到印度和远东的海路。1519—1522 年，麦哲伦船队的环球航行，证明了大地球形理论的正确和地球真实的地理构成。地理大发现所引起的观念革命和其所带来的经济成果一样巨大，在人类史上开启了到新世界探险和殖民的时代，在科学史上具有划时代的意义。这种剧烈的变革，首先表现在远洋航海和贸易的发展，进而推动了整个经济的发展。那些不断完善和以更为有效的火器装备起来的大型海船，大大地扩大了欧洲的资源基础。最初，欧洲人从亚洲、非洲掠夺黄金和珍宝；后来就是香料、油脂和矿产品；再以后，各种各样的食物、纤维、矿产和人力资源都被开发利用，以满足宗主国经济所需的原料和劳动力。

2. 对自然资源的记载与描述时期

在这一时期，不论在中国还是西方各国，均出现了众多对自然资源的种类、性状、分布和数量情况加以记载和描述的著作与文献。

（1）中国的方志与著作。明清时代中国的资源思想发展状况，主要表现为许多政治家、思想家及一些博物学家，对自然资源进行了零星记载和简单的总结描述。中国素以地大物博著称于世，多种多样的自然环境蕴藏着丰富的自然资源，这是人们祖祖辈辈生活和生产所必需的物质基础。明清时期的大量方志著作对此非常重视，书中一般列有"物产"、"土产"、"矿产"等项目，对地上的动植物资源和地下的矿产资源进行记载和描述。

明正德《琼台志》在"土产"部分所记海南出产的植物、动物、矿物和药物，多种多样，非常丰富。其中，植物方面有谷 9 种，菜 50 多种，花 59 种，果 39 种，草 38 种，竹 25 种，术 73 种，藤 8 种；动物方面有畜 10 种，禽 52 种，兽 17 种，蛇虫 55 种，鱼 47 种，水族 19 种，矿物 12 种，药物 115 种。有的方志在记述物产时，明确分为"同产"与"特产"两项，例如《云南通志》"以通省同产者列于前，各郡县特产者分别列于后"，该书中将"同产"（即通省同产者）分为谷、蔬、菌、果、花、木、药、毛、鳞、食货等 10 属，每属之下，名类详悉；而特产系按 21 府分别叙述，每种特产则有生态、用途的说明。除了对地上资源有丰富的记载外，地下资源诸如煤、铁、金、银、锡、石油、天然气、井盐等，明清方志中也有或多或少的记载。

数量众多、历史悠久的方志所载地上地下各种自然资源，是资源科学史的重要内容，虽然仅是简单的记载描述，但对研究资源与环境变迁、区域经济的形成和资源配置、历史上自然资源的分布情况等，都具有重要意义。

除了方志中大量记载描述有关自然资源外，百科全书式的专门著作也有出现。明末我国大药物学家李时珍，在前人千百年完成的各类本草记述的基础上，于 1596 年修订完成了《本草纲目》，所列部类反映了中国古代对自然界万物的分类思想，可以说是当时世界上最完整的植物资源著作。达尔文的《物种起源》就引用过《本草纲目》，以例证生物的物种选择问题。旅行家、地理学家徐霞客在自己考察的基础上完成的巨著《徐霞客游记》中，对喷泉、地热、植物、生态、动物地理、气象、气候、物候以及社会经济、历史地理、民族、民俗等都进行了翔实丰富的记述，是中国历史上珍贵的资源地理文献。徐光启的《农政全书》、宋应星的《天工开物》等，不仅记载描述了农业资源及其他自然资源的性状特征，同时对相应资源利用方式进行了总结描述。这些专门著作大大丰富和积累了我国对各类自然资源和半自然资源的认识，促进了当时对资源的利用，同时对世界科学的发展也有重要影响。

（2）西方的资源研究进展。在此期间，西方的资源科学工作，已开始从记载和描述向归纳和总结转变。在 17 世纪近代自然科学发展的早期，生物学的研究是考察那些将不同生物区别开来的性质，用描述的方法来记录这些性质，再用归纳法，将这些不同性质的生物归并成不同的类群。18 世纪，由于新大陆的开拓和许多探险家的活动，生物学记录的物种几倍、几十倍地增长，按照一种等级系统，把迅速增多的、已知的动植物种类加以明确地分类，给予简洁而明确的命名和可靠的描述，已成为自然研究和社会实践继续获得发展的需要。把植物和动物加以分类的课题，是由瑞典植物学家林奈（Carolus Linnaeus）解决的。1732 年起，他在尚未探索过的拉曾兰做了数次对矿物、植物和动物的考察，并于 1735 年出版了划时代的著作《自然系统》，该书是地球上矿物、植物界、动物界的一部宏伟的百科全书。在这部书里，他把自然界区分为三个领域：矿物形成；植物生长和生活；动物生长、生活和感觉。林奈把生物统括地划分为种、属、目、纲。在使植物界的分类更加完备的同时，林奈还试图把动物界的分类加以改进。在 1753 年完成的《植物种类》和 1758 年出版的《自然系统》第十版中，他为大约 7300 种植物、4235 种动物首次用双名制命名法命名，这使得两部著作成为了今天对生物物种进行命名的出发点和标准。

德国矿物学家阿格里科拉（Georgius Agricola）1527 年开始研究矿物学，将分散的矿物知识整理成科学的系统，描述了采矿和冶金的各个过程。他将岩石进行了分类，并试图将矿物与矿石区分开来，发现了一些矿物，并研究出分析矿石、助熔剂和土壤土粉的方法，描述了金属的制备、分离与纯化，锌板和钢的制造、硝酸的蒸馏等，被称为地质学之父。18 世纪，在英国工业革命、法国大革命和启蒙思想的推动和影响下，科学考察和探险旅行在欧洲兴起，旅行和探险使得地壳成为直接的研究对象，人们对地球的研究从思辨性猜测，转变为以野外观察为主。同时，不同观点、不同学派的争论十分活跃，关于地层和岩石成因的水成论和火成论的争论，在 18 世纪末变得尖锐起来，形成了以英国地质学家赫顿为代表的火成学派和以德国地质学家维尔纳为代表的水成学派，奠定了近代矿物学的理论基础。

3. 近代资源无限史观与资源合理利用思想

约自 16 世纪起，资本主义发展较早的西欧国家一反农本的传统，采取重商主义政策，借以促进海外贸易和殖民活动，鼓励资本原始积累，扶植为适应国外市场的工业生产，由农本而重商。18 世纪中叶，英国首先发生以大机器生产和广泛采用蒸汽动力为标志的工业革命，这是人类资源利用史上由改造性利用自然资源，向掠夺性利用自然资源的一次意义深远的飞跃。在同一时期，亚欧大陆东部发展水平超过西欧国家，中国却固步自封，限制甚至放弃海上活动，以闭关自守为对策，维持传统的农本经济，资源开发利用的方式和思想，仍沿着以农为本的传统继续发展，人们所认识的资源，主要还是以土地和生物为中心的农业资源。

中国明清时期的农业生产有很大发展，创造了在人均耕地不足 2 亩（1 亩=$6.6667×10^2 m^2$）的条件下养活 4 亿人口的奇迹。此段时期利用农业资源的特点，是在继承精耕细作传统的基础上，借助扩大耕地面积和增加复种来提高单产的两条道路发展。明清时期传统农业文明是改造性转化利用自然资源，资源无限的思想在农业文明社会占据人类认识的主导地位。例如，清代学者包世臣明确认识到，人的劳动对土地效益具有直接的关系，认为造成当时国贫民苦的主要原因是"力作率不如法"，指出国贫民困的原因既不是因为战争，也不是因为水患，更不是因为"生齿日繁，地之所产，不敷口食"。他的基本观点是只要耕作得法，作为基本生产资料的土地是完全能够满足人口需求的。尽管当时人们已感觉到了人地资源之间的不平衡，但资源无限观仍居主导地位。

在这充满革命性的历史变革和人类社会迅速发展的时期，资源尚未成为经济发展的限制，人类也基本上没有意识到资源将会成为社会经济发展的限制因素。大规模的资源开发利用仍是这时期人类发展的主旋律，资源无限史观占据人类认识的主导地位。尽管如此，资源合理利用的思想已经得到许多古典政治经济学家、人口学家、农学家的重视。17 世纪古典政治经济学创始人威廉·配第指出："土地为财富之母，劳动则为财富之父"。1798 年，英国人口学家马尔萨斯发表了《人口法则随笔：其对社会进步的潜在影响》。他从人口增长与土地资源生产力的动态关系出发，提出"人口以几何级数增长，生活资料以算术级数增长"的人口法则。他认为，人口将无限制地增长，直到食品供应的极限，明确提出了人口过剩的观点。英国古典政治经济学的杰出代表李嘉图的地租论，可以解释为自然资源日益增加的稀缺性。美国著名森林学家平楚特，从保护资源出发，针对资源的利用提出"保守主义就是对自然资源的一种利用方式，使其在最长的时间里提供数量最多，质量最好的产品"。保守主义包含对资源的保护和发展，其目的是通过现在的行动来增加未来可利用自然资源的供给。美国地理学者和外交家马什的《人与自然：人类活动改变了的自然地理》一书，主要从"地"这个角度来看人地关系。他指出：人类活动并非完全对环境有害，例如改良土壤、排干沼泽都更有利于人类生活。他还认为：在很多情况下，环境变迁是一种地质事实，与人的活动关系不大。但该书最有影响的部分，是谴责滥用自然所导致的土壤侵蚀、淤积和其他退化过程。所以，西方学者认为，当代人们普遍关注技术开发自然资源给环境带来的破坏性效应，马什是这种关注的精神先驱。我们比较熟悉恩格斯的有关论述："我们不要过分陶醉于我们对自然界的胜利。对于每一次这样的胜利，自然界都报复了我们。每一次胜利，在第一步都确实取得了我们预期的效果，但是在第二步和第三步却有了完全不同的、出乎预料的影响，常常把第一个结果又取消了。"由此可见，人们已认识到了人口、资源与环境的关系，人的作用与保护资源的思想已有了发展。

（三）现代人本位资源史观

从 19 世纪中期到 20 世纪中期，尤其是两次世界大战前后，对燃料、原料的需求加速增长，这是对自然资源挥霍浪费的时期。人们曾认为，自然资源是取之不尽、用之不竭的，很少想到要合理开发和利用，更没有想到要保护环境。一些与资源研究密切相关的学科，诸如生物学、地质学、地理学、农学、经济学及资源开发利用的工程技术科学，分别从不同的角度，对同一项或某几项资源进行各自的研究，彼此很少交叉、渗透，仍各自保留着自己学科的理论体系。19 世纪下半叶生态学的发生、发展，为资源科学的形成提供了契机，人们越来越认识到，自然界的任何成分都不是孤立存在的，他们相互联系、相互制约，构成具有一定结构和功能的系统。特别是 20 世纪 30 年代，有关生态系统、整体观和综合水平理论的广泛应用，促进了与资源科学有关的各学科与其母体学科日益分野，在资源与资源利用领域汇集，20 世纪以来广泛开展的一系列资源综合考察和区域调查研究工作，积累了丰富的科学资料，为资源科学的诞生奠定了思想基础和科学基础。

（1）产业革命。近代科学的发展，以其惊人的速度引发了以技术革命为前奏的产业革命。产业革命以技术革命为轴心，以大机器生产代替人力生产为标志，首先发生在 18 世纪末期的英国。1698 年，英国工程师萨弗里发明了第一台投入使用的蒸汽机——蒸汽泵。1705 年，铁器商纽可门制造出第一台只能用于矿山抽水的蒸汽机，到 1712 年英国的煤厂和矿山已普遍使用，带来了矿物资源特别是煤炭资源的大量供应。1769 年，瓦特制造出第一台蒸汽机样机，1790 年瓦特蒸汽机广泛利用，使工业革命进入高潮。古老的人力、畜力和水力被蒸汽动力所取代，纺织、采矿与冶金业迅猛发展，并很快扩展到欧洲各国和美洲，促进了工业化的完成。

随着知识和生产技术的日益积累，人类对自然资源利用能力的进一步提高以及科学技术的不断突破和大规模地在生产中应用，人类对自然资源的利用逐步向不可再生资源扩张，走向了掠夺性的利用方式——以机器体系的诞生及其在生产中的大规模使用为动力，劳动者以体内的糖为能源的劳作被以石化燃料为能源的机器所取代。工业革命进入 19 世纪以后，势头更为强劲。19 世纪末期，煤代替木柴既作为蒸汽动力燃料，又作为炼铁、炼钢的原料和重要的化工原料，并且开始在能源结构中占据主导地位。

（2）资源科学进程。19 世纪 90 年代，远距离输送电能的试验获得成功，为工业电气化奠定了基础，电力成为工业的基本动力，促进了社会生产力的巨大发展，从而导致了近代史上的第二次工业革命。尽管石油利用历史悠久，但是第一口油井开钻则迟至 1859 年。1883 年出现汽油机，1897 年出现柴油机，在 20 世纪，内燃机开始广泛用于交通工具和军事装备，石油需求急剧增加。二战前后中东及南非地区发现的巨大油田，促使能源结构发生了转变。就世界范围而言，1913 年石油在能源结构中只占 5.2%，到 20 世纪 60 年代末其已成为主要能源，石油在世界能源消耗中所占比例，已从 1950 年的 28.9%上升到 44.5%；在化工原料中所占比重，则从 44%上升到 90%。石油作为能源和化工原料被大量使用，生产出了合成纤维、大量廉价的化肥和农药，极大地提高了土地生产力，几乎导致了所有资源与农产品的过剩，带来了战后迅速发展的"石油文明"。由于煤炭、石油、天然气等不可更新的耗竭性资源存量有限，四五十年代以来，原子能的开发和利用给人类带来了无限希望。人类在开发利用原子能的同时，也开始研究开发利用太阳能、地热能、海洋能、风能与生物质能等可再生能源。能源史上一次次重大突破，已成为 20 世纪人类社会发展进程中一个又一个里程碑。

20 世纪以来，矿物能源和动力机械加在一起，使人类不仅需要，而且能够大规模地开发利用地下矿产资源，地面资源开发利用的深度和广度也达到了史无前例的程度。这不只是人类资源利用由地表深入到地下的空间延拓，更是意味着人类所利用资源的时间尺度第一次与人类个体生存的时间尺度出现了巨大的数量级差异，这是一个根本性变化。工业化开始后，出现了大规模消耗存量资源的近代科学技术手段，不可更新的地下资源纷纷进入社会化生产过程，成了工业文明时代的核心资源。人类大规模开发地下矿产资源的一个严重后果是，人的生产、生活方式的循环周期与自然节律及环境影响相隔离，循环和季节被淡忘。由于人类找到了储存几十亿年之久的太阳能储备——煤炭、石油、天然气等，再也不必等待阳光普照大地来创造能量和生命，于是一切都加快了步伐。

较之从狩猎—采集型社会向农业社会过渡，人类社会这次从农业社会向工业化社会的过渡有一个根本的不同之处，即出现了大规模消耗不可再生的存量资源的近代科学技术手段。1953 年英国科学史家贝尔纳在《历史上的科学》中写道："盲目地和浪费地开发矿藏财富，严重危害了土壤和植物，直到 20 世纪，这类浪费和破坏还只是限制的、局部的。在今天，机器规模和能力日益增大，而燃料和金属的利用增加更快，都威胁着要毁灭这整个行星上逐渐积累起来的天然储备到无可挽回的地步……现代机械化农业和林业的成功代价是毁灭了地球上大到危险比例的土壤面积，并改变了地球上的气候，对于几乎所有的生物都不利。"

（3）人本位资源史观。19 世纪末 20 世纪初到 20 世纪中期，人类对自然资源认识体系的主流具有明显的人本位特征：人类是自然的主人和占有者，自然界的一切必须服从于人类的利益和需求，人类对自然界拥有绝对的开发利用权。"一向发生的事情只是盲目地和浪费地开发矿产资源"，贝尔纳在《历史上的科学》中写道"在资本主义之下，只有对资源的无知才保护了资源，地球成了私产，可以不惜浪费，尽情开发"。在这一时期，资源取之不尽，用之不竭的思想较为普遍，在无限的时空中，人是万物的尺度与主宰，随着人类及其创造的科技世界的无限发展，理性将成为万能的立法者。这种藐视大自然的宏大气魄、积极进取的能动精神，的确值得人类文明史大书特书。但是，由于当时科学技术水平的限制，直至 60 年代，资源的稀缺性、有限性、整体性、系统性，人类活动对资源、环境的影响以及最终对人类的危害，还没有真正被人类所认识。

在中国，地大物博、资源丰富的思想统治着整个国家，"人定胜天"，"人有多大胆，地有多大产"和"只要有了人，什么人间奇迹都可以创造出来"等以人为中心的资源无限观达到了登峰造极的地步，由此导致的人口剧增及大规模的破坏性开发和掠夺性利用，如大炼钢铁运动、围湖造田、滥垦滥伐等，给 21 世纪中国的可持续发展带来了巨大的隐患。

总之，从 19 世纪中期到 20 世纪中叶，无论是中国还是西方国家，伴随着生产力的发展，人类对资源的开发利用能力均得到了显著提高。但是，由于资源的有限性尚未被人类所充分认识，人本位资源无限的思想，在人类的意识领域占据着主导地位。

二、当代资源可持续利用史观

20 世纪是科技革命的世纪。第二次世界大战之后，人类社会相继在 20 世纪上半叶实现以电力为主导的第二次技术革命后，又实现了以信息为主导的第三次技术革命，全球生产力持续提高、全球经济进入前所未有的高速增长期。随着经济的发展和科技水平的提高，相对适合于人类生产和生活的土地，则由于人口急剧增长和工业化日益加速而日显窄小。以 20 世纪 70 年代的两次石油危机为契机，"资源有限论"的思想逐渐被人类所接受。进入 20 世纪 80 年代，人类社会对人口、资源、环境与发展问题日益觉醒，人类只有一个地球，面对的也是共同的未来，以资源可持续利用为核心的全球可持续发展观深入人心。

（一）生态环境及其与资源的关系

生态环境，是指生物群落及包括人自身在内的非生物自然因素组成的具有生命支持能力的各种生态系统所构成的、相互作用和相互影响的统一整体，主要或完全由自然因素形成，并间接地、潜在地、长远地对人类的生存和发展产生影响。生态环境的破坏，最终会导致人类生存环境的恶化。因此，要保护和改善生存环境，就必须保护和改善生态环境。我国环境保护法把保护和改善生态环境作为其主要任务之一，正是基于生态环境与生存环境的这一密切关系。生态环境与自然环境是两个含义十分相近的概念，有时人们将其混用，但严格地说，生态环境并不等同于自然环境。自然环境的外延比较广，各种天然因素的总体都可以说是自然环境，但只有具有一定生态关系构成的、有生命力支持的系统整体才能称为生态环境。仅有非生物因素组成的整体，虽然可以称为自然环境，但并不能叫做生态环境。从这个意义上说，生态环境仅是自然环境的一种。生态环境与资源可有如下的关系：

1. 资源是人类生态环境的组成部分

环境的概念总是相对于一定的主体而言，一般辞典中给环境下的定义是：作用于一个对象（常假定一个有生命的生物）的所有外界影响和力量的总合。人类的环境是指人类赖以生存和发展的世界。根据人类生存与发展需求的层次性，环境的概念也可以分成几个层次。第一个层次的环境，只考虑关于自然方面的人类环境，即人类的自然生态环境，包括空气、水、声音、土地、森林等，构成这一环境的要素是人类生活环境中最重要的自然存在物。在这一层次中，生态环境的空间界限，可以包括地球及地球的外层空间，但通常界定为大气层以下及地壳以上生物圈之内。第二个层次的环境，包括风景名胜、文物古迹、受保护的野生动物、土地利用状态及能源环境。这一层次还包括了与人类发展至关重要的自然环境及历史上人文活动形成的当代人文环境。第三个层次的环境增加了美学环境、卫生环境、住宅环境、交通运输环境及文化娱乐活动的环境，因此也包括了满足人类生存、发展、享受需要的人文设施。第四个层次的环境，是人类的自然生态和经济社会生活的一般环境，因此包括世界经济发展状态、教育状态、公共安全及其他的福利状态等因素。

不论从什么出发点来考虑环境问题，资源与环境总是具有密不可分的关系，因此，保护或改善环境和有效地保护或利用资源常常具有同样的意义。下面通过一般的自然或经济社会环境构成要素的讨论，来揭示资源在环境中的意义。自然资源是自然环境的基本组成要素，在自然资源的序列中，矿产资源、土地资源、生物资源和水资源都是人类生态环境的重要组成部分。空气资源在通常的意义下不属于经济资源，因为一般来说它不是一种稀缺性资源。但是，当人们必须为保持空气的清洁而付出经济代价时，就意味着清洁的空气确属一种人类十分需要的稀缺性且具有选择性用途的经济资源。目前，地球上人口激增，人类活动高度密集，环境污染几乎在环境的一切领域、一切环境要素方面都严重地存在。人类必须在利用资源进行生产和消费的过程中，充分地考虑环境的保护和资源的持续利用问题，并在经济增长与生态保护之间做出权衡。因此，一般的环境资源都属于经济资源的范畴。资本资源是人类经济社会生活的基本环境要素。人类为物质资料的再生产，为合理有效地把各种自然形态的资源加工成符合人类需要的各种产品，需要有生产手段即各种生产性的固定资产。人类为了正常地生活、享乐和全面地发展自己，建设了文化、卫生、交通、通讯、住宅、游乐场所、教育及其他公用设施，这些都是资本资源，是构成人类赖以生存的人文环境的要素。信息资源作为一种软性的资源，也是构成经济社会环境的要素。人类总是生活在一定的信息环境之中，从而感知、接受各种事物并作出能动的反应。人力资源也属于环境因素，这是因为人力（包括人的体力和智力）作为一种重要的经济资源，是构成人类生产过程的一种重要因素，人力资源的合理配置，是资源合理配置并实现有效生产的重要方面。因此，人力资源是相对于人类的社会属性而言的，而作为环境主体的人类则是指人类生存发展的自然属性。从这一意义上说，人力资源实质上也是一种人类的经济社会环境因素。人类还有个体与整体之分，个体的环境包括人与人之间自然的、经济社会的联系，因此，整体的人类也构成人类个体的环境要素。

总之，自然资源是人类自然生态环境的构成要素和主要内容；人力资源、资本资源和信息资源是人类经济社会环境的构成要素和主要内容。在这个概念的基础上，我们可以进一步深刻地理解资源运动与环境变化之间的关系。

2. 资源开发是对自然生态环境的改变

人类自然生态环境古往今来历经沧桑，究其变化原因可以归结为两大类：一是自然力的作用；二是人类活动的作用。

人类本身就是自然环境变迁的产物，因而人类对进一步促进环境演变的自然力作用甚微。自然变化的力量，有的来自地球以外，如太阳的活动和行星卫星的活动都会对地球产生影响。人类迄今发现存在于地球的各种能源，除核能以外，基本上都来源于太阳能。地球环境的许多变化，都与太阳的活动有关。在地球内部及表面生物圈内，也不断发生起因于各种动力地质作用的环境变迁。如喜马拉雅山的隆起，改变了整个中国的生态条件，引起中国西北地区的干旱少雨和沙漠化。

引起环境变化的人类活动，主要是人类为生存和发展所进行的资源开发活动。人类第一次产业革命就是大面积地开发耕地，从狩猎生活走向农业文明。从那以后，大面积地垦荒使人类获得了比较稳定的食物来源，同时也使各种植物病害蔓延。大量使用农药使食物和土地受到污染；矿产资源开发常伴随着水土流失及大量废弃物的堆积；森林的采伐更是使生态失去平衡的主要原因；旅游点的开发所伴随的道路、商店和食宿设施的建设，破坏了原始的自然景观等。资源开发对环境的改变主要表现在两个方面：一是导致环境要素本身变化而引起的生态系统的运动（如土地及森林的开发）；二是由于开发过程中的副产物以废弃物的形式加于某些环境要素，从而改变了环境要素原有的状态。由于资源开发对环境的这种直接影响，使资源开发的管理成为环境保护管理的主要内容之一。

人类所进行的各种资源开发活动，都会对自然环境产生影响，引起变化，但并不一定每次开发都会造成损害环境的结果。有一些开发对生态环境影响很小（例如一些油田开采的石油）；有的开发甚至可以最终改善生态环境，具有良好的生态效益（如都江堰水利工程）。但不管其最终效益如何，开发总是对原有环境自然状态的改变。这种改变表现在两个方面：一是对自然环境的破坏；二是对自然环境的改造和完善。

3. 资源开发是对人文环境的建设

人类通过资源开发的生产活动建设着人文环境，使自身日益脱离自然状态的简单生存繁衍，开始更具有社会化的、逐步走向自我实现的过程。现今人类社会环境中的一切——住宅、道路、城市、文化教育和卫生等现代人赖以生存的条件，都是对自然资源或对最基本的环境要素开发利用的结果。

对土地资源开发利用的结果，建立了现代的农业环境，随着农业生产率的不断提高，水、阳光、土地等自然资源得到了更充分的利用，使更多的人从土地的束缚中解脱出来从事工副业的生产。对矿产资源的开发，使人们获得了各类具有广阔用途的能源和原材料，使各种加工活动成为可能，使现代的道路、住宅及城乡公用设施的建设成为可能。对水资源的开发，形成了现代水库、水电站等人造景观和环境。

一般来说，人类环境的建设是以自然环境的改变为代价的，其结果不外乎两种情况：人类环境和自然环境的和谐协调发展，或者，人类环境与自然环境的矛盾冲突。我们追求的目标是合理地开发利用各种自然资源，使人类获得一个人文环境和自然环境和谐发展的环境。

（二）资源开发的环境影响

自然资源是经济社会发展不可替代的物质基础，对其进行有计划的开发利用，是维持经济社会稳定发展的需要。但是，由于过去存在"地大物博"、"取之不竭"的模糊概念，使资源的开发强度超出了环境的承受能力，出现了各种环境问题。就其对环境的影响性质而言，一般可分为原发性影响和继发性影响两种。原发性影响是指开发行动的直接影响结果，如矿山开发对周围植物群落和野生生物物种的毁坏，土地利用性质的改变等。继发性影响是指间接或诱发的环境变化，包括由于开发项目所引起的大气质量、水质或对其他自然资源的影响，还包括因此而引起的地区性非计划增长或萎缩而带来的社会、经济活动方式的变化而诱发的自然条件的改变。所以，原发性影响一般都比较直观，容易分析和测定。而继发性影响则往往较为隐蔽，有些影响不是立即出现，而是随着时间的推移而逐步增强，具有涉及面广、危害性大、且较难以测定的特点。在受污染的大气、水体、土壤之间，有时还具有互相转化的特点，如废水中的芳香族化合物、酮类、酚类等可以进入大气之中，反之亦然。此外，在多种污染物同时进入环境后，互相之间还可以发生一系列连锁反应，或者发生"协同作用"，这种协同作用是指一种或几种污染物协同危害环境，如钒对人体新陈代谢有明显的干扰作用，而在有镍等其他金属元素共同存在时，其致病能力将大大增加。又如镍和砷所形成的化合物，比单纯元素的毒性要大得多。

总之，污染物进入环境之后，并不是静止地、一成不变地停留在原地，而是随着接纳它的环境介质的运动和变化，活跃地参与各种运动和变化过程，包括力学输送，化学变化，生物化学变化等，从而将影响扩大并进一步诱发出许多新的不同级别的影响，这就造成了环境问题的复杂性和多层次性。

1. 环境污染的形成

环境污染是指环境的物理学、化学和生物学条件变化对人类生活所造成的有害影响，包括对人类、动物、植物、工农业、文化和景观的影响。人类活动引起的环境污染起源于人类对自然资源的开发利用。我们知道，作为生产要素同时又是环境要素的自然资源、人力资源、资本资源，通过市场或计划调配进入生产过程中的商品和服务，再通过市场或计划成为人们最终需求的商品和服务。在上述资源的增值运动过程中，货币资金通过分配、再分配实现循环。在市场经济条件下，资源所有者在将资金投入生产的过程中，获得资源报酬（工资、地租或资本收益），形成家庭收入。家庭收入分三种用途：作为消费支出，购买消费品和服务；作为储蓄，投资于新的资源开发；作为税收，形成政府收入。政府消费及私人消费构成社会总的消费需求，通过购买将货币付给生产者，生产者通过投资于资源开发或资源使用，将货币支付给资金所有者，从而实现经济中产品的运动和价值的循环。在这一经济过程中，生产领域及消费领域在对资源的加工和消费中，将各种废弃物如废水、废气、废渣及噪声等人类不需要的废弃物投入环境之中。这些废弃物一部分经过回收处理可进入生产过程的再循环，而很大部分则进入自然环境要素（水、空气、土地等）之中，形成环境污染，使人类生活环境质量下降。

由于污染是伴随着人的生产活动发生的，因此，人口密集、经济活动强度大的地方污染就相对严重。当环境污染超过自然界本身的净化能力时，污染就会成为一种严重的公害，最终影响人们的生活。最常见的污染包括水资源污染、大气资源的污染以及噪声、辐射、酸雨等对景观的破坏等污染。这些污染的产生都与人类从事的能源开发活动有关。

2. 不同环境污染的特点

水污染，从实用的观点可以分为可降解与不可降解两种水污染物。可降解水污染物包括有机物和热排放物。可降解有机物能在细菌或其他有机体的作用下被氧化，最终分解为稳定的简单无机物。不可降解的污染物包括各种有毒物质，如镉、汞、铅和多联苯等。污染物会改变水的色、嗅、味、温度和酸碱度，特别会降低水中的溶解氧，最终导致厌气菌的大量繁殖，使水腐败。水污染来源有三方面：工业废水、农业污染及生活污染。主要的工业废水排放源是造纸厂、化工厂、炼油厂、钢铁厂等对自然资源进行初级加工的企业的生产过程，排放比较集中，处理相对容易。农业水污染源主要是农药及化肥，由于其浓度低且分散，危害一般比工业废水低，但处理也比较困难，因而在实际中要考虑普遍使用低毒农药并使农药化肥的施用量与环境的自净能力相适应。生活水污染源主要是人类的排泄物以及生活废弃物，其排放比较集中，处理起来也比较容易。

大气污染，主要是一氧化碳、硫的氧化物、氮的氧化物、烃类和漂尘对大气的污染。一氧化碳的主要排放源是动力机械如内燃机等的燃烧过程，会阻碍人体血液循环中氧的传递，轻则使人体反应迟钝，重则造成人体缺氧。石油和煤等含硫燃料的燃烧是硫的氧化物的排放源，硫的氧化物会对人的呼吸系统造成伤害并具有腐蚀作用。氮的氧化物主要由高温燃烧过程产生，来自蒸发和不完全的燃烧，特别是内燃机的不完全燃烧排出的废气。氮的氧化物及与烃类生成的光化学污染物对人体亦十分有害，特别是会诱发流感，还具有腐蚀作用。漂尘主要由固体燃烧和其他工业过程产生，不仅使空气浑浊，而且加速了其他污染物的腐蚀作用。由此可见，大气污染是在能源、矿产资源的开发利用过程中发生的。

土地污染，是由于农业施用农药与化肥大面积地污染土地从而改变土壤的化学物理性质，此外，农业、工业活动和生活消费活动产生大量的固体废弃物也使土壤受到污染。在矿产资源的开发过程中，除了直接破坏植被和土地的原有状态引起水土流失等污染问题外，也产生大量的固体矿渣，覆盖在矿区周围的大面积土地上。工业和生活过程产生的垃圾堆弃在城市郊区，恶化着人类的生活环境。工业废水和酸雨则使土地贫瘠而不宜农耕。

（三）资源持续利用与资源承载力

按照可持续发展的理念，资源持续利用是指既能满足当代人的需求，又对后代满足其需求能力不构成危害的资源利用方式。资源持续利用与资源持续能力密切相关，可更新资源自然潜力的利用必须考虑时间上的公平分配，即应留给后代同等的资源利用机会。把这种考虑结合进可更新资源的潜力估算中，就要采用持续能力或持续产量的概念。持续能力是指可更新资源实际上能长期提供有用产品或服务的最大能力，即不损害其充分更新的利用能力。可用渔业资源的例子来说明这个概念。从理论上讲，通过控制捕捞活动，可以使鱼产量长期维持，这个能长期维持的产量就是持续能力。在持续产量的任一点上，鱼的年产量可维持一定水平，使得与可在未来年份生产同样产量的鱼资源储存水平保持协调。当人类捕捞活动开始时，由于对食料的竞争减少，持续产量水平是上升的，鱼群数及其生物生产率都可以有一定的增长率。这种情形在其他可再生资源中也很常见，如有限地割韭菜、伐薪柴，可促使再生量上升。但是，一旦捕鱼活动超过了某点，持续产量将开始下降；当达到临界点时，鱼群就耗竭到不能维持再生产的地步。

1838 年，比利时数学生物学家 P. E. 费胡斯持从马尔萨斯的生物总数增长率出发，认为生物种群在环境中可以利用的食物量有一个最大值，它对动物种群的增长是一个限制因素。种群增长越接近这个上限，增长速度越慢，直到停止增长。该值在生态学中称为"承载力"。费胡斯特还提出了描述种群增长动态的数学模型。1920 年，美国两位研究人口问题的学者得到同样的公式，即逻辑斯蒂方程：

$$\frac{\mathrm{d}N}{\mathrm{d}t} = rN\left(1 - \frac{K - N}{K}\right)$$

式中　N——种群个体数；

　　　r——该种群的内禀增长率（在不受环境限制下的最大增长能力，只与繁殖能力、寿命、发育有关）；

　　　K——环境容量，即承载力，其含义是某一特定环境条件下（主要指生存空间、营养物质、阳光等生态因素的配合），某种生物个体存在数量的最高极限。

它是一个从生态学中发展起来，后又用于反映人口、资源、环境与发展相互关系的具体概念。后来将该定义应用于土地科学研究中，形成"土地承载力"这一较为成熟的概念。1948 年，W. 福格特用下列方程式来说明这一概念：

$$C = B / E$$

式中　C——土地承载力，即土地资源能够供养的人口数量；

　　　B——土地可以提供的食物产量；

　　　E——环境阻力，即环境对土地资源生产能力所加的限制。

由此，可以根据某一地区的食物资源来确定区内的人口承载力，即一定条件下，土地资源的生产能力所能承载的一定生活水平下的人口数量。20 世纪 80 年代以来，考虑到土地承载力研究的局限性和片面性，在联合国教科文组织的资助下，开始了包括能源与其他自然资源，以及智力、技术等在内的资源承载力研究。

资源承载力一般是指地球生物圈或某区域资源对人口增长和经济发展的支持能力，主要包括可供开发利用的自然资源数量和环境对生产和生活过程所产生的各种废弃物的最大负荷量。按照联合国教科文组织的定义，一个国家或地区的资源承载力，是指在可预见的时期内，利用当地的能源和其他自然资源以及智力、技术条件等，在保证与其他社会文化准则相符的物质生活水平下，所能持续供养的人口数量。自从资源承载力研究兴起以来，为统一量纲，人们把不同物质折算成统一的能量或货币量，以期采用更加综合的单一指标体系，增强承载力研究的纵向可比性。这是承载力研究深入发展的一项重要基础工作。正确理解资源承载力和该项研究的科学内涵非常重要，它反映的是自然资源及其支持能力对一定物质生活标准下人口增长与社会发展的限制目标与限制条件，对人口、资源、环境与发展等均有一定的预警功能。

（四）环境吸收能力与环境容量

环境吸收能力或同化能力，是指环境媒介吸收废弃物而又不导致环境退化的能力。人类利用自然资源的结果之一是产生各种废弃物，为了排放人类活动自觉或不自觉产生的废弃物，就要利用环境媒介，即大气、水、土地等。废弃物进入环境后，都要经历自然界的生物分解过程，整个环境系统具有一定的吸收废弃物而又不导致生态或美学变化的能力。但如果排放的速率超过了分解能力，或者所排放的是非生物降解物质或只有经过很长时间才能降解的物质，那么环境变化就不可避免。任何环境媒介的吸收能力都不是一成不变的，它不仅随气候等环境因素的变化而发生天然变化，也可以被人类改变。例如，一条河流降解污水、废水的能力，可以因为增加了其流量或含氧量而提高；相反，若水被抽取而减少了流量，或河道被裁弯取直、控深、混凝土化，减少了氧的吸收量，河流的吸收能力将会降低。如果发生极端情况，即氧的缺乏使细菌已不能维持其分解功能，那么全部生物分解过程就会完全停止。把废物排放量控制在吸收能力限度内，应该是一个普遍原则。

环境容量则是一个描述环境系统结构和状态相对稳定性、体现环境同化能力的重要概念，意指在人类生存和自然生态不受危害的前提下，某一环境所能容纳污染物的最大负荷量。也有人把它定义为在污染物浓度不超过环境标准或基准的前提下，某地区所能允许的最大排放量。环境容量是一个变量，因地域的不同、时间的变化、环境要素的差异及对环境质量要求的高低而不同。它由基本环境容量（或称差值容量）和变动环境容量（或称同化容量）所组成。前者是指环境标准值，一般认为，环境容量的大小主要取决于环境空间的大小、污染物在环境中的稳定性、传输条件、环境的功能特征及区域环境的背景状况。环境容量可以用一个简单的数学公式表示如下：

$$Q = (C_0 - B)V + q$$

式中　　Q——环境容量；

　　　　C_0——某环境功能所决定的环境标准；

　　　　B——某污染物的环境背景含量；

　　　　V——环境空间的容积；

　　　　q——某污染物的环境净化量。

环境容量本质上是表示环境基本特性的一个概念，对同一种环境要素和同一种污染物而言，不同地区或不同时期，其环境容量不尽相同，体现了环境的地域性；而对同一地区、同一时期、同一环境要素而言，环境容量的存在同时就说明了环境系统自身调节功能的存在及作用。随着环境容量研究的日益深入，有人把它推而广之为：某一时期、某种状态或条件下，某地区的环境所能承受的人类活动作用的阈值；更有甚者，将其等同为环境人口容量或资源承载力。尽管目前对环境容量的理解还不一致，但它在资源与环境科学的理论研究，污染物的总量控制与环境质量评价，环境污染的综合防治及制定资源环境与社会、经济协调发展规划等项工作中，都具有重要的理论意义和实践价值。

（五）可持续发展观

人类自出现以来，为了生存和发展，便开始了对资源的认识和开发利用。资源不仅为人类的生存提供了生命保障系统，如空气和水等，也为人类的经济活动——生产和消费活动提供了不可缺少的物质来源。然而，随着人口增长的不断加速和人类开发利用资源的强度不断增强与深度不断加深，对资源的索取逐渐超出了环境所能承受的程度，加剧了环境和资源的破坏，甚至使某些资源濒临枯竭，致使生存环境恶化，发展受到制约。

1. 可持续发展观提出的背景

20 世纪 70～80 年代，面对人口增长、环境污染、资源日趋枯竭和生态破坏等一系列经济发展过程中没有预料到的危机和挑战，人类开始对几千年来，特别是工业革命以来片面追求经济增长和物质财富积累的发展道路进行争论和反思，并在此基础上预测世界的未来，先后出现了以"罗马俱乐部"为代表的悲观派，以美国未来研究所所长卡恩博士为代表的乐观派和以世界未来学会主席柯尼什、德·儒佛内尔和艾伦·科特奈尔阿·托夫勒等为代表的现实派。悲观派研究了人口增长、工业发展、粮食生产、资源耗费和环境污染等当代世界五大严重问题的发展趋势，他们在其研究报告《增长的极限》中认为，地球是有限的，人类必须自觉抑制增长，否则在 100 年内的某一天，人口和经济增长将达到极限，接下来的便是人类社会的崩溃。乐观派刚好相反，坚信技术的发展可以不断突破现有的资源极限，加上计划生育和环境保护，人类不但能够摆脱困境，而且有着美好的未来。现实派则认为，对于人类来说，风险和机遇并存。尽管人口增长和资源枯竭问题日益严重，但市场机制的力量可以促使人们解决资源短缺问题。发展技术和经济，解决相关的政治和社会问题，节制生育，对环境问题开展全球合作，人类就可以实现可持续发展。其实，从某种意义上说，这些观点都有一定的道理，都从某一个侧面反映并提出了我们面临的问题和解决这些问题的可能办法。人类必须承认人口膨胀、环境污染、资源枯竭和生态恶化等对增长造成威胁问题的严重性，深刻认识这些问题产生的根源，改变传统的、简单追求经济增长和物质财富积累的发展模式，在经济和技术发展、思想认识提高和国际合作的前提下，认真面对并采取切实可行的措施解决这些问题。只有这样，人类才会走上通向美好未来之路，即可持续发展的道路。实际上，正是由于人类在可持续发展方面做出的不懈努力，当年"罗马俱乐部"在《增长的极限》报告中所预言的人类将面临严重资源短缺的情况并没有成为现实。

2. 可持续发展的含义

早在 1972 年，联合国环境规划署（UNEP）在瑞典斯德哥尔摩召开的第一次人类环境会议上就提出了发展与环境问题；1974 年的墨西哥会议强调，必须从协调经济发展与环境的关系入手解决问题；1980 年联合国环境规划署在斯德哥尔摩召开关于"人口、资源、环境和发展"的讨论会，指出这四者之间的关系是紧密联系、互相制约、互相促进，新的发展战略应当正确处理这四者之间的关系。1987 年，由挪威前首相布伦特兰夫人领导的联合国世界环境与发展委员会在提交给联合国的报告《我们共同的未来》中，正式提出了可持续发展的著名定义，即可持续发展是指"既满足当代人的需要，又不损害后代人满足需要的能力的发展"。

在此后于巴西里约热内卢召开的联合国环境与发展大会（"地球首脑会议"）上通过的三个重要文件，即《里约宣言》、《21 世纪议程》和《森林问题原则声明》，把可持续发展战略视为世界各地应共同实施的战略，而会上《气候变化框架公约》和《生物多样性公约》的开放签字，则标志着可持续发展的理念在各国取得了共识。总之，世界各国已经认识到，只有以人为本，实现社会、经济与环境的协调发展，兼顾局部利益和整体利益、眼前利益与长远利益，才能既造福于当代人，也造福于子孙后代。可持续发展应是生态——经济——社会复合系统的持续、稳定、健康发展。这一可持续发展定义中的中心思想和原则，已为世界各国所接受和采纳。

3. 中国的可持续发展战略

中国的可持续发展战略，重点是立足于国情，统筹考虑当前的发展与未来几十年乃至更长远的发展，走出一条独特的发展道路。1989 年，中国社会科学院国情分析研究小组首次发表《生存与发展》研究报告，指出中国面临四大困境：①人口继续膨胀与迅速老化；②农业资源日益紧张，接近资源承载极限；③环境污染迅速蔓延与自然生态日趋恶化；④粮食需求迅速增加与粮食增产举步维艰。

为此，研究人员提出适合我国国情并紧跟世界发展潮流的现代化发展模式，其核心内容包括建立如下体系：①低度消耗资源的生产体系；②适度消费的生活体系；③使经济持续稳定增长、经济效益不断提高的经济体系；④保证效率与公平的社会体系；⑤不断创新，充分吸收新技术、新工艺、新方法的适用技术体系；⑥促进与世界市场紧密联系的、更加开放的贸易与非贸易的国际经济体系；⑦合理开发利用资源，防止污染，保护生态平衡。这些体系构成了中国可持续发展战略的基本框架。

中共中央和国务院于 1992 年批准的《中国环境与发展十大对策》正式发表，其中的第一条便是"实行可持续发展战略"。1994 年 3 月，国务院批准的《中国 21 世纪议程》，全面阐述了中国的可持续发展战略，即社会可持续发展、经济可持续发展和保护生态环境。

（1）社会可持续发展。社会可持续发展是可持续发展的目的。发展的目的是为了人，是为了促进生活质量的提高和人的全面发展，从而建立一个富裕而和谐的社会。为此，必须首先解决制约我国实现可持续发展的首要问题——人口问题，控制人口的无节制增长，实行计划生育，大力发展文化和教育事业，提高人的素质，改善人口结构。社会发展也意味着实现社会公平，消除贫苦，促进资源和财富在当代人之间和代际之间的公平分配，使每个人都参与到发展进程中来。只有这样，才能使所有的人过上健康、有尊严和蒸蒸日上的幸福生活。

（2）经济可持续发展。经济可持续发展是社会可持续发展和保护生态环境，进而实现可持续发展的基础。没有持续和强劲的经济增长，就不可能不断增强国家的实力和增加社会的财富，不可能消除贫苦，不可能为社会的进步和人民物质与文化生活水平的提高提供充分的物质基础，不可能取得不断的技术进步，不可能提高保护环境的能力。经济可持续增长不仅重视增长速度，更关注增长的质量，使经济增长不超越环境的承载能力。为此，必须改变传统粗放的生产和消费模式，提高效益和效率，降低成本和消耗，减少浪费。对于中国这样的发展中国家来说，经济可持续发展尤为重要。

（3）保护生态环境。保护生态环境是可持续发展的条件。中国是一个人均资源贫乏、经济落后的国家，经济和人口增长对资源和环境造成了巨大的压力，这就更需要我们保护、节约和合理开发利用资源，贯彻执行"谁开发谁保护、谁破坏谁恢复、谁利用谁补偿"的政策。必须建立基于市场机制与政府宏观控制相结合的资源和环境管理体制，实行"使用者付费"的原则，从而使社会和经济发展保持在环境的承载能力之内。

（六）可持续发展的资源观

可持续发展的资源观，体现在两个重要的方面，即资源可持续发展所具有的层次性和资源自身的可持续发展。

1. 资源可持续发展的层次性

从对资源与经济发展相互关系的分析中可以看出，对资源的认识不能仅仅停留在开发、利用、保护这样一个较低层次上，而更应该从发展特别是可持续发展的战略高度上认识资源，由此而产生的资源观就是资源可持续发展观。也就是说，应从资源开发利用观、保护观转变为资源可持续发展观，并由此通过资源经济制度创新促进资源可持续发展。

从资源可持续发展的内涵来看，应包括四个层次：一是资源本身的可再生和可持续开发利用，二是资源产业的可持续发展，三是资源经济的可持续发展，四是以资源为基础的整个经济、社会的可持续发展。这四者共同构成一个有关资源可持续发展的密不可分的统一体。

由于资源可分为可再生资源和不可再生资源，且具有不同的使用周期，从物质技术和制度保障的角度来看，二者又表现为不同的发展特征，因此，资源的可持续发展首先直接表现为可再生资源的可持续发展和不可再生资源的可持续开发利用，或者说，二者共同构成资源可持续发展的第一层次的内容。其他三个层次的资源可持续发展都是在此基础上逐步或依次派生出来的更高层次的资源可持续发展，其中以资源为基础的整个经济、社会的可持续发展就是人们经常谈论的一般意义上的可持续发展，也是最高层次的发展战略。

2. 资源自身的可持续发展

资源自身的可持续发展，包括两个方面的含义，一是可再生资源的可持续发展，二是不可再生资源的可持续开发利用。

（1）可再生资源的可持续发展。人类的生存和发展首先是建立在对可再生资源的直接利用基础之上的，即人类对可再生资源的直接消费保障了人类自身的再生产。但是，随着人口扩大再生产的进行，人类对可再生资源的直接利用转化为直接利用与开发利用相结合；在资源开发利用技术不断提高的情况下，人类逐渐以开发利用为主要方式来提高可再生资源的利用效率。人口规模迅速增加带来对资源消费需求量也随之迅速增加、对资源消费需求结构不断变化和需求范围不断扩大，而在资源开发利用技术进步缓慢的条件下，经济发展给可再生资源带来了较大的压力。这表现为：一是可再生资源总量难以承受巨大人口规模对其的需求压力；二是可再生资源结构和范围随着消费需求的变化而不断变化，现已扩大到所有的可再生资源；三是消费总量的扩大以及不合理的消费方式直接破坏了可再生资源的再生能力，使许多可再生资源成为可耗尽资源甚至可灭绝资源，生态环境的严重破坏直接导致物种的灭绝和消亡，且消亡的物种仍在不断增加，生物多样性难以维持，其最终结果是危及人类自身的生存和发展。因此，资源可持续发展首先必须是可再生资源的可持续发展，要保护、维持并逐渐扩大或增加可再生资源的再生能力。只有通过资源制度的重新安排和创新，加速资源开发利用的技术创新，才能增强可再生资源的再生能力，使可再生资源的存量在不断增加的同时，其增量不断扩大，从而满足不断增长的可再生资源消费需求，也就是通过可再生资源的扩大再生产来实现可再生资源的可持续发展。

（2）不可再生资源的可持续开发利用。人类对资源消费不仅表现在总量的增加，而且表现为种类的增多和范围的扩大，具体表现为由可再生资源的消费扩大到不可再生资源的消费，且对不可再生资源开发利用的深度不断加深、广度日趋扩大。由于不可再生资源的存量（理论上的总储存量）是既定的，且不可能再生而增加其存量（新探明的矿藏资源仍然属于理论上的总储存量），因此，在不可再生资源开发技术快速提高的条件下，经济发展就给不可再生资源带来了巨大的加速消耗，严重影响了不可再生资源的可持续开发利用。这表现为：一是不可再生资源消费流量不断增大，使其总存量急速下降；二是"有水快流"或"竭泽而渔"式的开发利用使有些品种的不可再生资源存量已经降至其最低保有量水平之下，使其成为不可开发利用的资源，即如果继续对其开发利用，则缺乏规模经济，因开发成本过高而只能被迫停止开采；三是在短期内资源开采技术水平相对稳定，但资源需求量却在增加，难以快速提高不可再生资源的综合利用效率，造成不可再生资源的技术性浪费；四是由于资源使用制度安排的不合理而造成了对不可再生资源开发利用的影响，这主要体现为影响那些可回收的不可再生资源的回收利用和多次回收重复利用，这种制度性缺陷加剧了不可再生资源的浪费和短缺；五是在不可再生资源的开发利用和消费过程中，不仅存在着要消耗大量的可再生资源的问题，还存在着较为严重的损害、破坏、污染生态环境的问题，从而影响不可再生资源的可持续发展。因此，资源可持续发展不仅仅要实现可再生资源可持续发展，还要实现不可再生资源的可持续开发利用，通过制度创新和技术创新，不断开源节流，提高不可再生资源的综合利用效率，同时注意协调这两类资源开发利用的相互关系，则可以实现不可再生资源的可持续开发利用。

进入 20 世纪七八十年代，世界经济、政治格局发生了巨大变化。一方面，日本、西欧各国经济迅速发展，世界经济格局出现美、日、欧"三足鼎立"的局面；另一方面，长时期的政治冷战与军事对峙结束。由于苏联与南斯拉夫等国先后解体、德国统一、中国对香港和澳门恢复行使主权及第三世界国家的国际地位日益提高，国际政治格局也朝着多极化方向发展。与世界经济迅速发展和世界形势根本性变化相伴随，人类科学技术发展在世纪末进入了一个伟大的时代。尤其是以计算机为主的信息技术、新材料技术、生物技术、航空航天宇宙探测技术、新能源技术得到空前的发展，日本理化研究所研制出可以再现人脑工作原理的"人脑型"计算机、美国航天局"火星探路者"飞船在火星表面成功着陆以及世界上第一只克隆羊试验的成功等伟大的划时代科技成果，不仅极大地增强了人类对自然界的干预能力和改造能力，推动了人类社会经济的发展，更重要的是拓宽了人类对自然界、资源与环境的认识，丰富并深刻地改变了人类对自然界本身及各种要素相互作用的思想观念。以资源可持续利用为核心的全球可持续发展观，也正是在这一时期提出并逐渐深入人心。

进入 21 世纪以来，随着太阳能、风能、水能和海洋能等恒定资源的开发及与此相伴的现代流量技术的发展和近代存量技术（非再生资源利用技术）的吸收与重组，人类社会将向资源可持续开发利用的道路迈进：以新型的流量技术（生物工程、太阳能工程和海洋能工程等）大规模地开发利用非耗竭性资源，以现代存量技术合理利用可更新的土地和生物资源、保持生命系统的可持续性并节约使用不可更新的矿产资源、特别是不能重复使用的化石能源。因为只有这样，人类才有可能最大限度地降低社会物质消耗和自然生产与供给之间的资源赤字，使其不致威胁到自身的生存与发展，谋求资源永续利用下的社会可持续发展。人类与自然和谐相处、自然资源合理利用、生态环境有效保护和社会经济协调发展已成为人类共识，以资源可持续利用为核心的可持续发展观已成为当代资源科学的主流观念。

综上所述，人类对自然资源的认识，经历了从古代朴素资源史观、近代资源无限史观、现代人本位资源史观到当代资源可持续利用史观四个阶段的演变，见表 2-1。

表 2-1 资 源 史 观 的 演 变

资源史观	起始年代	跨越时期	工具与技术	新增利用的资源种类	对资源的认识
古代朴素资源史观	约 100 万年前	旧石器时代 新石器时代 青铜器时代 铁器时代 中世纪	粗、精制石器 铜器 铁器 风车、航海	石、树枝、兽 栽培植物 驯化动物 矿石、土地 林木、水流 铁、金、银 风能 海洋水产	从自然崇拜到尊重自然，再到古代农业的因地制宜开发利用资源
近代资源无限史观	公元 14 世纪末	文艺复兴 工业革命	爆炸采矿 蒸汽机	硝石 煤炭	人类社会迅速发展，大规模开发利用资源，但资源未成为经济发展的制约，资源无限思想占主导地位。出现了早期资源合理利用的思想

续表

资源史观	起始年代	跨越时期	工具与技术	新增利用的资源种类	对资源的认识
现代人本位资源史观	1850年	西方殖民时代 第一次世界大战前后 第二次世界大战前后	火车、轮船 电力、炼钢 汽车、内燃机 飞机、化肥 人造纤维 原子技术 空间技术 电子技术	黑色金属 有色金属 石油 磷、钾 稀有元素 放射元素 半导体元素	人类是自然的主人，拥有绝对开发利用权，因此自然界的一切必须服从于人类的利益和需要
当代资源可持续利用史观	1964年	20世纪60年代以后	地球同步卫星 宇宙飞船 登陆月球 陆地资源卫星	地球同步轨道太空资源	在一定时期内，资源是有限的，为确保子孙后代永续利用，必须合理开发利用和保护资源

第二节 科学发展观与资源可持续利用

科学发展观的第一要义是发展，核心是以人为本，基本要求是全面协调可持续，根本方法是统筹兼顾，这些内容科学概括了科学发展观的基本内涵。就资源的开发利用而言，按照科学发展观的要求，应努力实现资源的可持续开发利用，着力建设资源节约型社会和大力发展循环经济。

一、科学发展观

2004年3月10日，时任中共中央总书记胡锦涛在中央人口资源环境工作座谈会上的讲话中，把科学发展观概括为"以人为本，全面、协调、可持续的发展观"，其精神实质是要实现经济和社会又快又好的发展。科学发展观的提出，并不是对把经济发展简单地等同于经济增长的传统发展观的否定，而是在继承人类文明史中精华的基础上，对它的补充和矫正，是可持续发展理念与我国现阶段具体国情相结合的产物。

（一）发展观演变的历史轨迹

发展观是从哲学的角度对发展的解释，是人们对经济社会发展总的看法和根本观点。从20世纪40年代起，伴随着人类社会的不断进步，发展观经历了五个不同的发展阶段。与此相对应形成了几种不同的发展观。

第一阶段：发展=经济增长，即"经济增长论"引出的发展观。20世纪40年代，法兰克福学派提出了"经济增长论"。经济增长论源于"二战"后发展经济学的兴起，是发展经济学早期的发展观。它根据对发达国家的经验总结，认为只有促进经济增长，落后国家才能实现追赶发达国家的目标。在这个时期，由于发展经济学的主要研究对象是落后国家如何追赶发达国家，因此，在理论和认识上也将发展等同于经济增长。它的核心观点是：①工业化是经济活动的中心；②经济增长是一个国家发展的主要标志；③国内生产总值（GDP）是发展的首要衡量标准；④发展规划是实现工业化的重要手段。

实践证明，以经济增长为核心的发展观，对促进经济增长、财富迅速积累起到了积极作用。但是，由于经济增长并不能体现收入分配的改善和社会结构的完善，不能反映技术进步的变化，并没有给人们带来所期望的福祉。相反，却出现了高增长下的分配不公、两极分化、社会腐败、政治动荡、环境污染、资源破坏和生态恶化。学术界将这种现象归纳为"有增长无发展"、"无发展的增长",在理论上确认了发展与增长之间的差异。

第二阶段:发展=经济+自然,即"增长极限论"所表达的发展观。20世纪60~70年代,由罗马俱乐部未来学派提出"增长极限论",警告人类发展必须关注自然。它的主要观点是:人口增长、粮食生产、投资增长、环境污染、资源消耗具有几何级数增长的性质,极限为一百年。原因在于地球是有限的,人类生活的空间是有限的,地球吸纳消化污染的能力也是有限的。增长极限论认为,世界经济增长已临近自然生态极限,人类应制止增长和技术对生态环境的破坏。它所表达的发展观尽管过于悲观,但却警告人类要从人与自然的和谐角度看待发展。在发展过程中,经济发展不能过度消耗资源、破坏环境,人类要注意经济增长与资源环境的协调,应考虑资源环境的最终极限对人类发展和人类行为的影响。

较之于单纯的经济增长论,增长极限论是一种进步,其关于人与自然关系的观点逐步被世人所接受。然而,它也有一定的局限性,即它以"增长——资源——环境"的相互关系为出发点,将人置于完全被动的地位,忽视了人类把握自己命运和行为的能动作用,忽视了技术进步对经济社会发展的巨大促进作用。

第三阶段:发展=经济+自然+社会,即可持续发展观。20世纪70年代后期,由欧美一些经济学家组成的新经济研究会提出了"可持续发展观"。这种观点,一是揭示了发展与环境、资源的关系;二是提出了代际公平发展,满足当代人需要而不削弱子孙后代的发展需要;三是提出了代内公平发展,满足本地需要而不能削弱别地的发展需要。

可持续发展观的一个重要特点,是它研究了人类的代际关系,即这一代与下一代人的关系问题。与此相关联,人与自然的关系问题再一次被提到了人类的面前。可持续发展观强调以未来的发展规范现在的行动。换言之,就是使发展成为在今天是现实的、合理的,同时又能使明天的发展获得可能的空间和条件。因此,可持续发展也是为未来发展创造条件的发展。

第四阶段:发展=经济+自然+社会+人,即综合发展观。可持续发展观第一次把人与自然的联系作为"社会"关系联系在一起。但仅仅强调当代人与下一代人的关系,即代际公平、代内公平。而综合发展观认为,发展不但包括经济增长、政治文化、科技进步、社会转型、生态平衡等各种因素在内的综合发展过程,而且包括人的发展。综合发展观强调了各种关系的协调,但没有考虑后代的发展空间问题。

第五阶段:发展=以人为中心的发展,这一阶段是可持续发展观与综合发展观的结合。以1995年的哥本哈根世界人口与发展会议为标志,提出以人为中心的发展,发展的最终目标是惠及全体人民。

综观发展观经历的上述五个阶段,我们不难看出,科学发展观的形成,吸收了人类文明进步的最新成果。

(二)科学发展观的内涵

以人为本是科学发展观的本质和核心,而全面、协调、可持续发展则是科学发展观的基本内容。

1. 以人为本

以人为本就是要逐步满足人的多层次的需要。马克思主义认为,人有三种基本存在形态:类存在、社会存在、个人存在。三种形态意味着三种需要,作为"类存在",要有满足生存和延续后代的需要;作为"社会存在",要有满足参加社会活动的需要;作为"个人存在",

要有满足作为独立的人的个人的需要。以人为本的发展，就是要把人作为发展的根据、发展的目的。把满足人的多层次的需要作为发展的目标，不断提高发展的水平。

以人为本就是要实现人的全面发展。胡锦涛指出："坚持以人为本的发展，就是要以实现人的全面发展为目标。"人的全面发展包括人的思想道德素质、科学文化素质和健康素质以及各方面的能力。必须围绕这样一个发展目标，完善发展思路，改革发展体制。

以人为本，这个"人"是指人民群众，这个"本"是人民群众的根本利益。以人为本主要是以民为本，包括社会主义的劳动者、社会主义事业的建设者、拥护社会主义的爱国者、拥护祖国统一的爱国者。但是，以人为本也不完全等同于以民为本。提出以人为本，具有与以民为本不同的特殊意义：以人为本，"人"比"民"的外延更广泛，更有包容性；以人为本，"人"比"民"的内涵更丰富，意味着对人权的保护，对人性的尊重，更具有超越精神；以人为本，要求同时关注人的类价值、社会价值和个性价值，关注人的共性、普遍性与人的个性，尊重人的自主价值。因而，以人为本比以民为本更能调动一切人的积极性和创造性，凝聚一切积极力量。

2. 全面、协调、可持续发展

全面、协调、可持续发展是科学发展观的基本内容。"以人为本"是回答为谁发展的问题，解决的是发展价值主体是谁的问题；"全面、协调、可持续发展"是回答怎样发展的问题，揭示的是经济社会发展的客观规律。

"全面"——是科学发展观关于发展范畴的认识。就是说发展不仅是一个经济概念，而且包括政治、文化、社会各个方面。既要坚持以经济建设为中心不动摇，又要推动社会全面进步。发展是物质文明、政治文明、精神文明、社会文明四位一体的发展，是人的文明的全面发展。

"协调"——是科学发展观关于发展形态的认识。协调包括生产力和生产关系的协调，经济基础和上层建筑的协调，社会各种利益关系的协调，经济内部各个方面的协调，还包括人与自然的协调。"协调"是一种状态，一种"和谐"的状态，只有"协调"，发展才能健康，才能持续。"协调"也是一种行为，是解决问题、化解矛盾的方式，只有不断地"协调"，经济发展才不会大起大落。

"可持续"——是科学发展观关于发展时效的认识。可持续发展观是国际公认的发展理念，科学发展观吸收这一重要观点作为自己不可分割的组成部分，固然是科学发展本身所必须的，同时也向世界表明，中国是负责任的大国，中国的发展不会损害别国的利益。可持续发展的理念既可追溯到古代文明的哲理精华，又包含着人类活动的现代实践影响。

（三）科学发展观的基本要求

科学发展观的基本要求，就是党的十六届三中全会提出的"五个统筹"，即统筹城乡发展、统筹区域发展、统筹经济社会发展、统筹人与自然和谐发展、统筹国内发展和对外开放。五个统筹是坚持以人为本，实现全面、协调、可持续发展要着力解决的问题。

（1）统筹城乡发展，改变城乡二元结构。当前，我国城乡差别仍十分严重。城乡居民收入差距很大，农民工子女上学难的问题没有得到很好的解决，农村市场没有全面启动更是内需不足的主要原因。造成这种差别的根源是现行的城乡二元结构，它包括二元的户籍制度、二元的劳动用工制度、二元的教育制度、二元的医疗制度、二元的社会保障制度、二元的投资制度。只有改变二元结构，才能实现社会转型。而这种转型的过程，就是统筹城乡，以城带乡，以工哺农，城乡互动的过程；也是转移农民、减少农民的过程；是工业化、城市化、市场化的过程。

（2）统筹区域发展，促进共同发展。自古以来我国区域经济的发展就极不平衡。近十年来，中部地区 GDP 规模与东部的差距由原来的 1.4:1 已扩大到 2.7:1。导致地区差距长期存在并逐渐扩大的原因主要有两个方面：一是自然地理、历史文化、市场潜力等方面的因素，二是经济体制、政策选择和发展战略等方面的因素。为实现各地区的共同发展，国家号召中西部要加强与东部地区的衔接与融合，充分发挥自身的后发优势，实现跨越式发展。同时，加大对经济落后地区的扶持力度，在经济体制、政策措施和发展战略方面营造有利于中西部地区快速发展的外部环境。

（3）统筹经济社会发展，推进社会全面进步。抗击非典的斗争给我们一个重要启示是，要重视发展社会事业，要关注生命、关注健康。只有统筹经济和社会发展，切实解决失业、贫困、社会保障、国民教育、公共卫生和医疗，以及社会分配等方面的问题，才能满足广大群众的迫切需要，保证经济持续发展，维护社会稳定，达到全面建设小康社会和实现现代化的宏伟目标。

（4）统筹人与自然和谐发展，实现资源的可持续利用。实现人与自然和谐发展，一是要保护生态环境，二是要节约资源。要像爱护自己的眼睛一样关爱自然，与自然和谐相处；建设节约型社会，转变发展模式和经济增长方式，发展循环经济；让人民群众喝上干净的水，吃上放心的食物，呼吸清洁的空气，在良好的环境中生产和生活。

我国经济增长方式还存在着比较严重的人与自然不和谐的问题。改革开放以来，我国社会主义现代化建设取得了举世瞩目的伟大成就，经济增长方式转变也取得了很大成效。产业结构逐步升级，技术进步对经济增长的贡献率不断提高，不少行业、企业和产品的能耗、物耗水平下降。但也要清醒地看到，我国在经济增长方式上还存在着"高投入、高消耗、高排放、难循环、低效率"的问题，在有些地区、有些行业、有些企业还相当突出。

1）高投入。我国经济的快速增长在一定程度上是依靠资金、劳动力和自然资源等生产要素的粗放投入实现的。建国 60 多年来，我国 GDP 增长了近百倍，矿产资源消耗增长了 40 多倍。我国资本形成占 GDP 的比重，1980 年为 34.9%，1995 年为 40.8%，2000 年为 36.4%，2007 年高达 42.1%，大大高于美国、德国、法国、印度等一般 20%左右的水平。土地和劳动力投入也同样存在粗放经营的问题。

2）高消耗。我国经济的快速增长在很大程度上是靠消耗大量物质资源实现的。我国单位产出的能耗和资源消耗水平明显高于国际先进水平，火电供电煤耗为 22.5%，大中型钢铁企业吨钢可比能耗为 21%，水泥综合能耗为 45%，乙烯综合能耗为 31%。我国农业灌溉用水利用系数是国外先进水平的一半左右，工业万元产值用水量是国外先进水平的 10 倍。矿产资源的消耗强度也比世界平均水平高出许多。

3）高排放。高消耗换来的高增长，必然是高排放和高污染。小机组发电比例高，耗煤就多，粉煤灰和二氧化硫排放量就多；立窑水泥比重高，矿山利用率就低，废石和粉尘排放量就多；草浆造纸比例高，耗水量就大，废水排放量就多；低效磷肥比例大，磷矿利用率就低，废渣和废石就多。我国废弃物排放水平大大高于发达国家，每增加单位 GDP 的废水排放量比发达国家高 4 倍，单位工业产值产生的固体废弃物比发达国家高 10 多倍。

4）难循环。从资源流程和对环境影响的角度考察，增长方式存在着两种模式：一种是传统模式，即"资源——产品——废弃物"的单向线性过程；另一种是循环经济模式，即"资源——产品——废弃物——再生资源"的闭环反馈式循环过程。循环经济作为一种新的、符合可持续发展理念的经济模式，在一些发达国家取得了明显成效。目前，全世界钢产量的1/3、铜产量的1/2、纸制品的1/3来自循环使用，一些发达国家在17个产业的生产中，已经实现水资源消耗的零增长甚至负增长。我国资源回收率比较低，综合利用率不高，许多可以利用或再利用的资源却成了废弃物。每年约有500万t废钢铁、20多万t废有色金属、1400万t的废纸及大量的废塑料、废玻璃等没有回收利用。

5）低效率。高投入、高消耗、高排放、难循环的增长，必然是低效率。我国第二产业劳动生产率只相当于美国的1/30、日本的1/18、法国的1/16、德国的1/12和韩国的1/7。资源产出效率大大低于国际先进水平，每t标准煤的产出效率相当于美国的28.6%、欧盟的16.8%、日本的10.3%。我国人多地少的矛盾十分突出，且低效利用问题也十分突出，一些地方盲目兴办各类开发区，省级以下开发区征地后的土地闲置率高达40%以上。

（5）统筹国内发展和对外开放，开拓两个市场、利用两种资源。现在，国际经济的走势是经济全球化和区域一体化。影响中国经济发展的国际经济因素，一是高油价，二是出口摩擦，三是人民币升值压力。我们需要采取积极的应对措施，最根本的办法是用科学发展观统揽对外开放，统筹利用国际国内两个市场、两种资源；加快管理方式的转变，在扩大开放中维护国家经济安全；加快政府职能转变，为发展开放型经济创造良好环境。

二、基于科学发展观的资源可持续开发利用

只有坚持树立和落实全面、协调、可持续的科学发展观，才能实现人与自然的和谐统一，实现经济社会的协调发展。科学发展观既是我国经济工作必须长期坚持的重要思想，也是解决当前我国经济社会发展中诸多矛盾和问题必须遵循的基本原则。因此，树立和落实科学发展观，不仅要求我们深化对资源形势和功能作用的认识，更要求我们深化对资源管理的认识。资源不仅是经济建设重要的物质基础，而且是维护宏观经济平稳运行和经济社会可持续发展重要的调控手段，是维护社会稳定和广大人民群众根本利益重要的保障条件。从这个意义上讲，经济社会的可持续发展，有赖于资源的可持续开发利用。这就要求：一是必须坚持开发与节约并重、把节约放在首位的方针，着力建设节约型社会；二是要大力发展循环经济。

（一）建设节约型社会与资源利用

1. 节约型社会的概念

资源节约型社会是指在生产、流通、消费等领域，通过采取法律、经济和行政等综合性措施，提高资源利用效率，以最少的资源消耗获得最大的经济和社会效益，保障经济社会可持续发展。建设资源节约型社会，其目的在于追求更少资源消耗、更低环境污染、更大经济和社会效益，实现可持续发展。

我国是一个人口众多、人均资源相对贫乏的国家。从资源拥有量来看，虽然我国资源总量不少，但人均资源相对贫乏，资源紧缺状况将长期存在。如前所述，从新中国成立以来资源的勘探、开发和利用来看，我们走的是依靠高消耗资源、粗放式经营的经济发展之路，存在着高投入、低产出和浪费严重的现象。从目前资源需求情况来看，我国正处在工业化高速发展时期，能源和资源总需求将迅速扩大。随着我国经济的快速发展，资源对经济发展的制约作用日益突出。因此，要缓解资源约束的矛盾，就必须树立和落实科学发展观，充分考虑资源承载能力，建设资源节约型社会。

2. 建设节约型社会对资源开发利用的要求

根据我国资源短缺的基本国情，建设资源节约型社会，必须选择一条与发达国家不同的资源组合方式，即非传统的现代化道路，关键在于促进资源的节约，杜绝资源的浪费，降低资源的消耗，提高资源利用率、生产率和单位资源的人口承载力，以缓解资源的供需矛盾。

第一，提高全民族的资源忧患意识和节约意识，在全社会树立节约资源的观念，培育人人节约资源的社会风尚，营造全民节约资源的良好环境。

要将节约资源提升到基本国策的高度来认识，把建立资源节约型社会的目标纳入国家经济、社会发展规划之中。要像实施计划生育、保护环境一样，将"控制人口，节约资源，保护环境"共同作为我国的基本国策，并在实践中推进这一基本国策。不仅要把建立资源节约型社会这一目标，纳入国家经济社会发展规划中，而且要以此为依据建立综合反映经济发展、社会进步、资源利用、环境保护等体现科学发展观、政绩观的指标体系，构建"绿色经济"考核指标体系，实现"政绩指标"与"绿色指标"的统一，彻底改变片面追求 GDP 增长的行为。

第二，牢固树立以人为本的科学发展观，改变透支资源求发展的方式。资源环境工作，是涉及人民群众切身利益的工作，要把最广大人民的根本利益作为出发点和落脚点。要着眼于充分调动人民群众的积极性、主动性和创造性，着眼于满足人民群众的需要和促进人的全面发展，着眼于提高人民群众的生活质量和健康素质，切实为人民群众创造良好的生产生活环境，为中华民族的长远发展创造良好的条件。按照科学发展观的要求，必须把资源保护和节约放在首位，充分考虑资源承载能力，辩证地认识资源和经济发展的关系。要加大合理开发资源的力度，努力提高有效供给水平；要着力抓好节能、节材、节水工作，实现开源与节流的统一。

第三，转换经济发展的路径和模式，走中国特色的循环经济之路，从根本上解决我国在发展过程中所遇到的经济增长与资源环境之间的尖锐矛盾。要通过经济杠杆，推动节约资源，倡导符合可持续发展理念的循环经济模式和绿色消费方式，实现经济社会与资源环境的协调发展，改变"高投入、高消耗、高排放、不协调、难循环、低效益"的粗放型经济增长方式，逐步建立资源节约型国民经济体系，尽快建立以节能、节材为中心的资源节约型工业生产体系。通过技术进步改造传统产业并推动结构升级，尽快淘汰高能耗、高物耗、高污染的落后生产工艺，形成有利于资源持续利用和合理的环境保护国际产业分工格局。针对进口多为高附加值的产品和服务，而出口多为一般低附加值的制造业产品，单位价值的进口与单位价值的出口消耗能源不同，所形成的国际间能源需求转移的实际情况，对高物耗、高能耗、高污染的初级产品出口加以控制。按照新型工业化道路的要求，推进国民经济和社会信息化，促进产业结构优化升级。如在能源、交通、金融等行业大力推进信息化，力争用信息技术降低对能源的消耗。要推动高新技术产业和第三产业的发展和升级，这是摆脱经济增长严重依赖资源的根本出路，也是一项长期的战略性任务。同时，要尽快建立以节地、节水为中心的资源节约型农业生产体系，包括发展节材、节地、节水、节能型的农业制度与农业技术。发展资源节约型农业，不仅要发展种植业，还应该发展林、牧、果、渔等，全面实施资源节约型农业。

第四，必须采取法律、经济和行政等综合手段，促进资源的有序、高效开发和利用。要在资源开采、加工、运输、消费等环节建立全过程和全面节约的管理制度，逐步形成有利于节约资源和保护环境的产业结构和消费方式，依靠科技进步推进资源利用方式的根本转变，不断提高资源利用的经济、社会和生态效益，坚决遏制浪费资源、破坏资源的现象，实现资源的永续利用。政府要进行制度设计，建立能源、资源审计制度，与现行的环境评价制度共同构成社会性管理的新框架。要推动能源、资源产业的市场化改革，发挥市场对资源配置的基础性作用，建立科学的资源价格形成机制和价格结构，改变当前因资源的低成本、非公开化而造成的浪费。

总之，建设资源节约型社会，是我国人口、资源、环境与经济社会可持续发展的客观需要，也是全面建设小康社会的战略选择，具有重大的现实意义和深远的历史意义。

（二）循环经济与资源利用

1. 循环经济的主要内涵

循环经济是一种生态经济，它模拟自然生态系统的运行方式，遵循其特有的运行规律，实现特定资源的可持续利用和总体资源的永续利用，促进经济活动的生态化。其主要特征是形成典型的"三低一高"，即低开采、低消耗、低排放和高利用，其发展路径是"资源——产品——再生资源"。

在 2004 年我国人口、资源、环境工作座谈会上，胡锦涛要求："加快转变经济增长方式，将循环经济的发展理念贯穿到区域经济发展、城乡建设和产品生产之中，使资源得到最有效的利用，最大限度地减少废弃物排放，逐步使生态步入良性循环"，表明了我国对循环经济发展方式的高度重视和国家的实践与探索。

循环经济是用自然规律指导人类社会的经济活动，是把清洁生产和废弃物的综合利用融为一体的经济，是对物质闭环流动型经济的简称，把物质、能量进行梯次和闭路循环使用，在环境方面表现为低污染排放，甚至零污染排放。相对于传统经济的两高一低，即高消耗、高污染、低利用，循环经济则表现为两低两高，即低消耗、低污染、高利用率和高循环率，其本质是生态经济。

循环经济和传统经济的不同在于：传统经济是一种由"资源——产品——污染排放"所构成的物质单向流动的经济。在这种经济模式中，人们以越来越高的强度，把地球上的资源开发出来，在生产和消费过程中又把污染和废物大量地排放到环境中去，导致了自然资源的枯竭并酿成灾难性的环境污染后果。

循环经济则倡导一种建立在物质不断循环利用基础上的经济发展模式，它要求把经济活动按照自然生态系统的模式，组成一个"资源——产品——再生资源"的物质反复流动的过程，使得整个经济系统及生产和消费的过程，基本上不产生或者只产生很少的废弃物。

2. 发展循环经济对资源开发利用的要求

根据可持续发展理念，必须建立和发展循环经济，其核心是实现资源，包括二次（再生）资源的综合利用，以寻求一条与地球资源储备相协调又能改善生态环境的生产、消费、生活方式以及废弃物有效利用的途径，这是 21 世纪发展的战略问题。

资源的概念是相对的，其可利用程度和选择空间随着技术、市场、政策、资金等条件的变化而相应变化。因此，资源包括两种含义：一种为了满足人类的生活和生产需要，目前正在被利用的自然物质和能量，包括自然资源等；另一种是目前还难以利用，或者未发现其用途，但随着科学技术的发展，将来有可能被利用的物质和能量，称之为"潜在资源"。二次资源和再生资源都可视为潜在资源。

据统计，世界主要矿产的可开采年限约为：原油 45 年，天然气 56 年，金、银、锡、铅只可开采 20～30 年，铁矿石 230 年。我国是一个资源大国，已探明的 49 种主要矿产的储量，居世界第三位，但人均占有量仅为世界人均量的 1/4～1/2。据有关资料，我国部分矿产可开采年限，铁矿约 70 年，铜矿约 69 年，钨矿约 15 年，汞矿约 18 年，原油约 19 年等。如果不能找到可供开采的后备资源，它们总有一天要用完耗尽。因此，人类一方面要利用现代科学技术找到更多的后备矿产资源，另一方面也要不断开发资源综合利用技术，以便更多地受益于二次资源和再生资源。资源利用是否有效，不仅与生产的经济效益直接相关，还关系到资源永续利用、可持续发展和环境保护以及人的身体健康。

我国资源有优势也有劣势，具有明显的双重性。资源总量大而人均拥有量低，在工业化进程中人口增长过快而资源相对短缺，经济增长与资源供应始终是最基本的矛盾。矿产资源是国民经济的基础，是制约一个国家经济和社会发展的重要因素。随着经济社会的迅速发展，对矿物能源和矿产资源的需求将急剧增长。但是我国在矿产资源的开发利用中浪费十分严重，其综合回收率仅 40%～50%，工业生产中浪费也很大。过去我国走的是靠过量消耗资源来发展经济的道路，以矿产资源的高投入来支撑经济的高速发展。我国每万美元的 GDP 能耗接近 20t 标准煤，是发达国家的 5～10 倍，每年浪费能源近千万吨的标准煤。未被利用的那部分能源和资源成了"三废"，加上未能有效地进行资源综合利用，不仅浪费了资源还严重污染环境。这也说明我国资源节约潜力很大，资源综合利用大有可为。

（1）粗放经济与循环经济模式。人类进入 20 世纪以后，"资源大量开发——大量生产——大量消费——大量废弃"，在实现了物质丰富的经济社会的同时，也出现了人口数量、资源开发和能源消耗按几何级数增长的新的不平衡，而且生物物种的灭绝和不可再生资源的消耗，达到了无可挽回的境地。因此，人们认识到了粗放经济发展模式造成的环境问题及其后果。为了实现可持续发展，各国制定了从资源节约到生产过程、消费过程乃至废弃物排放的一系列工业生产过程中的环境污染防治和废弃物管理方面的法律法规，并寻求一个与地球资源储备相协调的生产、消费、生活方式作为可利用资源的方式。

发达国家以废弃物的回收利用和再资源化为中心，制定了一系列法规和政策，其核心是要建立资源循环经济和社会系统。它包括大循环系统和小循环系统。大循环系统指生产过程中产生的各种废弃物要回收，作为原材料或二次资源进行利用。小循环系统指人类生活消费过程中排放的废弃物要加以回收利用，生产新的产品或回收能源。大、小循环系统都要求把必须外排的废物量降低到最小限度。大、小循环系统紧密相连，互相贯通，不可或缺，才能形成一个完整的资源循环经济和社会系统。

（2）循环经济与废弃物。工业生产和日常生活中产生的废弃物，不仅是造成各种环境污染的罪魁祸首，也是资源浪费（资源以废弃物的形式流失）的根源。因此，各国围绕着废弃物问题，都在讨论或正在制定新的发展战略。1994 年德国公布的《循环经济/废弃物法》，把废弃物当作可利用资源纳入产品过程中的资源循环过程，把一次资源利用当成动脉产业，二次资源综合利用作为静脉产业，使静脉产业和动脉产业一样兴旺起来，以实现资源的良性循环。该法的总则中规定，本法以保护天然资源促进循环经济，确保与环境相协调的废弃物处理为目的。同时，把废弃物分为"可利用的废弃物"和"须处置的废弃物"两大类。在循环经济的基本原则中又规定，第一，要控制废弃物的产生量和有害成分；第二，要利用"可利用的废弃物"中的材料，作为替代原料或二次原料；第三，把废弃物作为替代燃料来使用，回收利用其能源；第四，在利用废弃物过程中，总是把采用那些更好地与环境协调的利用方法放在首位。

（3）市场与循环经济。在市场经济体制下，资源综合利用的关键是产品市场开发，它受法规、政策、管理和科技的影响。

国家的有关法规，影响着资源综合利用产品的供求，其产品不可能同一次资源所生产的产品自由竞争，因此，政府应建立相应的法规加以扶持。例如，对毁地烧黏土砖课以重税，加以限制；对利用粉煤灰、炉渣、生活垃圾和工业废渣制砖给予减免税或补贴。同时，要求规划、设计、建筑等部门配合，否则不予审批。不仅要扶持综合利用产业，还要扶持相关的企事业，为产品找用户。有用户才有市场。

国家要有优惠政策来影响产品价格，不能把综合利用资源的产品，同一次资源生产的产品等同看待，如焚烧垃圾发的电就不能与燃煤发的电等同。前者由于资源成分多变，加工难度大，成本偏高。资源综合利用产品不仅具有一般产品的特点，还具有公共产品的属性，包含着环境效益和社会效益。国家要从价格、税收、资金、水电等给予优惠，优惠的程度要达到其有市场、能生存并发展壮大。

循环经济是新型工业化的重要载体，是转变发展模式的战略选择，体现了科学发展观的要求。要积极借鉴国际经验，深化各类循环经济试点示范，推广典型经验和做法，将循环经济理念贯穿到环境保护的政策、法律、规划、标准中，努力创造一套符合国情的科学发展制度，促进资源节约型社会的建立。

第三章

循环经济与资源利用

20 世纪 90 年代以来，面对全球人口剧增、资源短缺、环境污染和生态蜕变的严峻形势，发展循环经济和知识经济是经济全球化的两大趋势。循环经济要求在经济生产中以新知识遵循自然规律尽可能实现资源循环；知识经济要求尽可能以智力资源替代自然资源。循环经济是已见端倪的知识经济的基础，是我国全面建设小康社会，实现新型工业化的必由之路。

第一节 循环经济概述

一、什么是循环经济

从经济发展史来看，可以把经济发展分为五个阶段。第一阶段是原始经济，大约始自 5 万年前，指经济的渔猎阶段，即原始人狩猎捕鱼的初始时期。第二阶段是农业经济，大约始于公元前 4000 年，指经济的农耕阶段，即以农牧业为主的开垦荒地、种植谷物的农业社会时期。第三阶段是工业经济，始自 18 世纪下半叶的工业革命，即以现代大工业生产为主的包括现代纺织、轻工、钢铁、汽车、化工和建筑等主要产业的经济时期。第四阶段是循环经济，又称为后工业经济，始自 20 世纪下半叶的新技术革命，它以资源循环利用为导向改造传统产业，由此涌现出一批如电子、信息和环保等不以资源消耗线性增加为其发展前提的新兴产业。第五阶段是知识经济，始自 20 世纪末，涌现出一批其发展主要靠知识投入的产业，如生物、新材料、新能源、软件、海洋和空间产业，见表 3-1。

表 3-1　　　　　　　　　　　　四种经济的主要特征

项　　目	农业经济	工业经济	循环经济	知识经济
科研的重要性	不大	较大	大	极大
科研经济占国民生产总值（%）	0.3 以下	1～2	2 以上	3 以上
科技进步对经济增长的贡献率（%）	10 以下	20 以上	40 以上	80 以上
教育重要性	不大	较大	大	极大
教育经费占国民生产总值（%）	1 以下	1～2	2～4	6～8
平均文化程度	文盲比例很高	小学	初中以上	中专
农业（%）	50 以上	20～30	<20	<10
工业（%）	15～20	>50	30	<20
第三产业（%）		20～30	40	>20
高技术产业（%） 信息科学技术产业 生命科学技术产业		3～5 2	10 5～10 5	>50 5 10

续表

项　　目	农业经济	工业经济	循环经济	知识经济
新能源与可再生能源科学技术产业			2	10
海洋科学技术产业			2	10
有益于环境的高新技术产业			1	5
新材料科学技术产业			1	5
空间科学技术产业				5
软科学技术产业				5
估计寿命（岁）	36	>50	60～70	>70
一生中业余时间（年）	6	8	12	18
人口增长率	高	较高	低	极低
城市化水平（%）	达25	>50	70	呈下降趋势
新闻媒体的作用	不大	较大	大	巨大
社会组织水平	简单	较复杂	复杂	极复杂
世界经济一体化程度	低	较高	高	很高

（一）循环经济的定义

循环经济就是在人、自然资源和科学技术的大系统内，在资源投入、企业生产、产品消费及其废弃的全过程中，不断提高资源利用效率，把传统的、依赖资源净消耗线性增加的发展，转变为依靠生态型资源循环来发展的经济。与工业经济从劳力、土地和资本的系统分析问题相比较，循环经济从人、自然资源和科学技术的更大系统来分析经济问题；与工业经济对资源的一次性使用、生产增长依赖资源净消耗的线性增加相比较，循环经济对同一资源多次使用、提高资源利用效率、变废为宝、循环使用，依靠这种新的生产方式来增加生产。因此，循环经济从宏观讲在经济结构、产业政策方面，从微观讲，在企业管理和工业流程方面都与其他经济有很大不同。

循环经济与农业经济和工业经济的最大不同在于理念，在于经济理论、目标体系、价值观和对经济要素的认识。

农业经济的特征是听命于自然；指导理论是宿命论；目标体系是个体温饱和整个社会稳定，价值观是节俭、服从；经济要素是劳动力、土地、资源、宗教；资源状况是农业资源循环与过度垦殖并存，自然资源开发能力低。

工业经济的特征是征服自然；指导理论是社会财富论；目标体系是高增长、高消费，最大限度创造社会财富；价值观是金钱至上、竞争；经济要素是劳动力、土地、资本；资源状况是掠夺性开发自然资源。

循环经济的特征是自然资源的节约、保护和循环利用；指导理论是系统论和生态学；目标体系是全面建成小康社会；价值观是经济、社会与生态效益统一，人与自然和谐；经济要素是劳动力、资源、资本、环境、科学技术智力资本；资源状况是逐步提高资源的循环利用。

（二）循环经济的理念

循环经济的理念是在全球人口剧增、资源短缺、环境污染和生态蜕变的严峻形势下，人类重新认识自然界、尊重客观规律、探索新经济规律的产物。其主要观念变化如下：

1. 新的系统观

循环是指在一定系统内的运动过程，循环经济的系统是由人、自然资源和科学技术等要素构成的大系统。循环经济要求人在考虑生产和消费时不再把自身置于这一大系统之外，而是将自己作为这个大系统的一部分来研究符合客观规律的经济原则，将"退田还湖"、"退耕还林"、"退牧还草"等生态系统建设作为维持大系统可持续发展的基础工作。

2. 新的经济观

在传统工业经济的各要素中，资本在循环，劳动力在循环，唯独自然资源没有形成循环。循环经济要求运用生态学规律，而不是仅仅沿用自 19 世纪以来机械工程学的规律来指导经济生产。不仅要考虑工程承载能力，还要考虑生态承载能力。在生态系统中，经济活动超过资源承载能力的循环是恶性循环，会造成生态系统蜕化；只有在资源承载能力之内的良性循环，才能使生态系统平衡发展。

3. 新的价值观

循环经济考虑自然资源时，不再像传统工业经济那样将土地视为"取料场"和"垃圾场"，将河流视为"自来水管"和"下水道"，也不仅仅视其为可利用的资源，而是需要维持良性循环的生态系统；在考虑科学技术时，不仅考虑其对自然的开发能力，还要充分考虑它对生态系统的维系和修复能力，使之成为有益于环境的技术；在考虑人自身发展时，不仅考虑人对自然的征服能力，而且更重视人与自然和谐相处的能力，促进人的全面发展。

4. 新的生产观

传统工业经济的生产观念是最大限度地开发自然资源，最大限度地创造社会财富，最大限度地获取利润。而循环经济的生产观念是要充分考虑自然生态系统的承载能力，尽可能地节约自然资源，不断提高自然资源的利用效率，循环使用资源，创造良性的社会财富。在生产过程中，无论是材料选取、产品设计、工艺流程还是废弃物处理，都要求实行清洁生产。要实行 3R 原则：资源利用的减量化（Reduce）原则，即在生产的投入端尽可能少地输入自然资源；产品的再使用（Reuse）原则，即尽可能延长使用周期，并在多种场合使用；废弃物的再循环（Recycle）原则，即最大限度地减少废弃物排放，力争做到排放的无害化，实现资源再循环。例如对污水处理，并将中水再生的资源替代不可再生资源；如利用太阳能、风能和农家肥，使生产合理地依托在自然生态循环之上；尽可能利用高科技；尽可能地以知识投入来替代物质投入，以达到经济、社会与生态的和谐统一，使人类在良好的环境中生产生活，真正全面提高人民生活质量。

5. 新的消费观

循环经济要求走出传统工业经济"拼命生产、拼命消费"的误区，提倡物质的适度消费，在消费的同时就考虑到废弃物的资源化，建立循环生产和消费的观念。同时，循环经济要求通过税收和行政等手段，限制以下不可再生资源为原料的一次性产品的生产与消费。如宾馆的一次性用品、餐馆的一次性餐具和豪华包装等。

表 3-2 总结了不同经济形态的理念差异。

表 3-2 不同经济形态的比较

项目	农业经济	工业经济	循环经济	知识经济
指导理论	听命于自然宿命论	征服自然，社会财富论	自然资源的节约、保护和循环利用	人、科学技术与自然协调系统平衡论
目标体系	温饱，维持社会稳定	高增长、高消费，最大限度地创造社会财富	全面建设小康社会	人、科学技术与自然可持续发展

续表

项目	农业经济	工业经济	循环经济	知识经济
价值观	节俭、服从	金钱至上、竞争	经济、社会与生态效益的统一，人与自然和谐	知识、创造人的全面发展
经济要素	劳力、土地、资源、宗教	劳力、土地、资本	劳力、资源、资本、环境、科学技术	劳力、知识（无形资本）、资源、资本、环境、生态
资源状况	农业资源循环与过度垦殖并存、自然资源开发能力低	掠夺性地开发自然资源	逐步提高的资源循环利用	生态系统均衡发展

（三）循环经济与其他"新经济"

目前，世界经济处在工业经济的后期，处在工业经济向循环经济转化的阶段，同时知识经济又初见端倪，因此对新经济的说法层出不穷，诸如后工业经济、集约经济、绿色经济、生态经济、信息经济、智力经济和知识经济等。以下简要阐述一下其内容及相互之间的关系。

1. 后工业经济

后工业经济即工业经济后期的经济，目前发达国家的经济已经处于这一阶段。

这一经济阶段与工业经济最大的不同就在于：通过信息化使信息传播速度大大提高；通过资源利用的集约化使资源利用效率大大提高；通过以信息产业为主的新产业出现，使劳动生产效率大大提高。

鉴于目前世界人口、资源、环境的严峻形势，提高资源利用效率将提高人口承载能力、减少环境污染，是解决三大问题的核心。因此，后工业经济的核心就是循环经济。

2. 集约经济

集约经济是高密度地投入自然资源，高度利用自然资源的经济。

在高密度地投入自然资源与高度地利用自然资源之间，还是高度地利用自然资源更重要。而对自然资源的最高度利用就是循环利用，因此，集约经济的本质也是循环利用自然资源的经济。

3. 绿色经济

绿色经济是用自然界植被的绿色循环把循环经济形象化的一种说法。绿色经济又叫环保经济，主要是指防治污染，使传统的工业经济与自然界的循环相协调，对农业、工业和服务业的生产和产品都提出了绿色的环境保护标准。

4. 生态经济

生态经济是用生态循环借喻循环经济的一种说法，生态循环遵循循环经济的基本循环原理。

生态经济是指让整个产品生产、使用和废弃的全过程像生态系统一样形成全封闭循环，最终达到资源的零输入和废物的零排放，使生产系统自持，也就是真正的可持续发展，这是理想化阶段，在知识经济的后期才可能做到。就目前的科学技术和生态状态而言，类似机械工业曾经出现的"永动机"，尚属于可望而不可及。

5. 知识经济、信息经济

知识经济是以知识与信息的投入为主来发展的经济。信息经济与知识经济的内涵是一样的，叫知识经济更为全面。

知识经济是循环经济的高级阶段，即自然资源投入减量化和废弃物资源化达到很高程度，信息、知识资源得到充分利用的阶段。最终实现资源投入很少、废弃物排放极少的系统基本自持、可持续发展的经济。

（四）循环经济的由来

"循环经济"一词是美国经济学家K·波尔丁在20世纪60年代提出生态经济时谈到的。他受当时发射的宇宙飞船的启发来分析地球经济的发展。他认为，宇宙飞船是一个孤立无援、与世隔绝的独立系统，靠不断消耗自身资源存在，最终它将因资源耗尽而毁灭。唯一使之延长寿命的方法就是实现宇宙飞船内的资源循环，如分解呼出的二氧化碳为氧气，分解出尚存营养成分的排泄物为营养物再利用，尽可能少地排出废物。当然，最终宇宙飞船仍会因资源耗尽而毁灭。同理，地球经济系统如同一艘宇宙飞船。尽管地球资源系统大得多，地球寿命也长得多，但是，也只有实现对资源循环利用的循环经济，地球才能得以长存。

循环经济的提出启发了20世纪60年代末开始的关于资源与环境的国际经济研究。1968年4月，在意大利的"罗马俱乐部"，人们提出人类经济增长的极限问题。在他们的《增长的极限》的研究总报告的第三章中，专门写了人均资源利用一节，以说明资源循环问题。

循环经济拓宽了20世纪80年代的可持续发展研究，把循环经济与生态系统联系起来。在联合国世界环境与发展委员会撰写的总报告《我们共同的未来》中专门写了公共资源管理一章，探讨通过管理来实现资源的高效利用、再生和循环。

二、国际循环经济的发展

1972年，"罗马俱乐部"发表的题为《增长的极限》的研究报告指出自然资源，尤其是稀缺自然资源将制约，直至最终将使发展停止，而达到增长的极限。这一观点在当时的世界上引起了极大的震动，经济界和企业界开始考虑资源问题。

1983年，联合国世界环境与发展委员会开始研究"没有极限"的可持续发展问题，于1987年提交了题为《我们共同的未来》的研究报告。报告着重指出了按生态系统的自然规律，循环使用自然资源，解决可持续发展的问题。

（一）企业界的早期响应

20世纪80年代末，当时居世界大公司500强第23位的杜邦公司，开始循环经济理念的实验。公司的研究人员把循环经济三原则发展成为与化工生产相结合的"3R制造法"，即资源投入减量、资源利用循环和废弃物资源化，以少排放以至零排放废弃物，改变了只管资源投入，而不管废弃物排出的生产理念。通过放弃对环境有害化学物质的投入和生产、减少生产中废物排放新工艺和回收废物再利用的新技术，到1994年，该公司生产造成的废弃物减少了25%，空气污染物排放量减少了70%。同时，他们通过废塑料回收，开发出了使用寿命长的乙烯等新材料。

（二）新型工厂——科技工业园区的实践

农业经济生产的发展集中了土地资源和劳动力，出现了地主庄园；传统工业经济生产要发展，就要通过一种新技术来集中资本、资源和劳动力，因而出现了工厂；而循环经济要发展，则是通过一种新的生产理念来集中不同产业，实现资源的循环。因此，20世纪80年代末、90年代初，一种循环经济的"新工厂"——科技工业园区应运而生。

丹麦小镇卡伦堡近郊的科技工业园区以生态型生产而著称，因而又被称为生态工业园区。在循环经济的生态型生产中脱颖而出的科技工业园区，使这个不为人知的小镇在世界上著名起来。

卡伦堡生态工业园区是在企业之间实现循环生产，即通过科技工业园区把不同的工厂联结起来，形成网络循环，使得一家工厂的废气、废热、废水、废渣等成为另一家工厂的原料和能源。这个科技工业园区的主要企业是火电厂、炼油厂、制药厂和石膏板厂。这四个企业形成一个生产链，一个企业通过贸易方式利用其他企业生产过程中产生的废弃物投入到自己生产中，减少了新原料的投入，形成生产发展和环境保护的良性循环。

燃煤电厂位于这个工业生态系统的中心。首先，其本身对热能进行了多次循环使用，对废物进行了综合利用。其次，电厂向炼油厂和制药厂供应发电过程中产生的蒸汽，使炼油厂和制药厂获得了热能；还通过地下管道向卡伦堡全镇居民供热，从而关闭了镇上 3500 座建筑物燃烧油渣的自备锅炉，减少了大量的烟尘排放。再次，将除尘脱硫的副产品工业石膏，全部供修路和生产水泥之用。炼油厂和制药厂之间也实现了资源的循环利用。炼油厂产生的废气火焰通过管道供石膏板厂用于干燥石膏板的生产，减少了火焰气的排空。炼油厂脱硫生产的稀硫酸供给附近的一家硫酸厂，脱硫气则供给电厂燃烧；炼油厂的许多化学废料和副产品，如煤焦油等又成为制药厂的原料。卡伦堡生态工业园区还进行了水资源的循环使用。炼油厂的废水经过生物净化处理，通过管道向电厂输送，每年提供电厂 70 万 m^3 的冷却水。整个园区由于水的循环使用，每年减少了 25% 的需水量。

园区内有一支十分精干的管理人员队伍，在四个厂之间包括和园区以外的厂进行协调、组织、结算、监督工作，还对新的废物利用项目予以资金和技术的支持，使物流、能量流和信息流优化配置，使循环生产有序进行。

（三）循环经济立法

目前，发达国家的循环经济已经从 20 世纪 80 年代的微观企业试点到 20 世纪 90 年代区域经济的新型工厂——科技工业园区，进入了第三阶段——21 世纪宏观经济立法阶段。

早在 1986 年德国就颁布了《废弃物限制及废弃物处理法》，1996 年又专门颁布了《包装废弃物处理法》。1996 年德国还颁布了《循环经济与废物管理法》，规定对废物问题首先是避免产生，然后是循环使用和最终处置。即首先要减少污染物的产生，在生产阶段和消费阶段都要尽量避免废物排放；其次，是对于生产和消费中不能消减又可利用的废弃物要加以回收利用，使它们回到循环生产中去；再次，只有那些不能利用的废弃物，才可做最终的无害化处置。

2001 年 4 月，日本开始实行八项循环经济法律，即《推进建立循环型社会基本法》、《特定家用电器再商品化法》、《促进资源有效利用法》、《食品循环再生利用促进法》、《建筑工程资材再利用法》、《容器包装再利用法》、《绿色食品采购法》和《废弃物处理法》。《推进建立循环型社会基本法》作为母法，提出了建立循环型经济社会的根本原则："根据相关方面共同发挥作用的原则，通过促进物质的循环，减轻环境负荷，谋求实现经济的健康发展，构筑可持续发展的社会。"可以说，这是世界上第一部循环经济法。

北欧国家是最早实践人与自然和谐发展的地区，瑞典、挪威、丹麦、芬兰和冰岛虽然还没有一部循环经济的总法，但是在其环境保护法中包括了大量清洁生产和资源循环利用的内容。如瑞典在 1979 年制定的《废物搜集和处置法》、1983 年制定的《铝质饮料瓶循环利用法》和 1991 年制定的《特定饮料容器回收法》等。

美国在 1986 年颁布了《资源保护回收法》，其中包括了循环利用的内容。自 20 世纪 80 年代起，美国各州先后制定了促进生产和消费中资源再生循环的法规，至今大多数州已制定了不同形式的资源再生产循环法规。

此外，在法国、英国、意大利、西班牙和荷兰等发达国家，在新加坡、韩国等高收入的发展中国家都制定了多部单项的资源循环利用、发展循环经济的法律。

目前，我国海南、黑龙江、吉林、浙江和福建等省已提出建设生态省的规划；辽宁省提出了建设循环经济省的规划；天津、贵阳和南京等市已提出要建设循环经济生态型的城市。

三、循环经济的理论基础

循环经济的理论基础就是以系统化和生态学这两门新学科的理念重新审视传统经济学。

（一）循环经济的基本理论

循环经济的理论基础就是以系统论和生态学系统为基础，以从生态系统中取得自然资源来支撑社会子系统、经济子系统和环境子系统的发展。各系统之间互相作用、相互影响，取得动态平衡，以实现人、自然与科学技术相和谐，共同可持续发展的总目标。

在每个子系统中都存在着自循环，而各个子系统之间又有物质、能量和信息的交流。经济子系统的发展依赖于自然资源，也就是生态系统，反过来经济子系统的发展又对自然资源和生态系统起反作用，对稀缺自然资源的耗竭，破坏了生态系统，反过来又制约了经济子系统的发展。

环境子系统的改变，使得自然资源系统的品质改变，造成了生态系统的蜕变，生态系统的蜕变更加剧了人类生存环境子系统的改变，形成了恶性循环。

（二）有关循环经济新理念的两个实例

一般来说，社会子系统的改变是通过经济子系统和环境子系统的改变而形成的。实际上，自然资源的改变，人们置身于其中的生态系统的改变，也直接作用于社会子系统，有时使其发生巨大的变化。

以欧洲和中国的人口为例，区域生态系统的改变，大大改变了这两个地区的人口数量，从而直接影响到其社会发展。由于 1492 年哥伦布发现了海上新航路，欧洲人登上了美洲大陆，引入了本来欧亚大陆没有的、美洲印第安人培育的马铃薯、玉米和白薯等新物种，在欧洲的社会、经济与环境条件下推广种植，解决了食物问题，使欧洲人口从 1600 年的 8600 万激增到 1750 年工业革命前的 16300 万，仅 150 年就翻了一番。而此前的 1600 年间，欧洲的人口才从约 4000 万增加到 8600 万。当然，1600 年以后的快速增长也有医疗进步等其他因素。

在中国，人口从 1566 年的 16500 万增加到 1851 年的 43600 万，增加了 2.64 倍。而同样是增加 2.6 倍，中国人口从公元 2 年的约 5900 万增加到 16500 万却大约用了 1600 年的时间。当然，1566 年以后的快速增长也与社会稳定和清朝雍正年间实行的摊丁入亩的税收政策有关。

用寻找新作物来增产粮食、消除饥饿是好事，但不能不考虑引起的生态系统改变，历史上仅仅是几种作物的引入，就给人类带来了今天负担沉重的人口问题。

以上是一个已经被历史证明的例子，再举一个似议中设想的例子。对广义的水资源调配，各界提出了许多宏大的建议，人们对于水资源短缺的忧虑感可以理解。但建议应该形成正式的方案，而任何方案必须经过科学论证，否则，匆忙上马对生态系统产生大扰动的行动，可能带来重大的社会影响。

有一种说法是把喜马拉雅山炸开一个缺口，将印度洋暖湿气流引入，改变青藏高原和西北地区的面貌。首先，青藏高原之所以成为荒原，有两个原因，一个是高寒，另一个是缺水，第一个是主要原因，至于水汽能否到达我国西北，应该进行科学计算。其次，无放射性污染的氢核武器，其主要威力在于热辐射和冲击波，爆破能力并不太强，能否强大到可以炸喜马拉雅山的程度，也要进行科学论证。再次，假设喜马拉雅山被炸开，水汽到达青藏高原及更远，但必须注意到世界上北纬20°至30°一线，从非洲的撒哈拉，到美洲的秘鲁都是荒漠地带，唯有我国的湖南、广东和福建省例外，这正是由于喜马拉雅山挡住了印度洋的水汽，把降雨叠加在我国的湖南、广东和福建省。最后，炸开喜马拉雅山是对现有生态系统的大扰动，其生态和国际问题非常复杂。这个说法可能并不是一个科学性的建议，提出这个例子主要想说明人工改变生态系统对人类社会子系统的影响。

（三）循环经济新理念的科学基础

循环经济的新理念是有其科学基础的，其科学基础就是在20世纪初确立，并在20世纪下半叶有广泛应用的系统论和生态学。应用系统分析是循环经济的分析方法，而生态链循环是循环经济的实践基础。

四、循环经济的主要原则

循环经济的基本规律可以总结为八大原则：

（一）大系统分析的原则

循环经济是较前更全面地分析投入与产出的经济。它是在人口、资源、环境、经济、社会与科学技术的大系统中，研究符合客观规律的经济原则，均衡经济、社会和生态效益。其基本方法是应用系统分析，包括信息论、系统论、控制论、生态学和资源系统工程管理等一系列新学科。

传统工业经济时代把经济生产看作一个与世隔绝的体系，只考虑经济效益，甚至简单归结为利润。这种片面的经济思维理念不符合实际情况，也违反自然规律。实际上，任何经济生产都要从自然界取得原料，并向自然界排出废物。而自然界中像石油、煤和淡水等多种战略性的经济资源都是有限的，甚至是短缺的，不考虑这一点就是竭泽而渔；生产向自然界排出废物而生态系统的容量是有限的，不考虑这一点就是自毁基础。因此，经济生产必须把生态考虑进去。同样的道理，社会消费也应当考虑在生态系统的承载能力之内。不把人口、经济、社会、资源与环境作为一个大系统来考虑，就会违反基本客观规律。

以用水为例，在农业经济中，人们把一段河流既当"自来水"管又当"下水道"。这当然也是违反客观规律的，但是由于取水量小，排污量也小，在河流生态系统的资源承载能力和自我修复能力之内，因此没有出现大问题。但是到了工业经济时代，生产力巨大提高，取水量不断增加，就造成河流的断流；排污量也不断增加，超过了河流生态系统的自我修复能力，过量污染就使水质变坏，直至达不到使用要求。如果把河流生态系统纳入经济生态系统来统一考虑，就会考虑到资源的承载能力和环境容量，避免上述结果的出现。

（二）生态成本总量控制的原则

如果把自然生态系统作为经济生产大系统的一部分来考虑，就会像传统工业经济考虑资本的投入一样，考虑生产中生态系统的成本。任何一个工业生产投资者在投资时，必须考虑自己有多少钱，如果借贷就要考虑偿还能力。同样，在向自然界索取资源时，也必须考虑生态系统有多大的承载能力，如果透支，也要考虑它有多大的自我修复能力，要有一个生态成本总量控制的概念。

所谓生态成本是指当经济生产给生态系统造成破坏后，再人为修复所需要的代价。仍以从河流取水为例，在传统工业生产取水时，只要考虑取水的工程、机械和人工的成本，而不考虑水资源的成本，认为水是天上来的，是取之不尽、用之不竭的。这种认识在水是富有资源时是对的，如用海水；但如在取水后形成断流，破坏了下游生态系统，水资源不仅有成本，而且有高昂的水生态系统成本。向水中排污，破坏了水的质量是另一种用水，也有高昂的环境代价。

生态成本应该有一个总量控制的概念，仍以从河流取水为例。联合国教科文组织通过数百例统计研究，得出这样的结论：在温带半湿润地区，从河流中取水不应超过河流总水资源量的40%。也就是说，从整条河中取用总水资源量40%以下的水，不至于造成断流；在污水处理达标排放的情况下，可以保持河流的自净能力。

（三）资源循环的 3R 的原则

传统经济是把自然生态系统当作取料场和垃圾场的一种不合理的线性经济，而循环经济是一种生态型的闭环经济，形成合理的封闭循环，如取水、用水、污水处理和中水回用的循环。

1. 资源利用的减量化原则

在投入端实施资源利用的减量化，主要是通过综合利用和循环使用，尽可能节约自然资源。

2. 产品生产的再使用原则

与后工业社会一次性产品推广相反，循环经济强调在保证服务的前提下，产品在尽可能多的场合下，用尽可能长的时间而不废弃。如产品标准化，可以不断更换配件；一辆汽车可以在不同的地形和气候条件下使用等。

3. 废弃物的再循环原则

指在材料选材、产品设计、工艺流程、产品使用到废弃物处理的全过程，实行清洁生产，最大限度地减少废弃物排放，力争做到排放的无害化和资源化，实现再循环。如回收 1t 废纸可以造 800kg 纸，节约 3m³ 木材、300kg 烧碱和 300kWh 电，还可以少排大量造纸污水。目前发达国家的再生资源回收总值已超过 300 亿美元，占世界国民生产总值的 1%，而我国再生资源的回收远远低于我国占世界国内生产总值的相应比例。

以上又称 3R 原则。应遵循 3R 原则使生产成为生态系统良性循环的一部分。

（四）尽可能利用可再生资源原则

自然界很多资源都是循环再生的，循环经济要求尽可能利用这类资源，替代不可再生资源，使生产循环与生态循环耦合，合理地依托在自然生态循环之上。如利用太阳能替代石油，利用地表水替代深层地下水，用农家肥替代化肥等。

太阳能是为数不多的取之不尽、用之不竭的可再生资源，应加以充分利用；随着转换技术的改进，太阳能将在能源中占有日益重要的地位。

人畜粪便等农家肥自古以来就是肥料资源，是古代人利用可再生资源实行循环农业生产的创举。今天，化肥的出现，人们不再利用农家肥，打破了这种与生态循环耦合的生产循环，农家肥反而成为污染物。目前，在江苏等地就出现这种现象，化肥的大量使用，使自古以来作为农家肥的河泥不再使用，淤积在河中，造成严重的河水内源污染。

浅层地下水是可再生资源，但再生周期较长，达几年；地表水也是可再生资源，但再生周期很短，以年为单位。因此，为了维护生态循环，两相比较，城市取水应尽可能取地表水，否则，即使在丰水地区也会因补给不及时造成轻微地面沉降，在缺水地区后果自然更为严重。

（五）尽可能利用高科技原则

国外目前提倡生产的"非物质化"，即尽可能以知识投入来替代物质投入。如利用互联网替代大量相应物质产品的生产。就我国目前发展水平来看，即以"信息化带动工业化"。目前称为高新技术的信息技术、生物技术、新材料技术、新能源和可再生能源技术及管理科学技术等，其基本特征都是大大减少物质和能量等自然资源投入。

仅以管理科学技术为例，资源系统工程管理学就有特殊重要的意义。在设计建设大型资源利用工程时，必须在资源系统工程管理学的指导下进行大系统分析。如修建一座水库，不能只考虑水源的稳定性、选址的科学性和建成后取水的经济效益，还要考虑对下游地下水位、植被和物种等生态的影响，对下游经济发展的影响，对上下游气候的影响等。我国天津市是九河汇海的水乡，现在严重缺水，就是个比较典型的实例。

（六）生态系统作为基础设施建设的原则

传统经济只重视电力、热力、公路、铁路、水坝和堤防等基础设施建设。循环经济认为生态系统建设也是基础设施建设，如狠抓"退田还湖"、"退耕还林"、"退牧还草"和"退用还流"等生态系统建设。通过这些基础设施的建设来提高生态系统对经济发展的承载能力。

传统工业经济认为只有电力、公路和堤防等建设才有经济效益，属于收益周期长的基本建设项目，而生态系统建设只有生态效益。其实，植树造林、退田还湖和退用还流等生态建设也是收益周期长的基本建设项目，有些收益期比传统基建项目还短。

以在洞庭湖周边开始的退田还湖为例。历史上的八百里洞庭，到新中国成立前只剩 4350km^2，蓄湖能力为 293 亿 m^3。到 1998 年大洪水前，湖面只剩一半多，为 2623km^2，蓄洪能力仅为 167 亿 m^3。人们侵占了行洪区，自然洪水为患。1998 年大洪水时形势十分严峻。自 1999 年退田还湖后，现在湖面已扩大 554km^2，增加蓄洪能力 27 亿 m^3。其实早自大禹起，治水就有疏和堵两种做法；从基本的数学概念来看，提高行洪能力也有加高横截面的宽——高筑堤和扩大横截面的宽——保护和建设蓄滞洪区两种做法。不断加高堤防并不断加固可能比退田还湖的代价更大，而且还造成对人类危如累卵的悬河；而退田还湖，扩大蓄滞洪区是符合水循环规律的循环经济做法。

生态系统建设是传统基础设施建设的基础。如 2001 年由国务院批准实施的《塔里木河近期综合治理规划》，目标就是把水送到塔里木河下游，恢复 300 余 km 的断流河段。因为如果断流持续，在未来的 20～30 年内，塔里木河下游绿洲将消失，库姆塔格沙漠和塔克拉玛干沙漠将合拢，在这一地区建设的所有公路都将被埋葬。

（七）建立绿色国内生产总值统计与核算体系的原则

应建立企业污染的负国民生产总值统计指标体系，并以循环经济的观点来核算。目前我国防治环境污染的总投入已达到国内生产总值的 1.29%，如果企业只赚钱，治污国家承包，就难以实现循环经济。

如果建立一个负国内生产总值统计指标的参照体系，即可从工业增加值中减去测定的与污染总量相当的负工业增加值（这种折算体系并不难建立），原则上负国内生产总值作为排污的补偿税（费）。建立了这一体系，地方政府就不会对建设负工业增加值高的厂有积极性；

外商知道了我国的新法规，也不会投资这样的项目。即便有的厂能够建立，投产后既无高工业增加值可统计，又无利税，地方也不会再保护它。这样就可能从根本上杜绝新的大污染源的产生，并有效制止污染的反弹。

（八）建立绿色消费制度的原则

以税收和行政等手段，限制以不可再生资源为原料的一次性产品的生产与消费，促进一次性产品和包装容器的再利用。

自 20 世纪 90 年代中期以来，欧美的四、五星级高档宾馆已基本废弃了房间中的一次性用品，以持续使用的固定肥皂液、洗浴液容器来替代。相反，一些低档宾馆为招揽顾客反而使用一次性用品。一些国家还为此立法，如瑞典在 1983 年制定了《铝质饮料瓶循环利用法》。目前，我国的宾馆一天一换的一次性用品的浪费惊人，无意义的豪华包装更带来巨大的浪费，应该立法改革。

同时，一些发达国家还以循环经济的思想为指导，使用可降解的一次性用具。如瑞典在 20 世纪 80 年代末就试用马铃薯和玉米制成的一次性快餐盒，既可食用，废弃后也很快自然降解。瑞典政府还对这种循环经济产品实行免税，使之可以参与市场竞争。

以上八大原则只是循环经济规律的主要理念，最为重要的是结合实际，因地制宜地应用这些原则。

第二节　循环经济的科学基础

自然资源系统工程管理学的科学基础是系统论，它同时也是循环经济的科学基础。系统论由信息论、系统论和控制论三大部分组成。

1925 年，奥地利生物学家贝塔菲（L.V.Bertalanffy）在研究生命运动时，提出了现代的系统概念，并创立了系统论，成为管理科学的新知识基础。1948 年，美国数学家申农（C.E.Shannon）创立了研究信息本质的信息论；同年，美国著名数学家维纳（N.Wiener）创立了系统的控制论；1949 年，以美国社会心理学家马斯洛（A.H.Maslow）提出的人类需要层次理论为基础创建了行为科学。现代管理科学的科学基础基本具备，现代管理科学应运而生。

一、系统论
系统论成为一门科学以来，已经有明确的定义、特征和分类。

（一）系统的定义

系统（System）一词来源于古希腊语，其含义是"由部分组成的整体"。现代的定义是"由若干元素按一定关系组合的具有特定功能的有机整体，其中元素又称为子系统"。科学的系统研究必须确定系统的元素，划定系统的边界。

（二）系统的基本特征

一般的系统具有如下几个特征：

（1）集合性。系统至少由两个以上的子系统组成，如自然资源可分为土地、淡水、森林、草原、矿产、能源、海洋、气候、物种和旅游十大子系统。

（2）层次性。系统可以分解成不同等级（或层次）的一些子系统，如国家生态系统和区域生态系统等。

（3）关联性。子系统与子系统间、子系统与系统间、系统与外部环境间都按一定关系相互影响、相互作用。如森林系统和气候系统之间相互影响、相互作用，气候因素形成森林，森林又反过来影响气候。

（4）目的性。系统具有特定的功能。

（5）整体性。系统是一个有机的整体，如十大自然资源系统互为依托构成生态大系统。

（6）有序性。系统内部按一定的规律运行，如水生态子系统按水循环规律运行。

（7）平衡性。系统在不同情况下处于平衡或非平衡两种状态。从一个长时期来看，水资源总体上处于平衡状态。

（三）系统的类型

从系统论的观点来看，世界上任何事物都可以看作是一定的系统，而任何事物都以这样或那样的方式包含在某个系统之内。系统是普遍存在的，各种各样的系统可以根据不同的原则和条件来分类。

（1）按人工干预的情况可划分为自然系统、人工系统、自然与人工复合系统。

（2）按复杂程度可分为简单系统、复杂系统、超复杂系统。

（3）按规模大小可分为小型系统、中型系统、大型系统和巨型系统。

（4）按状态划分有平衡态系统、非平衡态系统。

（5）按与外部环境关系可分为开放系统、封闭系统、孤立系统。

例如，经济系统和生态系统都是非平衡态的超复杂巨型系统。这些基本知识都是我们在后面讨论自然资源系统时要用到的。

二、信息论

所谓信息，就是人们能够识别的、具有新内容的消息。而信息论就是研究信息的本质，并用数学方法研究其计量、交换、传递和储存的学科。

信息的来源称为信源，信息的传播渠道称为信道，信息的接受处称为信宿。在循环经济中，自然生态系统就是信源，各种自然现象及其监测手段就是信道，从事循环经济的决策者、管理者和生产者就是信宿。

（一）狭义信息论

在信息传播前，信宿并不了解信源将要发出的具体信息，这就是信宿对信源的不确定性。信息的传播必然会受到不同程度的干扰，信宿收到的信息必然不会 100%完全和真实，也就是说必然有偏差，这就是信宿收到信息的不确定性或称后验不确定性。

根据申农关于信息的定义，先验不确定性与后验不确定性之差便是信宿接收到的信息量。如果用符合 X 表示信源发出的信息，Y 表示受到干扰后的信息，用 $H(X)$ 表示信宿的先验不确定性的大小，用 $H(X, Y)$ 表示后验不确定性的大小，用 $I(X, Y)$，表示信宿从 Y 中所得到的关于 X 的信息量，那么就有 $I(X, Y) = H(X) - H(X, Y)$，这是信息论中的信息量基本公式。

基于这些公式，狭义信息论给出了各种条件概率下的信息量、信道容量、信息传递和交换、噪声与滤波等的表示与计算方法。

（二）广义信息论

广义信息论的发展还为人们提供了一种研究系统功能的方法，叫做信息方法。信息方法完全脱开对象系统的具体运动形态，把对象的运动过程抽象成为一个信息的传输和变化的过程，通常用反馈信息作为实现系统目标的控制手段。信息是研究对象系统的重要方法。信息方法与传统方法不同，不需要对事物进行剖析，而是从分析信息流程入手来认识整个系统。所以它为研究复杂对象，尤其是水资源系统提供了新的思路。

三、控制论

控制论是研究各类系统的调节和控制规律的科学，它的基本概念是信息、反馈和控制。循环经济就是接受自然资源系统对我们改变该系统的信息反馈，不断调整建设项目和经济发展，使之在自然生态系统的承载能力和弹性恢复能力的限度之内。

（一）控制论的基本概念

无论人、机器还是社会的组织部分，都可以分成三大类"器官"：中枢决策"器官"、感觉"器官"和效应"器官"。而分别属于人、机器和社会的这些同类"器官"的功能又有很多的相似之处，使人们感到有探讨共同规律的可能性。我们把人、机器和社会的这些"器官"列表进行比较，见表3-3。

表 3-3 人、机器和社会控制部分比较

项目	中枢决策"器官"	感觉"器官"	效应"器官"
人	大脑	眼、耳、鼻、舌	手、脚、嘴
数控机床	计算机	仪表	车刀、传送带、卡盘等
单位	领导	咨询机构 情报机构 公共关系机构	职能部门

正因为有这种相似的结构，也就产生了相似的工作方式。反馈又分为正反馈和负反馈。通过新信息的反馈使原信息加强的叫正反馈，反之则叫负反馈。无论对人、机器还是单位，负反馈的现象出现得都要比正反馈多。通过反馈可以实现控制，所以控制论之父维纳称控制论为"关于动物和机器中控制和通讯的科学"。

人通过眼、耳、鼻、舌来接受信息，通过大脑的处理、分析做出判断，形成决策，由手和脚来执行。十分有趣的是，一个单位的工作过程与此极其相似。由情报机构和公共关系部门接受信息，领导核心分析处理，做出决策，由职能部门去执行。在一个工厂里，情报机构就是统计室、情报室，决策机构则由厂长和总工程师组成，而职能部门则是采购科、销售科和各个车间等。人的大脑对自己的眼睛和鼻子是十分重视的，要它们保持高度的灵敏性，眼睛近视了要配眼镜，鼻子不通气要治疗，然而，由许多人的大脑组成的工厂决策机构却往往对自己的眼睛——情报室很不重视，尽管已经"近视"到相当程度，却仍然不采取措施，不更换没有能力的人员，不增添有效率的设备。

（二）"黑箱"理论

"黑箱"理论是控制论的一个常用方法。所谓"黑箱"，就是指那些既不能打开，又不能从外部直接观察其内部状态的系统，比如人们的大脑只能通过信息的输入输出来确定其结构和状态。"黑箱"理论从综合的角度为人们提供了一条认识事物的重要途径，尤其对某些内部结构比较复杂的系统，对迄今为止人们的力量尚不能分解的系统，黑箱理论提供的研究方法是非常有效的。

四、循环经济系统控制论

经济系统控制论是经济科学中的一门新兴学科，是系统论、控制论和信息论渗入经济科学而产生的一门边缘学科。

经济系统控制论以各种经济系统的控制问题作为自己的研究对象。它的基础理论包括经济信息理论、经济反馈理论、经济耦合理论、经济控制理论等；它的应用部分包括用定性和定量相结合的方法来分析各种经济系统的功能，以及用各种控制方法来实现资源最优化配置的经济问题，是循环经济的理论指导。

（一）经济系统控制论的历史

对于经济系统如何调节控制问题的研究，从古典经济学时期就已开始。亚当·斯密就曾经把自由市场的竞争描绘成一只"看不见的手"，由它来自动地控制供求关系和各个经济部门之间的比例。这一说法，如果用控制论的术语来描述，就是一种"负反馈调节"。

事实说明，这只"看不见的手"并不能解决失业和有效需求不足的问题。在 20 世纪 30 年代，英国经济学家凯恩斯（1883—1946 年）就在《就业、利息和货币通论》中提出一套国家调节控制经济的理论。调节控制经济的专著《经济系统的机制》，是电学教授图士丁于 1953 年发表的，他用控制论方框图、信号流图描述了凯恩斯关于投资、消费、收入之间关系的理论，被认为是经济控制论的创始人之一。1954 年和 1957 年，经济学家菲利浦斯和艾伦分别在他们的专著中，系统地阐述了经济控制论的一些基本概念，并将传递函数、反馈、闭环控制、开环控制、振荡及稳定性等理论和方法引进了经济学。他们对经济控制论的创立也做出了重要的贡献。

1956 年，奥斯卡·兰格系统地论述了经济控制论的概念、方法和理论，他还运用马尔科夫的分析方法研究物质刺激对人们行为的影响，并将可靠性理论引入了对经济问题的分析研究。第一位进入经济学领域的控制论专家是彼狄克。他在 1971 年发表的一篇论文中，建立了一个包含二十八个状态变量、三个控制变量（超额税、政府支出和货币供应量）的美国经济模型。这一研究成果说明，反馈控制方法在财政政策的制定中起重要作用，因而在经济界和学术界产生很大影响。1972 年 9 月，美国联邦储备委员会在控制论专家的帮助下，使用最优控制方法拟定出涉及失业、通货膨胀交替换位的控制政策，比较成功地调节了美国经济。它的成功受到各方面的重视，舆论界给予很高的评价。

经济系统控制论也可以分成经济系统论、经济信息论和经济控制论来分别探讨。

（二）经济系统论

1. 经济惯性原理

封闭的经济系统，与外界基本不发生关系，因而不能获得外力来推动经济的发展。正如牛顿第一定律所揭示的那样，一切物体在没有外力作用时，保持匀速直线运动状态或静止状态，直到外力迫使它改变这种状态为止。物体保持原来的匀速直线运动状态或静止状态的性质，叫做惯性。惯性系统是一个无加速度的平衡系统。

从循环经济系统控制论来看，一个封闭的经济实体（比如，自给自足的小农自然经济系统），它与外界基本上不发生商品交换和信息联系，是无法得到外力推动的。以自然经济为主体的中国社会之所以长期得不到应有的发展，一个很重要的原因就是自我封闭。

任何经济实体，在它不跟外界发生作用的封闭状态下，都会导致相对静止状态，甚至出现经济衰退。当然其内部消耗越少，能维持的周期越长。

2. 经济加速度原理

封闭系统是无加速度的惯性系统，那么开放系统则是有加速度的发展系统。正如牛顿第二定律所揭示的那样，物体的加速度同作用于物体的外力成正比，同物体的质量成反比。也就是说，对于同一个物体，外力越大，加速度越大；对于外力相同的两个物体，质量大的物体加速度小，质量小的物体加速度大。

从循环经济系统控制论来看，只有通过对外开放，让经济系统与外界环境建立联系，使其产生促进系统内部协同发展的外力，才能加快国民经济的发展速度。因此，要发展国民经济，就必须坚持对外开放。另外，物体的质量在经济学中可看作是经济实体的规模，如果开放程度相同，企业规模大，加速度小；企业规模小，加速度大。

3. 经济内动力原理

从循环经济系统控制论来看，要使一个无加速度的惯性系统变为一个有加速度的开放系统，就必须改变经济系统的内在结构。有势能差的非平衡系统是动态发展的系统；无势能差的平衡系统是不发展的系统，它服从势能最小原理。在无势能差的系统中，增大势能差可以使系统从无序向有序自动转化，一部分人先富起来，打破"大锅饭"、"铁饭碗"等政策的措施，其实质就是在经济系统中增大势能差。同时，也要注意结构各组成部分之间的线补作用，这种作用往往可以放大系统的整体功能。

一个具有内在发展机制的经济系统必须是一个有差异、非均匀、非平衡态的经济系统，它要求改革僵化的经济体制，扩大系统内的势能差，加强系统各组成部分之间的互补，从而使系统具有自组织作用和内在动力。

4. 经济系统层次原理

任何系统都是有层次的，不同的层次有不同的运动规律。人们根据现代科学的研究成果，把物质世界划分为宇观、宏观、微观三个主要层次，并建立了各个层次的物理学。在区分宇观、宏观、微观三个主要层次的基础上，每一个层次内又能细分出若干梯级层次。

循环经济系统也是有层次的，也可大致分为宇观、宏观、微观三个主要层次。如果把企业经济看作是微观经济、国家经济看作是宏观经济的话，那么国际经济就可以看作是宇观经济。此外，在同一层次上也要考虑不同级层次的特殊性。仅在一个层次上不加区分地制定循环经济决策，肯定是不符合实际情况的。

5. 经济竞争协和原理

量子力学揭示了微观粒子的普遍特性，指出微观粒子的运动具有波动性，它受一种竞争力和协和力的综合作用。

微观物质运动的上述规律性，同样存在于微观经济运动之中。在微观经济中，企业的发展是在竞争规律和协和规律同时作用下进行的。在企业外部，以竞争力为主；在企业内部，则以协和力为主。竞争力把企业导向与外界环境相适应，而协和力则使企业的整体功能达到最优。

在循环经济控制论中，从生态大系统分析应用了生态学的原理，更加强调企业之间的协和，最终构成企业链的循环。

6. 经济承载能力原理

循环经济系统控制论除有上述五条原理以外，首先以经济承载力原理为其前提。正像物理学中任何一个支撑件都有其承载力的弹性限度一样，如果产生了塑性形变，将不可恢复。即一个经济系统的改革、开放和发展的程度，如果超过了其生态系统的承载能力，系统的动平衡将被打破，使系统蜕变以至崩溃。当然，与此同时，也应当考虑到改革、开放和发展时系统承载能力的提高，但是由于对地球生态系统自然资源的认识是有限的，这种承载能力的提高在一定时间内也是有限的。

（三）经济信息理论

经济控制论根据信息论的基本原理，把经济效果假设为信源，把价格看作是传输信息的通道，而把收入作为信息的受体。这类似于通信系统中发报机、传输机和收报机三者的关系。从统计规律来看，它要求价格、收入的信息必须足够多，变化必须足够灵敏和迅速，人们才能从中得到有关经济效果的真实信息。经济控制论通过对信息传输的逆率和效率的定量分析，来研究不同经济体制的控制能力。

循环经济系统控制论除了要求经济效果的信息外，还要求社会效果、环境效果、资源效果和对生态系统影响的效果，从大系统来分析经济体制的控制能力。

（四）经济控制论

1. 经济耦合理论

经济控制论把自给自足的经济系统视为孤立系统，而将分工协作的经济系统视为包含串联耦合和并联耦合的系统。

串联耦合是指甲企业的产出（输出），就是乙企业的投入（输入）；而乙企业的产出（输出），就成为丙企业的投入（输入）；最后，丙企业的产出（输出），又成为甲企业的投入（输入）。如此循环，形成一个串联回路。循环经济系统控制论要求不仅在企业产品方面形成这种串联回路，还要在废弃物方面也形成这样一个串联回路，两者互相耦合。

并联耦合则是指一个企业要输入多个企业的产品，又要把本企业的产品输往多个其他企业，这样就形成了一个并联回路。而循环经济控制论要求在这些企业的废弃物间交叉输配，形成多重耦合。

产品输出串联企业越多，生产效率越低；而废弃物输出串联企业越多，资源利用效率越高。要在两者间取得平衡，以基本实现资源利用的循环为标准。例如，美国、欧盟和日本早在 20 世纪 90 年代中期就开始用转基因技术培育木本和藻类植物，能把空气中的二氧化碳固化为生物质，成为含油植物，然后通过加工制出新生物能源，实现了工业系统与自然系统的耦合，是典型的生态工业链。这种技术若可以商用，可望成为解决温室气体排放问题的最佳途径。

2. 经济反馈理论

结果可以反过来变成原因的，就可以叫做反馈。例如，企业效率高、成本低，产品价格就低，市场销路就大；这时企业可以进一步扩大规模，提高效率，降低成本，降低价格，使市场进一步扩大。这是一个典型的正反馈，即企业效率高和市场销路好互为因果，形成一种良性循环。

循环经济系统控制论要考虑生态成本，改变企业单一资源成本的观念。如果生态成本高，价格就高，再加上绿色产品市场准入制度，市场更加萎缩，反而使成本更高，市场更难进入，形成负反馈的恶性循环。

3. 最优控制理论

循环经济控制论要求在一定自然资源投入的情况下，使总产出最大化，使排出废弃物最小化。在这一前提下，选择最优顺序实施决策，解决最优库存、最优广告水平、最优设备更新期、最优人员调配、最优产业布局和最优物资调运等一系列问题。

（五）挪威罗加兰地区历史上经济失控的实例

罗加兰郡地处挪威的西南部，人口 40 万，面积约 0.9 万 km²，首府是斯塔万格市。斯塔万格市地处高寒，农业生产率很低，有丰富的森林资源，但在工业革命以前，生产力低下，开发十分困难。当时人民生活十分贫困，穿着粗制的兽皮衣，甚至穴居。

工业革命以后，18 世纪末，该地区开始利用木锯和电锯大力开发当地的森林资源，向英国和德国输出寒带的名贵木材，人民生活开始达到温饱，斯塔万格的城市就是那个时期建设的。但因为森林资源掠夺性的开发，不到半个世纪，树就被砍光了，造成森林资源的枯竭。很快地区经济发展停滞，人民生活又陷于困顿。

本着传统工业经济的理念，他们又开始了对渔业资源的开发。斯塔万格附近的北海是最好的沙丁鱼渔场，19 世纪的渔业资源开发还考虑到不卖初级产品，制成鱼罐头远销欧美。当时他们的沙丁鱼罐头产量占世界 1/2 以上，可见沙丁鱼资源之丰富。但是，掠夺性的开发经过了半个世纪，沙丁鱼资源又枯竭了。20 世纪初，人们开始了悲壮的逃荒历程。在北美，至今许多城市还有当年逃荒挪威人留下的聚居区。

两次惨痛的教训，深深地教育了斯塔万格人。他们开始实施循环经济和知识经济，尊重自然规律，逐步恢复了良性的生态循环。现在，由于对森林砍伐有度，种植补充，合理地利用这种可再生资源，森林又恢复了原来的模样。对沙丁鱼捕捞有度，休养生息，使沙丁鱼罐头的产量再次跃居世界第一。北海还发现了石油资源，但他们吸取了前两次的教训，对油盆做应用系统分析，哪里开采，哪里不开采，哪口油井开采出多少，都按科学规律办事。他们还由此及彼考虑到水资源，考虑到人口的增长，建起了可满足 50 万人口的污水处理厂。

挪威罗加兰地区在经济发展过程中，资源耗竭的信号不是没有，但都被熟视无睹，没有反馈。造成这一后果的最大问题就是经济失控，这也说明自由市场经济在资源开发和利用方面的极大盲区，造成赖以发展的基础——自然资源的耗竭。解决这个问题的办法就是要以循环经济的理念调节控制，以生产与自然资源循环的耦合来发展经济。

罗加兰地区虽地处高寒，但本着循环经济的理念进行生态建设。现在，该地区树木遍布山冈，草地遍布坡地，山清水秀，城市优美，农村幽静，污染极少，是世界上生态系统最好的地区之一。

第三节　循环经济的实践基础

实现循环经济，必须遵循客观规律。客观规律是独立于人们主观世界、不以人的意志为转移的客观必然性。生态系统是独立于人类存在的客观世界，人类必须认识生态系统，按生态系统良性循环的客观规律确定工作重点，制定方针、措施，才能实现循环经济。

越来越多的考古证据表明，中国古代楼兰古国和美洲玛雅文明的消亡都是经济社会发展超过了当地的生态承载力，破坏了生态系统的良性循环而造成的。与此相反，在澳大利亚西部珀斯地区同样类似的自然条件下，在生态系统承载力限度内有限地开发，使这里实现了人与沙漠共处的可持续发展。

一、什么是生态系统

作为一门科学的基本概念，生态系统应有其确切的定义。

（一）生态系统概念的由来

1866 年德国的海克尔在《自然创造史》一书中最先提出生态学一词。1895 年丹麦的瓦尔明以德文出版了《植物生态地理学为基础的植物分布学》专著。1909 年，该书译成英文，更名为《植物生态学》。它是世界上第一部划时代的生态学著作，至今还不到一个世纪。

1935 年英国的坦斯莱首先正式使用"生态系统"这个词，他把生物与其有机和无机环境定义为生态系统。早在 1923 年，他就出版了《实用植物生态学》一书，这也是最接近现代生态系统概念的著作。

（二）什么是生态系统

综合国外学者和联合国有关机构对生态系统多次做出的定义，生态系统可以理解为"人与其他生物及其所处有机与无机环境所构成的系统"，生态系统应该有明确的边界，系统在通过内在资源循环达到动平衡的前提下发展。生态学研究系统内各因素的关系，同时也研究系统与外界的物质、能量和信息交流的关系。

阳光、大气、水、土壤和矿物资源构成了人类生存的自然环境。为了深入分析环境问题，人们建立了生态系统的概念。所谓"系统"就是指边界确定以后，由互相关联、互相制约、互相作用和互相转换的组合构成的具有某种特定功能的总体。生态系统可以分为 6 种组合，其内容如下：

（1）无机物。包括氧、二氧化碳和各种无机盐类等。

（2）有机物。包括以糖、脂肪、蛋白质组织的各类化合物。

（3）太阳辐射能。包括形成的日照、大气环流和降雨等。

（4）生产因子。指能进行光合作用的各种绿色植物、藻类和细菌。

（5）消费因子。指以其他生物为食物的各种动物。

（6）还原因子。指分解动植物遗体、排泄物和各种有机物的真菌、细菌、原生动物和食腐类动物，还原为基本元素。

对生态系统进行分析要用多学科综合知识，但从方法上来讲，主要是数学，其中最重要的是统计学、矩阵理论、非线性理论和模型与模拟理论。其研究的内容是生态系统的保护、利用和控制，生态系统的退化和修复，全球性的生态问题及生态系统的可持续发展。

（三）生态系统的初始概念——食物链

在生态系统中，一种生物以另一种生物为食，彼此形成一个以食物供给连接起来的锁链关系，生态学上称为食物链。由于一种消费者往往不只吃一种食物，而同一种食物也可以被不同的消费者所食用，因此，各食物链之间又相互交错构成更复杂的网状结构，叫食物网。

生态系统中通过食物链实现能量流动、物质循环和信息传递，进行资源循环。如在淡水生态系统中蛋白质等营养物质滋生水草，小虾吃水草，小鱼又吃小虾，大鱼再吃小鱼，大鱼死后被细菌分解成营养物质又滋生水草。这就是通过食物链进行资源循环的典型例子。如果把鱼虾捕光，水草就会大量滋生，从而破坏了原有的循环和各种资源的动态平衡。

食物链上每一个环节代表一个营养级，位于同一营养级上的生物是通过相同的步骤从前一营养级的生物获得食物和能量的。但每一营养级生物只能利用前一营养级能量的 10%左右，所以最短的营养级包括 2 级，最长的通常也不超过 5~6 级。食物链越短，距食物链的起点越近，生物可利用的能量就越多。

处于食物链起点（第一营养级）的生物群落的生物个体数量比高一营养级的生物数量

多，最高营养级的生物，其个体数量最少，即基数（第一营养级）最大，然后呈金字塔形逐级递减，最后一级最小。这种现象称为生态学金字塔。由于研究的对象不同，生态学金字塔又分为：

（1）数量金字塔。以第一营养级的生物个体数目表示，通常呈底部大、顶部小的正金字塔形。

（2）生物量金字塔。以生物干重来表示，每一个营养级中生物物质总量绝大多数呈正向金字塔形。

（3）能量金字塔。以进入各营养级的总能量来表示，这样的方法最能保持准确的正向金字塔形。

正是由于生态系统中各生物种群之间存在着这种食物链的关系，才能有效地控制生态系统中各生物种群的数量，即控制自然界的生态平衡。如果某个环节的生物减少或消失，势必会导致以它为食的生物种群数量锐减，而为它所食的生物种群数量肯定会大增。这样，生物界原有的平衡规律就会被破坏。例如，20世纪50年代我国曾将麻雀视为农业害鸟，大量捕杀。殊不知麻雀每年吃掉的农业害虫，要比它们吃掉的粮食多得多，结果因麻雀大量减少而发生了严重的虫害，粮食反而大面积减产。这正是没有研究食物链，不遵照自然规律办事所带来的后果。近年来，人们认识到了化学物质对环境的污染，因而在许多方面试图利用生物方法来解决问题，例如，引入一个新的天敌生物物种来消灭害虫等。但如果事先不对食物链进行仔细研究，盲目引进，结果可能会适得其反。

澳大利亚是一个孤立的大陆，是一个比较典型的巨大生态系统。在欧洲人到达澳大利亚之前，世界上的许多物种在那里都是不存在的，欧洲人有意或无意引入的物种一度破坏了澳大利亚生态系统的平衡。

澳大利亚本没有兔子，1859年，12只欧洲野兔被带到澳大利亚。由于这里没有鹰等天敌，且有易于做窝的茂盛草原、松软的土质，很快造成兔子恶性繁殖，在100年内达到75亿只，即平均1公顷草原上有17只兔子，大约1亩地1只，严重地破坏了生态平衡。10只兔子可吃掉1只羊所需的牧草，75亿只兔子就吃掉了7.5亿只羊的牧草，兔羊争草，严重地影响了当时澳大利亚赖以生存的畜牧业。后来，人们不得不用筑墙、捕捉，甚至动用空军投毒的办法来解决"兔子问题"。由于投毒会严重地影响草原生态，人们又想到了引入兔子的天敌——狐狸，来解决这一问题。

澳大利亚原来也没有狐狸，19世纪80年代兔子恶性繁殖成灾后，作为兔子的天敌狐狸被大批量引入。到了20世纪初，因为没有天敌和适于繁殖，狐狸数量也迅速增加。由于狐狸繁殖速度低，不仅未能克制兔子的急剧增加，反而再次打破了原有的生态系统平衡。狐狸使20种澳大利亚动物灭绝、43种濒危，于是人们又开展了消灭狐狸的运动。

二、水生态系统

为了更进一步阐述生态的概念，我们以水生态系统来加以说明。地球上的生态系统主要分陆地生态系统和海洋生态系统，我们目前主要研究陆地生态系统。陆地生态系统存在的基础是淡水，有水才有有机物，才能构成生态系统，生态系统所必需的水就是生态水，"生态水就是生命水，有水就有绿洲，有绿洲才有人，才能推进开发"。目前，国际上的共识是大范围的复合生态系统，最合理的划分办法是以河流的流域来划分，或者说是以水来划分。

水生态系统良性循环的标志是地下水位不降低。只有这样才能保证河流不断流、湖泊不萎缩、湿地不干涸、植被不枯萎。

（一）水生态系统的概念

水生生物群落与水环境构成的生态系统称为水生态系统，它又可分淡水生态系统和海洋生态系统。

淡水生态系统，一般简称为水生态系统，是指一定淡水域内所有生物群落与该水环境相互作用，并通过物质、信息和能量流动循环共同构成的具有一定结构与功能的统一体。按照这一观点，小至一条山间小河、一片湿地，大至湖泊、水库、江河等，都可以看作一个淡水生态系统。

一个生态系统中生物的种类虽然多样，数量尽管巨大，但都可按其在生态系统中的功能，归纳为三大类，即生产因子、消费因子和还原因子，或称为生产者、消费者和分解者。

水生态系统中的生产者是指水中具有叶绿素的藻类和水生维管植物（包括蕨类、裸子和被子植物）。它们依靠体内叶绿素的特殊功能进行光合作用，制造有机物，不仅能养活自己，还为其他生物提供食物。同时，它们将太阳能转变为食物潜能，为系统中一切生命活动提供能量来源。水中的所有水生动物总称为消费者。这类生物自己不能制造有机物，靠吞食其他生物获得食物和能量来维持生命活动。它们按食性和取得食物的先后次序分为若干等级。

直接以浮游植物、水草为食的消费者叫草食性动物，如浮游动物、鲢鱼、草鱼等；而以草食性动物为食的消费者，叫肉食性动物，如鳙鱼；以浮游动物和鱼类为食的肉食性鱼类，叫一级肉食动物或二级消费者。

在水生态系统中，主要食物链有两条：一是牧食性食物链，从绿色植物——草食动物——肉食动物，如藻类——甲壳类——鲦鱼——青鲈；二是碎屑性食物链，从有机物到分解者，然后到碎屑食性动物和它们的捕食者，如有机物碎屑（水草枝、叶碎屑）——微生物（细菌、真菌）——浮游动物——鱼类——凶猛鱼类。

分解者主要由细菌、真菌等微生物组成，专门将有机物质分解成无机物质。由于微生物具有种类多、个体小、数量大、繁殖快、分布广及代谢强度很高等特点，故它们在有机物质矿化过程中，起着特别重要的作用。水中生产者和消费者的排泄物、尸体、残骸等都是这类生物作用的对象。通过它们的作用将各类有机物分解为无机物，归还环境，供生产者重新利用，实现物质循环。因此，分解者在整个生态系统中的地位是非常重要的。

此外，非生物的自然环境因素，如阳光、水、土壤和空气等，为系统中的生物提供能量、营养物质和生活空间，因而也是水生态系统的必要组成成分。

（二）水生态系统的功能

生态系统中的循环既是其主要功能，又是其基本规律，如水循环、氧循环和硫循环等，水循环是其中较为重要的循环之一。

水生态系统主要功能是生物生产力、能量流动、物质循环、信息传递和物种流动。

1. 生物生产力

生物生产力是指水生态系统中生产和贮存有机物质的速率。天然水体，或人工经营水体，都在进行生物生产过程。生产过程的强度用水体生物生产力来度量。

水体生产过程可分为初级生产过程与次级生产过程，用初级生产量和次级生产量衡量。初级生产量是指单位时间和空间内生产者通过光合作用生产的有机物质的数量。在富氧水域中，生产者主要是各种藻类；而在厌氧水域，光合细菌是主要生产者。在沿岸带和浅水区，水生高等植物也是主要的生产者之一。

初级生产是生态系统的能源基础，也是系统内能量流动和物质循环的基础。在初级生产过程中，太阳能不断地被转化为化学能，成为食物潜能。二氧化碳转化为碳水化合物需吸收大量太阳能。

生产者的初级生产速率，影响整个生态系统的活力。但生产速率又受系统的温度、光线、pH 等物理、化学因素以及可利用的营养物质的种类和浓度的影响。初级生产过程是指消费者和分解者同化初级生产物的过程。它表现为动物和微生物的生长、繁殖和营养物质的贮存。在单位时间内由于动物和微生物的生长和繁殖而增加的生物量或所贮存的能量即为次级生产量。

在水体生物生产过程中，具有重大意义的次级生产量是细菌、浮游动物、两栖动物和鱼类的数量。

2. 能量流动

水生态系统生产者将太阳辐射中的一部分截获，经光合过程使其中一部分太阳能转换为化学能贮存在有机物中，这一部分能量称为食物潜能，它是水中一切生命活动所需要的来源。被生态系统截获的太阳能在系统内的流动符合热力学定律：能量既不能创造也不会消失，但可以从一种形式（如光能）转变成另一种形式（如热能），而总量保持不变。任何过程的能量利用效率都达不到 100%，总有一些能量转变成热能而散失。水生态系统中能量流动是单向的，要保持系统的运转，就必须由太阳不停地补充能量。

水生态系统中各生物之间的能量传递是通过食物链进行的，能量流动的载体是食物。在能量沿食物链传递的过程中，大部分能量被生物用于各种生命活动而消耗，其中一部分最终以热能形式散失，一小部分能量被用以合成新的原生质，作为潜能贮存下来，能量传递的效率，可用食物链前后传递点的能量流之间的百分比来表示，这种比率通常称为"生态效率"。据研究，太阳入射能转化为生产者能量的同化效率平均均为 0.4%，各营养级间的生态效率一般为 10%左右。由此可见，在能量沿食物链传递过程中，每通过一个营养级，大约有 80%~90%的能量损失。这主要是由于生物的呼吸损耗，以及动物对食料利用不完全所致。

3. 物质循环

自然界存在的 100 多种化学元素中有近 40 种元素是生物所需要的。这些元素构成物质，既贮存化学能，又是维系生命的基础。在生态系统或生物圈中，它们总是按一定路线循环，即从环境到生物，然后又回到环境，这就是所谓的"生物地球化学循环"。水是生态系统中极为重要的物质，水循环自然是极其重要的循环。

4. 信息传递

淡水生态系统内存在着各种信息传递系统，如营养信息、化学信息、物理信息和行为信息等。对水生生物来说，最重要的是基因信息，每种生物都能制出基因图谱。系统依靠这些信息，实现系统自我调节，以保持系统的稳定和发展。但系统这种自我调节能力是有限的，当外部压力超过所允许的限度时，就会破坏系统的平衡状态，甚至造成整个系统的崩溃。

人类活动造成生态系统平衡的破坏，在很多情况下是目前的人类知识所难以预见的，有时生态系统是十分脆弱的，因此，对生态系统变化的信息必须及时反馈。例如，日本北海道钏路市有一条长不过百公里的小河，流域降雨量超过 1000mm。为了防洪，于 20 世纪 70 年代把中游超过 3km 的河道截弯取直，增加了流速，缩短了河长。但是仅过了不到 30 年，周边湿地出现干涸，反过来使地下水位进一步降低，土地出现沙化的现象。现在，当地政府不得不斥巨资，用多种方法逐步恢复原河道。这是一个给我们以深刻教训的轻视生态系统平衡的实例。

三、生态系统的基本规律

研究生态系统的目的在于认识和正确运用自然规律，正如恩格斯所说的：人类可以通过改变自然来使自然界为自己的目的服务，来支配自然界，但我们每走一步都要记住，人类统治自然界绝不是站在自然之外的，我们对自然界的全部统治力量就在于能够认识和正确地运用自然规律。在生态系统中，有生物与循环相互作用的规律、生物间相互依存的规律、物质循环与再生循环和生物进化规律等，其中最核心的规律之一就是生态系统的动平衡规律。

（一）自然生态系统平衡的规律

国际研究表明，近十几万年来地球上的自然生态系统是基本稳定的。冰川期过去，造山运动停止，陆海格局基本稳定；大气温度、降雨量及大气环流和大洋暖流都基本稳定；就全球而言，森林、草原、湿地、半荒漠、荒漠和沙漠也基本稳定，这些自然状况就是几万年人类历史自然生态系统动态平衡的基础。正是由于自然生态系统没有发生剧烈变化——大扰动，人类才得以生存、繁衍和发展，因此自然生态系统内部的资源循环和动平衡是人类应该认识和正确运用的最基本的规律。

1. 自然生态系统平衡的特性

按系统论的分类，自然生态系统是一个非平衡态、超复杂的巨型系统。

（1）不是简单的算术平衡，而是超多元的、复变的函数平衡。因此，该系统具有自我调节能力。以塔里木河流域的森林子系统为例，不是有多少棵树的平衡，而是乔、灌、草复合森林系统的平衡。降雨少了，胡杨枯一些，红柳长一些，仍达到森林系统的平衡。降雨多了，又会恢复到原来的组合，体现了系统的自我调节能力。生态系统的调节能力使其良性循环得以形成。

（2）不是瞬时的平衡，而是周期的平衡，因此具有自我修复能力。仍以塔里木河为例，这里年际雪山融水量和降雨量变化不小，但从 30 年的长周期来看变化是很小的，塔里木河自然生态系统甚至自然配置了"一千年不死，（死后）一千年不倒，（倒后）一千年不朽"的、得以在这样的气候条件下长存的胡杨。在向下游干枯的胡杨林输水后，枯萎了 30 年的胡杨竟发出了新绿，体现生态系统的自我修复能力。生态系统的自我修复能力是水生态系统良性循环的基本保证。

（3）不是静平衡，而是动平衡，因此具有自我发展的能力。生态系统是一个微观非平衡态系统，例如河流下游冲积平原的形成，流域自然生态系统有较大的承受能力（河流量大、冲沙多、冲积平原大、变化大，流域生态系统大、承受能力大，仍处于总体平衡状态）。动平衡体现了系统的自我发展能力，是自然生态系统通过良性循环得以持续和发展的基本规律。

2. 自然生态系统对平衡破坏的自我修复能力

生态系统之所以能保持生态的平衡，主要是由于其内部具有自动调节的能力，或称自我修复能力。如对污染物质来说，自动调节能力就是环境的自净能力。当系统的某一部分出现机能异常时，就可能被其他部分的调节所抵消。生态系统的组成成分越多样，能量流动和物质循环的途径就越复杂，其调节能力也越强。相反，成分越单纯，结构越简单，其调节能力也越小。因为在任何生态系统中，作为生物生存的各种资源，在数量、质量、空间和时间上都是有限的，所以一个生态系统的调节能力再强，也是有一定限度的，超出了这个限度，调节就不再起作用，生态平衡就会遭到破坏。如果现代人类的活动使自然环境剧烈变化，或进入自然生态系统中的有害物质数量过多，超过自然系统的调节功能或生物与人类可以承受的程度，那就会破坏生态平衡，造成系统的恶性循环，使人类和生物受到损害。

生态平衡的破坏有自然原因，也有人为因素。自然原因主要指自然界发生的异常变化或自然界本来就存在的有害因素，如火山爆发、山崩海啸、水旱灾害、地震、流行病等自然灾害。人为因素主要指人类对自然资源的不合理利用，以及工农业生产发展带来的环境问题。

人类破坏生态平衡，造成恶性循环，其后果十分严重。比如，为了扩大耕地随意开荒、破坏植被；围湖造田，吸干沼泽导致湖泊萎缩；盲目兴建水库，使河流断流，引发各种灾害，得不偿失；乱砍滥伐森林造成水土流失，土壤贫瘠，河流淤塞，降雨量减少，地下水得不到补充等一系列连锁反应；任意向江河湖海排放废污水，倾倒废弃物，破坏水生态系统，引起"水华"和"赤湖"，鱼虾绝迹，威胁人类健康。20 世纪 30 年代传入我国的水葫芦（学名凤眼莲），虽为绿化水面、提供猪饲料做过贡献，但它的生长速度极快，短时间就形成单一群落，堵塞河道，影响鱼类生长，成为南方许多地方的灾难。这就是因为没有按生态学规律事先研究，随意引入物种所致。

（二）生态系统蜕变的主要原因

当前自然生态系统严重蜕变的主要原因，人祸、天灾二者兼而有之，在大部分地区是以人祸为主。

近十几万年来，地球上的自然生态系统基本上是在动平衡状态下发展的。这正是人类得以繁衍和发展的基本条件，否则，原始人不可能在剧变的生态系统中持续发展到今天。

史前原始人类和生态系统是依赖和微小干扰的关系。人类从自然界取得食物，又向自然界排泄废物，和动物没有太大区别，使生态系统的原始平衡和良性循环能够保持。大约 1 万年以前，人类开始了农业经济，浇草毁林，垦荒耕种，逐步向自然界过度索取，形成了大干扰，开始改变生态系统的原始平衡。公元 1 年，地球上已经有 2.5 亿人，人类的农业生产活动已经达到了相当的规模。公元 1750 年的工业革命以后，人类的生产生活从农业经济发展为工业经济，机器的使用和煤与石油能源的开发使人类的生产力大大提高，掠夺和破坏自然界的能力也大大增强，造成环境污染，破坏了生态平衡，大自然开始向人类报复，人和自然的和谐关系宣告终结。1950 年后逐渐发展的新技术革命，更增强了人类破坏自然界的能力，生态系统开始恶性循环，环境质量严重恶化，环境问题已经成为人类不能回避的当务之急。1970 年以后，随着高科技的发展，人类逐渐认识到：不能沿着老路走下去，高科技使用不当会给生态系统带来灾难性的后果，人类必须和自然和解，通过保护生态系统来恢复生态平衡。

有一种看法认为现在将是新干旱周期的开始。从自然发展史来看，即使这种看法有道理，降水函数的规律也有两点是应该肯定的：首先，这是一个达几百年的长周期变化；其次，这个长周期函数呈波浪式递减，而不可能在初始阶段直线下降。

对人祸的影响不能低估。温室气体大量排放所产生的温室效应，已越来越多地为人们所认识。美国前总统克林顿和英国首相布莱尔都曾引用美国世界观察研究所网站发表的数据：20 世纪最热的 6 年都在最后 10 年中，20 世纪气温的上升幅度是 1 万年来最高的，大约为 1.5℃（已经超过了统计平均值），而 2010 年的气温比 1990 年高出 6℃。如果确实如此，则说明人祸将引起灾难性的后果。1971—2001 年的 30 年间，新疆天山天池的面积减少了 1/3 以上，主要原因是过度开发和资源的滥用。

（三）人工生态系统及其实例

所谓"人工生态系统"，从狭义上来说，就是人类模仿自然生态系统建造的、自持的、闭路循环的生态系统；从广义上来说，就是有人的地方出现的社会、经济、环境和生态的复合生态系统。迄今为止，人类还没有造成真正自持的生态系统，所有"人工生态系统"都没有创造出全新的物种，都是靠水和能源的输入，也就是说靠的是其他自然生态系统的蜕变。

既然至今人类还没有造出良性自持循环的生态系统，如何理解再造秀美山川？可以从三个方面来理解。

首先是恢复严重蜕变的自然生态系统的良性循环。如退耕还林、退牧还草、退田还湖、封山育林，从水量相对丰裕的其他生态系统适当调水等来补充失衡的资源。

其次是在已有的人类生存环境中尽可能提高资源利用率，实现资源循环的生态生产，如厉行节水和中水回用，千方百计降低生态成本，努力建造一个良性循环、准自持的人工生态系统。

最后，未来如果真正实现了生态型的第一、二、三产业生产，用基因工程造出耐旱的新物种，便可以建设人工生态系统，如在塔里木河流域内适当建人工绿洲是可行的。但是，保持其可持续的良性循环是十分艰巨的任务。

自然生态系统的资源配置不是不可改变的，通过人工的方法可以改变，人工生态建设不但是必要的，也是可行的，但应遵循如下的资源原则：

1. 可移动的资源

矿产能源和物种资源是可移动资源，可以跨系统调配，以丰补枯，如向塔里木河流域引入耐旱物种。

2. 半可移动资源

森林、草原和水是半可移动资源。森林和草原可以易地重植，水可以跨流域调配，但必须慎重，否则拆东墙补西墙，适得其反，如向塔里木河流域内适当调水。

3. 不可移动资源

土地和旅游资源是不可移动资源，但土地可以置换，如荒地用于修水库，洪泛区用来种田，但是这种置换是有限度的。旅游资源中的自然遗产要永久保护，重建几乎是不可能的；人文遗产非万不得已也不能重建，因为它将大大降低旅游价值。对不可移动资源的重新配置要慎而又慎。

4. 开发可再生资源和富有资源

包括阳光和风在内的气候资源和海水这两种富有资源，则是应该大力重新配置为人类利用的。

生态就是自然界中各种自然资源之间的依存关系。生态研究的对象是自然资源系统中的平衡，而这种平衡表现为动态平衡。

"人定胜天"是人类发展史上的一个认识阶段，西方也不例外；今天我国已经确定了可持续发展战略，这一战略的指导思想是与自然和谐发展。

人造生态系统有一个教训可以鉴证，这就是在科技最为发达的美国的生物圈二号实验。1991 年，美国科学家进行了一个耗资巨大、规模空前的"生物圈二号"实验。所谓"生物圈二号"是一个巨大的封闭人造生态系统，位于美国荒凉的亚利桑那州，大约有两个足球场大小。从外观看，它是一个巨大的球体，这个封闭生态系统尽可能模拟自然生态，有土壤、水、空气与动植物，甚至还有小树林、小湖、小河和模拟海。1991年，8个人被送进"生物圈二号"，本来预期他们与世隔绝两年，可以靠吃自己生产的粮食，呼吸植物释放的氧气，饮用生态系统自然净化的水生存。但是，18个月之后，"生态圈二号"系统严重失去平衡：氧气浓度从21%降到14%，不足以维持研究人员的生命，补充输氧也无济于事；原有的25种小动物，19种灭绝；为植物传播花粉的昆虫全部死亡，植物也无法繁殖。

事后的研究发现：细菌在分解土壤中大量有机质的过程中，耗费了大量的氧气，首先失去了氧平衡，而细菌所释放出的二氧化碳经过化学作用，被"生物圈二号"的混凝土墙吸收，又打破了循环。

"生物圈二号"计划设计得巧夺天工，结果却是一败涂地，说明人类对生态系统的知识还实在太少，不足以建立哪怕是实验性的"人造生态系统"。其后，美国科学家总结经验，继续了这一实验，但直至2000年仍没有取得突破性的进展，至今还没有见到成功的报道。

（四）生态系统动平衡的特点

从可持续发展的角度来看，生态系统动平衡应有如下特点：

1. 维护生态平衡

人类发展的历史表明，应该维护生态平衡，可持续发展也要求维护生态平衡。实践证明，对于现有生态平衡的强扰动、强冲击、大改变、大破坏，只可能带来暂时的经济利益，而不利于可持续发展。

2. 生态学及其理论的不完整性

同物理学、化学等传统学科相比，生态学还是一门在21世纪才兴起的、很不完善的学科。生态学的基本理论是生态平衡。然而，对于一个地区，其生态平衡究竟在何处？各种自然资源应该如何分布？这都是生态学尚不能解决的问题。

3. 生态系统变化的不可逆性

生态系统是非平衡态、超复杂的巨型系统，它的变化是一个十分复杂的过程，是不可逆的，这已经被科学理论和人类实践所证明。因此，生态平衡和良性循环只能尽可能照原样重建，而不可能像化学反应一样逆向恢复。这一方面说明生态平衡基本恢复的可能性，另一方面也说明生态平衡被破坏的严重性。

4. 对生态系统定量分析的必要性

为了进一步认识生态系统，当务之急是生态系统分析的定量化。联合国有关方面为此做出了巨大的努力，如确定地表水资源折合径流深150mm为生态缺水的下限、对于1万km^2以上的大区域，25%～50%为适宜的森林覆盖率等。当然，这些都是统计分析得出的经验范围，不是理论计算值，但是，这是从世界各地几百以至上千案例中得出的，为我们研究生态系统提供了必要的参照。

（五）生态系统动平衡的维护观

所谓生态系统动平衡的维护观，一是指人类发展要尽可能维护现有生态平衡状况，保持良性循环，如利用水资源的同时，要保证生态用水等。二是尽可能减少对生态平衡的大破坏，不要对平衡产生强扰动，造成良性循环的破坏。如大型水利工程确有必要修建，应经过全面论证，从而使在未来影响不明的情况下，将不利的生态影响减到最小。

四、生态经济学

在一定意义上，"生态经济"可以说是循环经济的别称，但是两者之间也有一定的差异，所以在这里比较详细地介绍生态经济学，将对深入理解循环经济理念有所帮助。

在人类生态及生产活动与自然系统之间，始终存在着一种相互依赖、相互制约和相互作用的关系，也就是说，在人类改造和利用自然生态系统的同时，自然生态系统也在反作用于人类。因此，如何保持社会经济与自然生态的协调发展，提高人类生存环境的质量，已成为人类当前面临的迫切任务。生态经济学就是在此条件下应运而生的一门新兴学科。

（一）什么是生态经济学

生态经济学是研究由经济和生态两个子系统耦合而成的经济生态复合系统的结构、功能及其客观规律性的学科。生态系统中有生产者（植物）、消费者（动物）和还原者（微生物）。传统工业经济系统中有生产者和消费者，但唯独没有还原者，显然不是生态型的系统，没有构成循环，因此是不可持续发展的。

生态经济学着重从人口、资源、环境的整体作用上，探索社会物质生产所依赖的社会经济系统与自然生态系统的相互关系，其中包括发展经济和保护环境的相互关系、利用自然资源和维护生态平衡的相互关系，以及生产活动的社会经济效益和环境生态效益的相互关系。生态经济学的研究目的，是通过对上述各种关系的研究，把握其中的客观规律性，建立经济系统中的还原因子，构成循环，从而指导社会经济在生态平衡的基础上，实现可持续发展。

（二）生态经济学的由来

最早提出生态经济学概念的是美国经济学家 K·波尔丁，他在 20 世纪 60 年代末提出"宇宙飞船理论"。这种理论把地球比做太空之中的一只小飞船，推断人口及经济的迅速增长终将耗尽飞船有限的资源，排出的各种废弃物也将充斥飞船的内舱，其后果是飞船因内耗毁灭。在这种思想指导下，各种对策相继出现，其中著名的有罗马俱乐部的"零增长理论"、戴利的"稳态经济理论"、库普斯的"资源高价理论"和"消费限制理论"、柯尔姆的"环境使用税理论"，以及托宾等人的"福利经济指标体系理论"等。

同时也有另一种观点认为，生态平衡固然需要，但经济增长更为重要。应该首先保证经济增长以及增长的条件，只有这样，维护和恢复生态平衡才有资金和技术上的保证。强求生态平衡而放弃经济增长，势必影响投资和就业，危及人们的生活。而且，只要经济能增长，某些资源即使一时短缺也不足为奇，增长所带来的技术进步将推动代用资源的出现。正是持续的经济增长和生活水平的提高，才促使人们关心起人类生存的环境问题，对生态平衡不断提出更高的要求。

这种以发展求平衡的观点是有一定道理的，但在后来提出的生态经济学中也没有得到解决。

这种研究最早可追溯到 18 世纪末马尔萨斯的《人口原理》，以及"土地肥力递减律"。马尔萨斯反驳了亚当·斯密提出的"一国繁荣最明显的标志就是居民人数的增加"的理论，被西方称为没有提出"生态经济学"概念的最早的生态经济学家。20 世纪 60 年代后期，美国经济学家 K·波尔丁发表了《一门科学——生态经济学》一文，提出了作为一门学科的生态经济学。1972 年，英国生态学家哥尔德·史密斯出版了生态经济学名著——《生存的蓝图》。同年，"罗马俱乐部"出版了研究总报告《增长的极限》，在世界上引起了很大反响。1976 年，日本的坂本藤良出版了《生态经济学》一书，它是世界上第一部内容较为完整的生态经济专著。

（三）生态经济学的特点

生态经济学具有学科综合性、区域特殊性和长远战略性的特征。

1. 学科综合性

生态经济学的特点，首先是它的学科综合性。生态经济学除了经济学和生态学这两大基本组成部分外，还与生物学、气象学、土壤学、水文学、数学、地理学、地貌学、政治经济学和技术经济学等学科有普遍联系。生态经济学理论体系的形成，反映了当今自然科学和社会科学多学科综合研究的趋势。

2. 区域特殊性

比传统经济学更强的区域特殊性也是生态经济学的特点。不同的自然条件与经济的发展有着十分密切的关系，由此决定了生态经济有明显的地区差异性。对一个国家来说，就是要以自己的国情为依据来研究生态与经济的关系。

3. 长远战略性

长远战略性是生态经济的另一个特点。生态经济学所研究的人口控制、资源保护、污染防治等，都是具有战略意义的重大问题，不仅要考虑近期的经济效益，更要考虑长期的生态平衡效益，从资源配置的代际均衡着想。

（四）循环经济学与生态经济学

1. 突出用系统论分析生态系统

系统论与生态学是循环经济学的两大支撑。

2. 经济系统中循环组分的建立

循环经济的核心在于要像生态系统中一样，建立起经济系统中的循环组分；与生态经济学同一理念，但研究及措施更为具体。

3. 更为具体地分析资源系统

提出土地、水、森林、草原、矿产、能源、海洋、生物多样性等自然资源子系统，以资源系统工程管理学的观点进行分析。

4. 循环经济更微观、更深入生产

循环经济学比生态经济学更深入生产，生产的 3R 循环是循环经济的核心。

以肯尼亚的尼安萨省为例。该省省会基苏木市濒临维多利亚湖，全省有 432 万人口，面积 1.25 万 km^2。基苏木是维多利亚湖最大的港口和贸易集散地，尼安萨省因维多利亚湖成为鱼米之乡。但是，由于"五小乡镇企业"的兴起，不少乡镇企业向湖内大量排污，湖水中 BOD 严重超标，水葫芦肆虐达到惊人的地步：人们站在湖边，见到的不是湖，倒像一片水葫芦地。上千吨的船只由于水葫芦的疯长，停靠卸货仅一星期就被封在港里开不出来，致使船体锈迹斑斑。水葫芦成了大灾！

从目前对生态经济学的一般认识分析，这是水污染问题，污染破坏了生态平衡，重点在于污染源的消除和污染的治理。而从循环经济学的观点看，是把有用的资源放错了地方，应解决投资与技术问题，建立以水葫芦为原料的饲料厂和有机肥料厂，使排污小企业——饲料厂、有机肥料厂——饲养场、农场之间形成产业链和资源循环。

其实，这也是生态经济学的要求，不过就目前的认识而言，保护生态方面强调得多，采取切实的循环生产的经济手段方面不力。

五、推进生态工业发展，建立循环经济模式

（一）生态工业的起源及理论基础

按照自然生态学的原理，自然界的生物与非生物共同形成了一个生态系统。在这个系统中，高低级生物间、非生物与生物间组成了一个由低到高，由简单到复杂的生物食物链。每一种非生物与生物都是这个食物链中的一个环节，能量与物质在这个食物链中逐级传递，由低级到高级，又由高级到低级循环往复，形成一个互相关联和互动的生物链，从而维持自然界各物质间的生态平衡，保证自然界持续不断的发展。人们受自然生态系统的启发，对多工业系统进行分析比较，发现不同的工业系统之间也与自然生态系统中的各种物质一样，在一定的条件下存在相互关联作用。于是，在 20 世纪 90 年代，一些经济发达的国家把自然生态学的理论，应用到工业体系的建立上来，使不同的工业企业、不同类别的产业之间形成类似于自然生态链的关系，从而达到充分利用资源、减少废物产生、物质循环利用、消除环境破坏、提高经济发展规模和质量的目的。

（二）生态工业发展将促进循环经济模式的建立

按照自然生态学原理而建立的生态工业体系，将促进经济发展模式的改变，形成循环经济的发展模式。传统工业的生产活动是由"资源——产品——废物"所构成的物质单向流动的生产过程，是一种线性经济发展模式。这是以高物耗、高污染、低效率为特征的发展模式，是一种不可持续的发展模式。生态工业是"资源——产品——再生资源——再生产品"的物质循环流动生产过程，这是一种循环经济发展模式。在这个模式中，没有了废物的概念，每个生产过程产生的废物，都变成下一生产过程的原料，所有的物质都得到了循环往复的利用，是可持续发展模式。

（三）推进生态工业建设是区域经济发展的必然选择

生态工业的发展并不只是立足于单一的工业企业或产业的发展，而是建立在多个企业或产业的相互关联、互动发展基础之上。对于一个地区来说，在生态工业理论的指导下，结合当地的资源优势和产业优势及产业结构构成，进行多个企业或产业间的链接和组合，建立起相互关联、互相促进、共同发展的生态工业体系，对该区域充分发挥资源优势和产业优势，加快经济发展速度，提高经济发展质量，实现环境与经济的协调发展，具有十分重要的意义。生态工业的发展摒弃了传统工业发展中把经济与环保分离，使两者之间产生矛盾冲突的弊端。生态工业把不同阶段产生的废物利用在不同阶段的生产过程中，即在生产过程中消除污染，真正使发展经济与防治污染、保护环境有机地结合起来，实现两者的双赢。因此，推进生态工业建设是区域经济实现良性发展的必然选择。

（四）生态工业建设符合环境管理思想及发展方向

我国加入 WTO，以及市场经济体制的进一步完善，必然促进我国环境管理思想和方式实现以下转变：

（1）环境污染由末端控制向全过程控制转变。

（2）环境管理由单纯的浓度控制向浓度与总量控制相结合转变。

（3）环境保护由政府行政调控为主向市场调控与政府调控相结合转变。

（4）清洁生产由单个企业实施向促进区域性清洁生产转变。

生态工业的建立，使在一定区域内的工业企业形成了互动的产业链，把污染物消除在生产过程中，既实现了区域内生产过程的清洁化，又实现了污染物产生的最小化和资源利

用的最大化。由于废物的充分利用带来经济效益，使污染治理变成了企业在经济利益驱动下的自觉行为。因此，推动生态工业体系的建立，符合我国今后环境管理思想和管理方式发展方向。

（五）生态工业的载体——生态工业示范区

推进生态工业的发展，必须要通过一定的方式体现，这个方式就是生态工业的载体——生态工业示范区。生态工业示范区是在过去建设经济技术开发区和高新技术开发区的基础上一个更高层次的经济发展形式。这三种类型园区建设的目的、理论和方法是不一样的。经济技术开发区是我国在改革开放初期，在一定的区域内建立起来的劳动密集型开发区，主要侧重于经济发展"量"的扩张，以解决当时经济急需大发展的需要。高新技术开发区是为了提高经济发展的技术含量，在一定区域内建立起来的技术密集型开发区，主要侧重于经济发展"质"的提高。高新技术开发区是在经济技术开发区的基础上的进一步发展和升华。生态工业示范区是运用工业生态的理论，寻求企业间的关联度，进行产业链接，建立起相关工业企业间的生态平衡关系，实现环境与经济的可持续发展。生态工业示范区是在前两类开发区基础上的更高层次的升华和优化。推进生态工业的发展，要在不同的产业类别中建立生态工业示范区，通过以点带面，逐步建立起我国的生态工业体系，形成可持续发展的循环经济模式。

（六）生态工业示范区的特点

（1）不同产业或企业间存在着物质和能量的关联和互动关系，这种关联和互动构成了各产业或企业间的工业生态链或生态网络，从而形成生态工业体系。

（2）在工业生态链或工业生态网络中，物质和能量逐级传递，并实现闭路循环，不向体系外排出废物。

（3）可以实现区域性的清洁生产和区域性的经济规模化发展。

（4）区域内资源、信息共享，克服了线性经济发展模式中，企业生产各自为政、信息不畅通的弊端。

（5）生态工业示范区不受地域的限制，也没有明确的地域界线，只要存在工业生态关系，这个企业无论在什么地方都可成为生态工业系统中的一个环节。

（6）生态工业示范区不单纯着眼于经济的发展，而是着眼于工业生态关系的连接，把保护环境融合于经济活动过程中，实现了环境与经济的统一和协调发展。以上特点都是经济技术开发区和高新技术开发区所不具有的。因此，在经济技术开发区和高新技术开发区的基础上推进生态工业示范区建设将使两区更具活力和发展前景。

（七）推进生态工业示范区建设的基本策略

经济发达国家在 20 世纪八九十年代，已经开始了生态工业园区建设的探讨和实践，目前仍处于探索过程中，尚没有成熟可行的经验可资借鉴。我国的生态工业园区建设才起步，国家要因势利导，防止一哄而上，盲目从事，积极而慎重地推进生态工业示范区的建设。

（1）做好生态工业建设的宣传引导。生态工业建设在我国还处于启蒙阶段。当前的重要任务之一就是积极开展生态工业的理论研究，加强宣传活动，扩大生态工业理论的影响，使政府和企业的管理者建立起生态工业的理念，从而有意识、有目标地去引导生态工业体系的建立，推动我国生态工业的发展。

（2）加强生态工业建设的技术指导。建立生态工业体系要依托技术支持单位，预先进行

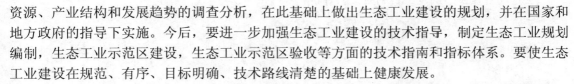

资源、产业结构和发展趋势的调查分析，在此基础上做出生态工业建设的规划，并在国家和地方政府的指导下实施。今后，要进一步加强生态工业建设的技术指导，制定生态工业规划编制，生态工业示范区建设，生态工业示范区验收等方面的技术指南和指标体系。要使生态工业建设在规范、有序、目标明确、技术路线清楚的基础上健康发展。

（3）建立生态工业示范区，以点带面。选择有一定资源和产业优势，并具有一定生态工业基础的地区，进行不同类型的生态工业示范区建设的试点。通过试点，一方面进行生态工业建设理论和实践的探索，积累经验，为深化这项工作打基础。另一方面，通过工业生态示范区的建立，为其他地区做出表率，以点带面，逐步扩大生态工业的普及面，推动生态工业的进一步发展。

（八）推动生态工业发展应注意的问题

（1）区域内应有特殊的资源优势与产业优势和多类别产业结构，这样才有可能形成核心资源与核心产业，成为生态工业产业链中的主导链，以此为基础与其他类别的产业相链接，组成生态工业网络系统。

（2）各类别产业或企业间具有产业关联度或潜在关联度，即各产业间存在着物质流和能量流的传递流动关系，或者通过一定环节的补充，能够在各产业间建立起多通道的产业连接，形成互动关系。如果产业间没有关联或管理潜力，就不可能形成生态工业。

（3）作为工业生态链中的核心资源应具有稳定性，核心产业应具有发展前景。如果工业生态链中的核心资源短缺、或者核心产业属于被淘汰产业，进行这样的生态工业组合就没有任何意义，即使建立起来也不可持续。

（4）政府发挥协调指导作用。生态工业的建设需要在多个产业或企业间进行工业生态的链接，如单纯依靠企业自己进行这种涉及多方面企业的协调和组合，在目前条件下还有一定的困难。因此，地方政府必须在生态工业建设中发挥主导的协调和指导作用，保证生态工业示范区建设的顺利进行。

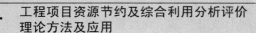

第四章

资源安全保障与管理

经济全球化的迅速发展和我国经济加快融入世界经济体系，既为我国合理利用国内与国际两种资源、两个市场提供了更为有利的契机和条件，也对国家资源安全提出了严峻的挑战。近几十年来，世界人口膨胀和经济增长导致对资源的需求持续快速增长，使资源短缺问题日益突出，世界各大国间针对战略性资源的争夺越来越激烈，自然资源的基础地位和对国家安全的保障作用，越来越受到世界各国的重视。因此，在研究资源合理开发利用问题，特别是分析工程项目开发利用资源的问题时，必须从长远、战略、全球乃至更广大的角度，全面考虑资源开发利用活动对国家安全的重要性，并通过定量或定性的方式，把这一重要性纳入项目决策过程。

第一节 资 源 安 全 保 障

一、资源安全的概念、含义与分类

（一）资源安全的定义与内涵

资源安全是指一个国家（或国家内的地区）可以持续、稳定、及时、足量和经济地获取所需自然资源的状态或能力。国家资源安全是国家安全的重要组成部分。对于一个国家来说，实现资源安全，就是要有足够的资源供给来满足需求。可以从供给和需求两个方面来看资源安全问题。从供给方面看，在特定的时间和技术经济水平条件下，如果资源开发不能保障国家或地区生存与发展的需要，就会导致资源供给不安全；同样，从需求方面看，如果国民经济和社会发展对资源使用与消耗的需求，出现了不稳定状态或者对人类的生存与发展构成一定的损害，就会导致资源需求不安全。总之，资源安全问题的产生，是资源供给与需求相互作用的结果，更具体地说，是由于资源的供给相对于需求的不足。

资源安全的内涵十分丰富，按照资源安全的定义，可以把资源安全问题的基本内涵概括为5种：①数量含义，即资源量要充裕，既要总量充裕，也要人均量充裕，但后者较之前者更重要；②质量含义，即资源质量要有保证，于是产生了最低质量的概念，例如最低生活用水质量；③结构含义，即资源供给来源或渠道的多样性，这是供给稳定性的基础，保证资源供给的稳定，要发展多样性的资源贸易伙伴关系，特别要注意建立资源共同体；④均衡含义，包括地区均衡与人群均衡两方面，资源分布的不均衡，亦即资源的非遍布同质性，增加了资源供给的时间和成本，是导致资源安全问题的原因之一，人群收入差距的存在，导致不同收入人群在获取资源的经济能力上的差异，也是影响资源安全的重要因素之一，资源安全的目标是最大限度地实现资源供求的地区均衡和人群均衡；⑤经济或价格含义，指一个国家或地区可以从国际或国内市场上以较小经济代价（如较低价格）持续获取所需资源的能力或状态。这一点在非战争状态下非常重要。一般而言，任何国家都可以从市场上获取其所需的资源，只是所付出的经济代价不同而已。资源安全所要追求的，是以最低的经济代价持续获取所需资源。

资源安全的概念，是在 20 世纪 90 年代中后期，人类社会快速发展对资源承载能力产生巨大压力的背景下提出来的。资源安全问题，本质上是由资源短缺而引起供需矛盾激化所形成的。一方面，由于自然资源储量是有限的，在可以预见的将来又难以产生为人类所接受的替代性资源，于是在一定时空范围和一定技术经济条件下，资源供给相对于资源需求而言总是有限的；另一方面，因资源的不合理开发利用而带来对资源系统和整体性的破坏，进而导致资源质量和数量的整体下降。随着人口的急剧增加和经济社会的快速发展，资源供给已不能满足增长的资源需求，两者间的缺口日益明显，从而在世界范围内引发了一系列与资源问题紧密联系的重大事件，资源安全问题也因此而引起人们的广泛关注和严重担忧。

从世界发展历史看，西方发达国家曾经为了本国的资源安全，大规模开拓海外殖民地，发动殖民地战争并掠夺殖民地国家的资源。第一次世界大战和第二次世界大战，都是对世界资源的不平等争夺；20 世纪 70 年代和 80 代的两次石油危机，也说明资源安全对国家经济的持续增长与国防安全有着十分重要的意义。

资源安全不仅事关国民经济和社会的发展，而且也往往是战争的重要导火索。在人类历史进程中，获取和控制包括土地、水、能源和矿产等自然资源的战争，一直是国际紧张和武装冲突的根源。由于资源对人类生存与发展的重要性以及世界资源分布不均和资源的相对稀缺性，获得和控制足够的资源便成为国家安全战略的重要目标之一。因比，世界范围内的资源之争，往往是一系列战争的直接导火索。1999 年，世界上约有 1/3 的国家发生了与资源特别是石油相关的战争和冲突。科索沃战争、海湾战争、印度尼西亚的东帝汶和亚齐特区闹分裂、俄罗斯的车臣战争以及 21 世纪初的伊拉克战争等，都与控制石油资源有关。

世界上涉及资源的争端不仅发生在发达国家之间、发展中国家之间，也发生在发达国家与发展中国家之间。究其根源，主要在于对各种自然资源的争夺，特别是对土地（领土）、水及油气等战略性资源的控制和争夺。因此，资源安全是国家外交斗争的重要领域。国家政治战略和经济发展战略目标的实现，都离不开有利的外交政策来支撑，但是对资源的争夺，往往是国家之间外交斗争的重要内容，一些西方发达国家和地区如美国、日本、欧洲等，有时在一些重要区域或敏感地区的政治军事战略，都要服从于资源战略（如石油战略）。

（二）资源安全类型划分

资源安全类型多种多样，主要有按资源空间、资源过程、资源类别、资源重要性等四种划分方法。

1. 按资源空间分类

按资源空间分类，资源安全可以划分为：全球性资源安全、区域性资源安全和地方性资源安全。

（1）全球性资源安全。指因全球资源供给短缺而对人类生命、社会经济进一步发展的威胁，如全球资源枯竭、能源危机、土地退化、粮食短缺、水资源污染和短缺、生物多样性减少等，这些问题从本质上体现了人与自然的矛盾与冲突，并由此影响到人与社会之间的相互关系。

（2）区域性资源安全。指那些产生于某些大陆、世界上大的社会经济地区或独立的区域社会体系中的各种资源矛盾与冲突，如非洲的水资源短缺、中东地区石油资源冲突等。

（3）地方性资源安全。指单个国家、民族或地区所面临的资源供应安全威胁，包括一个国家内部的资源分布与消费错位所引起的资源短缺矛盾，也包括不同地方之间、不同部门之间的资源利益对抗和冲突。国家资源安全是一种地方性资源安全。

2. 按资源过程分类

按资源过程分类，资源安全可以划分为：资源系统自身安全、资源保障系统安全和资源生态环境安全。

（1）立足于资源系统自身的资源安全，可称为资源系统安全，指资源、特别是可再生资源的数量和质量性状的保持及改良。

（2）立足于资源保障能力的资源安全，体现为资源对社会经济发展的保障或支撑能力。这是通常人们所理解的资源安全。上面关于资源安全的定义，也正是基于这样一种理解，也可以说这是狭义的资源安全。

（3）立足于资源利用的生态环境效果的资源安全，是指资源开发利用的生态环境后果是否安全，如矿产资源开发的生态环境效果，水利用的生态环境效果等。这实际上又将资源安全问题与生态环境安全问题联系在了一起。

3. 按资源类别分类

按资源类别分类，资源安全可以划分为土地、矿产、生物、海洋、环境等资源安全类型，可分为水资源安全、能源资源安全（特别包括石油安全）、土地资源安全（特别包括耕地资源安全）、矿产资源安全（特别包括战略性矿产资源安全）、生物资源安全（特别包括基因资源安全）、海洋资源安全、环境资源安全等。

4. 按资源重要性分类

按资源重要性分类，可将资源安全划分为战略性资源安全和非战略性资源安全。战略性资源是指关系国计民生、在资源系统中居支配地位，具有常态下市场垄断性和非常态下供给瞬时中断性特点的资源。从国际市场贸易的角度看，重要矿产资源、石油资源、水资源和食物资源，是最为典型的战略资源。

此外，按时间序列和资源生产与消费等，还可以将资源安全划分为短期资源安全、中期资源安全和长期资源安全，以及资源净出口国的资源安全和资源净进口国的资源安全。

二、资源安全研究的国内外动态

（一）国外资源安全研究的内容与特点

国外（主要是发达国家）有关资源安全问题的研究，关注的重点是能源资源安全，同时，对于水资源安全、粮食安全以及生态环境等资源安全问题，也表现出极大的关注。

1. 对能源资源安全问题的研究

对于石油、天然气等能源资源，美国的研究机构重点是从地缘政治的角度出发，面对全球化的经济背景，探讨在国际领域加强地区间相互合作，寻求增加能源供给的"安全性"与"可靠性"；确保加强能源贸易的流通性；强化国际研究组织在能源环境事物中的作用，以寻求解决经济增长对能源需求的急速增长对环境所造成的巨大压力。同时，通过对国内能源需求与国内外能源供给予以"风险评估"，寻求资源安全的阈值，借以确定资源使用、开采、储备和贸易政策。欧盟根据"保障能源供应、保护环境和维护消费者利益"的原则，制定了保证"经济安全、国防安全和生活安全"的能源战略目标。2000年4月，世界能源理事会发表了一项关于重新审查世界能源状况的声明，对其《明天的能源》（ETW）报告进行重新审查。理事会审慎地回顾了早些时候的能源情景，并提出一套新的目标和政策行动，目的是帮助解决任何地方所发生的能源贫乏问题；增强所交付能源的质量和可靠性；最大限度地减少能源发展对环境和健康的负面影响。

2. 对土地资源、水资源以及以动、植物为主的生物性资源安全问题的研究

对于这些资源，国外多从保护资源的可持续性、可更新性和可恢复性等指标出发维护资源的安全。特别是对于危机性、濒危性和稀缺性的资源或景观，建立了一整套较为完备、操作性较强的资源核算与风险评估机制。随着生态学、地理学、农学、医学、经济学、社会学以及信息处理技术等学科的相互交叉与渗透，社会学家、经济学家、生态学家、医学家与资源管理决策部门也开始更为紧密的联合起来，从维持生态多样性、保持与恢复自然资源生态系统功能、加强生态系统的自我调控、适应性和可恢复力等方面强调水、土、生物等重要自然资源的安全性。

发达国家和地区对于上述资源安全问题的研究，已经具有了相当的广度和深度，其研究尺度大到全球性的资源贸易和自由流动，国家级的资源战略及资源核算与风险评估；还涉及对流域水资源或区域土地资源作为自然资源使用时，其成本费用和资源环境体系所承受的风险的评估；小到对一个村庄、一处景观、一块农田的宏观生态系统与微观有机生物组织的安全运行机理的描述与评估。

（二）我国资源安全研究的内容与特点

国内较早涉及的资源安全问题，是粮食安全以及随之而来的耕地资源安全。近年来，由于我国经济的持续增长，城乡基础设施建设规模日益庞大和人民生活水平迅速提高，对能源和矿产资源的需求量剧增，国内众多研究机构开始关注其他类型资源的安全问题，特别是能源资源、主要矿产资源、水资源等的安全问题。国土资源部及其下属研究机构如信息中心、国土经济研究院等，对矿产、土地资源安全问题的研究，国务院发展研究中心从市场角度对能源安全问题的研究，中国社会科学院世界政治经济所从地缘政治和地缘经济角度对保障国家安全、特别是国家资源安全的研究，水利部及其下属研究机构对水资源安全问题的研究，石油等管理机构对石油等能源安全问题的研究，中国科学院地理科学与资源研究所等单位对资源安全问题的系统研究，中国工程院对水资源安全问题的大型研究，中国农业科学院对食物安全及与之相关的耕地资源安全问题的研究等，都有力地推动了我国资源安全问题的研究工作。

中国政府亦开始关注资源安全问题。《中华人民共和国国民经济和社会发展第十个五年计划纲要》就提出抓紧解决好粮食、水、石油等战略资源问题，把贯彻可持续发展战略提高到一个新水平；建立国家石油战略储备，维护国家能源安全。《国民经济和社会发展第十个五年计划能源发展重点专项规划》提出，在保障能源安全的前提下，把优化能源结构作为能源工作的重中之重，努力提高能源效率、保护生态环境，加快西部开发；强调能源安全是国家经济安全的重要组成部分。在这之后的"十一五"和"十二五"规划中，包括粮食、土地、能源、矿产资源、水资源以及生态环境在内的资源安全问题又得到了进一步的强调。

总的来看，国内资源安全研究的内容主要涉及能源安全、水资源安全、主要矿产资源安全、粮食安全、土地资源安全等方面，较少涉及生物资源特别是基因资源安全问题；而且研究的重点是资源对发展的保障能力，而对资源系统的安全性、资源开发利用的生态环境效果的安全性研究较少。从理论层面讲，国内研究对于资源安全体系缺乏综合性、系统性和机理性的描述，特别是对于资源安全的机理、战略性资源安全的保障体系等方面的研究更为薄弱。

此外，国内资源安全问题研究在方法上缺乏多学科的融合与交叉，单项资源安全研究多，多种资源安全的综合研究少；独立研究多，联合研究少；概念性、定性研究多，可操作性的定量研究少。

三、影响资源安全的因素及其评估指标

（一）影响资源安全的主要因素

影响资源安全的因素很多，归纳起来主要有以下几个方面：资源本身的因素、政治因素、运输因素、经济因素、军事因素等。

（1）资源因素。资源因素是影响资源安全的最基本和最重要的因素之一。一般来说，一个国家自身的资源越丰富，对经济发展的保障程度越高，资源供应的安全性就越高。如果不考虑其他因素，利用本国资源受外界不安全因素影响的可能性就小，相对就比较安全。

资源因素对资源安全的影响是最直接的，也是最重要的。当然，资源因素对资源安全影响巨大，但并不是说资源贫乏国家的资源安全问题就最严重。事实上，日本在经历了第一次石油危机的沉重打击后，通过建立庞大的战略石油储备系统和其他一系列风险防范机制，其资源供应的风险得到了有效的控制。

（2）政治因素。近几十年的石油危机、石油供应中断、石油价格的大幅度波动等无不与政治因素有关。政治因素对资源安全的影响主要有两个方面，一是资源进口国与资源出口国之间政治关系恶化而造成的对资源安全供应的影响，如第一次石油危机就是因为阿拉伯国家与西方国家政治关系紧张所导致的结果；二是由于资源生产国国内的政治因素对资源安全供应的影响，如第二次石油危机就是由于伊朗国内政治和宗教因素所造成。

（3）运输因素。运输的安全程度，与运输的距离、运输线的安全状况、运输方式以及运输国对资源运输线的保卫能力的强弱有关。一般来说，距离越远，影响资源安全的因素越多，资源的安全性越低；反之，距离越近，资源的安全性就越高。也就是说，资源的安全性与生产国与消费国之间的距离成反比关系。

运输安全还与诸如有没有海盗的侵扰，通过的海峡多少和海峡受控制、封锁的可能性大小，海峡运输事故的多少等有关。美国能源部确定了世界上制约石油运输的6个重要咽喉要塞，而这些石油运输的咽喉，很容易遭到封锁。

（4）经济因素。经济因素对资源安全的影响是一种间接影响。对资源进口国来讲，最主要的影响就是经济能否支持进口资源所需要的外汇。如果没有出口的强有力支持，就很难保障有充足的外汇用于资源产品的进口。

经济因素还涉及另一个重要问题，就是价格的变动。对进口国来说，主要是价格上涨对进口能力和进出口平衡的影响。在和平时期，价格的剧烈波动是资源安全的最主要问题之一。

（5）军事因素。军事因素对资源安全的作用是多方面的，对运输安全来说，拥有强大、反应快速的海上军事力量，资源海上运输线就会受到很好的保护。对重要海峡的控制能力，也是保障资源运输安全的重要方面。军事因素对资源安全的影响，还表现在对主要资源生产地的军事干预能力上，一国对资源产地的军事干预能力越强，资源就越有保障。海湾战争就是美国和西方国家以强大的军事干预能力，避免石油供应受制于伊拉克，有效地保障了美国及其盟国石油的安全供应。

（6）其他因素。影响资源安全的因素还应该考虑技术进步和资源替代方面的因素。对中国来说，如果洁净煤技术能有重大突破，中国资源安全形势就会明显好转；此外，太阳能等

可再生能源技术的进步，也会改变各国资源安全的态势。

（二）资源安全评估指标

资源安全评估指标的选择，是在考虑上述影响资源安全主要因素的基础上，从每个领域选择一定的指标，组成一个评估指标体系。

1. 有关资源因素的指标

有关资源本身因素的评估指标，包括资源保障度、资源对外依存度、资源储备率、资源进口集中度、资源进口份额等 5 项指标。

（1）资源保障度 B，其计算公式为

$$B = K \times R_S / R_C$$

式中　K——资源综合回收率；

R_S——资源的剩余可采储量；

R_C——资源的消费量。

这个指标主要是衡量资源安全的国内基础，即目前剩余资源可供消费的时间长短，表示在外界资源供应中断的情况下，国内资源可支撑国内需求的程度。

（2）资源对外依存度 Y，其计算公式为

$$Y = (Q_i - Q_e) / Q_C$$

式中　Q_i——资源进口量；

Q_e——资源出口量；

Q_C——资源消费量。

资源的对外依存度，主要反映资源总需求中有多少是通过贸易方式从国外获取的。一般来说，对国际市场依存度的提高，意味着风险因素的增多和不安全程度的提高。

（3）资源储备率 S，可有 S_1 和 S_2 两种表现形式，其中：

$$S_1 = 资源储备量/资源日均消费量$$

$$S_2 = 资源储备量/资源消费量$$

用 S_1 计算出来的是资源储备量可供消费的天数，而 S_2 计算出来的结果是储备的资源量占消费量的百分比。现在，一般石油和矿产品的储备率，都用储备的资源量可供消费的天数来表示，粮食储备大多数情况下是用储备量占消费量或生产量的比例来表示。

（4）资源进口集中度 C。

$$C = 前 3 位或前 8 位国家的资源进口量的和/总进口量$$

资源进口集中度主要是反映资源进口来源地的集中程度，如果资源进口集中度高，表明资源进口来源太集中，不利于分散风险。

（5）资源进口份额 F。

$$F = 资源进口量/世界资源贸易总量$$

资源进口份额主要是反映一个国家资源进口量在国际市场上所占的比例。如果一个国家在国际贸易中的份额过大，资源供应的稳定性就极易受到国际市场任何一次小波动的影响。比如，有人就认为中国粮食的进口高限不能超过世界粮食贸易量的30%。

2. 政治因素指标

政治因素指标包括对外关系稳定度、内部稳定度、经济因素指标、运输因素指标、军事

因素指标等 5 项。

（1）对外关系稳定度。根据资源进口国与主要资源贸易国的政治关系稳固程度的不同，分成 5 个不同的等级，各种关系对应的评分标准见表 4-1。

表 4-1　　　　　　　　　　　　　政治关系稳定程度分级评分表

关系类型	盟国关系	战略协作伙伴关系	一般关系	关系紧张	敌对关系
评分等级	5	4	3	2	1

（2）内部稳定度。政治稳定性可以采用政治制度稳定性指数来评估。由于上述定量评估指数所需的数据难以取得，在评价时把政治的稳定度分为 5 个等级，详见表 4-2：①非常稳定，一般是指政权基础稳固，政治民主，法律完善，政策连续性强的国家，政权的更替不会影响到经济、金融、贸易、对外关系等，西方发达国家大致属于这一类；②稳定，主要是西方国家存在一些小的不稳定因素，但在总体上不会对政局有影响；③较稳定，主要是新兴的工业化国家和基本完成由计划经济向市场经济过渡的部分原东欧社会主义国家；④不太稳定，主要是指目前国内局势动荡，政治斗争激烈，政权交替频繁，甚至部分地区处于战乱状态的国家；⑤很不稳定，是指全国或大部分地区处于混乱和战乱状态的国家。

表 4-2　　　　　　　　　　　　资源供应国国内稳定程度分级评分表

稳定状态	非常稳定	稳定	较稳定	不太稳定	很不稳定
评分等级	5	4	3	2	1

（3）经济因素指标。经济因素对资源进口安全的影响，主要是考察经济对进口资源的支付能力，用短期资源进口能力指数和长期资源进口能力指数来表示。短期进口能力指数，用资源进口额占资源出口额的比重的高低来表示，出口额越高表示进口资源的能力越强，或者说用于购买资源所需的外汇收入就越多。而长期进口能力的强弱，与国家外汇储备多少有关系，外汇储备越高，表示长期支付资源进口能力就越强；反之，则越弱。两者的计算公式分别为

短期资源进口能力指数=100-资源进口额/出口额×100

长期资源进口能力指数=100-资源进口额/外汇储备额×100

经济方面的另一个重要指标是价格波动系数，价格波动是资源不安全最重要的表现之一。表示价格波动有多种指标，这里选用某一时段的最高价和最低价之差与平均价的比，即价格变动系数 P，作为衡量价格波动的指标：

$$P = (P_h - P_l) / P_a$$

式中　P_h——某一期间的最高价；

　　　P_l——同期的最低价；

　　　P_a——同期的平均价。

（4）运输因素指标。运输安全与运输距离的长短有一定的关系，运输距离越短，运输安全性越高。根据海上运输距离的长短，进行分级和评分，如表 4-3 所示。

表 4-3　　　　　　　　　　　　运输距离与安全程度分级评分表

运距（10^4km）	<0.5	0.5~1.0	1.0~1.5	1.5~2.0	>2.0
评分等级	5	4	3	2	1

运输线的安全度主要考虑受人为因素影响的程度。这里主要用通过狭窄海峡的多少或位于重要航线附近的岛屿多少来判断，通过的海峡或岛屿越多越不安全，海峡与安全程度分级评分表，如表 4-4 所示。

表 4-4   海峡与安全程度分级评分表

海峡数量（个）	≤1	≤2	≤3	≤4	>4
评分等级	5	4	3	2	1

（5）军事因素指标。军事因素指标又可分为以下几项：

1）对主要资源产地的控制能力。对主要资源供应地的控制和军事干预能力分为五级，如表 4-5 所示。第一级是完全在本国的控制下，这种情况目前没有一个国家能完全达到。美国对中东可以说是基本控制，而对日本来说是盟国控制，对中国来说，最多只能算有影响力。

表 4-5   对主要资源供应地的控制和军事干预能力分级

控制类型	完全控制	基本控制	盟国控制	有影响力	无影响力
评分	5	4	3	2	1

2）对重要运输通道的控制能力。对运输通道的控制力，可以根据各个国家对世界主要运输通道的实际控制能力来判断，也可以间接地用海军的远洋作战能力来判别，详见表 4-6，也可用航空母舰、远洋舰艇的数量等作为判断标准。

表 4-6   对重要运输通道的控制能力

控制类型	完全控制	基本控制	部分控制	单个控制	无控制
评分	5	4	3	2	1

四、我国资源安全特征与国家资源安全战略

（一）我国资源安全的主要特征

我国资源安全特征可以概括为 6 个方面：人均资源量少、供需缺口大、资源利用效率低、对外依存度高、进口渠道单一以及环境污染严重。

（1）人口众多，人均资源量少。我国地大物博，是资源大国，国土面积和资源总量都居世界第三位。但是，由于人口众多，我国的人均资源占有量仅排在世界第五十三位，石油、天然气、铜和铝等重要矿产资源的人均储量仅分别相当于世界人均水平的 10%、4.1%、25.5% 和 9.7% 左右。土地、耕地、森林等均排在 100 位以后。我国目前正处于加速工业化发展阶段，各种资源的消耗都在迅速增长，且数量巨大。

（2）供需缺口大。例如，我国对石油的需求量在逐年增加，20 世纪 90 年代平均以每年 6.3% 的速度上升，而同期石油产量仅以 2% 的速度增长，消费远高于产量的增长速度。随着经济持续高速发展，石油需求增长幅度较大，未来 15 年内，我国国民经济将以 7%～8% 的速度发展，原油需求将以 4% 左右或更高的速度增加；同期国内原油产量增长速度只有 2% 左右，国内原油供需缺口逐年加大。其他主要矿产资源的情况也类似。

（3）生产技术落后，资源利用效率低。一方面中国资源生产技术落后，使资源浪费严重，矿产资源总回采率仅为 30%，比国际先进水平低 20%，大部分乡镇企业资源回采率不到 30%。

同时，由于管理不善，导致采富弃贫、采易弃难、采浅弃深、采厚弃薄。另一方面资源利用率低。据统计，中国单位产值能耗为世界平均水平的 2.3 倍，是美国的 3 倍，是日本的 6 倍，主要能耗产品的单位能耗比国外先进水平高 40%，我国工业产品能源、原材料的消耗占企业生产成本的 75%左右。中国的能源利用率只有 32%，比国际先进水平低 10%。

（4）对外依存度高。我国资源供需（尤其是石油）缺口逐年增大，且受技术水平和资源储量的限制，不可能在短时间内弥补资源供需缺口，势必造成国内资源市场对国际资源市场的依存度逐步增大。近 10 年来，我国石油消费量年均增长率达到 7%以上，而石油供应年增长率仅为 1.7%。这种供求矛盾使我国自 1993 年成为石油净进口国之后，2004 年对外依存度迅速达到 42%，2013 年更是达到了近 60%。据预测，受国内石油资源的限制，2020 年我国石油进口量将达到 4 亿 t 以上，对外依存度将达到 65%～70%。

（5）进口渠道单一。目前，我国原油进口来源地区主要是中东和非洲地区。随着石油需求的迅速增长和进口石油消费的日益增多，我国对中东石油的进口需求将会继续增长。从军事影响能力来看，我国目前基本不具备对中东的军事影响能力。从政治关系来看，我国与这些地区的国家只有一般正常的国家关系。进口渠道单一，且又不具备对该地区或国家的军事影响力，使资源不安全的风险进一步加大。

（6）环境污染严重。中国是世界上污染程度较严重的国家之一。首先是城市应用水源破坏严重，并继续向农村转移。其次矿产资源的开发利用造成严重的环境污染和生态破坏，由于粗放型发展模式以及以煤为主的能源结构和低效能源利用方式，使得生态问题加剧。目前我国煤炭生产与消费均居世界首位，二氧化硫排放量居世界第一位，二氧化碳的排放量居世界第二位。

（二）不同类型国家的资源安全战略策略取向

不同国家，由于所受资源安全因素的影响不同，因而会采取不同的国家安全战略策略，这特别表现在资源净进口国与资源净出口国之间以及发达国家与发展中国家之间资源安全战略策略的不同。

1. 资源净进口国与资源净出口国之间资源安全战略策略的不同

按照资源生产或消费，可以把世界各国大致划分为资源净出口国和资源净进口国。从资源安全角度讲，资源净进口国的资源安全问题，较之资源净出口国的资源安全问题更为突出、更为重要。对于资源净出口国来说，资源安全战略主要是确保资源需求的稳定、足量供应，具体采取的对策：一是通过生产配额来调节资源供应并不断提高资源价格；二是建立资源产品销售网络，确保销售渠道畅通。而对于资源净进口国来说，资源安全战略主要是以可以接受的资源价格，从多种渠道获取足量的资源来保证本国经济的持续发展，因此，资源净进口国往往认为国家资源安全不仅要保障资源进口数量的相对稳定，而且还要设法控制资源市场并确保以较低价格获得资源。这些国家所采取的具体策略有两种：第一，通过建立和利用资源的战略储备，对短期资源安全的威胁（如中断资源供应）做出快速反应。国际能源机构（IEA）认为，当石油供应中断量达到石油需求量的 7%时，能源安全就处于警戒线状态。第二，从长期目标看，通过增加国内供应，开发替代资源，提高资源利用效率，增加资源贸易和资源勘查开发投资，加强资源领域的技术开发与研究，从而减轻对资源进口的依赖度，即从本土资源供应方面寻找"开源"，从本土资源消费方面寻求"节流"。

2. 发达国家与发展中国家之间资源安全战略策略的不同

世界各国因资源禀赋存在差异、经济社会发展程度和发展阶段不同，各自所面临的资源安全威胁及相应采取的战略策略也就各不相同。

西方发达国家多数是资源净进口国家，但它们各自的国家资源安全战略也有差异。一类是以美国为代表的资源丰富国家，在其经济发展的不同阶段采取了不同的资源安全战略。以石油为例，在 20 世纪 30 年代，美国的石油政策是反对垄断策略；50 年代中期以前，采取资源保护；50～70 年代，实行石油进口管制；70～80 年代，实行价格管制；80 年代初至今，主要实行市场调节。总体上看，美国的石油安全战略，一是调整能源结构，减轻对石油的高度依赖；二是调整石油进口来源，减少从非安全地区进口石油；三是提高能源使用效率，加强节能；四是增加国内石油战略储备和商业石油储备；五是利用资源价格、资源税等政策进行诱导，促进国内石油的生产；六是鼓励海外石油勘探；七是加强国际能源合作。另一类是以日本为代表的资源贫乏国家。日本的石油安全战略包括建立战略石油储备，大力扩展海外石油勘探开发，调整石油进口策略（主要是分散石油进口风险，实行油气进口多元化），以及提高利用效率，大力开展节能和节油生产和消费。

广大的发展中国家多数都是资源生产国家，这些国家主要是利用价格手段来保障其资源生产国的资源安全。世界上最不发达国家通常采取增加出口税、构建资源卡特尔、削减产量和提高价格等措施，对资源供给实行垄断，这对资源净进口国的资源安全无疑会造成直接的威胁。

（三）保障国家资源安全的基本战略

国家资源安全是一项系统工程，从资源产品生产、贸易直到终端利用，是一个完整的复杂体系。因此，从国家高度来分析，要保障国家资源安全，必须通过制定包括资源保护战略、资源流通战略、资源消费战略、资源利用战略、资源回收战略、资源创新战略和资源管理战略，构建完全系列的资源安全保障体系。同时，由于我国的资源安全问题有自己的特点，与上述发达国家或发展中国家的情况不完全相同，特别是人口众多，人均资源量少，经济持续高速增长，资源消费量巨大，资源安全战略也必须着眼于从长远的角度研究并解决我国自己的问题。

1. 贯彻资源安全基础保护战略

资源是全人类生存与发展的物质基础，其开发利用必须兼顾全球范围内的经济效益、社会效益和环境效益，有效地保护全球资源。从国家角度看，资源安全保护的核心是保护资源宗主国的开发主权、资源的多样性和资源的持久性。世界各国既有保护和开发本土自然资源的主权权利，又有不损害别国环境资源的责任。

我国既是资源存量大国和资源开采大国，也是资源消费大国，在全球资源保护中应发挥重要作用。系统地构建国家资源保护体系的核心目标，就是保障国内资源基础，使得本国在遭遇国际供给风险时，有较稳定的国内资源保障，使国家的经济社会发展免遭资源供应中断的威胁和损害。为此，必须采取以下具体措施。

（1）建立国家资源安全补偿机制，包括资源系统的自然补偿、国家机制的行政补偿和利益机制的市场补偿。自然补偿是保持资源系统自身的自然补偿能力，如定期的封山、休渔、休牧、休耕等。行政补偿是国家作为社会长期利益的代表，征收资源产业链下游的部分收益，以补偿保持该资源效用的可持续性和所失去的该资源的其他效用。例如，在流域水资源的开发利用过程中，国家应采取从下游地区收益转移支付的形式，补偿上游地区进行资源保护的投入；此外，可以通过矿产品链下游产品加工增值过程中的税收，补偿上游资源勘查的部分费用。市场补偿是通过利益调节机制，鼓励资源经营企业和个人从长期获益考虑，定期对自身经营的资源基础加以补偿。

（2）树立资源可持续利用的社会意识。资源可持续利用的核心是保持人与资源环境的和谐发展，这是人类社会文明与进步的重要标志。人类必须对其子孙后代的资源基础承担起历史责任，对全人类自然财富共享及人地关系和谐担负起社会责任。要做到这一点，必须大力开展资源社会意识的国民教育、灾害教育和危机教育，促使资源可持续利用的理念贯彻于国民自身行动中。

（3）开展国家重大资源保护工程。我国正在开展或未来着手建设的一系列工程，如三北防护林体系工程、国土资源大调查、重要流域的上下游水资源合理分配、跨流域调水、重大水利工程、水土保持建设、特别地质找矿计划以及某些战略性矿产资源的保护等，对于保护水、土、林、矿等资源，将起到重大作用。

2. 实施合理的资源流通战略

我国经济对外开放程度的不断扩大，既是适应经济全球化发展趋势的需要，也是中国经济融入世界经济潮流、使我国经济在社会主义市场经济条件下走上良性循环轨道的必然选择。在平等条件下，世界各国共享全球资源，参与资源领域的国际竞争。为此，我国要充分利用入世后各缔约国在资源领域内对我国开放市场的大好时机，又要根据比较优势的原则，充分利用两种资源、两个市场的资源优化配置，为我国创造经济收益，构建合理的资源国际贸易安全体系。这是我国未来的资源安全战略核心。

资源在国际间的流动，包括各国资源的国际贸易和环境资本的国际转嫁。也就是说，一国在对外进行资源贸易的同时，也可能将其不利的环境资本输出到别国或国际之中。前者体现在正常的国际资源贸易之中，后者则反映当前国际上对可持续发展的关注。

通常，各国都是根据不同的资源安全期限，采取三种不同的对策来保障国家资源贸易安全。首先是应对短期资源贸易安全的威胁，主要依靠资源储备或压缩资源特别是能源资源的消费需求。20世纪50年代以来，多数西方资源净进口国，都储备了应付6～12个月消费的资源，包括战略性能源和矿产资源。其次，对付中期资源贸易问题，一般是建立多元化的资源市场和资源产业。资源供给短缺既可通过资源储备和价格调节得以缓解，又可通过充分重组资源进口结构和调整资源加工产业结构，化解危机。我国在立足国内资源和开放世界市场的前提下，只有在加快资源产业多元化和一体化的同时，争取资源进口市场多元化，才能有效对付中期资源安全的威胁。再次是缓解长期资源安全的威胁和压力，最根本的对策还是在于大力开展节约资源和增加研究与开发方面的投资。从长远看，国家资源安全存在对两种情况的担忧：某些资源在全球范围内成为绝对稀缺以及资源供给高度集中于少数国家或地区的资源。对于前者所应采取的对策，只能是通过节约资源来减少消费，或实行"零增长发展战略"和降低生活标准，增加对可再生资源的投资，鼓励资源开发利用的技术创新，开发替代的非再生资源和回收利用非再生资源。对于后者，西方发达国家通常采取保持经济和军事实力的做法，确保或控制其外部资源供应。总而言之，应尽量保留自己的资源，尽可能多地利用别国资源。

3. 倡导适度消费的资源节约型战略

我国人口众多，人均占有的资源量少，目前正处在高速工业化、城市化过程中，应正确处理好经济发展与环境保护的关系，着力建设最大限度节约资源的生产体系、生活体系和消费体系，减少资源消耗。同时，应努力控制人口过快增长并解决贫困人口的脱贫问题，减轻人口对资源的压力。

资源节约型体系是资源安全体系建设的内在动力，节约资源本身就是为建立一个低度消耗资源、杜绝资源浪费、提高资源利用效率和单位资源产出率的节约型经济体系，增强资源对经济发展的保证程度，缓解资源供需的紧张状态，提高资源安全保证程度。

我国资源安全的威胁，在很大程度上是资源浪费。因此，降低资源的无效消费是保证资源安全的重要措施之一。资源的无效消费，是由于人们的资源消费意识和资源利用技术水平低下。前者表现在资源无价、乱采滥挖、无节制地开发利用资源等具体行为，后者表现为资源利用技术水平粗放低下、资源综合利用水平低等特点。为此，必须建立资源节约型的经济体系，倡导以建立节地、节水为中心的集约化农业生产体系；建立以节能、节材为中心的节约型工业生产体系；建立以节省运力为中心的节约型综合运输体系；以及建立适度消费、勤俭节约为特征的生活服务体系。

4. 建立深度资源开发的利用战略

实现深度资源开发利用战略，重点是开发新能源、新材料和新资源，不断提高资源利用的深度和广度，促进能源和资源的革命。我国目前的能源结构是以煤炭为主体，未来应形成以水能、太阳能、核能、风能、生物质能等为主的多元化能源结构。在新材料方面，应大力发展高性能、新型的金属材料、陶瓷材料、高分子材料、先进的复合材料和光电子材料，拓展资源利用空间，推进资源领域革命。从传统资源结构看，新能源和新材料的开发利用将带动新资源的开发，引起资源利用结构的全面革新。其中传统金属特别是铁、铜、铝、锌等大宗金属矿产原料的用量将逐步减少，稀有、稀土、分散元素矿产原料需求急剧增加，新兴非金属矿产原料的需求不断扩大，天然气的开发利用规模将逐步扩大并部分替代煤炭等传统能源资源。

5. 鼓励废弃物资源化的回收战略

废弃物资源化实际上是资源二次开发利用过程，包括生产过程中尾矿（砂）、废弃物的再利用，资源产品的直接再处理和回收利用等。国际上，废弃物资源化已逐步发展成为重要的资源产业。20 世纪 70 年代以来，发达国家在经历了以能源危机为标志的资源短缺之后，加快了在资源二次利用方面的步伐。日本已能够对 26%～39% 的垃圾进行回收利用，德国对 1/3 的纸张、铝和玻璃进行了回收，欧洲其他国家对 50% 的玻璃进行了再利用，美国的废金属利用量已占其消费量的一半。废弃物资源化在节能、节材、节水方面的经济效益和在保护土地、减少大气污染等方面的环境效益是不言而喻的。未来应大力开展玻璃、金属材料和纸张等回收利用，促进城镇居民和工业用水的循环利用。在资源生产过程中的废弃物再利用，重点是金属矿产中共、伴生组分或低品位矿石及脉石，煤矿开采中的煤矸石和粉煤灰等。总之，建立废弃物资源化的回收体系，必须走无尾矿、无废料和无污染的途径，实现资源利用的良性闭合循环。

6. 加强资源创新的技术战略

资源安全的科技保障体系，就是人类为获取资源更大效益的一系列方法与手段，包括研究与开发体系、技术创新体系、技术推广体系。美国曾经执行战略贸易政策，通过政府的积极干预，采取更多措施扶植和帮助美国具有战略意义的资源和产业打开国外市场，特别是发展高科技产业。可以说，美国依靠科技与知识成为了全球资源的霸主。长期以来，中国经济运行的基础是粗放式的资源消耗和要素（资金和劳动）投入，极大地破坏和浪费了人均数量极少的各种资源。因此，要变粗放式经济发展模式为集约型发展模式，根本在于节约资源，而节约资源的推动力在于科技进步。在当今知识经济时代，国家间的竞争，关键是科技与知识资源的竞争，其核心是善于创新，关键是增加国家对基础科学研究项目的投入。因此，节约资源和提高研究与开发的投入，应是保障中国长期资源安全的战略之举。

目前，中国资源开发面临前所未有的发展机遇，现代高新技术越来越多地应用于资源开发利用领域。未来中国资源安全的科技保障体系，必须以科技进步为导向，明晰资源产权，建立国家、科研、企业一体化的资源技术创新模式，加强资源综合研究，开发重大资源工程技术和深入发展资源工程学科的研究。

7. 坚持科学的资源管理战略

资源安全管理是对国家资源利用的现实目标与未来目标的调控，是保障我国政治与经济安全和可持续发展的重要手段，包括建立资源安全预警系统，规范资源产权管理、市场管理、资产管理，以及开展资源法制教育、国情教育和国际合作。

建立资源安全预警系统，必须定量地界定资源安全的合理界限和资源供给的区域安全结构。仿照国际上的惯例，确定我国的资源安全警戒线，大致界定为资源缺口到达或超过资源总需求的 7%～10% 时，可以认为资源供给不安全。此外，保障我国经济社会发展的资源供给来源于三大方面，即我国大陆、海洋和海外。未来我国资源供给的区域安全结构应大致保持在陆上资源占 60%，海洋资源 20%，海外资源占 20%。

资源既体现人类的共同财富，又是一个国家的主权所在。在国际上，必须加强对公共资源的统一管理，发挥政府的宏观调控职能以及非政府和公众的参与和监督作用。对国内资源，必须在明晰产权的基础上，加强产权管理，确立资源所有者、开发者、管理者各自的责、权、利关系，协调各方利益，保证资源合理和高效利用。坚持"污染者和使用者付费"的原则，引入市场管理机制。对资源开发者征收资源税，对污染者征收环境税，取消对资源使用者的不合理补贴，建立资源、原材料、加工产品之间的合理价格体系，理顺价格扭曲关系。研究并完善资源价格理论及定价方法，以及资源核算理论体系，加强资源管理和核算管理。把资源的实物账户和价值账户作为国民经济核算体系的卫星账户，完善国民经济核算体系。

大力开展资源国情教育和法制教育，提高全民资源安全忧患意识，促使人们自觉地加入保护资源的各种活动之中，依法行事。此外，能源及矿业是最易于影响我国在国际战略格局中地位的资源产业，在当前以科技为先导的技术和经济实力中，充分利用国外的资金、技术和管理经验，开展跨国之间和国际组织之间的协作，有利于增强我国的综合竞争能力，也有利于确保我国的战略性矿产资源的安全供给。

第二节　资源管理模式与法律制度

有效的资源管理是保证资源可持续开发利用，使资源社会效益最大化的前提。在计划经济时代，资源管理是严格的实物管理，实行计划性实物配置，资源开发利用企业或个人粗放经营，资源浪费和破坏情况十分严重。在市场经济条件下，资源应按照市场竞争原则和价格信号来配置，从而实现资源的稀缺价值。同时，由于某些资源的公共物品性质、外部效果的存在以及产权不明晰，市场有时无法实现资源的最优配置，在此种情况下，政府需要进行适当的干预，对市场失灵加以纠正。不论是资源的市场配置还是政府干预，都要有一定的资源管理模式和法律制度予以支持和保障。

一、资源管理概述

资源管理是指政府根据一定的目标和原则，对自然资源及与其相关的开发利用采取的一系列干预活动。资源管理主要围绕自然资源的开发、利用、保护与治理进行，重点是协调人类开发利用活动与各种自然资源及生态环境之间的关系。资源管理通达不同的管理模式和资源法律制度来实现。

（一）资源管理目标

资源管理是合理配置资源的内在要求，也是适应社会主义市场经济体制改革的必然趋势，资源管理应实现以下主要目标：

（1）资源的所有权、开发权、使用权和经营权适当分离，防止国有资源资产流失，使国家对资源的所有权真正得到体现。

（2）使资源的开发、利用、整治、保护和培育走上良性循环的轨道，不断提高资源质量水平并保障资源的可持续开发利用。

（3）将资源纳入国民经济核算体系，使资源的价值得到充分的反映和补偿。

（4）资源利用从粗放型向集约型转变，即在资源利用中注重节约，提高资源的利用效率。

（二）资源管理原则

为了实现上述资源管理目标，必须确立以下资源管理的原则。

（1）维护资源的国家权益原则。由于资源产权为国家所有，因而在管理中必须首先维护国家的权益，即以国家作为资源的所有者主体，行使对资源的宏观管理、收益分配、资产最终处置及日常监督等权力，通过国有资源的合理配置与有效使用，实现国有资源的保值与增值。

（2）价值管理与实物管理相结合原则。资源的价值管理，是要发挥资源作为资产的功能，实现合理配置和保值增值。价值管理侧重于资源资产的权属和价值方面的管理，如资产的计价转让、增值积累、优化配置及经营效益的分配等。资源的实物管理更侧重于资源物质实体的管理，如由于资源的地域性、生态效应、稀缺性、有限性等方面的不同，而采取不同的开发、保护和治理的管理策略。价值管理与实物管理是资源管理的两个重要方面，两者应相互结合，缺一不可。

（3）经济效益与社会及生态效益相结合原则。经营资源应与经营其他国有资产一样，尽可能取得较高的经济效益。但是，由于资源的特征，资源效益目标除了追求经济效益外，还必须讲求社会效益和生态效益，使经济效益与社会、生态效益相协调，谋求长远利益与近期利益相结合。

（4）市场化原则。资源管理体制，要适应社会主义市场经济的基本需要，按照市场经济的要求改变资源无价、无偿开发利用的传统资源管理体制。必须将国有资源作为具有一定经济价值的国有资产进行管理，做到技术管理与所有权管理并重，所有权管理适当集中，培育和完善国家调控下的产权交易市场，充分发挥价格杠杆作用。

（5）分类指导原则。资源是由土地资源、水资源、生物资源、矿产资源、海洋资源等组成的复杂系统，其中的各类资源具有不同的特点、形态和变化规律，对人类社会的影响也不同。因此，对资源的管理应按照不同的资源特点和性质实行分类指导，使资源管理措施和手段有针对性并行之有效。

（6）整体协调原则。资源管理一方面是要有利于合理协调中央与地方、资源所有者与使用者等利益主体的利益关系，有利于优化资源配置和整体开发、合理利用和保护，把资源优势真正转化为经济优势。另一方面是要有利于各种资源管理部门的相互协调，在统一规划、分类管理的基础上，使资源的开发、利用、治理和保护得到全面协调的发展，为经济和社会的可持续发展提供可靠的保障。

二、资源管理模式

（一）资源管理体制与职能模式

目前，各国自然资源的所有制形式，可大体上分为三种：国家所有权体系；公共（共同）财产，国家（联邦）、省（州、区）市、县等各级政府所有权体系；国家（联邦）政府、省（州、区）、土著民族群体和私人所有权体系。不同的所有权体系，对各国的资源管理有着不同的影响，而对其中的消极影响，一般是通过行政管辖权加以调整。各国的行政管辖权力主要包括：制定法律制度、批准许可授权、征收税费和进出口贸易管理等。目前，各国自然资源管辖机构及其职能体系大致可划分为以下几种模式。

（1）中央集权制管理。中央政府集中各地方政府管理权力，通过制定法律实现其职能和空间管理，各管理部门之间不存在组织和管理上的直接联系，而由中央直接管控。在全部自然资源或部分自然资源的管理过程中，计划经济国家和部分发达国家往往采用这种管理模式，例如美国、日本、朝鲜等国的土地资源管理，法国的海洋资源管理和巴西的森林资源管理等。

矿产资源的自然赋存决定了它的公共财产地位，许多国家实行一切矿产资源归国家所有。在行政管辖权上，英国、法国、日本、南非和墨西哥等国家都采取中央集权制管理模式，通过中央政府的职能或空间管理方式达到集权目的，而不受资源所有制制约。在土地资源方面，美国内政部土地管理局对联邦土地实行层层负责的垂直领导，全国设有 13 个区域土地管理办公室、58 个地区土地办公室、143 个资源区域土地管理办公室。内政部长颁布为实施《联邦土地政策管理法》及对国有土地的管理、利用和保护的有关规定所需的各种条例，农业部长制定与国有森林等系统中的土地有关的各种规章、条例，土地管理中关于牧地的管理由农业部长和内政部长联合研究。

（2）中央和地方分权制管理。美国、加拿大、澳大利亚、瑞士、巴西等联邦制国家，在矿产资源管理上实行的是分权管理体制，如美国的职能分权、澳大利亚的空间分权和德国的职能——空间分权等。水资源管理方面，美国联邦法律适用于全国，州的法律仅在本州有效，且不得与联邦法冲突。联邦政府有权控制和开发国家河流，并在其中居领导地位；美国东部各州气候湿润、水资源丰富，采用英国早期的河岸权，实行"沿河用水法"；西部各州相对干旱，水资源有限，采用的是加州矿业习惯采用的优先占有权，实行"优先用水法"；有些州则是两者兼用。

（3）中央和地方联合权制管理。这方面的典型代表是印度的矿产资源管理。印度中央政府颁布全国适用的资源法律和法规，拥有对一切矿产资源的管辖权，对重要的矿产项目实行审批；各邦政府实行邦内矿产资源勘查和开采发证管理；县政府实行次要矿产开发申请和发证管理。南非、印尼和巴西也采用类似的矿产资源管理模式。

（4）一揽子分权制管理。在这种模式下，自然综合体被视为一个整体，实行某些专项自然资源管理，如流域、海岸带、山地、矿区等。主要包括：按流域进行管理，如美国田纳西河流管理局、印度达莫尔河流域管理局；按山区进行管理，如美国东部 13 个州的阿巴拉契山地委员会；按垦区进行管理，如美联邦西部 17 个州的垦务局等。中国也有类似的管理机构，如黄河水利委员会、东北和西北地区林区与垦区等。

　　各国的资源管理体制，从横向关系看可相对划分为集中管理体制、分散管理体制、集中与分散相结合 3 种模式；从纵向关系看也可相对划分为资源管理与产业管理结合、资源管理与产业管理分开、资源管理、产业管理与生态环境管理结合 3 种模式。这些管理模式的主要代表性国家与机构如表 4-7 所示。

表 4-7　　　　　　　　　　　　　资源管理模式与代表性国家与机构

资源管理		代表性国家与机构
横向关系	集中管理	俄罗斯自然资源部：管理除土地外的大部分资源与环境； 美国内政部：管理大部分自然资源
	分散管理	日本国土交通省：管理土地、水资源； 日本经济产业省：管理能源、矿产资源； 日本农林水产省：管理森林、渔业资源
	集中与分散相结合	印度乡村发展部、矿山部、钢铁部、石油天然气部、煤炭部、水资源部、环境和森林部、海洋开发部
纵向关系	资源管理与产业管理结合	俄罗斯自然资源部； 美国内政部
	资源管理与产业管理分开	日本经济产业省的资源能源厅以及农林水产省的林业厅、水产厅
	资源管理、产业管理与环境管理结合	加拿大自然资源部、渔业与海洋部； 澳大利亚工业、科学与资源部

（二）中国的资源管理体制与职能

1．管理体制与行政主体

中国目前的自然资源管理基本上实行分散的管理体制，即按照自然资源的分类，对气、水、土、生、矿设置相应的资源部门实行管理：

（1）气候资源。统一管理与分级管理相结合（气象法第 5 条）。

（2）水资源。统一管理与分级、分部门管理相结合（水法第 9 条）。

（3）土地资源。统一管理与分级管理相结合（土地管理法第 5 条）。

（4）生物资源。分类管理与分级管理相结合（动物条例第 7 条，植物条例第 8 条）。

（5）矿产资源。统一管理与分级、分类管理相结合（矿产资源法第 11 条）。

自然资源管理的行政主体，是指在资源法律关系中，代表社会公益，执行社会公共事务，负有资源管理职能，具有国家行政主体性质的主体。按照中国自然资源法的规定，主要包括人民政府、资源管理的主管部门和辅助资源管理的有关部门。

（1）人民政府。作为一般行政主体，对作为整体的自然资源和各种自然资源均有一定的管理职能，并统一领导其所属的各种自然资源主管部门和有关部门。

（2）资源管理的主管部门。作为专门行政主体，是指根据自然资源法的规定，对某种自然资源具有专门管理职能的行政主体。

（3）资源管理的有关部门。作为辅助行政主体，是指根据自然资源法的规定，参与或协助专门行政主体对某种自然资源进行管理的行政主体。

中国《水法》第9条明文规定：国家对水资源实行统一管理与分级、分部门管理相结合的制度。国务院水行政主管部门负责全国水资源统一管理工作。国务院其他有关部门按照国务院规定的职责分工，协同国务院水行政主管部门，负责有关水资源管理工作。

2. 资源管理职能的确定

中国自然资源管理，是按自然资源的类别进行管理的。在每一种自然资源的管理中，该资源的主管部门作为资源管理的专门行政主体有着主管的职能，作为资源管理的一般行政主体的政府和作为资源管理的辅助行政主体的有关部门，也各自有着相应的职能。每一种行政主体按行政区划又有着分级管理的地方各级机构，这使得资源管理中行政职能的配置出现复杂的关系，每一资源种类都有着多种行政主体的多种行政职能，如果不给以清晰、明确的划分，非常容易产生资源管理的混乱。因此，确定各种、各级资源行政主体的职能就成为自然资源管理与立法中一项重要的工作。

根据中国自然资源法规，自然资源行政职能主要是结合自然资源类别、行政区划、管理事项与利用主体确定的，称为确定资源行政职能的四要素。

（1）自然资源分类。自然资源是资源行政指向的对象，自然资源的分类是确定资源行政职能的首要要素。对确定资源行政职能有影响的自然资源分类，包括3种：一种按自然资源形态分类，如土地管理机构对土地资源实行土地行政，但林地、草原、水资源则不在土地行政的范围内；二是每一种自然资源内部的再分类，如铁路、公路的护路林的采伐，由有关主管部门发放许可证，其他林木采伐，则由林业部门发放许可证；三是自然资源按数量的分类，如国家建设征用耕地1000亩以上，其他土地2000亩以上的，由国务院批准；征用耕地3亩以下，其他土地10亩以下的，由县级人民政府批准。

（2）行政区划。各种资源行政主体的资源行政职责只限于在本级行政区划的范围内，行政区划是确定行政职能的基本要素。如省级土地管理局只享有对本省行政区划内土地的行政管理职能。

（3）管理事项。资源行政的许多职能是根据资源管理事项确定的，管理事项是确定资源行政职能的重要要素。如水资源有养殖水产的功能，又有调蓄、灌溉、航运的功能，渔业法虽然规定了渔业行政部门主管渔业，但对用于渔业，兼有调蓄、灌溉等功能的水体，为渔业生产所需的最低水位线的确定这一事项，却不在渔业行政职能之内，而是由有关主管部门确定的。

（4）利用主体。同一种资源的同一管理事项，因资源利用的主体不同，也可存在不同行政职能的划分。利用主体或被管理主体的分类是确定资源行政职能的又一要素。如国营单位采伐林木，由所在地县级以上林业主管部门审核发放许可证，农村集体经济组织采伐林木，由县级林业主管部门审核发放许可证，农村居民采伐自留山和个人承包集体的林木，由县级林业主管部门或其委托的乡、镇人民政府审核发放许可证。

3. 一般管理与特别管理

根据确定资源行政职能的四要素，对资源行政中某一行政主体的行政范围和职能可以基本确定。由此而确定的资源行政职能，为一个行政主体对一定行政区划内的一定种类资源的一定事项的管理。因自然资源法所规定的资源行政，大多数是这种管理，可以将其称之为一般管理，或单一管理。特别管理主要包括共同管理、复合管理与跨界管理，如表4-8所示。

表 4-8　　　　　　　　　　　　资源一般管理与特别管理

管理方式	一般管理	特别管理		
		共同管理	复合管理	跨界管理
行政主体	1个	≥2个	≥2个	≥2个
行政区划	一定	同一	同一	跨越
资源种类	一定	同一	同一	同一
管理事项	一定	同一	同一	同一
行政职能	一定	同一	相联系职能	相联系职能
说明		包括一般共同管理与会同管理	包括客体相联系与职能相联系	包括协商管理、上级管理与指定管理

（1）共同管理。同一行政区划内的同一资源的同一事项上，有两个或两个以上行政主体共同赋有同一行政职能时，为共同管理。共同管理是管理主体方面不同于一般管理的特别管理。共同管理包括两种：一般共同管理和会同管理，二者的区别是，会同管理中的行政主体区分为会同方和被会同方，一般共同管理中则不做这样的区分。在法律规定中，对会同管理给以具体指明。未给以具体指明的，则为一般共同管理。例如《森林法实施细则》第四条规定：征收育林费和建立林业基金制度的具体办法，由林业部和财政部制定；《渔业法》第十九条规定：渔业资源管理增殖保护费的征收办法，由国务院渔业行政主管部门会同财政部门制定。前者为一般共同管理，后者为会同管理。共同管理一般出现于资源行政职能与其他行政机关的行业管理职能或社会专项管理职能相会合或重合时。

（2）复合管理。同一行政区划内同一资源的同一事项，有两个或两个以上行政主体分别赋有相互联系的职能时，产生复合管理。复合管理也是在管理主体方面不同于一般管理的特别管理，但与共同管理不同。复合管理不是两个以上主体一起就某一事项进行管理，而是分别对某一事项进行管理，复合管理包括因职能相联系而产生的复合管理和因资源客体相联系而产生的复合管理。例如，开办国营矿山企业是由国务院、国务院有关部门或省级人民政府批准的，但在批准前，则必须由主管矿产资源的地质矿产主管部门复核有关方案并签署意见。因此，开办国营矿山企业这一事项的管理是因职能相联系时的复合管理。再如，河道管理是水行政的职能，颁发采矿许可证是矿政的职能，在河道中采沙、采金，既需要取得采矿许可证，又需要经水行政中的河道管理部门的批准，因此，在河道中采沙、采金这一事项是因资源客体相联系而产生的复合管理。

（3）跨界管理。因跨越资源行政区划而需要给予的特别管理，为跨界管理。跨行政区域的矿区、林区、渔区、水域等，产生跨界管理。跨界管理一般有三种方式：①协商管理，跨界管理可以由跨界所涉及的相同级别相同职能的行政机构协商管理，如《渔业法》第七条规定：江河、湖泊等水域的渔业，跨行政区域的，由有关县级以上地方人民政府协商制定管理办法；②上级管理，指发生跨界管理时，由上一级的有关行政机构管理，这里分为：上一级资源行政部门的管理和上一级人民政府的管理，如江河、湖泊等水域的渔业，跨行政区域的，除协商管理外，也可由上一级人民政府的渔业行政管理部门及其所属的渔政监督管理机构监督管理，这种跨界管理，即为一级资源行政部门的管理；③指定管理，本应由上级管理的跨界管理，上级机构指定下级一定的机构进行管理，即为指定管理。这种管理包括资源行政部门指定和人民政府指定两种方式。

（三）自然资源管理的一般性政策措施

（1）产权管理。产权管理的目的在于消除资源获得的随意性，改变资源利用的外部性特征，完备资源产权制度。特别是对于可更新资源而言，西方政府的干预措施主要包括：政府接管全部资源的所有权和使用权，直接管理资源；所有权归政府所有，使用权合理分配；建立管理机构并赋予足够的权限管理私人资源使用者。

（2）贸易管理。贸易管理作为国家重要经济职能之一，主要指能源、矿物原料及相关资源产品的进出口管理。政策措施包括进出口关税壁垒、非关税壁垒和贸易促进等。

1）出口关税壁垒主要是对单位重量的矿产品征收关税，以此增加财政收入，鼓励发展国内产业。发达国家已较少采用。

2）进口关税是西方常用的一种手段，关税税率主要视拟制需求与进口目标而定，它既是一种财源，也可作为国内传统产业的保护措施。

3）非关税壁垒主要是对进出口采用总量限制。常用措施包括进出口配额、禁止进口、禁止出口、进出口许可证与进口管制等。

4）贸易促进手段包括优惠贷款、直接补贴、政府承保风险和易货贸易等。

（3）财政政策。财政政策目的在于使部门生产构成合理化，使之符合国家资源管理目标。主要包括税收和补贴两种手段。

发达国家对资源业主征收税种包括产品税、所得税、财产税和污染附加税。产品税税率一般较低，大致在1%～4%；所得税往往采用累进制，对金属矿产品所得税一般在35%～50%；财产税针对企业资产征税，目的在于调节矿产资源的开发速度；征收污染附加税的目的在于提高资源利用效率，降低排污量。

补贴是政府促进资源产业发展的重要手段：以直接补贴、减免税收、低息贷款和延期还贷鼓励资源业者采用符合政府资源目标的措施，增加资源保护方面的研究和开发投入。资源保护补贴在西欧运用最广，如1978—1981年英国政府投入4.53亿英镑，用于改善保温隔热条件。

（4）战略资源储备。战略资源储备是对付贸易振荡的重要应变手段，包括中期贸易振荡和短期贸易振荡，如政治格局变化、局部战争和贸易摩擦、突发事件等。西方主要工业国家都有战略矿产品的紧急储备，1946年美国通过《战略和原料储备法》。20世纪50年代以后，西方国家的战略资源储备量达到可以满足半年至1年的消费量。美国1982年原油储备量为3亿桶，1989年达到7.5亿桶。战略储备是一项在储备和管理方面耗资巨大的投入，其成本收益平衡主要来自这一投资的风险收益。

三、资源管理法律制度

为了加强对自然资源的管理，各国都采取立法的手段，规范资源的合理开发和有效保护。自然资源管理的法律制度主要包括资源产权制度、资源勘查与调查制度、资源登记制度、资源许可制度、资源有偿使用制度、资源保护制度等。建立资源管理法律制度的主要目的在于维护资源权利人的合法权益、加强对自然资源开发利用的监督和管理、保护自然资源和维护生态平衡，实现自然资源的可持续利用。

（一）资源产权制度

资源产权制度是自然资源法律制度的核心内容，是涉及自然资源归谁所有和使用，以及自然资源的所有人、使用人对自然资源所享有的所有、使用等权利的法律规范的总称，是其他资源管理法律制度的基础。在资源管理法律诸制度中，资源产权制度的历史最为悠久。随着私有制产生和国家的出现，资源产权制度便由统治阶级建立起来，目的是维护自然资源的统治阶级所有制，巩固自己的统治地位。古籍《礼记·王制》中"普天之下，莫非王土"的说法，便是我国奴隶社会商周时期资源产权制度的有力证据。

资源产权制度主要包括自然资源所有权制度和自然资源使用权制度。自然资源所有权，是指所有人对自然资源依法所享有的占有、使用的权利，是自然资源所有制度在法律上的反映和确认；自然资源使用权，是指依法对自然资源进行实际利用并取得相应收益的权利，是自然资源占有权、狭义使用权、部分收益权和不完全处分权的集合，是自然资源使用制度在法律上的体现。此外，因自然资源类型和国家制度的不同，还有抵押权、典权、租赁权等资源产权。

当前，世界各国不论社会制度如何，都建立了一套资源产权制度。我国自然资源属国家和集体所有。《宪法》第 9 条明确规定，"矿藏、水流、森林、山岭、草原、荒地、滩涂等自然资源，都属于国家所有；由法律规定属于集体所有的森林和山岭、草原、荒地、滩涂除外。"另外，《宪法》第 10 条规定，"城市的土地属于国家所有。农村和城市郊区的土地，除由法律规定属于国家所有的以外，属于集体所有；宅基地和自留地、自留山，也属于集体所有"。根据《宪法》的规定，我国的《土地管理法》、《矿产资源法》、《森林法》、《草原法》、《水法》、《野生动物保护法》等分别对土地、矿产、森林、草原、水、野生动物等自然资源的所有权做出了明确规定。如《土地管理法》第 2 条规定，"中华人民共和国实行土地的社会主义公有制，即全民所有制和劳动群众集体所有制"。又如，《矿产资源法》第 3 条规定，"矿产资源属于国家所有，由国务院行使国家对矿产资源的所有权。地表或地下的矿产资源的国家所有权，不因其所附的土地的所有权或者使用权的不同而改变"。此外，各项法律都针对自然资源所有权的维护做出了多项明确规定。如《宪法》第 9 条规定，"国家保障自然资源的合理利用，保护珍贵的动物和植物。禁止任何组织或者个人用任何手段侵占或者破坏自然资源"。《土地管理法》第 2 条规定，"任何单位和个人不得侵占、买卖或者以其他形式非法转让土地"。《矿产资源法》第 3 条规定，"禁止任何组织或者个人用任何手段侵占或者破坏矿产资源"。总之，我国自然资源除依法属于集体所有的之外，都属于国家所有；自然资源的所有权受法律保护，任何人不得侵犯。

我国《宪法》和其他自然资源单行法，也都对自然资源的使用权做出了详细规定。例如，《宪法》第 10 条规定，"土地的使用权可以依照法律的规定转让"。"一切使用土地的组织和个人必须合理地利用土地"。《土地管理法》除了上述两项内容外，还包括"国有土地和农民集体所有的土地，可以依法确定给单位或者个人使用"。此外，除上述资源使用权的取得和确认，我国《土地管理法》、《矿产资源法》、《森林法》、《草原法》、《水法》、《野生动物保护法》等法律还针对自然资源使用权的转移、变更、终止等做出了详细或专门规定。

（二）资源勘查与调查制度

自然资源勘查与调查制度，是调整在自然资源勘探、调查过程中所产生的社会关系的法律规范的总称，是自然资源合理利用、管理和保护的基础。一个国家和地区，在确定发展战略和社会经济发展规划之前，都必须对当地自然资源的分布、数量、质量和开发利用条件等进行全面的勘查，以获得自然资源的基础资料，资源勘查的成果也是建立资源档案、进行资源基础评价、制定资源法规和规划的重要依据。自然资源勘查与调查制度对自然资源勘查的主体、对象、范围、内容、程序、方法以及勘查成果的效力做出了详尽的规定，以保障资源勘查的顺利进行和勘查成果的准确性。

日本早在昭和26年（1941年）就颁布了专门的资源勘查法案——《日本国土调查法》，对国土调查（包括土地、水等资源的调查）的目的、定义、计划、实施等做出了详细的规定。苏联1968年批准通过的《苏联和各加盟共和国土地法》第八章国家土地测量规定，"为了保证合理使用土地资源，须进行国家土地测量，包括有关土地的自然、经济和法律地位的整套、确切的必需资料"。此外，该法还对国家土地测量的组成和目的做出了规定。

我国依据《土地管理法》和《土地管理法实施条例》，建立起了土地调查制度。《土地管理法》第27条规定，"国家建立土地调查制度。县级以上人民政府土地行政主管部门会同同级有关部门进行土地调查。土地所有者或者使用者应当配合调查，并提供有关资料"。《土地管理法实施条例》第十四条规定，"县级以上人民政府土地行政主管部门应当会同同级有关部门进行土地调查"。按照《土地管理法实施条例》，土地调查的内容应包括：①土地权属；②土地利用现状；③土地条件。地方土地利用现状调查结果，经本级人民政府审核，报上一级人民政府批准后，应当向社会公布；全国土地利用现状调查结果，报国务院批准后，应当向社会公布。土地调查规程，由国务院土地行政主管部门会同国务院有关部门制定。对于矿产资源，我国依据《矿产资源法》建立起了矿产资源的勘查制度。《矿产资源法》在总则、第2章中设有有关矿产资源勘查的申请、登记条款，并专设第3章矿产资源的勘查，对勘查的组织、采用的方法、注意事项及勘查成果的应用做出了具体规定。依照《森林法》、《草原法》、《水法》和《野生动物保护法》，我国也分别建立起了森林资源清查、草原资源普查、水资源的综合科学考察和调查评价以及野生动物资源调查的制度。

（三）资源登记制度

资源登记制度是依照自然资源法对自然资源的权属以及数量、质量、位置等资源属性进行登记的法律制度，是维护自然资源所有权人和使用权人的合法权益、加强国家对自然资源的管理以及促进自然资源合理开发利用和保护的重要制度。

资源登记制度主要包括：①契据登记，是出于使资源交易公开化、方便交易并保护双方交易关系而进行的一种登记，只能证明契据的有效性；②产权登记，目的是证明资源的权属所有，对登记者的产权具有法律效力；③资源册登记，是为财产税收和行政管理需要而进行的最基本资源登记；④资源调查登记，是资源开发机构为取得资源使用权而向国家资源行政主管部门申请的一种手段，具有法律效力。

在各国的资源法中，普遍对资源的登记制度做出了规定。例如，1979年修改的《保加利亚水法》第七章就规定了对水资源进行注册登记。世界上一些发达国家和部分发展中国家及地区，如美国、加拿大、澳大利亚、法国、巴西等国，在矿产法中都明确规定，采矿必须向国家有关部门登记，方能进行勘查工作，目的是在法律上确认登记申请人的勘查权，保障其合法权益，同时便于国家对矿产资源勘查工作进行宏观调控。

中国也依法建立了针对土地资源、矿产资源、森林资源、草地资源等的登记制度。例如，在土地资源管理方面，登记制度主要包括土地权属的确认登记和变更登记。《土地管理法》第11条规定，"农民集体所有的土地，由县级人民政府登记造册，核发证书，确认所有权。农民集体所有的土地依法用于非农业建设的，由县级人民政府登记造册，核发证书，确认建设用地使用权。单位和个人依法使用的国有土地，由县级以上人民政府登记造册，核发证书，确认使用权；其中，中央国家机关使用的国有土地的具体登记发证机关，由国务院确定。确认林地、草原的所有权或者使用权，确认水面、滩涂的养殖使用权，分别依照《中华人民共和国森林法》、《中华人民共和国草原法》和《中华人民共和国渔业法》的有关规定办理"。该法的第 12 条规定，"依法改变土地权属和用途的，应当办理土地变更登记手续"。除了土地的所有权和使用权登记外，土地权属登记还包括城镇国有土地的抵押权登记。在矿产资源的管理方面，我国《矿产资源法》总则第 3 条第 3 款规定，"勘查、开采矿产资源，必须依法分别申请、经批准取得探矿权、采矿权，并办理登记"。该法的第二章，对矿产资源的勘查登记做出了原则规定，而国务院颁布的《矿产资源区块勘察登记管理办法》和《矿产资源开采登记管理办法》则对矿产资源的勘查登记和开采登记做出了具体的规定。草原和森林登记制度，主要是涉及二者的权属确认登记。

（四）资源许可制度

资源许可制度，是指任何单位和个人因生产经营或特殊情况需要开发利用自然资源时，需报政府部门批准，核发许可证，确认其在一定期限、地点和限度内开发利用某种自然资源的法律制度。它是自然资源行政许可的法律化，是自然资源管理部门对自然资源进行监督、管理和保护，实现自然资源开发利用总量控制、保障资源的永续利用和维护生态平衡的重要手段。许可证发放和管理的内容主要包括申请、登记、听证、审核、许可证的限制条件、有效期和实施中的监督等。

在自然资源稀缺性日益显现的情况下，为了协调经济社会发展与资源保护的关系，各国纷纷建立起了资源许可制度。美国 1976 年正式颁布了《渔业保护及管理法》，其中第二章的第 24 节，专门对外国渔业许可证做出了规定，无此许可证的外国渔船不得在美国的渔业保护区内从事捕捞作业。颁布于 1950 年并经多次修正的《日本矿业法》第 21 条规定，"凡拟定接收矿业权之设立的人员，必须向通商产业局长提出申请，并得到他的许可"。1964 年的《匈牙利水法》第五章水权许可证规定，"除法律有特殊规定外……一切用水活动，都必须持有水权许可证"。

在我国，矿产、森林、水、渔业、野生动植物等资源的开发、利用及野生动植物资源的进出口，均实行许可制度。例如，《矿产资源法》的第三章矿产资源勘查的登记和开采的审批，对取得矿产资源勘查和开采许可证的审批程序、审批部门、申请条件等，都做出了具体规定。《森林法》第 28 条规定，"采伐林木必须申请采伐许可证，按许可证的规定进行采伐"。该法第 29、31 条还对许可证的审批、取得许可证的单位和个人的更新造林进行了规定。《水法》第 32 条规定，"国家对直接从地下或者江河、湖泊取水的，实行取水许可制度"。《渔业法》第 16 条中，"从事内水、近海捕捞业，必须向渔业行政主管部门申请领取捕捞许可证"的规定，确立了捕捞许可制度。对于野生动植物资源，针对资源类型、性质的不同确立了不同的许可制度，包括采药（野生药材）许可、狩猎许可、采伐许可及出口许可制度，陆生野生动物的特许猎捕许可、狩猎许可、驯养繁殖许可、允许进出口证明书制度，水生野生动物的特许捕捉许可、驯养繁殖许可和允许进出口证明书制度，以及野生植物的采集许可和允许进出口证明书制度等。

（五）资源有偿使用制度

资源有偿使用制度，是指自然资源使用者在开发利用自然资源过程中必须支付一定费用的法律制度。这种费用概括起来有两大类：资源税和资源费。通常，各国或地区针对不同的资源分别采取缴纳资源税或资源费的方式。资源有偿使用制度通过收税或收费的形式直接体现自然资源的价值，有利于自然资源的保护，提高资源的使用效率，同时可以为国家筹集资源保护和开发的资金，是实现资源可持续利用的一种重要制度，因此为世界各国普遍采用。1972 年修改的《日本河流法》第 32 条规定，"都、道、府、县的知事，对在该都、道、府、县境内的河流上、按第 23 条至 25 条规定批准的流水占用者，可以征收流水占用费、土地占用费或土石方采挖费及其他河流产物的采取费"。美国 1977 年制定的《露天采矿和回填复原法》第 401、402 节，规定征收废矿的回填复原费，并规定由此项收费和其他款项共同建立废矿回填复原基金，用于废矿的回填复原和废矿区土地、水资源的恢复等项目。

在我国，随着资源法的不断健全，资源有偿使用制度得到不断完善，针对各种自然资源，资源法都有相应的税费征收条款或专门的法律文件。目前，我国与资源开发利用相关的税费，主要包括资源税、资源费和资源补偿费。《土地管理法》和《土地管理法实施条例》等土地资源法律法规中，规定了耕地开垦费、耕地闲置费、土地复垦费、征地补偿费、土地有偿使用费、新菜地开发基金等费用的缴纳制度，而《耕地占用税暂行条例》、《城镇土地使用税暂行条例》、《土地增值税暂行条例》等，则分别对耕地占用税、城镇土地使用税、土地增值税的课税主体、课税客体、税基、税率以及缴纳做出了明确规定。《矿产资源法》第 5 条规定，"国家实行探矿权、采矿权有偿取得的制度……开采矿产资源，必须按照国家有关规定，缴纳资源税和资源补偿费"。《矿产资源法实施细则》及《矿产资源补偿费征收管理办法》对此分别做出了具体规定，而《资源税暂行条例》则对资源税（仅指矿产资源，包括矿产品和盐）做出了详细规定。此外，《森林法》第 6 条规定征收育林费以保护森林资源；《水法》规定了水费和水资源费的收取制度，而《野生动物保护法》第 27 条则规定，"经营利用野生动物或者其产品的，应当缴纳野生动物资源保护管理费"。

（六）资源保护制度

资源保护制度，是指国家根据生态平衡规律和经济规律，为保证自然资源的良好性能和永续利用而制定的各种保护资源的法律规范的总称。随着人口的增长和经济的发展，资源的消耗量日益加大，部分地区不可更新资源锐减，甚至濒临枯竭，可更新资源的消耗也往往超出其更新再生的速度。资源的有限性与资源需求的无限性，迫使人类对自然资源进行切实的保护。为此，各国纷纷出台了资源法规，以保护日益稀缺的自然资源。1965 年制定的《巴西森林法》规定，设置森林和其他形式的自然植被永久保护区，同时，全部或部分撤销对森林的永久保护时必须事先经联邦政府批准。1975 年通过的《苏联和各加盟共和国地下资源费纲要》第六章地下资源保护指出，"苏联境内的一切资源均应加以保护"，并提出了一系列保护地下资源基本要求。美国 1976 年的《渔业保护及管理法》，要求已起草的各种渔业管理计划以及制定的条例，均应符合国家渔业保护和管理的标准，如"各种渔业保护及管理措施应能在达到每年的最适捕捞量的同时，防止过度捕捞"等。此外，其他许多国家在其颁布的单行资源法或部门资源法及自然保护法、环境保护法中，都要求建立资源保护制度。

我国在资源保护方面也做了大量工作，颁布实施了许多保护资源的法律和法规，并据此建立了相关的制度。根据《土地管理法》、《基本农田保护条例》、《土地复垦规定》、《建设用地计划管理办法》等法律法规，我国建立了土地用途管制制度、土地利用总体规划制度、占用耕地补偿制度、基本农田保护制度等一系列保护土地资源的制度。对于矿产资源，《矿产资源法》第 3 条规定，"国家保障矿产资源的合理开发利用，禁止任何组织或者个人用任何手段侵占或者破坏矿产资源。各级人民政府必须加强矿产资源的保护工作"。在保护森林资源方面，《森林法》规定，"植树造林、保护森林，是公民应尽的义务"。并用一章的篇幅对森林保护进行了具体规定。同时，我国还出台了《森林采伐更新管理办法》、《森林防火条例》、《森林病虫害防治条例》等单行法规。此外，对于草原生态资源、水资源、野生动植物资源的保护方面，《草原法》、《草原防火条例》、《水法》、《野生动物保护法》、《野生植物保护条例》、《野生药材资源保护管理条例》、《陆生野生动物保护实施条例》和《水生野生动物保护实施条例》等，均做出了详尽而具体的规定。

四、我国的自然资源立法与管理

（一）我国的自然资源立法

20 世纪 80 年代，随着《森林法》这一我国第一部自然资源单行法的颁布，我国的自然资源立法工作进入了一个快速发展的新时期。迄今为止，我国已经制定、颁布了近 20 部涉及自然资源保护、管理及相关的法律，包括《环境保护法》、《水法》、《土地管理法》、《森林法》、《草原法》、《矿产资源法》、《渔业法》、《农业法》等。同时，国务院也制定了 100 余部环境、资源、灾害方面的行政法规和规章，为法律的实施提供了一系列切实可行的制度。我国已经签署或批准的 60 多个环保方面的国际条约，各地人大和政府制定的地方性环境法规和地方政府规章达 1500 多件。这其中，资源行业法、专项资源法和自然资源保护法，构成了我国资源法律体系的主干法，而自然资源政策法和国际自然资源法是我国资源主干法的重要补充。

我国已颁布的资源行业法主要有：

（1）森林法律。与森林资源相关的法律主要有《森林法》和《森林法实施条例》、《森林防火条例》、《森林采伐更新管理办法》、《森林病虫害防治条例》等。这些森林法律法规对森林的资源权属、经营管理、保护、营造和采伐等内容，做出了具体规定，确立了森林资源所有权、林种划分、森林经营管理、林木采伐许可证等制度。

（2）草原法律。涉及草原资源的法律主要有《草原法》、《草原防火条例》、《牧草种子管理暂行办法》、《草原治虫灭鼠实施规定》等法律法规。这些法律法规主要阐述草原的所有权和使用权、建设、管理和保护等内容。

（3）水产（渔业）资源法律。涉及水产（渔业）资源的法律主要有《渔业法》和《渔业法实施细则》、《水产资源保护条例》、《渔港监督管理规则》、《渔政管理工作暂行条例》等。根据这些法律法规，我国建立起了渔业许可制度、渔业水域生态环境保护制度、水产资源保护制度和渔政渔港监督管理等制度。

（4）矿产资源法律。涉及矿产资源的法律主要有《矿产资源法》和《矿产资源法实施细则》、《矿产资源区块勘察登记管理办法》、《探矿权采矿权转让管理办法》、《矿产资源补偿费征收管理规定》、《矿产资源开采登记管理办法》等。这些法律法规对矿产资源的所有权及其他专项权利、矿产资源的勘查和开采、矿山企业的管理等，都做出了详细规定。

我国的专项资源法主要有：

（1）土地法律。土地法律主要包括《土地管理法》和《土地管理法实施细则》、《水土保持法》和《水土保持法实施条例》、《基本农田保护条例》、《土地复垦规定》、《土地增值税暂行条例》等。土地法律内容十分广泛，主要包括土地所有权和使用权制度、土地调查、评价、统计与登记制度、土地利用规划制度、基本农田保护制度、土地使用权流转制度、土地划拨与征收征用制度、土地用途管制制度及土地税收制度等。此外，由于土地资源是其他所有资源的载体，因此土地资源法律规范还涉及《森林法》、《草原法》、《矿产资源法》中的有关条款。

（2）水资源法律。水资源法律主要包括《水法》、《水土保持法》、《水污染防治法》、《防洪法》、《城市节约用水管理规定》、《城市供水条例》、《城市供水价格管理办法》等。水资源法律主要涉及水资源权属、水资源规划、水资源开发利用、取水许可、防汛与抗洪和水资源保护等内容。

（3）自然资源保护法律。自然资源保护法主要有《环境保护法》、《海洋环境保护法》、《野生动物保护法》、《自然保护区条例》、《森林和野生动物类型自然保护区管理办法》、《野生植物保护条例》、《野生药材资源保护管理条例》、《植物新品种保护条例》、《水生野生动物保护实施条例》等。

对于我国来讲，国际自然资源法主要是指我国与其他国家签订、缔结的有关自然资源利用和保护的国际条约、协定，以及我国参加的有关自然资源利用和保护的国际公约等，如《濒危野生动植物国际贸易公约》、《保护世界文化和自然遗产公约》、《国际捕鲸公约》、《南极条约》以及《中日候鸟保护协定》、中国与美国的《自然保护议定书》等。

（二）我国资源立法现状及问题

我国实行的是社会主义市场经济体制，这为资源的有效配置提供了必要的条件。但是，市场失灵情况的存在，会使市场主体对公共利益漠不关心，对公共物品的消耗更加无所约束，这就需要借助于政府的适度干预来改善资源配置，而政府干预必须依据资源环境法律，并且使之具有约束力和稳定性，这就需要加强法制建设。资源环境法律体系的特殊性和重要性，使之正在成为一个相对独立的法律部门，与刑法、民法、工商法、行政法等并列，相互影响共同发生作用。当前资源立法工作的重点，是系统规划，全面推进资源法制化。

我国的资源法制建设已取得了很大的成绩，但就整体而言，资源法制建设起步较晚；各个资源法律法规尚不免带有旧体制的（或新旧体制交错的）阶段特征；资源立法缺乏配套的系统性，立法动议多受既有部门的体制局限；有些法律立法思想过于落后，不能适应发展的需要；现行法律之间有待协调的内容多，资源法律的执行情况尚不容乐观。加强资源法制建设的任务十分紧迫，其中最为迫切的是推进资源立法，完善资源法律体系。

目前，我国资源立法主要存在三方面的问题。第一，缺乏综合性的自然资源保护法律。资源开发利用所具有的整体性、综合性特征，要求有综合性的资源保护法对其加以规范。《宪法》虽规定了自然资源保护，但过于原则、抽象；《环境保护法》在体例上将自然资源保护规定为环境保护的两大内容之一，但并没有明确规定自然资源保护的基本原则、基本制度和监督管理机制，再加上《环境保护法》并非"基本法律"，所以无法适用资源综合性保护的要求；而已颁布的各单项资源法则强调了各种具体资源的开发和保护，缺乏对资源整体性、综合性开发和保护的法律。

第二，我国自然资源法律体系内部存在矛盾和冲突。这种情况表现在两个方面：一是各自然资源单项法之间的矛盾、冲突；二是我国环境法与资源法之间的矛盾、冲突。我国现行立法体制实际上受行政体制的制约，各部资源法由相应的资源管理行政部门负责起草，因而较多地考虑本部门、本系统的利益，各部自然资源法未形成协调统一的保护和合理开发资源的规范体系。例如，《环境保护法》规定，国家和地方各级环境保护部门是环境保护工作的主管部门，统管全国或地方的资源环境保护和污染防治控制工作，然而，在各自然资源的法律、法规中只规定了各自然资源专管部门的职责和权限，却未规定环保主管部门的权限。这种立法倾向把环保主管部门排除在自然资源保护管理部门之外，与《环境保护法》的规定相冲突，从而造成环境保护主管部门和环境保护监管部门之间的权责不清。

第三，存在立法漏洞。尽管我国现行法律基本涵盖了整个自然资源保护领域，但有些自然资源的保护仍然存在着无法可依的状况。加之自然资源的概念是动态的，随着技术的进步，自然资源的范围也在发生相应的变化。我国目前实行的是针对不同资源，分别单项立法的立法模式，这必将随自然资源科学界定和范围变化产生新的法律空白。例如，野生植物资源、海洋资源和湿地资源的保护，现行法律就没有做出规定。

（三）完善我国的资源管理立法体系

资源管理立法，首要的工作是做好资源法律体系的规划。资源法律体系包括四个基本方面。首先，应有综合性的资源法，用以界定各种资源，从自然资源的系统来考虑各种自然资源之间的相互关系及其总的管理原则。其次，是对各类资源本身的管理进行立法，规定资源权益的配置，目前已有的单项资源法或资源管理法就是这方面的例子。再次，要对各种资源所可能涉及的产业进行相应立法，形成相应的资源产业法律系列。最后，要对各种资源的利用、消耗行为方式立法，特别要注意防止资源利用过程中产生的污染问题。

无论是专项的还是综合的资源立法，都要依照立法和有关的原则，充分考虑各项基本要素。比如，资源立法既要贯彻法制统一原则，立法决策与改革决策、开放决策、发展决策相结合的原则，立、改、废、编统筹规划共同推进的原则等；又要针对资源立法自身的特殊性，贯彻资源利用、资源配置与资源建设统筹兼顾原则，节约优先原则，市场开放原则，代际公平与区域公平的分配原则等。

在完善我国资源管理立法体系的过程中，应当特别关注下列重要问题：

第一，必须用系统的观点全面地考虑不同资源之间的相互关系，搞清楚利用某种资源将对其他资源的影响限度和范围。例如，砍伐森林，不仅会减少森林资源，还会造成流域水土与小气候改变，甚至会影响到海洋渔业资源。

第二，应当实现公共资源社会分配的法律约束机制，把资源分配权力的监督制约机制当作立法的重点。由于存在多种利益主体，进行资源立法应考虑资源权益在不同主体间的平衡。

第三，注意资源开发与保护相统一，并在此基础上，确立不同资源在不同时期和不同情况下用途的优先顺序。例如，土地管理中应优先保护农用地，限制建设用地并采取最严格的耕地保护制度。

第四，在资源开发利用短期效益与长期效益之间保持平衡。应建立对资源进行登记、经济核算及补偿的管理方法。资源消耗不仅要算经济效益账，而且要进行相应的资源补偿，建立资源补偿与动态平衡制度。

第五，执法能力的建设，会影响到立法的进度和效果。制定法律不能只讲科学性、必要性，还要讲可执行性。凡是不能执行的法律，不制定出台；制定出台的法就必须执行。在资源方面，制定综合性法律，既需要先把各单项资源法建立起来作为基础，也需要有综合的资源管理与执法手段为基础。

第六，资源立法要全面监督和约束各种主体，包括对政府的约束力。要在立法程序上确定公众参与讨论的步骤，使公众社会团体、企业和政府都参与立法。要改变只有一部分人是执法者，去监督公众作为守法者的状况，使每个人都自觉参与执法并守法。

第七，加强国际合作，积极参与并执行国际组织制定的、各国共守的协议和公约。在资源综合立法过程中，相关国家之间应共商有关资源的开发与管理。在资源立法中，应考虑国际上的新思维，例如，一些国际组织提出，公正、超脱的资源立法应在国内战线维护贫穷人群的资源利益；在国际战线维护贫穷（发展中）国家的资源利益。

第五章

水土资源的开发和有效利用

　　水资源和土地资源是众多工程建设项目必须依托的基础性资源。基于我国水资源严重匮乏的现状，在项目决策的分析评价中必须重视水资源节约和综合利用的分析评价。为守住18亿亩耕地的红线，在项目选址及用地方案的研究论证中，应分析项目选址是否压覆矿床和文物，是否有利于防洪和排涝，是否影响通航及军事设施，是否符合土地利用规划要求，占地规模是否合理，是否符合集约和有效使用土地的要求，耕地占用补充方案是否可行等，确保土地资源合理利用。

第一节　水资源开发与综合利用

　　水资源是宝贵的自然资源，又是生态环境的重要组成部分。生命从孕育的第一天起，就与水结下了不解之缘，生命的任何现象都与水密切相连、休戚相关。水是人类社会存在和发展不可替代的自然资源。然而，我国水资源十分贫乏，人均水资源占有量仅相当于世界人均水平的四分之一，排在世界第110位，被列为世界13个贫水国家之一；在全国600多个城市中，有400多个城市存在供水不足的问题，其中严重缺水的城市有100多个。同时，我国水资源的污染问题严重，利用率低下，浪费现象惊人，严重制约了我国的经济增长和社会发展，水资源的合理开发利用问题亟待解决。

一、水资源分布特点及利用评价

（一）水资源的概念及其内涵

　　水资源系指存在于地壳表层可供人类直接利用、能不断更新的天然淡水，主要包括陆上地表水和地下水。水既是一切生物赖以生存的基本条件，又是人类从事生产活动的主要资源，还是自然环境的主要要素。水同时兼有生态功能、资源功能和环境功能。水资源不同于土地资源和矿产资源，具有独特的性质。因此，只有充分认识它的特性，才能合理有效地开发利用。

（二）水资源的特性

　　水资源有四个方面的特性：

　　（1）循环性和有限性。地表水和地下水不断得到大气降水的补给，开发利用后可以恢复和更新，但各种水体的补给量是不同且有限的。循环过程的无限性和补给量的有限性，决定了水资源在一定限度内才是取之不尽、用之不竭的。

　　（2）时空分布不均匀性。水资源不仅在地区间分布很不均匀，而且年际变化、年内分配变化很大，构成了水资源时空分布不均匀的特性，这给水资源的开发利用带来许多困难。为了满足不同地区各方面的用水需求，兴利除害，必须修建多种水利工程，对天然水资源进行时空再分配。

（3）用途广泛性。在国计民生中，水资源的用途十分广泛，各行各业都离不开用水，如生态用水、城乡生活用水、农业灌溉、工业用水、水力发电、航运、养殖、娱乐等，这些用途之间又具有较强的竞争性，导致水资源配置的复杂性。

（4）经济上的两重性。由于降水和径流时空分布不均匀，形成因水过多或过少而引起的洪、涝、旱、碱等自然灾害，若水资源开发利用不当，还会造成人为的灾害，如垮坝事故、土壤次生盐渍化、水体污染等，水的可供利用和可能引起的灾害，决定了水资源在经济上的两重性，既有正效益，也有负效益。

（三）水资源分类

（1）地表水。地表水是陆地表面各种液态、固态水体的总称，包括静态水和动态水，主要有河流、湖泊（水库）、沼泽、冰川、永久积雪等。地表水资源中的动态水是指河川径流量和冰川径流量，而静态水则用各种水体的储水量表示。全球陆地上地表水储量为 2430 万 km^3（其中冰川水 2406 万 km^3），占全球总储水量的 1.75%，且分布极不均匀。

河流是最活跃的地表水体，是人类开发利用水资源的主要对象。由于河川径流年际及年内变化均较大，多水时段容易发生洪涝灾害。淡水湖和水库具有存储、调节径流的作用，能缓解来水与用水的矛盾，提高河川径流的利用程度。咸水湖供水意义不大，但蕴藏着丰富的矿物资源。

（2）地下水。地下水是储存和运移于地表以下的岩土层中水的总称。广义地下水包括土壤、隔水层和含水层中的重力水和非重力水。按埋藏条件，可分为浅层地下水和深层地下水两种；按地下水的矿化度大小可分为淡水、微咸水、咸水和卤水四种；按地下水的贮存条件可分为基岩裂隙水、岩溶水和松散岩系孔隙水三种；地下水含有超量的特殊矿物成分或化学成分（如锶、硫、二氧化碳等）者称为矿泉水；地下水温度超常高或超常低者分别称为温泉或冷泉水。全球地下水总量据估计为 840 万 km^3，占全球总储水量的 0.6%。

（四）水资源分布状况

通常以淡水体的年补给量作为水资源的定量指标，如用河川年径流量表示地表水资源量，以地下水天然补给量表示地下水资源量。地球上的水总储量非常大，为 13.86 亿 km^3，淡水只占其中的 2.5%，但全球陆地上平均年径流量有 4.7 万 km^3。

陆地上各种水资源都处于全球水循环过程中，不断得到大气降水的补给，通过径流、蒸发而排放，并在长时期内保持水量的收支平衡。

陆地表面、岩石圈内、大气层中、生物体内所有各种形态的水，包括海洋水、冰川水、湖泊水、沼泽水、河流水、地下水、土壤水、大气水和生命水，在全球形成一个完整的水系统，即地球的水圈。

二、我国水资源开发利用面临的挑战

（一）水资源数量评价

水资源包含水量与水质两方面。尽管地球上的水总储量很大，但目前人类比较容易利用的淡水资源主要是河流、湖泊水和浅层地下水，它们的总水量只占地球总水量的 0.008%。因此，水是宝贵的自然资源，必须十分珍惜、合理开发利用。

我国水资源总量居世界前列，但属贫水国家。我国水资源总量在很大程度上取决于大气降水，受气候特征与地形条件控制。我国多年平均水量为 61889 亿 m^3，折合降水深 648mm，其中 56%即 3.47 万亿 m^3 通过蒸发、蒸腾等作用返回大气；44%即 2.7 万亿 m^3 形成河川径流。

根据全国水资源基础评价数据，我国多年平均水资源总量为 28124 亿 m³，即地表水资源量加地下水资源量之和扣除二者之间相互转化的重复计算量。国外许多国家均以河川径流量作为动态水资源量进行估算，用多年平均河川径流量近似代表水资源总量。以此方式计算，我国的水资源总量为 27115 亿 m³，居世界第六位。世界主要国家水资源量，如表 5-1 所示。

表 5-1　　　　　　　　　　　　　世界主要国家水资源量

国家	国土面积（万 km²）	人口（万人）	水资源总量（亿 m³）	人均水资源量（m³/人）
巴西	851.2	18611.5	69500	45209
俄罗斯	1707.5	14320.2	42700	31475
美国	936.4	29821.3	30560	8309
印度尼西亚	190.5	24197	29860	12739
加拿大	997.1	3226.8	29010	86525
中国	959.7	132129	27115	2240

表 5-1 中的数据表明，我国水资源人均占有量低，仅为世界人均占有量的 27%，即我国以全球 6% 的水资源养育着世界 22% 的人口，支持保障着国民经济的快速、稳定发展。按现有缺水程度划分标准，人均水资源量 1700～3000m³/人为轻度缺水；1000～1700m³/人为中度缺水；500～1000m³/人为重度缺水；<500m³/人为极度缺水。我国现处于轻度缺水向中度缺水方向发展的过渡期。根据世界 119 个国家的统计，按 1990 年人口数统计的人均占有量计，我国排位在 110 位，属于贫水国家。

我国水资源的可开发利用量，包括地表水可利用量和地下水可采量。地表水可利用量是指在经济合理、技术可能及满足河道内用水量并兼顾生态环境用水的前提下，通过蓄、引、提等工程措施可能利用的河道外一次性最大水量（不包括回归水的重新利用）。地下水可采量指在经济合理、技术可能，且不发生因开采地下水而造成水位持续下降、水质恶化、海水入侵、地壳沉降等水环境问题和对生态环境造成不良影响的情况下，允许从含水层中抽取的最大水量。经测算，我国水资源可开发利用量约 9000 亿 m³，为我国多年平均水资源总量的 32%。

（二）区域水资源总量评价

我国水资源时空分布极不均衡，区域间差异很大。我国幅员辽阔，地貌类型多样、复杂，区域间的气候差异较大，以降水为主要补给的水资源，呈现强烈的时空分布不均衡性，自然分布状况极不理想。我国位于欧亚大陆面向太平洋的东南斜面上，地形总体呈现以青藏高原为屋脊，向太平洋方向梯级下降的态势。受此影响，北半球盛行的西风流由于受西部高原、山地的阻挡而分为两支。北支从西伯利亚至蒙古一线进入我国，南支与印度洋暖湿气流汇合从西南入境，形成了我国西北干旱、东南湿润的宏观气候格局。受大气降水的影响，我国水资源分布的趋势是，径流深由东南向西北递减。东南沿海径流深为 1200mm，而西北干旱区则在 50mm 以下。根据干旱指数（又称干燥指数或干燥度，用可能蒸发量与降水量之比表示）和平均降雨量的多少，可将我国大致划分为五个地带区域：平均降雨量>1600mm 的十分湿润带，包括浙江、福建、台湾、广东、海南和江西、淮南的部分山区；1600～800mm 的湿润带，包括东北地区山地，淮河以南长江中下游地区，云南和广西大部分地区；800～400mm 的半湿润带，包括三江平原、松辽平原的部分、华北平原、山西与陕西大部、祁连山区、青藏高原中部等地；400～200mm 的半干旱地带，包括黄土高原大部、辽河上游松辽平原中部、内蒙古高原南缘、青藏高原北部等；小于 200mm 的干旱带，包括内蒙古高原、河西走廊、准噶尔盆地、塔里木盆地、柴达木盆地、吐鲁番盆地等。

三、水资源合理配置的基本思路和格局

水资源合理配置是指在一个特定流域或区域内，以有效、公平和可持续的原则，对稀缺的、不同形式的水资源，通过工程与非工程措施，在各水用户之间进行的科学分配。广义上讲，水资源合理配置就是研究如何利用好水资源，包括对水资源的开发、利用、保护与管理。在我国，特别是华北和西北地区，实施水资源合理配置具有更大的紧迫性。其主要原因有三：一是水资源的天然时空分布与生产力布局不相适应；二是在地区间和各用水部门间存在着很大的用水竞争性；三是近年来的水资源开发利用方式导致了许多生态环境问题。

水资源的合理配置由工程措施和非工程措施组成的综合体系来实现，其基本功能涵盖两个方面：在需求方面要通过调整产业结构、建设节水型社会并调整生产力布局，抑制需求增长势头，以适应较为不利的水资源条件；在供给方面则要协调各项竞争性用水，加强管理，并通过工程措施改变水资源的天然时空分布来适应生产力布局。两个方面相辅相成，共同促进区域的可持续发展。

合理配置中的合理，是指反映在水资源分配中解决水资源供需矛盾、各类用水竞争、上下游左右岸协调、不同水利工程投资关系、经济与生态环境用水效益、当代社会与未来社会用水、各种水源相互转化等一系列复杂关系中相对公平的、可接受的水资源分配方案。一般来说，合理配置的结果，对某一个体并不一定是最有利的，但对整个社会而言则是最优的，即这一结果能够带来最大化的总体效益。

（一）水资源合理配置的基本目标

水资源合理配置的基本目标应满足有效性原则、公平性原则和可持续性原则，目标的衡量应以同时满足这三个原则为基准。

设不同水用户或用水部门用水量为 X，当仅考虑用水经济、社会和环境等方面的效益时，用水目标以这些效益最大为基本目标衡量值，可表示为

$$Z_1 = \max \sum_i f^i(C_i X_i)$$

式中：Z 为目标函数值；i 为水用户或用水部门；C 为用水效率系数，对经济效益而言为与水价有关的效率系数，对社会和环境效益而言也可表示相应的效益系数，如就业机会、粮食产量、BOD（生物耗氧量）排放量、水环境质量、水面面积、绿洲面积等；f 则反映用水量与所产生效益间的函数关系，即生产函数，代表水资源利用对于经济、社会和环境效益的转化能力。这仍是一个衡量经济、社会和环境协调发展的多目标问题，目标间的竞争性和具体量化问题则是一个多目标决策问题。

若考虑用水在地域间和不同收入者间的公平分配原则，则上式可改写为

$$Z_2 = \max \sum_i R_i f^i(C_i X_i)$$

式中：R 为公平系数或公平性权重，并且有：$R_{贫穷地区} > R_{富裕地区}$ 和 $R_{低收入者} > R_{高收入者}$。

当考虑时间因素时，X、C 和 R 均可随时间 t 而变化，从而有

$$Z_t = \max \sum_i R_{it} g^i(C_{it} X_{it}, t)$$

式中　g——相应的函数关系。

可持续原则实际上是代际间的水资源利用公平性原则，它要求不同时代水资源利用的权利和效益保持不衰减。尽管各水用户的用水量及其相关系数可以随时间变化，产生的综合效益值也有很大差别，但后一代人的总用水效益不应小于前一代人，即

$$Z_{t+1} \geq Z_t$$

$$Z_3 = \max \sum_i \left[\sum_i R_{it} g^i(C_{it} X_{it}, t) - \sum_i R_{it+1} g^i(C_{it+1} X_{it+1}, t+\text{)} \right]$$

实际上，由于社会经济的快速发展，人们片面地强调 Z_1 中的经济有效性，很少追求环境和社会有效性，对 Z_2 的研究也很肤浅，尚未真正考虑 Z_3 的要求，使得 Z_{t+1} 往往远远小于 Z_t，从而造成人类自身的生存环境恶化，造成资源的无效利用、不公平利用和不可持续利用的严峻局面。

（二）水资源合理配置的基本思路和原则

人口增加、经济发展和人民生活改善对稀缺水资源（水量与水质）的需求日益增长。因而，对现有水资源的有效利用日显重要，有必要依据社会目标制定有效、公平的经济政策。有效是指经济效益，它衡量的是在给定资源条件下创造的财富总量，而社会公正则体现在社会各行业、各水用户间财富总量的分配。水资源的许多分配结构都旨在体现这种有效与公平的结合。根据稀缺资源分配的经济学原理，水资源合理配置应遵循有效性与公平性的原则，在水资源利用高级阶段，还应遵循水资源可持续利用的原则。因此，有效性、公平性和可持续性应是水资源合理配置的基本原则。

有效性原则是指资源的利用能够为社会带来最大化的经济福利。经济上有效的资源分配，是资源利用的边际效益在用水各部门中都相等，以获取最大的社会效益。换句话说，在某一部门增加一个单位的资源利用所产生的效益，在任何其他部门也应是相同的。如果不同，社会将分配这部分水给能产生更大效益的部门。由此可见，对水资源的利用，应以其利用效益作为经济部门核算成本的重要指标。

公平性原则以满足不同区域间和社会各阶层间的各方利益进行资源的合理分配为目标。它要求不同区域（上下游、左右岸）之间的协调发展，以及发展效益或资源利用效益在同一区域内社会各阶层间的公平分配。例如，家庭生活用水的公平分配是对所有家庭而言的，无论其承受能力大小，都有使用水的基本权利。也可以依据收入水平采用不同的水价结构进行配水。

可持续原则是指资源在代际间的公平分配，它关注的是一定时期内全社会消耗的资源总量与后代能获得的资源量相比的合理性，反映水资源利用在度过其开发利用阶段、保护管理阶段后，步入的可持续利用阶段中最基本的原则。它要求近期与远期之间、当代与后代之间，在对水资源的利用上，要协调发展、公平利用，而不是掠夺性地开采和利用，甚至破坏，即当代人对水资源的利用，不应使后一代人正常利用水资源的权利受到破坏。

（三）水资源合理配置的具体目标与任务

通过水资源合理配置，最终要满足五个方面的需求。一是优先满足城乡人民生活用水需求，为城乡居民提供安全、清洁的饮用水，改善公共设施和生活环境，逐步提高生活质量。

二是基本保障经济发展和社会安全对防洪的要求，基本保障人民生命和财产的防洪安全。三是基本满足粮食生产对水的需求，改善农业生产条件，为我国粮食安全提供水利保障。四是基本满足经济建设用水需求，保障经济快速、持续、健康发展。五是努力改善生态环境用水的需求，逐步增加生态环境用水，不断改善自然生态和美化生活环境，努力建设人与自然和谐共处的优美人文环境。

由于水资源短缺和用水竞争，必须通过水资源配置系统来实现水资源的合理配置。由于水本身的资源、环境、社会和经济属性，决定了水资源合理配置内容的广泛性，其主要任务包括：①探索适合本地区或流域现实可行的社会经济发展规模和发展方向，以及合理的工农业生产布局及社会对经济产品的可能需求；②研究现状条件下的各类用水结构、用水效率及提高用水效率的主要技术和措施，分析预测未来居民生活水平提高、国民经济各部门发展以及生态环境保护不同条件下的水资源需求；③评价水环境质量现状和工农业生产所造成的水环境污染程度，制定合理的水环境保护和治理标准，分析各经济部门在生产过程中各类污染物的排放率及排放总量，预测河流水体中各主要污染物的浓度和环境容量；④研究水的影子价格，水价制定依据，分析水价对社会经济发展的影响、水价对水需求的抑制作用；⑤评价水资源开发利用现状，分析供水结构和水资源可利用量，规范工程可行性研究，各种水源的联合调配，各类规划水利工程的合理规模及建设次序；⑥分析各种水源开发利用所需的投资及运营费用，根据水源的特点分析各种水源的供水效益，包括工业效益、农业灌溉效益、生态环境效益，分析水工程的防洪、发电、供水三方面的综合效益；⑦评价生态环境质量，研究生态保护准则及生态耗水机理与生态耗水量，分析生态环境保护与水资源开发利用的关系；⑧分析不同水工程开发模式和区域经济发展模式下的水资源供需平衡，确定水工程的供水范围和可供水量及各用水单位的供水量、供水保证率、供水水源构成、缺水量、缺水过程及缺水破坏深度分布等情况；⑨研究与水资源合理配置相适应的水资源管理体系，包括建立科学的管理机制，制定有效的政策法规，确定合理的水资源费、水费计收标准和实施办法，培养合格的水资源科学管理人才等；⑩研究开发水资源合理配置分析模型，如评价模型、模拟模型、优化模型的建模机制及建模方法，开发决策支持系统、管理信息系统，研究 GIS 高新技术的应用。

（四）水资源配置的基本格局

要实现水资源的合理配置，就需要在水资源合理利用基本思路和原则的指导下，确立水资源配置的基本格局，包括全国性的水网络体系和重点流域和地区的水资源配置。

1. 水网络体系框架

我国水资源空间分布不均，大多数河流呈纬向分布，主要江河流域东西轴向的水资源配置较为容易，南北调配较为困难，必须兴建跨流域调水通道，将纬向分布的河流予以经向沟通。根据北方缺水区的经济社会发展和水资源条件，南水北调工程总体规划选定了东线、中线、西线的调水线路，与长江、黄河、淮河和海河四大江河相互连接，形成"四横三纵"的水网络框架，构成"南北调配、东西互济"的水资源调配格局，使流域范围之间的水资源配置成为可能。这样构建的水网络框架是以南水北调工程为主体，以东北平原、黄淮海平原、长江中下游平原和东南沿海四个经济区为重点，以西部地区水利基础设施建设为新的增长点，和其他已建和拟建调水工程相配套，形成全国水资源配置网络，增强对水资源空间分布不均的调控能力，实现水资源在流域和区域之间的合理配置。

2. 重点流域和地区水资源配置格局

根据各地水资源条件、人口、资源与经济社会发展状况和全国水资源合理配置的总体目标，因地制宜、科学合理地制定各重点地区的水资源配置方案。

（1）松辽河流域。松花江及周边河流水资源较丰沛，辽河及辽东莱沿海地区水资源较短缺。辽宁中部集中了沈阳、鞍山、抚顺、本溪、辽阳等大、中城市，工业发达、人口稠密，但水资源短缺和水污染严重的问题十分突出。根据经济发展与生产力布局的要求，水资源配置要力求改善该区北丰南欠，东多西寡的状况。在进一步提高松花江及周边河流开发利用水平的基础上，修建跨流域调水工程，缓解辽中、辽南地区的缺水紧张局势。

辽河流域应提高用水效率，加大污水处理率，增加污水处理回用量，严格控制地下水超采，防止出现生态环境恶化的情况。同时，应加强水需求管理，兴建蓄、引、提水工程和实施调水工程，缓解水的供需紧张局面。松花江流域的三江平原、松嫩平原的水土资源丰富，由于灌溉面积扩大，灌溉用水量有较大幅度增加。应适当限制开垦，防止盲目扩大水稻种植面积，按计划有序发展。三江平原和松嫩平原的地下水开采尚有潜力，可以增加开采量。同时，兴建嫩江尼尔基水利枢纽等一批骨干工程和调水工程，实现水资源合理配置。

（2）海河流域。海河流域是我国水资源严重短缺地区，地表水和地下水资源开发利用程度都已很高，地表水已基本无潜力可挖；地下水连年超采，已累计超采 900 亿 m^3；城市废污水大部分被农业利用或渗入地下，严重危害生态环境和污染地下水。因比，流域水资源的配置应抓紧现有工程的加固，尽量恢复或提高供水能力；加强水需求管理，提高用水效率。为解决流域内一些重要城市、重要工业区和严重缺水区的供水，应兴建跨流域调水工程，并对现有供水水源进行合理调整，积极开发利用其他多种水源，提高水资源的重复利用率。平原地区应严格控制地下水开采量，引入新水源，并适时利用丰水年的洪水回补地下水，逐步达到地下水采补平衡。

（3）淮河流域及山东半岛。通过对现有水利工程的配套、完善、更新、改造以及修建部分山区大型水库，进一步提高调蓄与利用地表水能力。豫东、皖北平原地下水尚有开采潜力，可适当增打部分新井，增加地下水可供水量。由于淮河流域地表水体污染严重，浅层地下水也遭污染，部分城镇供水水源已转向取用深层地下水，目前已出现深层地下水漏斗，必须严格限制开采量。江苏江水北调工程经过 30 多年的建设，已形成相当规模，还可通过泵站增容和改造，发挥更大效益。兴建南水北调东线、引江济淮等工程，调水量将有新的增加。山东半岛水资源缺乏，临近黄河，引黄河水已成为该区的重要供水水源。近几年来，年引黄河水量 12 亿 m^3 以上。对山东半岛的病险水库进行除险加固，挖潜配套，提高当地水资源利用潜力，并从南水北调东线工程解决部分缺水。同时，山东半岛海岸线长，具有利用海水的良好自然条件，可逐步增加海水的利用量。

（4）黄河流域。黄河水资源总量不足，开发利用潜力不大，沿黄河流域各省（区）经济的快速发展使用水需求量增加，水资源供需的紧张局面日益严重。黄河除了承担本流域供水需求外，每年还向淮河、海河流域及胶东地区调水约 100 亿 m^3，同时还必须保持下游一定的输沙水量。为了适应流域及邻近地区经济和社会发展的需要，改善生态环境，解决黄河水资源不足，实现可持续发展，必须在进一步搞好合理配置、节约用水的同时，挖掘现有工程潜力，合理安排蓄、引、调水工程布局，增加地表水可供水量。地下水在黄河流域供水中占有重要地位，由于地下水资源分布不均，开发利用程度各异。宁蒙河套灌区、黄河下游引黄灌区等地下水尚有潜力，可适当增加开采量；在地下水超采地区，应减小开采强度，搞好地下水回补工程。黄河流域以中游山西、陕西省缺水最为严重，甘肃宝曲地区及宁夏的西海固地区缺水问题也较突出，要在节水前提下，开发利用多种水源，加强需水管理，修建必要的水源工程，合理配置水资源，提高用水效率。

（5）西北内陆河区。西北内陆河区的水资源利用基本以地表水为主，只是在经济相对发达地区才有一定规模的地下水利用，但总体上用水效率不高，节水尚有潜力。该区部分城市和重点地区如新疆天山北坡经济开发带、河西走廊的水资源供需矛盾突出，上下游用水矛盾尖锐，生态环境日趋恶化。水资源可持续利用应立足于合理开发利用当地水资源，统筹协调经济发展与生态环境保护的关系，重视生态环境用水，根据水资源承载能力和维护生态环境安全的要求，合理配置水资源。该区农业用水占总用水量的90%以上，应积极发展科技含量高、耗水量低的农业生产项目，采取一切有效的节水措施，建立节水农业生产体系，切实提高用水效率。要在大力节约用水，加强水需求管理的同时，合理配置水资源，积极兴建一批重点蓄水、引水、提水工程及跨流域调水工程，保障经济社会发展，保护生态环境。

（6）四川盆地。四川盆地是四川省和重庆市人口集中及工农业发达的地带，但人均水资源只有 $600\sim700m^3$。由于水利建设滞后，供水设施不足，水资源开发利用与经济社会发展需要不相适应。因此，从盆地边缘长距离引水和修建水库，积极开发地表水资源，提高其防洪能力和供水能力非常必要。同时，在河流上游增加蓄洪能力，搞好水土保持，还可减轻对三峡工程及其下游的洪水和泥沙的压力。四川盆地水资源开发难度大，利用程度低，开发潜力较大。因此，缓解供需矛盾应采取节流与开源并举措施。为根本上解决盆地供水不足的问题，可从西部丰水区向中、东部地区调水，通过合理配置，实现水资源供需平衡。

四、水资源配置的体制机制

（一）水资源开发利用模式

水资源开发利用模式包括全面节约用水，地表水与地下水联合运用，跨流域调水与当地水联合调度，蓄、引、提水工程相结合以及多种水源联合开发利用。

1. 全面节约用水

我国人均水资源拥有量少，水污染问题严重，增加供水的潜力有限，且成本越来越高，所以，解决水资源短缺和水污染问题的关键在节水。以提高水的利用效率为中心，把节水作为一项革命性措施放在突出位置来抓，把建设节水治污型社会作为全社会共同努力的目标，从规划、建设、管理等方面入手，全面做好节水工作。进一步全面推进节水工作，要建立合理的水价体系，制定科学的各行业用水定额，建立各行业万元 GDP 用水定额体系，加强用水定额管理，促进农业、工业和城镇生活节水措施的落实，提高用水效率，减少浪费，减少废污水的排放。严格执行取水许可制度，深化取水许可监督管理，落实建设项目水资源论证报告书，节约用水"三同时、四到位"（同时设计、同时施工、同时运行，用水计划到位、节水目标到位、节水措施到位、管理制度到位）等制度，促进产业结构和种植结构的调整。

2. 地表水与地下水联合运用

地表水与地下水互相联系、互相转化，是一个有机的整体。地表水与地下水联合调度，做到合理开发地表水，科学利用地下水，是水资源合理配置的重要一环。

（1）合理开发地表水。地表水的开发利用，要统筹考虑经济发展用水和生态环境用水，根据水资源承载能力，估算地表水资源可利用量，合理控制河道外用水总量。按照国际上常规的准则，河道外用水量一般不宜超过多年平均径流量的 40%~50%，我国南方地区的河流还有通航、养殖、维持河口三角洲生态和冲淤保港等要求，因此，其比例不宜超过 30%。在地表水比较丰沛的季节，应加大地表水供水量，并利用富余的水量进行地下水回灌，充分利用地下水库调蓄水量。同时，应根据水资源量随季节变化的特点，合理调整产业结构和种植结构，对需水结构进行适时调整，尽量减少枯水季节的需水量。

（2）科学利用地下水。地下水供水保证率较高，水质较好，是生活用水的理想水源，科学利用和保护地下水是合理配置水资源的重要措施之一。因此，要适度开发利用地下水，把开采总量控制在地下水允许开采量之内。对于地下水严重超采区应严禁开采，并尽快采取措施逐步恢复。对于地下水位过高的地区，为防止渍害和土壤盐碱化，减少潜水蒸发损失，可适度加大地下水开发利用量，降低地下水埋藏深度。

3. 跨流域调水与当地水联合调度

为了保障资源型缺水地区经济社会发展对水资源的需求，实施跨流域调水是必要的。跨流域调水必将对调出区的生态环境和水资源形势带来新的变化，必须全面论证、科学决策。按照国外常用的准则，跨流域调水的最大调水量受两个指标控制：一是最大调水量一般不宜超过调出区多年平均径流量的 20%，二是不宜超过调出区河道外最大允许用水量减去本流域经济发展用水总量之后的余量，以其中较小者作为控制指标。

跨流域调水工程量浩大，成本高昂，供水水价相对较高，要新水新用、优水优用，外调水应主要作为城市和工业用水的水源。此外，外调水水价一般都高于当地水水价，在经济利益的驱动下，用户往往尽可能利用当地水而不用外调水，这样就会在丰水年出现调水能力闲置，调水工程效益下降的现象。因此，必须对当地水和外调水进行联合调度，统一管理，对当地水和外调水实行加权平均水价，并按照同质同价、优质优价的原则进行供水。其实质就是将调水成本中高于当地水价的差价部分，由调入区内的全体用水户合理分担，而不是只由使用外调水的用户来承担。由于实施跨流域调水以后，改善了调入区的水资源条件，受益的是全体用户，所以，由全体用户共同承担因调水而增加的成本符合公平原则。

4. 蓄、引、提水工程相结合

蓄水工程是从时间分布上对水资源进行调控，引水（调水）工程和提水工程则是从空间尺度上对水资源进行调控，应根据不同地区的水资源分布特点和调控目标，选择不同的工程形式。蓄水工程是调蓄天然来水，增加供水能力，提高供水保证率的主要工程措施，一般都具有防洪、灌溉、供水、发电、水产养殖、旅游等综合利用功能。蓄水工程投资规模大，建设周期长，淹没损失和移民安置问题比较复杂，大坝安全的风险性也比较大，对坝址区的地质条件要求较高，要有适合修建水库的地形条件，因而蓄水工程的建设受到诸多因素的制约。引水工程具有投资相对较少、工期较短、工程安全风险性较低等特点，但引水量受河道天然来水状况的制约，供水保证率相对较低，若能与蓄水工程相结合，则可以有效克服其不足。目前，我国引水工程的供水量约占地表水供水总量的 2/5 以上。提水工程除了具有与引水工程相似的特点外，还存在着能源消耗大、供水成本高等问题，一般仅用于田高水低、引水困难的沿河台、塬或调水线路上需要扬水的地段。要根据当地水资源条件、水资源调控目标、地形地质条件和建设资金筹措能力等方面的实际情况，制定蓄、引、提工程相结合，取长补短、优势互补的工程布局方案，形成科学、合理的水资源配置网络。

5. 多种水源联合开发利用

我国淡水资源总体上不足，要按照积极开源，综合利用的原则，开发利用多种水源。在开发利用地表水和地下水的同时，要加大雨水集蓄利用、微咸水利用、污水处理再利用和海水利用的力度。要多种水源联合开发，按照可持续利用的原则，在统筹考虑生态环境用水的前提下，科学合理利用地表水和地下水，优先合理开发当地水资源，积极合理开发其他水源，实现水资源的合理配置。

（二）水资源分配模式

水资源分配模式主要包括四种，即以边际成本价格进行的水分配、以行政管理确定水价及相关政策进行水分配、以水市场机制进行水分配和用水户自主进行水分配。

以边际成本价格进行水分配的指导思想是确定一个目标水价，使其等于最后增加一个单位供水量的边际成本。水价（或水的边际值）与边际成本相等的水量分配，是经济上有效和社会最优的水资源分配方式。

水是一种公共物品，比一般商品难于管理，一般私人企业也无力承受大型水利工程所需的投资。例如，大型灌区的管理，是由政府对水量进行通盘考虑后，对各个部门进行分配。家庭生活供水、市政供水、农村生活供水、农村卫生计划等，都体现着政府行政管理的作用。政府通过用水许可证的发放、各工业企业取水和废污水排放的调节调度等手段，对大部分工业用水进行控制。尽管水力发电不直接消耗水量，但需要通过政府的行政管理确定水电站的建设以及改变了河道水量状况的调度规则。其他还有渔业用水、野生动物保护的湿地建设、航运等，都限制在整个社会用水的约束机制中，需要用行政管理手段进行协调分配。

严格经济意义上的竞争性市场，应具有如下条件：市场内存在着同样的买方和卖方，他们完全了解市场规则，支付相同的交易成本；各买方和卖方的决策完全是相互独立的，任何个体的决策都不影响其他个体的交易结果；每一个体都以追求最大利益为目标。在此条件下，供求双方决定了市场的交易量和价格。商品（或资源）将从低价位移向高价值，因此，基于市场的资源配置，对个体和社会都具有经济上的有效性。对于水而言，有时需要政府参与创造必要的市场运作条件。例如，确定原始的水权分配方案、制定管理和法律上的交易规则、建设必要的基础设施进行水的传输等。市场机制的运行，使供水能够在各部门中的利用获得较高的价值，而不必投资新的高成本水资源工程。

由水用户自主组成水分配管理机构进行水量分配的机制，来源于农民灌溉用水的分配，居民生活用水的分配则产生于对公共水井的管理。这种水分配机制的主要优点，在于它具有对满足当地用水需求所采取的分水模式的潜在适应性。由于水用户直接参与水的利用，无论是农业灌溉、居民生活、工业企业用水，他们都掌握着比行政管理人员更充分的信息，不必依赖固定的分水规则进行分水，可以根据当时的具体情况，通过协商随时增加或减少分配的水量。

中国的水资源分配机制，目前仍是以行政管理为主的形式存在，还不能在多种分配机制下，达到多样性的分配管理体制，尚不能满足水资源分配有效性、公平性与可持续性的要求，从而造成用水矛盾突出、用水浪费严重、生态环境恶化等结果。随着社会主义市场经济和水资源价格体系的不断完善，水资源分配机制的多样性，将会使水资源分配趋于合理，最终实现水资源可持续利用的目的。

（三）水资源保护模式

水资源保护模式，包括清洁生产、水功能区划、水环境容量及排水总量控制和水污染防治等四个方面。

1. 清洁生产

清洁生产是 20 世纪 90 年代以来国际社会努力倡导的、改变传统工业生产模式的环境战略，其实质是把污染预防的综合环境策略贯穿于产品设计、加工和销售、服务的全过程，对工业污染进行源头控制，尽可能将废水消除在生产过程中。

为了有效保护水资源，防治水污染，水污染控制必须实现从末端治理为主的被动模式，向预防为主的源头控制模式的转变，大力推行节水减污型的清洁生产模式。工业生产要通过调整结构、技术改造、改进生产工艺、加强生产管理等综合措施，淘汰那些浪费能源、原材料、用水量大、排污量大、技术落后的工艺技术，开发节能、低耗、省水、减污型的绿色产品，提高水的重复利用率，减少用水量和废水排放量，将水污染消除在生产工艺中，并逐步将全过程预防的环保战略应用于生产、销售和消费等各个环节。对于污染严重的造纸、合成氨、酿酒、皮革等行业应进行重点整治，凡生产规模、加工工艺和对水污染控制措施不符合行业规范要求的，必须停产整顿，限期整改仍达不到要求的，应予以关闭。

农业生产要推广普及生态农业和绿色农业，科学合理地使用化肥、农药和农膜，控制废污水用于农业灌溉，积极开展对面源污染、化学污染的防治，有效保护水源，提供绿色食品，保障人民身体健康。

2. 水功能区划

从水资源保护和管理的角度，根据社会经济发展需要，合理划分水功能区，制定水功能区管理办法，拟定各功能区的目标，进而分析计算水域使用功能的纳污能力，并据此提出近期和远期不同水功能区的污染物控制总量及排污削减量，为水资源保护提供监督管理的依据，确保规划目标的实现和水资源的永续利用，保障我国经济、社会与环境的协调发展。

根据我国河流特点和经济社会发展对流域水资源配置和有效保护的要求，将全国水域划分为一、二两级水功能区。一级区在宏观上解决水资源开发利用与保护之间关系，协调地区间关系；二级区主要协调用水部门之间关系。其中，一级区划分为保护区、缓冲区、保留区和开发利用区。

（1）保护区。确定保护区，对水资源保护、饮用水源保护、自然生态以及珍稀濒危物种的保护等，具有重要的意义。在保护区水域范围内，必须严禁一切污染水体、危及水生态环境的人类活动。保护区主要包括：河流源头水源保护；国家级和省级自然保护区范围内的水域；对典型生态、自然生态环境保护具有重要意义的水域；跨流域、跨省的大型调水工程水源地及调水线路；省内已建和规划兴建的调水工程和供水的水源地。

（2）缓冲区。设置缓冲区，是为了协调省际和矛盾突出地区间的用水关系；协调内河功能区划与海洋功能区划关系；在保护区与开发利用区相接时，为满足保护区水质要求而划定的水域。缓冲区主要包括：跨省、自治区、直辖市行政区域河流、湖泊的边界水域；省际边界河流、湖泊的边界附近水域；用水矛盾突出的地区之间水域；保护区与开发利用区紧密相连的水域；河口水域。

（3）保留区。设置保留区，是对目前开发利用程度不高，为今后开发利用和保护水资源而预留的水域，使其维持现状不遭破坏。保留区主要包括：受人类活动影响较少，水资源开发利用程度较低的水域；目前不具备开发条件的水域；考虑到可持续发展的需要，为今后的发展预留的水资源区。

（4）开发利用区。确定开发利用区，应满足工农业生产、城镇生活、渔业、游乐和净化水体污染等多种需水要求的水域和水污染控制、治理的重点水域。开发利用区主要包括：取（排）水口较集中，取（排）水量较大的水域（如流域内重要城市河段、具有一定灌溉用水量和渔业用水要求的水域等）。

二级区的划分，针对开发利用区，根据其不同功能和要求，进一步划分为饮用水源区、工业用水区、农业用水区、渔业用水区、景观娱乐用水区、过渡区和排污控制区等7个区。水功能区划为水资源保护、水污染防治和水资源开发利用提供了科学依据。水功能区划按有关程序由国家颁布实施，作为水资源开发、保护的法律依据。

3. 水环境容量及排水总量控制

水环境容量是指在一定的水域，其水体在满足水环境质量标准的要求，保持良好水生态系统的前提下，所能容纳的最大污染负荷量，亦称之为最大纳污能力或水环境承载能力。从水资源保护和污水排放的角度提出水环境承载能力的概念，与从合理开发利用水资源和节约用水的角度提出水资源承载能力的概念，具有同样重要的意义，把用水与排水有机地结合起来，并从理论和实践上确立生态用水与环境用水的重要地位。因此，在评价水资源承载能力的同时，必须考虑相应的水环境承载能力，在分配生活用水和生产用水时，必须保证生态用水和环境用水，并考虑用水后产生的废污水及其处理与排放情况。排污申报登记与排污许可制度是防治水污染、有效保护水资源的一项基本制度。自1987年试行排污许可制度以来，此项工作已经开展了二十多年，取得了较好的成效，但发展不平衡，还有许多问题需要认真研究解决。在管理体制上，由于长期以来水资源分部门管理，部门之间缺乏协调统一，供水、用水、排水互相脱节，未能形成综合治理的合力，影响了防治水污染的实际效果。在工作思路上，未能处理好水资源承载能力与水环境承载能力的辩证关系，排污总量控制指标与水环境容量之间缺乏衔接。在防治措施上，由于投入不足，污水处理率低，达标排放率低，使排污总量控制目标难以实现。在治理模式上，侧重于被动的末端治理，对源头预防重视不够，使水污染防治工作难以摆脱被动局面。由于诸多问题的长期积累，水污染的问题不断加剧。要加强部门之间的协调与配合，积极探索取水许可与排污许可证同时核发，水环境容量与排污总量控制指标同时核定，取水许可与排污许可年审同时进行的措施。加强排污口和行政区断面的水质监测，为调控各行政区的排污总量提供依据。同时，也有利于分清责任，防止行政区之间因水质污染事故而引起的矛盾和纠纷。逐步建立容量价格和计量价格相结合，基本价格与超标排放累进加价相结合的排污费体系，并适当提高污水处理费，通过经济杠杆的作用，推进污水处理产业化，加大治污力度。

4. 水污染防治

按照水功能区划的要求实施水域排污总量控制，工业废污水实现达标排放，加大污水处理力度，提高城市污水集中处理率，同时加强水资源保护，使主要供水水源地的水质达到国家规定的标准，使江河湖泊水质明显好转，生态环境得到改善。国家确定淮河、海河、辽河和太湖、滇池、巢湖（即"三河三湖"）为水污染防治重点区域。近几年来，按照国务院《关于环境保护若干问题的决定》所制定的水污染防治目标和具体部署，中央和相关省市不断加大综合治理的力度，取得了比较明显的成效。

（1）淮河流域。淮河流域水污染防治是我国起步较早、投入较大的工程，国务院颁布了《淮河流域水污染防治暂行条例》，并成立了淮河流域水污染防治领导小组，由国务院领导兼任组长，强化全流域水污染防治工作的组织协调。通过制定全流域水污染防治规划，采取排污总量控制，加强对重点污染源治理，加大城市污水处理厂和工业点源污染治理设备的投入力度等综合措施，淮河流域的水污染状态明显改善，水质有了明显的好转。

（2）海河流域。海河流域成立了水污染防治领导小组，负责协调解决流域水资源保护和水污染防治的有关重大问题，行使国务院授予的检查、监督和其他职权。在具体措施上，一是制定水污染防治目标；二是严格管理与综合治理相结合，推行清洁生产，实施源头防治战略；三是加大治污设施建设力度，投资建设点源污染治理和城市污水处理厂项目。通过综合治理，全流域废污水排放量不断下降，有效遏制了水污染不断加剧的趋势。

（3）辽河流域。辽河流域水污染防治的主要目标：流域内所有工业污染源必须做到达标排放，消除超Ⅴ类水，全流域达到水功能区划规定的要求。经多年治理，辽河水污染状况现已有所改善。

（4）太湖流域。太湖流域成立了水污染防治领导小组，关停污染严重的企业，对日排废水 100t 以上的企业限期实现达标排放，并拟建设一批城镇污水处理厂和生态农业示范区，禁止含磷洗衣粉的生产和销售，进行清淤疏浚等措施，加强水污染治理。与此同时，国家还决定实施引江济太工程，加大太湖流域水污染防治力度，使太湖水质明显好转，太湖流域严重的水污染势头得到初步控制。

（5）滇池。滇池水污染防治的主要治理措施：编制滇池水污染防治规划，制定滇池藻类清除方案；实施被誉为"滇池换血"工程的西园隧洞工程，使滇池由蓄污排清变为蓄清排污，加速滇池的水体循环，加大富营养物质的输出量；利用世行贷款实施滇池治理。目前，滇池富营养化状态不断恶化的趋势已得到初步缓解。

（6）巢湖。巢湖的水污染防治工作的目标和任务与淮河流域水污染防治规划基本一致，采取相应措施加大治理力度，力争使巢湖水质有明显改善。

（7）其他水污染防治项目。在继续加大"三河三湖"水污染防治力度的同时，全面规划，统筹安排，做好其他流域和重点地区如长江上游水源区、黄河中游、松花江流域的水污染综合治理和三峡库区、南水北调水源区及受水区，以及官厅水库等重要水库的水污染防治工作。并高度重视近海海域的污染，加大对污染源的治理力度。

（四）水资源管理体制

建立有效的水资源管理体制，主要涉及做好水资源统一管理、流域管理与区域管理相结合、城市水务一体化管理、建立健全用水计量与审计制度和对水资源进行监测等方面工作。

1. 水资源统一管理

强化水资源统一管理，是实现水资源可持续利用的体制保障。水资源统一管理，是将水资源与社会、经济和生态环境作为一个有机组合的复合系统，采用综合的系统方法，对水资源的开发、利用、治理、配置、节约、保护等各项水事活动，实行统一管理。在具体内容上，包括流域管理与区域管理的协调统一，城市与农村的协调统一，地表水与地下水的协调统一，水量与水质的协调统一，供水、用水与排水、治污的协调统一等。以流域为基本单元的管理是加强水资源统一管理的基础。国家对重要的江河湖泊，以流域为单元，建立权威、高效、协调的统一管理体制，负责流域管理的组织、指导、决策、协调、监督等宏观调控，流域内各区域、各行业的水事活动都应服从流域统一管理。

2. 流域管理与区域管理相结合

国家对水资源实行流域管理与行政区域管理相结合的管理体制。区域管理要在流域统一管理的指导、协调下进行，而流域统一管理又要在区域管理的基础上才能真正实现。

（1）流域管理。流域是以水资源为纽带，由社会经济系统、生态环境系统和水资源循环系统构成的组合单元，有其特定的形成和发展规律。但是，我国的行政区域多数按照历史沿革来划分，因而一个完整的流域往往被多个行政区域所分割，导致水事活动中的矛盾和纠纷。流域统一管理的最大优势，不受行政区域的局限，从流域的全局出发，对水资源的开发、利用、治理、配置、节约、保护，进行全面规划、综合治理，合理处理上下游、左右岸、干支流之间的关系和区域之间、城乡之间、国民经济与生态环境之间的关系，加强流域水资源统一管理尤为重要。

（2）区域管理。区域管理是流域管理的组成部分。行政区域是一级地方政权，拥有立法权和行政强制手段，同时也具有对区域内各行业、各部门进行统一协调的能力，为水资源统一管理提供了强有力的体制保障。区域水资源统一管理，主要是统一发放取水许可和排水许可，统一征收水资源费和污水排放费，统一部署防洪、抗旱、节水、治污，统一调度地表水、地下水、污水处理再利用及其他多种水源，统一协调城乡之间，生活、生产、生态之间，一、二、三产业之间的用水，在流域统一规划的指导下，在本区域内实现水资源合理配置和可持续利用。

流域管理和区域管理相结合，全局与局部相结合，协调一致，优势互补，并通过相应立法，使水资源统一管理的体制和机制不断趋于完善。

3. 城市水务一体化管理体制

推行城市水务一体化管理，是加强区域水资源管理的重点和根本途径。随着经济社会发展和城市化进程的加快，城市防洪、供水、节水、水污染防治、生态环境建设等方面的任务越来越繁重，城市水务日益成为水利工作的一个重要领域。城市水务统一管理就是在城市规划区范围内，严格实行统一的取水许可制度，对水资源进行统筹规划，合理配置，对城市的防洪、除涝、蓄水、供水、用水、节水、排水、水资源保护、污水处理再利用、地下水回灌等进行一体化管理，为城市的防洪减灾、供水安全和水资源保护提供体制保证。

城市水务部门作为市政府的水行政主管部门，必须突破部门利益的局限，实行政企分开，政事分开，不直接进行水的经营和水企业的管理，而是站在政府的角度，依法行政，对城市水务进行宏观调控和管理。

4. 用水计量与审计制度

用水计量和审计制度是推行计划用水，厉行节约用水，落实定额管理制度的重要手段和监管措施，也是供水企业收取水费的基本依据。没有科学、高效的用水计量和审计手段，用水定额管理就很难真正落到实处。

（1）城市、工业用水计量。城市生活用水和工业用水的计量收费制度已实行多年，工业用水普遍安装计量仪表，生活用水基本达到了一户一表制。存在的主要问题是计量仪表陈旧落后，影响计量精度和计量水平的提高，必须按照现代化、标准化的要求，加强计量设施的技术开发和技术改造工作。

（2）农业用水计量。农业用水计量目前仍是一个比较薄弱的环节。大部分灌区供水只计量到斗渠口，计量手段以量水堰为主，计量对象一般以乡为单位，按斗渠口供水总量计收水费，乡、村一级再将用水量和水费按灌溉面积平摊到每个农户家庭。农村生活用水的水表安装率也很低，大多按户、按人头收费。由于这种计量收费方式陈旧落后，在一定程度上仍属于"喝大锅水"的性质，加之缺乏透明度，存在着一定的不公平性，有的地方甚至将许多不合理的收费也分摊到水费之中，加重农民负担。

为了推进农村水价改革，改进用水计量、收费制度，有的地方实行生活用水装表到户，灌溉用水配水到地，计量到田间，收费到用户，既增加了计量收费工作的透明度，又避免了增加农民的不合理负担。在此基础上，加强计划供水、定额用水、用水户缴纳水费和供水单位水费征收使用管理等情况的审计。并成立用水者协会，广泛参与民主管理和民主监督，不断推进农业节水，提高定额管理和计量收费工作的水平。

5. 水资源监测

水资源监测主要包括水量监测和水质监测，是强化水资源统一管理的基础性工作和重要任务之一，是保护水资源、保障供水安全、合理配置水资源、实时调控水资源的重要技术手段。

（1）水量监测。水量监测的主要任务是：通过水量监测，积累长系列水文资料，建立水文信息数据库，为水资源基础评价和水资源规划提供基础资料；通过水情预测预报，为各级政府防汛抗旱指挥、调度提供决策依据，及时采取对策措施，最大限度地降低洪旱灾害可能造成的损失；通过水量实时监测，为水资源管理部门合理配置水资源、实时分配江河水量提供依据；通过对行政区断面和主要引水口、取水口的水量监测，以及地下水水位、储量、开采量、补给量、排泄量的动态观测与分析，为管理部门对配水方案的监督实施提供反馈信息。

（2）水质监测。水质监测是加强水资源保护、防治水污染的基础。地表水水质的监测内容主要包括：水温、pH 值、浑浊度、导电度、溶解性固体、溶解氧、COD、BOD、有机毒物、放射性物质、氨氮、挥发酚、镉、总汞、氰化物、砷化物、大肠菌群、油类等。地下水水质除上述监测内容外，还应增加亚硝酸盐、硝酸盐、硫化物、氟化物等。水库、湖泊水质还要增加磷、氮和富营养化检测。水量是水质的载体，是决定水环境承载能力的一个主要因素。因此，水量与水质密不可分，水量与水质应同时监测，同时评价。

（3）建立水资源监测体系。水资源监测工作的地位和重要性十分突出，必须高度重视、加大投入力度，建立以水资源勘察系统为主体的统一、高效的水资源监测体系。应从水资源费和水利基础设施建设投资中适当安排一定资金，加强水资源监测的基础设施建设，改善水资源勘察部门的工作条件、生活条件，完善站网建设，加快装备、设施更新。充分利用现代化高新技术，提高水资源监测整体技术水平。把 3S 技术（即遥感技术 RS、地理信息系统 GIS 和全球定位系统 GPS 的统称）全面应用于水资源的监控调度系统，提高信息采集、传输和处理能力，加快水资源信息数据库建设，建立智能化、网络化的水量、水质遥测遥控和实时监控管理系统，开发不同污染物的自动在线监测技术和远程自动监控系统。同时，应建立水量、水质监测信息发布制度，加大社会监督力度。

第二节　土地资源的优化利用

土地既是人类的生产资料和劳动对象，也是人类生存和生活的空间。作为一种综合性的自然资源，土地对于工、商业和交通运输业等非农产业来说，只是立足的地基和空间，但对于农业来说，它不仅是劳动力和其他生产资源的活动基地，而且直接参与农产品的形成，是人类最基本的生产资料和最重要的劳动对象。在目前的科学技术水平下，维持人类生存所需的一切食物，仍直接或间接来自于土地，许多工业原料和部分能源，也是从土地获得。据估计，人类食物的 88%由耕地提供，10%由草地提供，人类消费的 95%以上的蛋白质来自土地。地球表面面积约 5.1 亿 km^2，其中陆地面积不到 1.4 亿 km^2。我国地域辽阔，占世界土地总面积的 7.2%，但拥有 13.5 亿人口，其中 50%居住在乡村，人均土地数量大大低于国际平均水平。对于中国这样人多地稀的国家来说，土地资源的合理开发利用尤为重要。

一、土地资源基础评价与土地资源承载力

（一）土地、土地资源及其分类

土地是地球上由空气、生物、水文、地形地貌、土壤、岩石等自然因素以及人的活动结果所组成的综合体，包括人类过去和现在从事社会经济活动所形成的一切成果。正是由于土地的构成与自然因素和人类的社会经济活动有关，人们又把土地视为一个历史的自然经济综合体。通常所说的土地，是指地球的陆地表层，包括内陆水域（河流、湖泊、水库等）和滩涂。土地的水平范围包括了整个地球表层，即海洋和陆地。

土地资源是指包括气候、地形、表层、岩石、植被（森林和草原）和水文等自然要素的自然综合体，可以说包括了整个农业生产的生态要素。土地资源是一种综合的自然资源，具有一切农业自然资源的属性，是人类社会最基本的生产资料与劳动对象，是一定历史条件下和一定技术经济条件下可以被利用的土地。我国土地资源有四个基本特点：绝对数量大，人均占有少；类型复杂多样，耕地比重小；利用情况复杂，生产力地区差异明显；地区分布不均，保护和开发问题突出。

第一，我国国土面积 960 万 km^2，居世界第 3 位，但人均占有的土地资源，在面积居世界前 12 位的国家中只居第 11 位。按利用类型区分的中国各类土地资源，也都具有绝对数量大、人均占有量少的特点。

第二，我国地形、气候十分复杂，土地类型复杂多样，为农、林、牧、副、渔多种经营和全面发展提供了有利条件。但也要看到，有些土地类型难以开发利用。例如，中国沙质荒漠、戈壁占国土总面积的 12%以上，改造、利用的难度很大。而对中国农业生产至关重要的耕地，所占比重仅略高于 10%。

第三，土地资源的开发利用是一个长期的历史过程。由于中国自然条件的复杂性和各地历史发展过程的特殊性，中国土地资源利用的情况极为复杂。例如，在广阔的东北平原上，汉民族多利用耕地种植高粱、玉米等杂粮，而朝鲜族则多种植水稻。山东的农民种植花生经验丰富，产量较高，河南、湖北的农民则种植芝麻且收益较好。在相近的自然条件下，太湖流域、珠江三角洲、四川盆地的部分地区形成了全国性的桑蚕饲养中心等。在不同的利用方式下，土地资源开发的程度也会有所不同，土地的生产力水平会有明显差别。在同样的亚热带山区，经营茶园、果园、经济林木会有较高的经济效益和社会效益，而任凭林木自然生长，无计划地加以砍伐，不仅经济效益较低，还会使土地资源遭受破坏。

第四，我国土地分布不均，保护和开发问题突出。这里所说的分布不均，主要指两个方面：其一，具体土地资源类型分布不均。如有限的耕地主要集中在中国东部季风区的平原地区，草原资源多分布在内蒙古高原的东部等。其二，人均占有土地资源分布不均。

　　不同地区的土地资源，面临着不同的问题。中国林地少，森林资源不足。可是，在东北林区力争采育平衡的同时，西南林区却面临过熟林比重大、林木资源浪费的问题。中国广阔的草原资源利用不充分，畜牧业生产水平不高，然而，在局部草原又面临过度放牧、草场退化的问题。

　　根据用途，土地资源可以分为以下三大类：①农用地，指直接用于农业生产的土地，包括耕地、园地、林地、牧草地及其他用地；②建设用地，指建造建筑物、构筑物的土地，包括商业、工矿、仓储、公用设施、公共建筑、住宅、交通、水利设施、特殊用地等；③未利用地，指目前尚未利用的土地，包括未利用土地和其他土地。

　　（二）土地潜力与土地适宜性评价

　　土地潜力也称作土地利用能力，是指土地在用于农、林和牧业生产或其他利用方面的潜在能力。土地潜力评价，或称土地潜力分类，主要依据土地的自然性质（土壤、气候和地形等）及其对土地的某种持久利用的限制程度，就土地在该种利用方面的潜在能力做出等级划分。例如，就土地的农业利用而言，潜力评价的任务是，依据土壤、气候、地形等要素，对土地的持久农业利用的限制程度及由此决定的作物潜在生产率和耕作方式的可选择性，对土地做出等级划分。

　　土地适宜性评价，是评价土地对特定利用类型的适宜性。通过评价土地对不同利用方式的适宜性，可以明确土地对每一种利用方式的适宜程度及各适宜程度的数量、质量和结构特征，揭示出影响某种土地利用方式的限制性因素及其限制程度，从而为土地利用总体规划和土地管理提供依据。

　　（三）土地资源生产能力与土地资源承载能力

　　土地资源生产能力，是指土地在一定条件下能够持续生产人类所需生物产品的内在能力，即在一定的时间和空间范围内，土地生态系统所能生产的生物量。土地资源生产能力的高低，主要取决于气候、土壤条件以及人类在土地耕作中的投入水平，而它的上限则取决于作物接受阳光的多少和光能利用效率的高低。

　　土地承载能力也称土地人口承载能力或资源承载能力，按照中科院自然资源综合考察委员会的定义，是指"在未来不同时间尺度上，以预期的技术、经济和社会发展水平及与此相适应的物质生活水准为依据，一个国家或地区利用其自身土地资源所能持续稳定供养的人口数量"。就我国的情况而言，根据土地人口承载力研究，在耕地相对稳定的基础上，我国土地生产潜力，按照20世纪90年代的投入水平，只能承载11.0亿～11.9亿人；按中等投入水平，可承载13.9亿～14.8亿人；按高投入水平，可承载14.9亿～18.9亿人。因此，在耕地面积相对稳定的前提下，只有采取高投入、适度消费的方式，中国的耕地资源才能承载未来高峰期人口对食物的需求。但这种土地人口承载潜力正受到耕地急剧减少，耕地资源供给日趋紧张的严峻挑战。

　　二、土地资源利用现状和潜力

　　（一）土地资源条件

　　如前所述，中国土地资源有绝对量大，相对量小的特点。中国地大物博，但由于人口基数的巨大，整体呈人均较少的特征。目前，我国耕地面积大约有 1.2 亿 hm^2，占全球耕地面积约 7%。总量上，中国的耕地和林地草地等各种土地资源均居世界前几位，但中国人均土地资源分配水平极低，不到世界水平的三分之一。尽管中国人均资源贫乏，但我国土地资源也有其自身的优势。我国土地资源类型多样，据《中国 1:100 万土地资源图》显示，我国土地类型多达 7200 多种。多种土地资源的适应性，为我国各个产业的发展提供了便利条件，只要加以综合合理利用，土地类型的多样性将是发展的有利因素。

中国位于亚洲大陆东部，东南面向太平洋，是一个海陆兼备的国家。全国幅员辽阔，自然条件复杂，地区差异很大，人口众多，经济基础差，科学技术落后，这些都对土地资源的开发利用产生了深刻的影响。

第一，地貌类型复杂。有山地、高原、丘陵、盆地、平原等多种类型，其中山地面积约占全国土地面积的 33%，高原占 26%，丘陵占 10%，盆地占 19%，平原占 12%。山地多，平地少，这对发展林业、牧业和开展多种经营有利，而对发展农业（耕作业）有一定限制。

第二，气候类型多样。由北向南纵跨温带、亚热带、热带三大热量带。由于热量条件的差异，形成了北方以旱地农业，一年一熟和二年三熟为主；南方以水田农业、一年二熟和三熟为主；由东向西横跨湿润、半湿润、半干旱、干旱四个气候区。由于水分条件的差异，形成了东部以农业、林业为主和西部以牧业及绿洲农业为主的两大区域。

第三，土壤和植被类型多样。南方土壤以红壤、黄壤和水稻土为主，天然植被为亚热带常绿阔叶林和热带季雨林；北方土壤以绵土、潮土、褐土、棕壤、黑土为主，天然植被为温带针叶林和阔叶林；西北土壤以栗钙土、棕钙土、漠土为主，天然植被为草原、草甸、荒漠。青藏高原土壤以高山草甸土、草原土和漠土为主，天然植被为高山草原、高山草甸和高寒荒漠。土壤和植被的差异，影响着土地的性质、肥力状况及其开发利用方向。

第四，我国人口多，密度大，但地区分布不均衡。东南沿海及四川盆地人口稠密，农业发展历史悠久，交通、文化、经济比较发达，水力、机械化程度较高，土地利用率较高。西北地区及青藏高原人口稀少，农业发展历史较晚，交通、文化、经济、技术条件落后，土地利用水平较低，进一步开发利用潜力较大。

（二）土地资源利用现状

总体上说，我国土地资源的利用程度，东部高于西部。东部开发利用水平为 88%，远高于其他地区，西部的开发利用水平最低，为 64%，中部介于两者之间，为 78.5%。不同地区的土地资源有不同的特点，各种类型的土地资源在我国的利用结构和特点都不一样。根据不同类型的土地，将我国主要土地利用现状及特点分述如下：

（1）水田。我国水田面积约占耕地总面积的 1/4，其分布范围相当广泛，南自海南岛，北至黑龙江北部，东从台湾，西到新疆的伊犁河谷和喀什地区。从地势低洼的沼泽地到海拔 2700 多米的云贵高原都有水田分布。其中以秦岭、淮河一线为界，以南最为集中，约占全国水田总面积的 92%，其余地区水田面积很小，分布零散。在南方地区，又以长江中下游平原、四川盆地、洞庭湖平原、鄱阳湖平原、珠江三角洲平原等地水田集中连片，水网密布，水源充足，灌溉方便，加上人口稠密，劳动力充裕，耕地经营集约化程度高，农业生产发达，土地利用率高，是我国重要的粮、棉、油生产基地。东南丘陵、华南及台湾等地水田主要分布在丘陵、山间盆地及沿海平原地区，灌溉条件较好，耕地经营较集约，土地利用水平较高，粮食产量水平较高，农业生产在全国占有一定地位。西南云贵高原地区水田主要分布在河谷、盆地及丘陵区，水田质量差，有相当比重的水田为"雷响田"，缺乏水源保证，加上劳力少，耕地经营较粗放，土地利用率较低，农业生产欠发达。

（2）旱地。我国旱地面积约占耕地总面积的 3/4，分布遍及全国各地。和水田相反，旱地主要分布在秦岭、淮河一线以北，约占全国旱地总面积的85%。其中，以东北平原、黄淮海平原最为集中，约占全国旱地总面积的60%；其次是黄土高原、宁夏、内蒙古及西北地区的山前冲积平原、河套平原及绿洲，呈树枝状或带状分布，面积约占全国的25%。此外，我国南方、尤其是西南地区也有旱地呈串珠状分布，面积约占全国的15%。

（3）森林。截至2012年，我国有林地面积1.95亿hm²，森林覆盖率只有20.36%。森林面积小，分布不均衡，其中比较集中成片的有东北大、小兴安岭、长白山和西藏东南部地区；其次是西南地区的川西、滇西北地区。此外，新疆的天山地段、甘肃的白龙江流域、秦岭大巴山、湖北的神农架、东南丘陵地区、海南南部及台湾中部等地也有较集中的森林分布，其余地区森林面积小而分散。从森林林种构成来看：东北及藏东南林区基本为用材林，是我国两个最大的天然用材林基地；华北及胶东、辽东两大半岛山地丘陵区以经济林为主，盛产温带果品；西南山区及秦巴山地区以用材林为主，经济林占有一定比重；东南丘陵区以经济林和用材林为主，经济林占有重要地位，是我国亚热带经济林产品及果品生产基地；华南、滇南山地丘陵区以经济林为主，热带经济林资源丰富，是我国橡胶、胡椒及热带果品的主产区。

（4）防护林。防护林主要分布在东北、华北、黄土高原及内蒙古、新疆等地区。东北平原及华北平原区以农田防护林为主，东北平原西部、长城沿线、河西走廊及新疆部分地区有大面积的人工防风固沙林，称为"三北"防护林地区。

（5）草原和草地。草原和草地包括天然草地和人工草地，总面积约40亿亩，占全国土地总面积的28%。天然草地包括草原草地和草山草坡。草原草地主要分布在我国的西北部和西部，以内蒙古、甘肃、宁夏、青海、新疆、西藏等省（区）面积最大，分布最广，集中连片。内蒙古东部为草甸草原，牧草茂盛，是我国最好的草原牧区。内蒙古中部为干草原，草质较好，是我国重要牧区之一。甘肃、新疆及青海西北部为荒漠草原，草质差，载畜量低。青藏高原为高山草原和高寒荒漠，草质差，季节不平衡，利用率低。长城沿线、黄土高原和西南西部山区为农牧交错地带，草地质量尚好，畜牧业在大农业中占有重要地位，但农牧争地矛盾尖锐，草地滥垦，草原退化严重。草山草坡主要分布在南方山区，面积较大，与林地交错分布，牧草生长茂盛，质量较好，但目前尚未充分利用。东北平原、华北平原、长江中下游平原、四川盆地等农区草地比重小，且分布零散，但利用率较高。人工改良草地主要分布在水土条件较好的草原牧区和半农半牧区，面积较小，但产草量较高。

（6）冰川和永久积雪。冰川和永久积雪总面积约0.9亿亩，占全国土地总面积的0.63%，主要分布在我国西部海拔3500m以上的高山、高原区。全国冰雪储水量约5万亿m³，每年可提供约540亿m³水量补给河川，是西北干旱区农业灌溉的主要水源。

（7）裸岩和石砾地。裸岩和石砾地面积约15.55亿亩，占全国土地总面积的10.9%，主要分布在西北和青藏高原，华北、西南及东南部山区局部地区亦有分布。

（8）高寒荒漠。高寒荒漠总面积约2.3亿亩，占全国土地总面积的1.6%。主要分布在昆仑山以南、青藏公路以西，新藏公路以东，北纬330°以北地区。高寒荒漠区，地势高，气温低，土壤瘠薄，基本上没有种植活动，植被极稀疏矮小，覆盖度小于5%，常成垫状，具有抗寒冷、干旱和强风的特性。只有局部山间盆地生长较高的牧草，可以放牧耐高寒的牦牛、藏系绵羊和山羊。

（9）沙漠。沙漠面积约9亿亩，占全国土地总面积的6.3%，主要分布在西北、内蒙古和东北的西部，其中面积比较大的有塔克拉玛干沙漠、巴丹吉林沙漠、古尔班通古特沙漠、腾格里沙漠和毛乌素沙漠等。

（10）戈壁。全国戈壁面积约 8.4 亿亩，占全国土地总面积的 5.8%，主要分布在内蒙古西北部、青海西部和新疆地区，其中尤以新疆东北部和内蒙古西北部最为集中。

（11）湖泊。我国湖泊较多，面积在 $1km^2$ 以上的湖泊约有 2800 多个，湖泊总面积约 1.07 亿亩，总贮水量约 7000 亿 m^3。湖泊遍布全国，其中以长江中下游地区和青藏高原地区分布较为集中，形成全国两大湖群。

（三）土地资源利用存在的问题

当前，我国在土地利用方面主要存在以下四大问题：

（1）土地利用结构不尽合理。这在北方半农半牧区、黄土高原区及南方山区尤为突出，农林牧用地安排不当，争地矛盾较为突出。

（2）土地利用率和生产率较低。低产耕地面积大，这类地包括涝洼地、盐碱地、风沙干旱地、红壤低产地、坡耕地等；林地中有林地比重小，尚有大面积宜林荒山荒地及沙荒地未充分利用；牧草地质量较差，载畜量低。

（3）土地破坏严重。全国水土流失面积达 35700 万 hm^2，退化、沙化、碱化草地面积达 13500 万 hm^2。一些地区产业用地布局混乱，土地污染严重，城市周边和部分交通主干道及江河沿岸耕地的重金属与有机污染物严重超标。

（4）土地管理不善，非农业建设用地盲目扩大，工业用地增长过快，城乡建设用地效率低下，加剧了人地矛盾。

（四）土地资源利用潜力

我国土地资源有耕地 1.2 亿 hm^2，经济林、竹林和果园地等 0.12 亿 hm^2，林地 2.36 亿 hm^2，加上其他各类用地，共占我国可利用土地面积的 83.5%，全国土地面积的 71.8%。我国人口众多，土地最合理的人口承载能力为 8 亿人口，这个界限早在 1969 年就已经被突破。要满足我国人民日益增长的物质文化需求，就要充分开发和利用土地资源的潜力。土地是有限的，要发掘利用潜力，必须提高利用效率，合理分配使用结构。

就耕地而言，我国近几十年的复种指数提高很慢，甚至有回落的现象。另外，在部分地区，种植养地作物和绿肥作物的面积减少，土壤的有机质得不到补偿，土壤肥力在下降。在缺水地区，土壤的盐化比较严重，在另外一些地区，土壤都遭到不同程度不同类型的破坏。要发掘耕地资源的潜力，必须在减少对土壤破坏的同时，充分利用后备耕地。所谓后备耕地，是指适宜开垦种植农作物、人工牧草和经济林木的天然草地、疏林地带、灌木丛林等。我国后备耕地的数量也不是十分丰富，且主要集中于人口不多，交通比较不方便的偏远地区。因此，我国后备耕地的质量不高，合理利用是重中之重。

从林地资源的开发潜力来看，我国林地资源的潜力很大。目前，我国林地资源的利用率偏低，生产能力也没有得到完全的开发。我国林地综合生长率为 2.88%，与世界主要林业国家 3.0% 以上的综合生长率差距较大。通过对林地资源的合理利用和潜力开发，能大大提高我国的林地生产能力。

从草地资源利用的潜力来看，我国草地资源的类型复杂多样，地理跨度比较大，储量丰富。但近年来，对草地资源的不合理使用，使得许多优质的牧场迅速退化，草场质量严重下降，形成恶性循环。因此，在草地资源方面，要利用其潜力，在很大程度上应将工作重心放在维护上，让众多草地资源恢复其本身的生产能力。

三、社会经济发展的用地需求

（一）改革开放以来各类用地的变化及其影响因素

改革开放以来，特别是近 10 多年来，我国土地利用发生了巨大的变化。受经济发展和生态建设的影响，土地利用变化的总体趋势是耕地面积减少，园地、林地和城镇用地面积增加；在我国西北地区，由于天然草地退化成荒草地或沙地，牧草地面积减少，未利用土地面积增加。

（1）耕地变化。在社会经济发展过程中，耕地变化情况非常复杂，既有增，也有减。耕地增加的来源主要包括耕地的开发、整理和复垦。新中国成立初期，我国曾经历过耕地开发的高潮期，如 1953—1957 年，全国累计开荒 547.65 万 hm^2；1963—1965 年，全国累计开荒 273.6 万 hm^2。之后，随着耕地后备资源的减少，耕地开发速度减慢；耕地的整理和复垦虽然具有一定的潜力，但由于整理和复垦需要较大的投资，许多地方受经济条件的制约，实际整理和复垦增加耕地的面积较小。相反，改革开放以来，随着社会经济的发展，我国耕地减少的趋势越来越明显。据原国家土地管理局 1986—1995 年统计，10 年间全国减少耕地 679 万 hm^2，年均减少 67.9 万 hm^2。减少原因主要包括三个方面：城乡建设占用占 21%，农业结构调整占 62%，灾害毁地占 17%。近年来，由于制定并实施了一系列加强土地宏观调控和管理的政策措施，农用地特别是耕地保护得到强化，非农建设占用耕地规模逐步下降，如 1997—2010 年，全国累计建设占用耕地 183.1 万 hm^2，年均建设占用耕地 20.35 万 hm^2，与 1991—1996 年的年均 29.37 万 hm^2 相比，降低了 31%。但优质耕地减少和工业用地增长过快。随着社会经济的发展，生态建设、农业结构调整和城乡建设占用耕地的趋势很难改变，耕地进一步减少的驱动力很大，如何保护耕地是我国面临的一个十分严峻的问题。

（2）园地变化。新中国成立以来，特别是改革开放后，我国园地面积基本保持不断增加的趋势，主要原因有：改革开放后，国家的农业产业政策由"以粮为纲"，转变到搞活和发展农村经济的道路上来，使园地的快速发展成为可能；随着生活水平的提高，人们对园地产品的需求增加，消费需求拉动了园地的发展；随着科学技术的进步，人们掌握了越来越多的园地生产技术，园地生产力和经济效益不断提高，从而提高了人们发展园地的积极性；我国许多地方有独特的自然、人文、经济资源，在园地生产上具有比较优势，这种比较优势在市场经济条件下有力地推动了园地的发展。

（3）林地变化。新中国成立 60 多年来，我国的林地和森林资源经历了曲折的变化过程，其中由于几次规模较大的不合理采伐，20 世纪 80 年代初期集体林木的乱砍滥伐，以及黑龙江、云南、四川等省几个重点国有林区的过量采伐，使林地和森林受到较大的损失，有些地方出现了"森林赤字"现象。不过，近 30 多年来，各级政府和广大人民群众逐渐认识到森林的价值，注意到森林是一种多功能的资源，不仅能够为社会提供具有经济价值的木材和其他林产品，而且具有防风固沙、保持水土、涵养水源、调节气候、消除噪声、净化空气、保持生物多样性和栖息地、旅游休憩、疗养保健、保护环境等多种功能，开始采取许多严格措施来保护森林资源，增加林地面积。

（4）牧草地变化。与林地类似，我国的草地资源也经历了曲折的变化过程。在"以粮为纲"的年代，曾有大量牧草地被开垦为耕地，但改革开放以来，特别是近几年来，保护牧草地的意识逐渐加强，牧草地面积趋于稳定，如 1985 年我国的牧草地面积为 26109 万 hm^2，1996

年为 26606 万 hm^2，2000 年为 26377 万 hm^2，2008 年为 26183.5 万 hm^2。虽然牧草地面积变化不大，但牧草地退化的问题十分严重，这主要是由于：人口增长和经济发展的压力，使草地载畜量过高，牧草地得不到休养生息；气候干旱等原因使牧草地生产力降低，在不当利用的情况下，造成牧草地的荒漠化和沙化；盲目开垦不适宜用于耕种的草地，被开垦的草地大都条件比较好、生产力比较高，但开垦后大部分变为不毛之地；对牧草地重利用，轻建设，投入太少；法制不严，人们在草地上大量滥采、挖药、搂发菜、淘金，使草地植被遭受破坏。

（5）居民点及工矿用地变化。居民点及工矿用地的面积与地域分布，受自然、经济和社会因素的影响。比如，将全国划分为东、中、西 3 个地带，地带之间居民点及工矿用地的面积与地域分布的差异十分明显。东部沿海地带的 12 个省（市、区），地处暖温带及亚热带湿润、半湿润地区，水热条件优越，土地面积虽只占全国土地总面积的 13.9%，但人口占全国总人口的 41%，人口密度高于全国平均数近 2 倍，土地开发程度高，经济基础好，工商业发达，城市数约占全国城市总数的 45%，国内生产总值占全国的 58%，因此居民点及工矿用地面积占全国的比重较高，约 38%。而西部地带的 10 个省（市、区），土地虽然辽阔，面积占全国的 56.5%，但气候干旱，沙漠、戈壁和高寒荒漠面积大，水源缺乏，生态环境脆弱，交通不便，人口仅占全国总人口的 23%，城市数仅占全国城市总数的 18%，经济发展水平较低，国内生产总值仅占全国的 14%，因而居民点及工矿用地面积仅占全国的 22%。同时，调查资料显示，我国居民点及工矿用地的面积变化很快，呈不断扩大的趋势。人口增长和社会经济的发展，是居民点及工矿用地面积增加的主要驱动力。人多，用地自然要多，而社会经济的发展也需要占用更多的土地。改革开放以来，我国经济建设进入高速发展时期，同时居民点及工矿用地面积也迅速扩大。

（6）交通用地变化。交通用地的分布及交通网密度，与经济发展水平呈正相关，且相互影响。经济越发达，交通用地就越多；交通用地越多，就越促进经济的发展。反之亦然。

随着改革开放的扩大和社会经济的发展，我国交通用地面积呈现持续高速增长态势。应该说，我国的交通用地面积和密度与世界发达国家相比，还有一定差距，交通用地快速扩大是经济发展的需要，但也要注意一些不正常的增长现象，比如：盲目新建、扩建交通用地，出现选线不当、设计过于超前而等级过高、路基两侧留地过多等现象，造成土地、人力、物力的很大浪费；许多农村道路的布局缺乏统一而合理的规划，造成农村道路零乱，占地过多，特别是我国北方地区，一般的田间土路占地宽度都在 3m 以上，联系村庄的道路也在 6~7m 以上，有的达 10m 以上，道路利用率很低。

（二）社会经济发展用地需求

我国未来社会经济对各类用地的需求，不仅包括农业用地需求，也包括生态建设、城镇发展以及基础设施建设等用地需求。

1. 农业发展的用地需求

我国是一个农业大国，农业在国民经济中占有重要的地位，同时对我国政治和社会的稳定也具有重要意义。总的来说，我国的农业发展具有两大主要功能，一是满足我国人民对农产品特别是粮食的需求，二是满足农民增加收入的需求。这两种功能（或需求）直接决定了农业发展的用地需求也表现在两个方面，一是要有足够的耕地生产粮食以养活我国的人口，二是要有足够的农用地来生产经济效益高的农产品，提高农民的收入。

（1）我国的粮食安全问题和粮食需求。我国人口众多，人均耕地资源少，粮食供给长期处于较低水平。近年来，随着对农业的日益重视和农业生产效率的逐步提高，粮食供给出现相对过剩，但这是结构性和阶段性的。21世纪初，我国将进入人口高峰期，人口增长和经济社会发展对耕地资源和粮食生产提出了更高的要求，耕地保护将面临巨大压力。面对人均耕地面积的持续减少和未来粮食需求总量的不断增加，对粮食安全绝不能盲目乐观。按照国民经济发展战略要求及有关部门提出的我国粮食消费标准和相关研究，2030年人均粮食需求量440kg，全国粮食需求总量为7.04亿t。目前国际市场粮食供应能力每年仅2.1亿～2.3亿t，未来也不会大幅度增加。对于我们这样一个人口占世界总数1/5的大国，从保障粮食安全和社会稳定的要求出发，必须确立粮食基本自给的方针。

（2）粮食安全对耕地的需求。粮食生产总量取决于耕地数量、播面单产（粮食总产量与粮食播种总面积之比）、复种指数和粮经比。据国家统计局数据，1981—1990年我国粮食单产每公顷年增加120kg，1991—1998年粮食单产每公顷年增加60kg，1999—2006年粮食单产每公顷年增加54kg。随着科技进步和体制创新，在农业投入逐步加大的前提下，未来10～30年，我国粮食单产会继续提高。参考国内外专家对我国未来粮食单产增长速度的预测，可综合为高、中、低三个方案。高方案需要高投入，改进农业生产系统，保持80年代后期的单产递增速度，以年均2.0%左右递增，这是世界银行与粮农组织认为比较积极的方案。中方案需保持较高投入，对农业生产系统做一定的改进，单产以年均1.5%左右递增，未来耕地减少主要是坡耕地退耕，因此，未来的单位面积耕地平均生产能力将有大幅度的提高。上述增产幅度经过努力是可能实现的。低方案无需对生产系统进行大的改进，单产以年均1.1%左右递增。按照中方案预测，粮食单产2030年可达5400kg/hm^2。我国耕地未来提高复种指数的空间有限。新中国成立以来，我国耕地的复种指数逐年提高，由1952年的131%提高到2000年的158%。因受作物生长期、热量条件和农业投入—产出边际效益等因素的制约，继续提高复种指数的空间已十分有限。同时，由于我国农业处于结构调整的重要时期，粮食播种面积比重持续下降，而经济作物和其他作物播种面积比重不断增加，粮经比将呈下降趋势。

（3）农业结构调整的用地需求。粮食生产属于资源密集型产业，在我国因土地资源紧缺而不具有比较优势，经济效益也难以提高，保护耕地和保护粮食生产的主要目的，是为了社会稳定和国家安全。但是，在市场经济条件下，特别是我国已经加入WTO的条件下，如何提高土地资源的经营效益，增加农民收入，也是我们必须面对的一项重要任务。我国劳动力资源丰富，提高土地资源的经营效益、增加农民收入的有效途径，就是进行农业结构调整，发展劳动密集型的农业产业，如水果业、畜牧业等。农业结构调整对农用地的需求预测，可以考虑两方面的因素，一是社会发展对农产品的需求，二是提高农民收入的需求。

2. 生态建设的用地需求

过去，由于种种原因，为了多产粮食而盲目开垦土地，如陡坡开荒、围湖造田等，破坏了生态环境，加剧了水土流失、土地沙化、盐碱化、河道淤塞、洪水泛滥等自然灾害。为了改变这种局面，促进经济社会的可持续发展，必须在未来10～30年内，投入大量的人力、物力和财力，在全国范围内开展生态建设，这无疑会增加对土地的需求。生态建设对土地的需求，包括将不适合耕种的耕地进行还林还草还湖；为了防止荒漠化，在未利用地乃至耕地上种树种草，建立防护林等生态保护屏障；对已经退化的或质量不好的草地和林地进行改造。

（1）退耕还林（草）还湖。据1996年全国土地利用现状调查资料，全国共有坡度在25°以上的陡坡耕地607万hm^2，这些陡坡耕地是造成大量水土流失的源头，必须尽快退下来。

另外，根据国土资源部 2000 年组织的西部地区耕地后备资源与坡耕地调查结果，西部地区还有 190 万 hm^2 15°～25°的坡耕地，也需要根据条件和可能退耕。需要退耕的坡耕地总数约为 797 万 hm^2。另外，全国还有 300 万 hm^2 左右严重沙化和影响行洪的耕地需要退耕，总计需要退耕 1087 万 hm^2。

（2）防护林和绿化建设。根据国家林业局的规划，到 2010 年，新增森林面积 2300 万 hm^2，森林覆盖率达到 19.40%；到 2030 年，新增森林面积 3480 万 hm^2，森林覆盖率达到 24%。林地面积增加的来源，主要是退耕还林及未利用地改造，同时还有一部分是防护林建设工程和绿化工程。据国家林业局统计，2003—2011 年全国林业重点工程累计完成造林面积 3646.4 万 hm^2，其中天然林保护工程 707.1 万 hm^2，退耕还林工程 1720.8 万 hm^2，京津风沙源治理工程 431.9 万 hm^2，速生丰产用材林基地工程 9.2 万 hm^2。2012 年，三北工程建设共完成造林育林 1239 万亩，其中人工造林 746 万亩，封山（沙）育林 493 万亩，超年度计划任务近 20%。

（3）自然保护区建设。根据国家林业局的《全国野生动植物保护及自然保护区建设工程总体规划》，2000—2010 年我国新增自然保护区 524 个，占地面积达到 17500 万 hm^2，增加占地面积 4000 万 hm^2。其中占用耕地按 5%计，并考虑在自然保护区内需要退耕的坡耕地比例（一般在 75%以上，按 75%计算），则需要占用耕地约 50 万 hm^2。截至 2011 年，我国共有自然保护区 2640 处，占地面积 14971.15 万 hm^2。目前，我国的自然保护区建设正处于快速发展时期，估计 2010—2030 年期间速度会减慢，预计增加占地面积 2000 万 hm^2，共需占用耕地约 25 万 hm^2。

3. 城镇发展的用地需求

根据有关研究结果，随着社会经济的发展，在未来的 50 年内，我国的城镇化水平将会迅速提高。城镇化水平的提高，将从两个方面影响用地需求，一是城镇面积将会迅速扩张，城镇用地将会快速增加；二是农村人口将会有部分转移到城镇定居，在人口增长相对稳定的情况下，农村人口也会不断减少，这样，农村居民点用地将会逐渐减少。

（1）城镇化水平。城乡居民点用地与人口、城镇化水平直接相关，预测城乡居民点用地，首先要对人口和城镇化水平进行预测。根据国家计生委的人口统计资料，2012 年我国人口已达到 13.54 亿，城镇总人口约 7.12 亿，城镇化水平为 52.6%。

（2）城镇用地需求。随着城市化的发展，城镇（包括城市和建制镇）人口的不断增加，城镇用地在今后一段时期将呈明显增长趋势。同时，随着社会的发展、人民生活水平的提高及城市绿化用地的增加，估计今后城市用地的标准会有所提高。初步测算，到 2010 年以后，人均用地可增加到 $80m^2$，2010 年、2030 年城镇总用地分别为 459 万 hm^2、730 万 hm^2，分别比 2000 年增加 163 万 hm^2 和 434 万 hm^2。

（3）农村居民点用地需求。由于三个原因，农村居民点用地将逐步减少。首先，随着城市化的发展，大量农民进入城镇定居，农村居住人口将不断减少；其次，在城镇化过程中，部分农村集镇将升格为建制镇，其用地也将直接转变为城镇用地；最后，农村居民点现状占地偏大，一般在 $200m^2$ 左右，大大超过人均 $150m^2$ 的国家标准高限。农村居民点布局分散，用地浪费，今后逐步合并改建后可以节约相当数量土地。农村居民点的合并与整理，与社会经济发展状况，特别是城市化发展状况密切相关。到 2030 年，随着城市化率的大幅度提高，人们节约用地意识的提高和农村生活方式的根本性转变，农村居民点人均用地可望降为

150m^2。这样，2010 年、2030 年农村居民点用地分别为 1487 万 hm^2 和 1032 万 hm^2，比 2000 年减少 169 万 hm^2 和 623 万 hm^2。

（4）城乡居民点用地总需求。上述分析表明，虽然城镇用地因城镇人口增加将不断增加，但农村居民点用地却因农村人口减少和居民点改进而不断减少，后者大于前者的部分可以弥补城镇占地的增加。因此，到 2030 年，城乡居民点用地的总需求可能下降。具体情况是：2010 年城乡居民点总用地为 1946 万 hm^2，比 2000 年减少 8 万 hm^2，人均用地由 2000 年 155m^2 下降为 140m^2。2030 年城乡居民点总用地为 1762 万 hm^2，比 2000 年减少 192 万 hm^2，人均用地由 2000 年 155m^2 下降为 110m^2。

（5）城乡居民点占用耕地的需求。虽然城乡居民点用地的总需求会减少，即无需占用耕地，但实际上，城镇的扩大与农村居民点的缩减不是同步的，有可能城镇面积增加了，但农村居民点却并没有缩减。根据近几年来的发展情况看，城镇发展非常迅速，面积增长很快，而农村居民点面积却有所增加。要想扭转这种局面，需要采取有效措施加大农村居民点土地整理力度。通常，城镇发展占用的都是条件较好的土地，其中大部分是优质耕地。

4. 能源、水利、交通等基础设施建设用地需求

城乡居民点外的独立工矿和铁路、公路、机场、水库、电站等能源、交通、水利基础设施用地需求，受社会、经济、国家产业政策等多方面因素的影响，未来仍将保持适度增长。

四、土地资源优化利用总体思路和战略措施

（一）总体思路

1. 土地资源利用面临的机遇与挑战

在我国，自然条件好且易利用的土地已经基本开发完毕，后备土地资源也不多，且开发利用难度大。随着中国人口的持续增长，城市化进程的不断深入，人地矛盾日趋紧张，因此，我国土地资源面临着严峻的形势。但是，我国经济的快速发展也给土地资源的利用带来了新的机遇和挑战。

2. 土地资源优化利用的指导思想与原则

如何更加有效地保护、合理利用土地资源，促进土地资源管理和经济建设的和谐发展，建设节约型社会，需要有正确的指导思想和原则。在加强土地资源优化利用的过程中，要坚持以科学发展观为指导，以构建和谐社会为原则。

第一，必须强化资源忧患意识，树立保护资源就是保护发展的观念，加强对土地资源管理重要性、紧迫性、艰巨性的认识，坚持以科学发展观统一思想认识，从提高城市综合竞争力、适应经济全球化、实现可持续发展的战略高度，重新审视土地的管理利用与开发。并且还要加大宣传教育力度，提升全社会土地资源保护的责任意识，把节约土地资源、合理利用土地资源变成全体公民的自觉行动，教育和引导大家树立可持续发展的思想。

第二，以科学发展观指导土地的保护和利用，在严格控制土地总量的同时，更加重视提高土地利用的效益，转变经济增长方式和土地利用方式，依法用地，节约用地，在坚决实行严格的耕地保护政策、切实保护好基本农田的同时，又要保护好重点建设项目，大力推进集约用地，努力提高土地集约利用水平，最大限度地发挥土地的经济社会和环境效益。

第三，严格执法，切实保护土地资源。其中最为重要的是必须严格保护耕地，特别是基本农田，建立耕地保护责任考核体系。另外，要不断地建立健全土地日常管理的各项工作法规，规范土地市场行为，并采取积极的措施，做好土地市场的清理工作，努力解决好各

种问题。

3. 土地资源优化利用战略

我国土地资源的优化利用应实施六大战略：①耕地保护战略，有效保护耕地，特别是优质耕地，提高耕地的持续生产能力，最大限度地满足未来我国人口增长和战略发展对耕地的需要，实现粮食安全、经济发展和社会稳定目标，是我们未来土地资源优化利用必须首先考虑的战略问题；②土地整理战略，土地整理是补充耕地的重要途径，可以有效缓解用地矛盾，有利于改善生态环境，是我国社会经济发展和土地利用战略的必然选择；③"三个集中"战略，农民居住向城镇集中，工业向工业园区集中，农田向适度规模经营集中，"三个集中"有利于调整土地利用结构和布局，促进集约高效用地；④生态保护和建设战略，土地既是人类赖以生存和发展的重要自然资源，又是自然环境的主体，保护和改善土地生态环境是土地资源优化利用战略的重要组成部分；⑤土地市场建设战略，在国家宏观调控引导下，充分发挥市场对土地资源的配置作用，是土地资源优化利用的基础；⑥利用国际资源战略，发挥我国劳动力的比较优势，通过国际贸易和到国外租用或购买土地，推动农业走出去。

（二）耕地保护战略措施

耕地对于人类生存和发展具有独特的功能，包括经济功能、社会功能和生态功能。耕地的经济功能主要指生产农产品的经济产出作用。耕地生态功能指耕地及其附属植物所构成的生态系统具有生态服务功能，例如调节气候、保持水土、净化美化环境、维持地球生物化学循环（包括吸收二氧化碳放出氧气、吸附有害气体、分解各种废弃物等）和生物多样性等。耕地的社会功能是指耕地在提供劳动就业、保障粮食安全和保障社会稳定方面无可替代的作用。保护耕地是保护其不可替代的功能，这些功能的维持和实现需要保有一定的耕地数量，更需要提高耕地的质量。因此，耕地保护不能只是耕地数量的保护，耕地功能的保护才是更全面、准确的提法。我国的耕地保护战略主要从以下几方面着手：

1. 加强规划的调控作用

实行严格而又灵活有效的规划实施政策，满足各类建设合理的用地需求。进一步加大规划实施管理力度，控制建设用地规模和利用方向，引导产业结构的合理调整和土地资源的合理利用。

（1）尽快完善规划体系，搞好土地利用总体规划与城市规划、村镇建设规划等规划的协调，要求地方政府抓紧开展土地开发整理专项规划、城乡结合部、大学城和各类园区的规划编制，以及因行政区划变化引起的规划调整修编；将各类园区、大学城建设纳入土地利用总体规划确定的建设用地区的范围，控制用地总规模。

（2）增强规划实施的动态性和弹性。针对一些经济发达地区在发展过程中遇到的规划执行问题，完善规划实施管理办法，对土地利用规划调整或修改的范围和程序，以及土地利用总体规划指标在年度之间和省（区、市）范围内相互调剂的管理方式做出规定。在用地供需矛盾突出地区开展规划修编的试点，允许因经济快速发展在规划确定的规划期限用地范围内提前实施规划，在规划后期再根据实际情况，对规划进行系统的调整。既解决不同地区建设用地需求，又防止土地资源的粗放利用。

2. 合理确定基本农田的保护比例、提高基本农田的质量

全面推行农用土地分等定级，将其作为划分基本农田保护区的重要依据。各省在满足国家制定的基本农田比例的基础上，根据省内不同地区经济发展水平、农业发展状况和耕地质

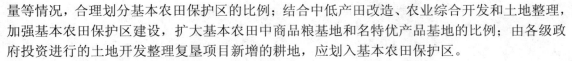

量等情况，合理划分基本农田保护区的比例；结合中低产田改造、农业综合开发和土地整理，加强基本农田保护区建设，扩大基本农田中商品粮基地和名特优产品基地的比例；由各级政府投资进行的土地开发整理复垦项目新增的耕地，应划入基本农田保护区。

3．加大土地用途管制的力度

强化土地用途管制的内容，土地用途管制不仅要对农用地转为建设用地进行管制，而且对农用地利用方式也要进行管制。农地保护的目标，是使农地得到永续利用。农地保护不是消极的限制，而是积极的促进农地合理利用，提高生产能力。因此，应通过对农地利用管制促使其合理利用，农地管制包括农地农用和农地非农化管制两个方面，对比现行土地用途管制措施的执行情况，国家应加强对农地农用的管制。

（三）土地整理战略措施

土地整理是我国社会经济发展和土地利用战略的必然选择。首先，土地整理日益成为补充耕地的重要途径。我国处在社会经济快速发展阶段，建设用地长期居高不下，按照建设占用耕地占补平衡的要求，必须补充相应数量和质量的耕地，而我国宜耕后备土地资源日益匮乏，开发制约因素越来越大，因此必须寻找其他途径。实践证明，土地整理具有相当大的潜力，可以成为未来补充耕地的主要来源。其次，土地整理可以有效缓解各业的用地矛盾。通过田、水、路、林、村的综合整治，提高土地利用率，既可以增加有效耕地面积，又可以增加其他农用地和建设用地面积，促进各业的发展。最后，土地整理有利于改善生态环境。土地整理与土地开发不同，它不仅不会破坏生态环境，而且可以显著改善生态环境和农村生产、生活条件，实现社会效益、生态效益和经济效益的协调统一。从一定意义上说，土地整理反映了现代化的生产方式、物质文化生活、环境条件的需要，是社会经济发展到一定阶段的产物。

（四）"三个集中"战略措施

（1）提高产业集聚度。一是加快产业发展，增强经济实力。首先要紧紧抓住当前世界制造业转移这一机遇，大力吸引外资，促进国外大企业落户郊区，建设大工业基地，提高产业能级。其次要为大工业园区配套。以各类产业基地和装备工业、造船、港口机械业等一批重点园区和企业为主导，开发相关的产业链，积极发展为大工业园区配套的产业，形成具有一定规模的郊区产业群。二是调整行政建制，加快园区整合。三是制定相关政策，加强产业引导。四是完善考核办法，促进产业集聚。对区县、乡镇的考核，要根据不同区位、不同产业、不同功能区域实行差别化标准，同时辅之以相应的奖惩办法；要研究解决区县、乡镇招商引资项目跨行政区域落户问题，逐步形成突破行政壁垒的区域经济联合体运行模式。促进产业有序有度的集聚，产生应有的集聚效应。

（2）加快人口向市郊城镇集居的对策。一是建设城市体系，促进人口集聚。建设新城是大城市缓解中心城区压力，平衡区域经济，促进郊区城市发展的重要手段。国际主要的都市区发展的趋势是：人口从中心城市向郊区疏散，形成郊区独立的城市次中心，最终构成中心城市和周边城市共同组成的大都市区。只有结合乡村与城市的优势，形成多中心组团式的城市结构，城市才能获得最佳的社会经济环境综合效益。城市化是城乡协调发展的产物，小城镇是城市化不可分割的部分。二是结合产业发展，规划郊区城镇，形成区域中心。工业化带来城市化。无论是工业经济时代还是信息化时代，企业总是离不开城市而生存，企业越集聚，越需要城市空间集聚效应来保证；城市的发展必须依托产业的发展，大工业引导人口的大集聚、带动商业的大繁荣、促进城市的大发展。因此，郊区城镇建设要与产业匹配，围绕产业的导向，充分发挥产业对人口的集聚作用，依托产业发展进行城镇规划。三是大力发展社会事业和轨道交通，加快人口集聚。在郊区经济发展和城市建设中，要高度重视教、科、文、卫、体等社会事业的配套建设，逐步建成与国际大都市相称的学校、医院、文化、体育、娱乐、休闲等设施，提升郊区的人文环境。加快交通建设，在中心城市与新型城市之间，优先发展轨道交通，以增强新城市的吸引力。四是解决好离土农民问题。对离土农民就业、动拆迁安置、农村宅基地置换城镇住房、土地换社保、土地换就业等问题，要有相应的政策、措施。解决离土农民的非农就业和退休养老问题，增强离土农民的就业竞争能力，增强农民进城居住的积极性。

（3）促进土地规模经营。一是强化土地管理，加快集约经营进程。加快土地集约，推进土地向规模经营集中。借鉴城市房地产开发管理实行的土地储备制度，在郊区探索建立"土地银行"，进行土地集中储备的试点。拟区分近、中、远郊不同区位分步实行。通过体制、机制创新，加大土地清理力度，加快土地集约和规模经营进程。二是重视发展现代农业，加大土地集中规模。学习和引进国外先进的农业技术，引进和培养一批懂得现代农业技术，善于集约经营管理的人才，辅之以现代农业的社会化服务体系和科技设施，加大农业的科技投入，加快现代农业园区的建设，重点发展高附加值的项目，优化农业产业结构，做大现代农业，推进农业集约经营，逐步形成土地集中的规模。

（五）土地生态保护和建设战略

1. 加强农田生态环境保护

以耕地资源永续利用为目标，加强耕地特别是基本农田的质量保护。结合土地整理和修筑梯田、改良土壤、营造农田防护林等综合措施，培肥地力，改善农田生态环境。加强农田水利设施建设，扩大农田灌溉面积。采取措施防治工业特别是乡镇企业对土地的污染，控制高残留化学膜和农药的使用。

2. 加快林业生态体系工程建设

加强森林资源保护，保障重点防护林体系工程建设，改善生态环境。重点防护林体系工程分别是："三北"防护林体系工程，长江中上游防护林体系工程，沿海防护林体系工程，平原绿化工程，太行山绿化工程，黄河中游防护林体系工程，淮河太湖流域防护林体系工程，珠江流域防护林体系工程，辽河流域防护林体系工程等。

3. 积极开展土地退化的防治

要以黄河中上游地区、长江中上游地区为重点，进一步加大水土流失的治理力度。禁止开垦陡坡地。对已经开垦大于 25°的陡坡耕地，要根据条件与可能，有计划、有步骤地退耕还林、还草。大江大河两岸及其他生态脆弱地区的陡坡耕地要尽快全部退耕。对 25°以下缓坡耕地，要积极采用"坡改梯"和改进耕作技术等措施，减少水土流失。要以小流域为单元实行综合治理。水土流失治理的重点地区是：黄河中上游地区特别是黄土高原地区，长江中上游地区，太行山—伏牛山地区，吕梁山地区，沂蒙山地区，大别山地区，江南丘陵，湘黔贵地区，云浮山地区等。积极开展防沙治沙工作。采取生物措施与工程措施相结合，增加沙区植被，建立防、治、用有机结合的荒漠化防治体系。着重抓好"三北"风沙综合防治区重点工程和试验示范区的建设。重点地区是：毛乌素沙漠及边缘地区，巴丹吉林—腾格里沙漠及边缘地区，古尔班通古特沙漠及边缘地区，塔克拉玛干沙漠及边缘地区，柴达木盆地戈壁及边缘地区等。要把退耕还牧、保护草场资源与改良草场、建设人工和半人工草场结合起来，综合治理退化草原。草原治理的重点地区是：呼伦贝尔地区，内蒙古干草原地区，北疆戈壁荒漠草原，南疆荒漠草原等。

4. 加强自然保护区和湿地的保护

按照全面规划、积极保护、科学管理、永续利用的方针，建立和完善全国自然保护区网络，扩大自然保护区规模。自然保护区面积占国土面积达到 8%。加强湿地、红树林和河口生态系统的保护。湿地、红树林、河口生态系统的保护和开发利用必须纳入当地的土地利用总体规划，禁止盲目围垦和建设。

（六）土地市场建设战略

在土地市场建设方面，清理土地非法交易、整顿土地市场秩序是关键。严格执法，利用法律、政策、经济等综合手段，堵住土地非法交易的暗流，真正实现政府对土地一级市场的高度垄断。只有这样，才能逐步实现土地供应从增量为主到盘活存量、控制增量的转变。我国土地市场建设的着眼点有以下四个方面：

（1）加快制定和完善有关法律法规。随着土地使用制度的深化改革，特别是我国加入WTO 以后，土地市场发展的形势对制度建设与完善提出了迫切的要求，需要对土地的招标拍卖和挂牌行为制定出全国统一的具体规范，来保证政府出让土地所有权行为过程中的制度化管理。重点制定出土地使有权公开交易、土地收购储备、闲置土地处置、国有土地使用权租赁、土地价格管理等法规、政策，来规范土地市场。制度建设和法制化管理是根治腐败的良方，也是促进土地市场规范运行、保证土地市场协调发展的重要措施。

（2）界定强制进入交易市场的土地使用权种类。在新一轮的土地市场建设过程中，必须严格界定强制进入市场交易的土地使用权范围，强制入市的土地使用权应包括行政划拨土地使用权转让、集体非农建设用地转让、政府限制转让或出让合同约定限制转让的出让土地使用权。归结起来就是，只要土地使用权尚未成为企业法人的财产权，或虽然成为企业法人财产，但尚不符合法定或约定的转让条件的，均需强制入市交易。

（3）改革创新，引入土地使用权挂牌出让的新方式。挂牌出让实质上是借鉴香港申请制度下的卖地程序而采取的一种公平竞价交易方式。挂牌出让的项目用地，应在项目出让前，由所在市、县土地行政主管部门将拟出让地块的位置、面积、用途、年限、地价等内容，在地产市场内挂牌或在指定的媒体上公布。

（4）转变观念，实现土地所有权交易信息的公开透明。信息是土地交易的基础条件，也是政府宏观调控土地市场的基础条件。信息如果不公开透明，市场就难以健康发展。相反，如果信息是公开、透明的，土地的交易成本就会降低，交易机会就会上升，交易效率也会提高。公布信息，引导需求，是市场经济条件下，政府对纳税人承担的一项法定义务，也是WTO 中一个很重要的基本原则，即公开化的原则。但是，目前部分地区仍对许多土地政策、地价信息、登记信息和交易信息采取秘而不宣或由少数人掌握的管理方式，严重干扰了土地有形市场的建设。因此，必须转变观念，尽快在土地有形市场中公布相关的用地信息，以引导交易，增强土地市场的活力。具体而言，下列信息必须系统化地予以及时公布：土地供应计划及供应信息；土地使用权招标拍卖成交信息；基准地价、标定地价和监测点地价信息；土地使用权交易价格信息。

深化土地使用制度改革，规范土地市场重要意义在于有利于政府加强对市场的宏观控制；有利于从源头和制度上保证土地交易工作的廉政建设；有利于按照市场经济的要求，建立公开、公平、公正的资源性资产配置的新机制。当然，建立一个健康、有效的土地市场，离不开严格的管理，更离不开周到、细致的服务。

（七）利用国际资源战略措施

从长远看，为了减轻国内土地资源的压力，在不影响国家安全的前提下，应根据国际市场粮食供求状况，考虑进口一部分粮食，以便缓解为确保粮食安全、经济建设、生态环境建设对耕地资源造成的压力。应从耕地总量及生产能力的角度考虑粮食安全问题，科学合理地确定粮食安全的基本尺度及一定时期内耕地保有的最大量，真正实现土地资源的最佳配置和利用，确保土地资源的可持续利用。

粮食属于土地密集型产品，通常非粮食产品属于劳动密集型产品。从资源禀赋的角度看，土地是我国相对短缺的资源，而劳动力则是我国最充裕的资源。在国际贸易中，我国的非粮食产品一般比粮食产品更具优势，而粮食从总体上讲没有竞争优势。国内的资源和市场，是解决我国粮食问题的出发点和立足点。粮食生产要有效地利用国内资源和国际资源。利用国际资源最一般的途径，就是国际贸易。除此之外，我国土地资源稀缺，到国外租用或购买土地，投资生产粮食是一条可行的途径，可选择地广人稀的国家，如巴西、阿根廷等。在租用或购买的土地上建立农场，以我国廉价的劳动力进行生产，生产的粮食可以直接供给我国国内市场，也可按比较优势参与国际贸易，如生产大米出口换取小麦。引进国外先进技术和资金，改造中国的传统农业，增加我国的粮食产量，提高粮食品质，也是利用国际资源保障中国粮食安全的有效途径。

五、土地管理体制改革

（一）加强土地规划管理

我国目前在土地规划管理方面存在的主要问题有：①规划编制和实施的透明度不高，专家咨询和公众参与程度低，规划变成了领导意图，规划科学性不强，政策连贯性、整体性差，规划跟着领导转，一任领导一个规划；②执行不严，实施过程中行政干预严重，领导带头违反规划，根据需要随意调整规划；③规划管理人员缺乏，业务水平还比较低；④规划管理手段落后，新技术没有得到广泛应用，无法对土地利用规划执行情况实行实时动态监控，客观上给随意调整规划创造了条件，有些地方存在图、数不一致的现象；⑤保障规划实施的手段单一，缺乏有效的法律措施、经济措施。规划的全部意义在于实施。规划编制的过程是短暂的、一次性的，规划实施的过程是长期的，规划能否从纸上落实到空间上，关键在于建立起一套行之有效的实施保障体系。

加强土地规划管理，要从下面几方面着手：①建立规划公告制度，市（县）和乡（镇）土地利用总体规划经批准后，应当公告，并广泛宣传，接受社会对规划实施的监督；②强化土地利用的计划指标控制，土地利用总体规划确定的主要控制指标通过中期和年度土地利用计划实施，建设用地凡由国务院审批的，其占用耕地计划指标留归中央掌握；凡由省级审批的，其占用耕地指标经综合平衡后再下达省、自治区、直辖市；③强化建设用地的规划管理，依据土地利用总体规划和相关专项规划对建设项目用地进行预审，根据规划严格审查项目用地规模、布局、占补挂钩措施和用地计划指标，建设项目用地的验收，要检查执行规划和落实占补挂钩措施的情况，要依据土地利用总体规划，审核城市规划和村镇规划的建设用地规模，城市规划和村镇规划的建设用地规模和范围，如与土地利用总体规划确定的城市、村镇建设用地规模和范围不一致，应在土地利用总体规划确定的城市、村镇建设用地规模和范围内审批用地；④完善农用地的规划管理，落实农用地转用审批制度，严格限制农用地转为建设用地。农用地转为建设用地，必须符合土地利用总体规划确定的土地用途，不符合规划用途的不得转用，对个别确需转用的，应依据有关法律规定修改规划后方可转用；⑤加强土地整理和未利用地开发的规划管理，要依据土地利用总体规划，加强土地整理和未利用地开发的审批管理，确保土地整理、开发活动规范、有序地进行，切实保护生态环境；⑥根据国民经济和社会发展的需要及《土地管理法》有关规定，适时修改、调整、完善土地利用总体规划。

（二）完善土地税费体系

土地税费是政府调节土地资源配置，保护和合理利用土地资源的一个不可或缺的经济杠杆。在市场经济条件下，各个市场主体的行为，以利益最大化为目标，主体对土地的需求量和如何使用土地，取决于占有和使用土地可能获得的收益状况。因此，政府要调节土地资源的利用行为，只有通过调节土地资源利益分配，才能切实发挥作用。在市场经济条件下，税收作为一个最有力的调节利益分配的手段，已为各国调节土地资源配置和强化土地管理的实践所证明。目前我国土地税收体系中存在的主要问题是土地税费庞杂，对土地流转征收的税费较高，限制了土地的正常流转，不利于土地资源的优化配置；各税种在设置上不够协调统一，使得各税种不能配合发生作用。今后土地税费改革应着重在以下方面进行：

（1）提高土地的保有税，降低土地的流转税，促进土地合理流转。我国土地保有环节和流转环节税负水平不合理。我国的土地保有税主要有城镇土地使用税，税率较低，保有成本过小，不利于低效利用的存量土地入市。同时，对土地的流转征收土地增值税，实行超额累进税率，税率偏高，加大了土地交易成本，阻碍了土地的流转，不利于城镇土地的合理、集约、高效利用。因此，一方面，应适当提高城镇土地使用税等保有税，另一方面，应降低土地增值税，以消除现行税制抑制土地投机作用有余、促进土地流转、合理使用土地不足的弊端。

（2）建立从价征税制度。现行的城镇土地使用税按面积征收，计税依据与土地财产价值严重背离，不符合税收公平原则，也不符合社会主义市场经济规律。应改城镇土地使用税按面积征收的从量税为按土地价格征收的从价税，课税目的由调节土地级差收入改为促进城镇建设用地合理、高效利用，课税对象为城镇建设用地，包括城镇中的内外资企业用地，乡镇企业用地和其他非农建设用地，以使税制公平。

（3）建立良好的、相互协调的税收体系。我国目前主要的土地税种税率轻重不协调，妨碍税收功能的正常发挥，集中表现在土地增值税与耕地占用税、城镇土地使用税等三个主体税种税率的畸轻畸重上。耕地占用税的目的是保护耕地；城镇土地使用税的目的是调节土地级差收益，促进土地合理使用；土地增值税的目的是调节土地增值收益，抑制土地投机。孤立地看这三个税种，各自税率设置的政策目标是明确的，各有侧重和特定的设置背景。但将三个税种联系起来看，土地增值税采用四级超额累进税率，最低税率为30%，最高为60%，这样高的税率，虽然对抑制土地投机有重要作用，但不能配合耕地占用税和土地使用税调节土地合理使用的功能。耕地占用税和城镇土地使用税采取的是固定税率，并且实行的是轻税政策，税率较低，相对高额的土地开发费用来讲，几乎微乎其微。在旨在抑制过多占用土地的耕地占用税和城镇土地使用税起不到应有作用的情况下，开征了高额累进税率的土地增值税，在遏制土地投机的同时，也阻碍了土地的正常流通，反而鼓励了土地过多占用。

（4）增设新的税种。为促进土地充分合理利用，可考虑增设"土地特别保有税"，对过多保有土地和闲置土地征税，对闲置土地可采用高额累进税率；对土地投机等不正常的土地流通，可增设"土地超短期转让税"，对取得土地时间不长，没有达到规定的期限就转让者征税，可采用累进税率，期限越短，税率越高。

（三）加强土地法制建设，完善土地产权制度

加强土地法制建设，首先是要制定《土地管理法》的配套法规和规章，逐步形成适应社会主义市场经济体制要求的比较完善的土地法律、法规和标准体系。其次要加大规划执法力度，建立经常性的规划监督管理制度，并与开展执法检查紧密结合起来，严肃查处有法不依、执法不严和以言代法、以权代法的违法行为；违反土地利用总体规划、破坏耕地的要坚决查处，对构成犯罪的，要按照《刑法》追究刑事责任。

完善的财产权利制度和财产权保护制度，是市场交易的基础，也是建立社会主义民主与法治的前提。改革开放后，我国从不同层面和角度对土地权利做出了规定，土地权利在土地法律制度中的地位已大大提升，对于规范市场发展，保护相关权利人的合法权益发挥了重要作用。但是，与市场经济发展的要求相比，土地产权制度还存在一些亟待解决的问题。首先，对两种土地所有权给予平等的保护，限制征地权的行使，严格禁止借公共权力侵犯集体土地所有权。公共权力只能应用于管理社会公共事务和为社会公共利益服务，而不能利用其强制力为政府及其职能部门谋取利益。其次，完善国家土地所有权制度。鉴于中央和地方已实行分税制，而土地收益基本全部下放地方政府的实际情况，实行国有土地完全由中央政府所有显然是不现实的，而继续实行现行"国家所有，各级政府分级管理"的国有土地所有权制度，各级政府权责不明。建议借鉴国外的公法人制度，实行中央、省、市（地）、县（市）和乡（镇）政府分级所有的制度。最后，进一步完善集体土地所有权制度，明确集体土地所有权的主体、内容及其收益分配制度，承认乡（镇）集体、村、组土地所有权主体具有相互平等、独立、互不隶属的法律地位，依法确认并登记其土地的所有权。特别要保护以村民小组为主体的农村集体土地所有权，从法律上明确禁止乡镇、村及其他行政组织凭借行政权力侵犯其土地所有权及其他土地财产权。

（四）改革土地征用制度

土地征用问题是在经济发展和社会转轨过程中产生的，必须通过不断改革来加以解决。改革土地征用制度的核心，是深化农地产权制度改革，理顺农地产权关系和合理界定国家、集体和农民三者利益关系问题。

1. 深化集体土地产权制度改革

首先，明晰集体土地所有权代表主体。法律明确规定集体土地产权的唯一主体是村集体经济组织，撤销村民小组的集体土地所有权与乡镇的集体土地所有权。其次，完善集体土地使用权制度。在现有农村土地承包经营政策长期不变的基础上，明确界定农民承包者拥有土地的占有、使用、收益、处分的权利以及继承、转让等衍生权利。

2. 严格界定征地范围

土地征用应严格区分为公益性用地和经营性用地两类。公益性用地继续实行现行的土地征用制度，由政府直接向农民征地；经营性用地实行市场购买制，建立集体土地流转市场，由土地使用者直接向农民集体购买，政府只管审批、监管、收税和登记。首先，明确公共利

益的内涵。其次，改变对公共利益的概括性规定方式。应将"公共利益"的目的具体列举，严格限定公共利益范围，使其与划拨取得土地使用权的条件范围相一致。最后，建立征用审核制度，对征地用途进行严格审核。

3. 允许集体土地使用权流转

在明晰集体土地产权关系的前提下，参照国有土地使用制度改革的模式，实行集体土地所有权、使用权两权分离，将市场化手段引入征地制度，构建集体土地使用权有偿、有限期、可流动的使用制度，真正实现"两种产权，一个市场，一套政策"的城乡建设用地统一市场。第一，应尽快出台《农村集体建设用地使用权流转办法》，使农地流转有可操作的明确法律依据。第二，实行城乡统一的建设用地规划分区。第三，改变市场准入规则。第四，加强对集体土地交易的宏观调控和管理。第五，逐步建立与城镇地价体系相衔接的农村集体建设用地地价体系。第六，建立合理的利益分享机制，农民集体向政府缴纳相应的土地税费。

（五）改革土地使用制度

深化土地使用制度改革，是土地管理事业的生机和活力所在，是进一步发挥土地资产效益、服务经济建设大局的需要，也是切实贯彻保护耕地基本国策的关键手段。深化土地使用制度改革，关键是进一步扩大土地有偿使用范围，规范土地市场建设，用好市场这只"巨手"。近年来，我国在深化土地使用制度改革方面取得了长足进展，其中包括进一步推进了土地招标拍卖和土地租赁、授权经营、作价出资等新的土地有偿使用方式；加强了国有企业土地资产管理；着力促进了全国闲置土地的消化利用；建立了建设用地信息发布制度；推进了土地有形市场的建设；推进了中介机构的脱钩、中介组织的培育等。

今后如何进一步深化土地使用制度改革，规范土地市场建设，具体有几个重要目标。一是扩大有偿使用范围，搞好增量土地使用改革。在严格控制增量土地的同时，除法律规定的划拨用地实行划拨外，其他用地一律有偿使用。要大力推行招标拍卖，减少协议出让；要结合实施小城镇发展战略，把小城镇建设用地改革放在重要位置，做到按规划、有计划、分重点、集约利用，切实做到耕地占一补一。二是把改革的重点放在存量土地的使用上，抓好企业土地资产处置、旧城改造、划拨土地进入市场管理这三个环节。三是完善和建立土地市场调控体系、管理体系、服务体系。调控体系的建立，包括要制定科学的土地利用规划，制定新增和原有建设用地在内的土地供应计划，存量土地必须纳入计划；要建立土地收购储备制度，调控市场供应总量，并运用地价手段调控市场。管理体系的建立首先要把住市场准入关，对交易行为进行审查；土地登记是规范土地市场的根本性措施，因此要抓好土地登记。服务体系的建立，包括要实行信息发布制度、土地登记公开查询制度，要发展中介机构，大力培育土地有形市场。

当前深化土地使用制度改革的工作重点，首先是积极稳妥地推进闲置土地的消化利用，研究多种消化利用、处置闲置土地的方式；大力推进土地储备，完善土地储备制度，对规划措施漏洞进行补救；进一步加强土地有形市场的建设，为土地交易行为提供一个环境比较好的场所。

第六章

能源资源的开发及有效利用

能源是社会发展和经济增长最基本的驱动力，是人类赖以生存的基础。在全球经济高速发展和竞争日益激烈的今天，能源安全已上升到了国家的高度，各国都制定了以能源供应安全为核心的能源政策。人类在享受能源带来的社会经济发展、科技进步等利益的同时，也遇到一系列无法避免的能源安全挑战，如能源短缺、资源争夺以及过度使用能源造成的环境污染等，这迫使人类重新思考能源的合理开发与有效利用问题。

第一节 能 源 概 述

一、能源、能源分类及能源特征

（一）能源

能源亦称能量资源或能源资源，是可产生各种能量（如热量、电能、光能和机械能等）或可做功的物质的统称，或者说，是指能够直接取得或通过加工、转换而取得有用能的各种资源，包括煤炭、原油、天然气、煤层气、水能、核能、风能、太阳能、地热能、生物质能等一次能源和电力、热力、成品油等二次能源，以及其他新能源和可再生能源。

（二）能源的分类及其意义

能源可以从不同的角度进行分类。从能源再生能力的角度，可以将能源划分为可再生能源和不可再生能源，前者是指能够在消耗后不断得到补充的一次能源，如水力、太阳能、生物能、电力等，而后者则是指需要经过亿万年才能形成而短期内无法再生的能源。

从能源的使用是否经过加工的角度，可将能源分为一次（初级）能源和二次能源。一次能源是指人类直接从自然界取得，而不改变其基本形态就直接使用的能源。二次能源则是指将从自然界得到的能源进行加工以后，转换成另一种形态后再进行使用的能源，如电力、水力等。

从能源的利用技术状况角度，可将其分为常规能源和新能源两大类。所谓常规能源，就是已经被人类利用多年，而且现在还在大规模使用的能源，如煤炭、石油、天然气等。世界能源消费基本上都来自于这些能源的供应。新能源则是指近些年才开始被人类利用或者原来的能源被现在用新的方式来利用的能源，如太阳能、地热能、海洋能等。常规能源和新能源是一组相对的概念，在不同的科学技术条件下，他们的概念内涵是不一样的。新能源经过长期的利用可以称作常规能源，而常规能源被赋予新的利用方式后又可以称为新能源。

（三）能源资源的特征

能源资源有相互替代性、转化性和品质的差异性三个特征。

（1）能源利用的相互替代性。能源资源的一个显著特点就是可以互相替代。也就是说，某些不同的能源经过不同利用方式的处理，可以为人类带来相同的结果。比如说，水可以用来发电，铀能也可以用来发电等。人类历史上每次重大的飞跃，都伴随着能源资源的革命。从最早用树叶裹体保暖的时代过渡到火的利用，从用火取暖的时代到煤炭时代的来临，再到石油资源的大规模取代煤炭，无不体现了能源的相互替代性。

（2）能源资源的转化性。能源资源的转化性，是指能源从自然界的最初形态，通过一系列的加工和传递，转化成能被人类利用的能源，最常见的是由煤、石油、天然气、水力资源转化成的电力能源，就是能源资源的转化性的体现。一般来说，石油等资源经过从燃料到热能再到机械能再到电能的过程，才能转化成电能。煤、石油、天然气等能源资源不能被人类直接利用，正因为能源的转化性，使他们能转化为各种人类可直接使用的能源。

（3）能源资源品质的差异性。能源资源的品质，是指能源转化为人类直接使用的资源时数量上的多少。不同的能源有不同的标准来衡量其品质。例如，化石燃料都是通过燃烧转化为热量被人们使用的，因此其品质就可以用热量单位焦耳来衡量。煤与石油的热值差别很大，石油的热值是煤的两倍，因此，石油的品质是煤品质的两倍。而风能和水能，可以通过它们工作时能转化成的电力电量来衡量其品质。可见，不同的资源之间存在着品质上的差异性。

二、能源相关知识

（一）能源生产与消费结构

能源结构是各种不同能源的数量，在一定时期用其热值转换成同样的计算单位后，各自在总量中所占的比重。能源资源结构决定了社会生产发展的能源生产结构和能源消费结构。

能源生产结构，通常是指一个国家或者地区，在一定时期的各种一次性能源产品在所有一次能源产品中所占的比例。一次能源产品生产总量包括原煤生产量、原油生产量、天然气生产量和水电生产量，不包括生物能源的利用和由一次能源加工转换而成的二次能源产品的生产量。因此，能源生产结构，也就是指原煤、原油、天然气、水电产品生产量在一次能源产品生产总量中的比例。目前，世界上的能源以煤炭和石油为主，因此，全世界一般有两大能源生产结构。一种是煤炭生产结构，即原煤的生产量所占的比例最大；另一种是以石油为主的能源生产结构，即原油生产量占一次能源的比重较大。

能源消费结构，是指一定时期内社会所消费的能源产品的数量比例关系。能源消费结构从质和量的变化，都反映着人类社会生产力的发展和人类文明的成果。能源质量的提高和品种数量的增加，无不体现着人类科技和文明的进步。能源消费结构根据不同的需要，从不同的角度看，可划分为以下几种不同类型：

（1）能源消费的品种结构，即在社会能源消费总量中各种能源产品消费的数量比例关系。能源消费的品种结构，反映了社会消费的结构，有利于从宏观上对各种资源的合理配置。

（2）能源消费的部门结构，即能源在国民经济各部门之间消费数量的比例关系。能源消费的部门大概可以分为工业、交通运输业、农业等。能源消费的部门结构，体现着国家经济发展的水平以及经济结构的差别。

（3）能源消费的区域结构，即能源在世界不同国家或区域消费数量的比例与品种比例关系。能源消费在任何地方都存在着地区差异。发达国家能源消费占世界能源消费的一半以上。

（二）能源弹性系数

能源弹性系数亦称能源弹性。弹性可简单地理解为反应性或敏感性，它是衡量某一变量的变化所引起的另一相关变量的相对变化的指标，通常表示为在某一变量变化 1%时，另一变量变化的相对程度。

能源与很多经济现象存在着相互依存和制约的数量关系。为研究能源在社会经济发展中的作用，分析能源生产增长与能源消费增长对经济增长的影响，可分别计算能源生产弹性系数和能源消费弹性系数，反映能源的发展与社会经济的发展间相互制约的关系以及发展趋势和规律。能源弹性系数的基本计算公式为

能源弹性系数=能源量的增长率÷经济总量的增长率

能源量即能源生产总量或能源消费总量。生产总量是指一次能源生产总量，不包括二次能源产量；经济总量一般采用国内生产总值或工业总产值等指标。例如，能源消费弹性系数，是指能源消费总量增长率与经济总量增长率的比值，从总体上综合反映能源消费总量增长同经济增长之间的相互关系，计算公式为

能源消费弹性系数=能源消费量年平均增长速度÷国内生产总值（或工业总产值）年平均增长速度

能源弹性系数是一个使用方便、综合性强并能概括多种影响因素的指标。

（三）能源平衡表的建立与应用

能源平衡表是现代能源分析的重要手段，它以表格的形式综合了能源系统的数据，对能源系统进行简明科学的描述。能源平衡表的作用主要体现在以下几点：①记录和分析能源系统的状况；②研究能源与国民经济其他部门以及与人民生活的关系，为制定能源政策，确定资源配置方案提供依据；③为节能和发掘提高能源的利用效率提供数据和手段。

能源平衡表一般为矩阵式，主栏项目表示能源在系统内流向的环节或部门，宾栏项目为各种能源。我国能源平衡表的结构一般在平衡表的主栏表示生产、加工转换和能源消费等各个环节的情况，宾栏中综合能源平衡表内的能源项是指各种商品能源的标准煤，不包括非商品的能源在内。下面是某地区 2010—2013 年的综合能源平衡，如表 6-1 所示。

表 6-1　　　　　　　**2010—2013 年综合能源平衡表**　　　　　　单位：万 t 标准煤

项　　目	2010 年	2011 年	2012 年	2013 年
可供消费的能源总量	115150	125310	144319	168487
一次能源生产量	106988	120900	138369	159912
回收能	1760	1859	1908	2043
进口量	14331	13471	15769	20048
出口量	9026	11145	11017	12701
年初年末库存差额	1097	225	−710	−814
能源消费总量	130297	134915	148222	170943
在总量中				
1. 农、林、牧、渔、水利业	5787	6233	6514	6603
2. 工业	89634	92347	102181	119627
3. 建筑业	1433	1453	1610	1772
4. 交通运输、仓储及邮电通讯业	9916	10257	11087	12740

续表

项　目	2010 年	2011 年	2012 年	2013 年
5. 商业、饮食、供销和仓储业	2893	3165	3464	4116
6. 其他	5722	6034	6333	6816
7. 生活消费	14912	15427	17033	19268
在总量中				
（一）终端消费	124032	128951	140847	162882
工业	83707	86711	95143	111873
（二）加工转换损失量	2372	2011	2612	3090
炼焦	487	387	322	495
炼油	781	636	1015	1092
（三）损失量	3893	3953	4763	4971
平衡差额	−15147	−9605	−3903	−2455

注　1. 电力、热力按等价热值折算，因此加工转换损失量中不包括发电、供热损失量。

　　2. 进口量包括本国飞机、轮船在国外加油量；出口量包括外国飞机、轮船在本国加油量。

三、我国能源概况与发展战略

（一）我国能源资源概况

2012 年 10 月发表的《中国的能源政策（2012）》白皮书显示，我国拥有较为丰富的化石能源资源。其中，煤炭占主导地位，保有资源量 10345 亿 t，剩余探明可采储量约占世界的 13%，列世界第三位。已探明的石油、天然气资源储量相对不足，油页岩、煤层气等非常规化石能源储量潜力较大。中国拥有较为丰富的可再生能源资源。水力资源理论蕴藏量折合年发电量为 6.19 万亿 kWh，经济可开发年发电量约 1.76 万亿 kWh，相当于世界水力资源量的 12%，列世界首位。

然而，我国人口众多，人均能源资源拥有量在世界上处于较低水平。煤炭和水力资源人均拥有量相当于世界平均水平的 50%，石油、天然气人均资源量仅为世界平均水平的 1/15 左右。耕地资源不足世界人均水平的 30%，制约了生物质能源的开发。此外，我国能源资源分布广而不均。煤炭资源主要赋存在华北、西北地区，水力资源主要分布在西南地区，石油、天然气资源主要赋存在东、中、西部地区和海域。

（二）我国能源生产和消费

2011 年，中国一次能源生产总量达到 31.8 亿 t 标准煤，居世界第一。其中，原煤产量 35.2 亿 t，原油产量稳定在 2 亿 t，成品油产量 2.7 亿 t。天然气产量快速增长，达到 1031 亿 m³。电力装机容量 10.6 亿 kW，年发电量 4.7 万亿 kWh。目前，中国已成为世界上最大的能源生产国。

同时，中国也是世界第二大能源消费国。在我国的能源消费中，如表 6-2 所示，煤炭一直占主导地位，高达 70%，高出世界平均水平 40 多个百分点。我国主要的能源消费地区集中在东南沿海经济发达地区，资源赋存与能源消费地域存在明显差别。大规模、长距离的北煤南运、北油南运、西气东输、西电东送，是中国能源流向的显著特征和能源运输的基本格局，能源资源开发难度较大。同时，中国煤炭资源地质开采条件较差，大部分储量需要井工开采，极少量可供露天开采。石油天然气资源地质条件复杂，埋藏深，勘探开发技术要求较高。未开发的水力资源多集中在西南部的高山深谷，远离负荷中心，开发难度和成本较大。非常规能源资源勘探程度低，经济性较差，缺乏竞争力。

表 6-2   **2011 年我国能源消费结构**   单位：%

能源种类	中国	世界
煤炭	70.0	30.3
石油	18.0	33.0
水电	6.0	6.4
天然气	4.5	23.7
核能	0.7	4.9
再生能源	0.7	1.6

注 数据来源：BP 能源统计。

（三）我国能源发展战略

《中国的能源状况与政策》白皮书，提出了我国能源发展采取以下战略：

（1）能源发展坚持节约发展、清洁发展和安全发展。坚持发展是硬道理，用发展和改革的办法解决前进中的问题。落实科学发展观，坚持以人为本，转变发展观念，创新发展模式，提高发展质量。坚持走科技含量高、资源消耗低、环境污染少、经济效益好、安全有保障的能源发展道路，最大程度地实现能源的全面、协调和可持续发展。

（2）能源发展坚持立足国内的基本方针和对外开放的基本国策，以国内能源的稳定增长，保证能源的稳定供应，促进世界能源的共同发展。中国能源的发展将给世界各国带来更多的发展机遇，将给国际市场带来广阔的发展空间，将为世界能源安全与稳定做出积极的贡献。因此，我国能源战略的基本内容应当是：坚持节约优先、立足国内、多元发展、依靠科技、保护环境、加强国际互利合作，努力构筑稳定、经济、清洁、安全的能源供应体系，以能源的可持续发展支持经济社会的可持续发展。

第二节　石油天然气的开发利用与合理配置

一、世界油气资源的基本格局

（一）世界油气资源丰富，分布不均

世界油气资源丰富，全世界的石油资源总量为 2272.5bbl，原油 3113 亿 t，天然气总量为 11567.6tcf，天然气为 327.4 万亿 m³。从这些数据可以看出，世界油气资源总体比较丰富，但各洲和地区的油气分布并不均匀。世界各地区油气资源基本分布情况如表 6-3 所示。

表 6-3   **世界各地区油气资源分布**

地区	石油资源总量（bbl）	原油（亿 t）	天然气资源总量（tcf）	天然气（万亿 m³）
中东	899.2	1231.8	2585.7	73.2

地区	石油资源总量（bbl）	原油（亿 t）	天然气资源总量（tcf）	天然气（万亿 m³）
南美	185.5	254.1	485.3	13.7
欧洲	89.5	122.6	756.9	21.4
俄罗斯	344.2	471.5	3785.5	107.1
非洲	170.7	233.8	746.6	21.1
北美	401.4	549.9	2151.9	60.9
亚太	170.6	233.7	936.1	26.5

注 资料来源：第十四届世界石油大会。

从表中可以看出，世界油气资源的分布极为不均匀，中东地区的油气资源十分丰富，北美和俄罗斯次之，其他地区的资源相对贫乏。

（二）世界石油供需总体平衡，但地区不平衡加剧

据国际能源机构预计，在今后近 10 年内，世界石油消费将以 1.98%的速度增长，2020年世界石油消费量预计可达 51.83 亿 t。发达国家已进入后工业社会，在节能技术、能源技术、能源效率、产业结构和替代能源开发方面，均取得长足的进步，石油需求增长速度放慢。广大发展中国家，由于经济快速增长，人民生活水平提高，而且在产业结构上接受了发达国家转承来的能源密集型产业，预计今后 10 多年的石油消费增长速度将高达 3.1%，为发达国家的 3 倍多，2020 年占世界石油消费量的比例将达 55%。

世界石油产量与需求同步增长，世界将更加依赖石油输出国组织（OPEC）。就地区而言，出现了两个逆转：第一，北美和俄罗斯产量在大幅度下降之后开始快速回升。第二，除 OPEC国家外，世界其他地区的石油产量在出现不同程度增长之后开始下降。就产量的地区分布而言，世界石油产量依然主要来自 OPEC 或 OPEC 主要成员国所在的中东地区。

世界石油可能在 2020—2030 年达到产量高峰，高峰期产量有可能在 50～55 亿 t 左右。届时，OPEC 与非 OPEC 的产量将各占一半左右，预计目前的沥青砂、重油等非常规石油资源将在未来石油产量中占有更加重要的地位。

世界地区性石油供需不平衡进一步加剧，亚太地区的供需矛盾最为尖锐。整体而言，世界石油保持供大于求态势，世界石油市场基本稳定。但是，地区性供需矛盾十分突出，特别是北美和亚太两大石油消费区的石油缺口不断加大。欧洲地区（不包括俄罗斯）因石油消费与北海油田产量均衡，供需缺口变化不大。预计到 2020 年前的这段时间，北美、欧洲、特别是亚太三个地区的石油产量都将出现下降，而石油消费又都稳定增长，势必导致供需缺口进一步拉大，其中亚太地区局势最为严重，2020 年的石油缺口将增至 16.9 亿 t，对外石油依存度不断提高，印度将高达 90%以上。

（三）世界石油资源将持续激烈争夺

自 20 世纪 70 年代世界石油危机以来，世界还没有像今天这样对石油如此关注，大国间对石油的明争暗夺愈演愈烈。其中原因之一是世界在今天不仅不能摆脱，反而更加重了对石油的依赖。目前，全球能源使用量中，石油比重最大，特别是包括中国在内的亚洲新兴经济体总体能源需求大幅增长。同时，世界石油供应市场显现不稳定状态，中东局势动荡不止，南美产油国内政不稳，OPEC 作用正在日益下滑。更令人不安的是，日本石油矿

业联盟公布的统计材料表明，地球上的石油仅可以再开采 70 年，到那时，是否有新的能源出现也未可知。

（四）中长期油价将在波动中逐步上升

国际油价的长期变化趋势，主要受世界石油供需关系的影响。预计今后 15～20 年，世界石油供需基本平衡，但是趋于紧张。以不变美元（例如 2000 年美元）计算，油价将呈平衡上升趋势。决定油价平衡上升趋势的主要因素有三：

第一，世界经济稳步发展将带动石油需求增加，但是，2000 年以来的高油价，已经使人们认识到抑制石油需求过快增长的必要性。

第二，供应完全能满足需求的增长。以沙特为主导的 OPEC 产油国，正在积极考虑增加上游的生产能力；非 OPEC 方面，俄罗斯以及海上新区产量还会继续上升；伊拉克有资源和增产的潜力，战争之后虽然局势不稳影响到产量增加，但从长远看将出现向好的趋势。

第三，非常规资源可望在不远的将来得到大规模运用，从而缓解人们对常规石油产量高峰的恐惧心理。

然而，如果受到下列因素影响，油价还可能会出现上扬。一是战争、罢工等政治突发因素影响石油生产国的正常生产秩序，并可能形成石油生产能力的破坏；二是受到产油国市场战略以及投资因素的影响，石油投资和石油供应不能及时到位的情况可能发生；三是美元继续贬值，将加剧全球性的通货膨胀。只有资金进入中东，才能把那里丰富的资源转变为有效的生产能力，进而满足不断增加的石油需求。在世界石油市场中，石油生产国和消费国既有对立的一面，也有统一的一面，在石油利益上相互斗争又相互依存。在世界石油供需平衡被打破之后，不排除中东产油国有短期操纵世界油价的可能性，我国应当抓住有利时机积极利用国外油气资源，建立稳定的国外石油供应体系，保障国家的石油安全。

二、石油安全形势与对策

（一）石油在经济体系中的重要地位

石油一向被人们视为"经济活动的血液"，石油产业作为主导产业，不仅与各产业之间有很强的关联性，同时也与人们的日常生活密切相关。石油可以制造合成纤维、合成橡胶、塑料以及农药、化肥、炸药、医药、染料、油漆、合成洗涤剂等产品，石油产品已被广泛地应用到国民经济各个部门。利用石油可以炼制汽油、煤油、柴油等燃料油和各种机器所需要的润滑油，为各种机械设备的运转提供燃料，提高运转效率，减少动力消耗。例如，以石油为燃料的运载机具占全国同类设备的比例，铁路运输占 58.1%，航空和远洋运输均占 100%。同样，在军事上，石油是重要的战略物资之一，许多新型武器，如超音速飞机、有些导弹和火箭，也都是用石油提炼出的产品作为燃料。因此，没有石油资源的充分保证，这些行业将不可能有高速发展，整个中国经济发展和国家安全也必将受到重大影响。

（二）中国石油供求状况

2011 年，我国原油消费总量 4.53 亿 t，比上年增长 3.3%，同时，国内原油市场呈现供不应求态势，对国外石油的依存度不断增加。据有关部门预测，中国石油消费量将从 2000 年的 2.3 亿 t 增长到 2020 年的 5.2 亿～5.5 亿 t。

从市场需求的行业结构来看，石化行业关联度最大，是石油和天然气行业的直接下游产业，中国石化行业的投资热点主要集中在原油、天然气加工和有机化工原料、合成材料生产等方面。交通运输业对石油的需求近年来急剧增长，已占我国石油消耗总量的 1/3。电力也是当前能源消费大户。目前中国电力主要依靠煤炭，但煤电能源消耗高，环境污染严重，从长期看，油气行业特别是天然气对于电力的重要性必然会日益彰显。

近10多年来，我国石油消费量年均增长率达到7%以上，而我国石油供应年增长率仅为1.7%。这种供求矛盾使我国自1993年成为石油净进口国之后，2004年对外依存度迅速达到42%，2007年更是达到了近50%。2007—2020年期间，我国石油天然气产量远远不能满足需求，且供需缺口越来越大。主要表现在：受我国国内石油资源的限制，2011年我国石油进口量达到2.5亿t，2020年将增加到3.2亿～3.6亿t。2011年我国石油对外依存度为60%，到2020年将达到70%左右。

过去10多年，我国成品油需求的增长速度与中国经济的增长速度保持一致，我国成品油消耗量以约8.6%的年增长率上升，并在2003年超过日本成为世界第二石油消费大国。据预测，在我国经济保持稳定发展的背景下，成品油市场未来10年内将以每年6%以上的速度增长。

（三）我国石油安全面临的挑战

随着经济的持续高速增长，我国的石油消费量将持续上升，增长幅度居全球之首，目前已经超越日本，成为继美国后全球第二大石油消费国。但是，我国的原油产量远远追不上需求的增长，对进口原油的依赖度与日俱增。2011年我国石油进口量已达到2.5亿t，2020年将增加到3.2亿～3.6亿t，石油对外依存度将达到70%左右。中国将继美国之后成为世界上第二大石油消费国和进口国。从现在起到2020年之前，正是中国经济完成工业化过程的关键时期，中国石油消费将处于迅速增长阶段。可以预见，21世纪中国石油供求将是一个长期的"瓶颈"。石油不安全的主要表现有三点，即一个国家所依赖的石油供应暂时突然中断或短缺，油价暴涨对其经济的损害以及对石油暂时突然中断或短缺和油价暴涨的应变能力。具体来说，中国石油安全面临的挑战主要包括以下几个方面：一是国内石油资源不足，原油产量不能满足需求，供需矛盾突出，进口石油依存度不断增大；二是国际石油价格波动对中国经济的影响越来越大，抵御风险的能力差；三是世界石油资源争夺日益激烈，境外资源空间逐步缩小，中国跨国公司对外直接投资时会受到西方跨国公司的挤压和地方势力的排挤；四是中国对海上石油运输通道控制薄弱，过分依赖中东和非洲地区的石油和单一的海上运输路线，将使中国石油进口的脆弱性凸现；五是缺乏健全完善的能源安全预警应急体系，没有国际公认的石油战略储备及商业储备；六是地缘政治形势复杂，美日等国在中国周边军事渗透构成威胁。

（四）保障中国石油安全的原则和对策

随着我国经济全球化进程的加快，经济持续稳定地增长，势必造成我国对石油依赖程度的增加，为保障我国石油产业安全与价格安全，必须加快构建符合我国国情的石油安全体系，具体措施如下：

1. 减轻国民经济对石油的依赖程度

（1）加快推进经济结构调整和经济增长方式转变，提高能源使用效率。油价上涨对西方发达国家的影响较小，主要源于这些国家的经济结构发生了根本性变化，单位产值的能耗大大降低。我国经济增长方式依然是粗放式的，高能耗的生产格局尚未改变，这就加大了国际油价上涨带来的风险。因此，要加快调整优化经济结构，切实转变经济增长方式，发展循环经济。要通过技术创新，提升我国产业结构，增加产品的附加值，改善经济的耗能状况；通过管理制度创新、生产工艺创新提高工业能源利用效率，走集约化的发展道路；认识节约使用能源的重要性，提高全社会能源的利用效率。

（2）发展国内生产。中国石油资源潜力很大，中国第三次油气资源基础评价的结果是，石油资源储量是 150 亿 t，随着勘探技术进步，中国的石油储量还会上升。中国油气资源探明程度较低，目前，陆上石油资源平均探明程度仅 38%，低于世界石油（45.6%）的探明率，这说明中国油气资源仍大有潜力可挖。应加大投资力度，加强石油勘探与开发工作，立足根本，保障石油供给。

（3）有效开发替代能源。在应对石油危机过程中，欧美国家成功地实施了能源多元化策略，提高了抗击石油危机的能力。法国所需电力的 78% 以上由核电供应，丹麦风能已占全国能源消费的 20% 以上。这些措施有力地缓解了石油紧张的冲击。因此，我国应积极鼓励发展替代能源，采取切实措施，大力开发利用新能源，实现能源供应多元化，减少对石油的依赖程度，缓解国际油价对我国经济的冲击。在制定中国石油安全战略时，要从整个能源战略出发，优化能源结构，降低能源结构中的石油比例，大力发展天然气和其他替代能源（如核能、水能等），进而降低国民经济发展对石油资源的过分依赖。我国煤炭资源的丰富程度和储采比要比石油大得多，煤炭洁净利用、煤炼油、玉米制造酒精技术等，可使我国石油安全压力大为减轻。另外，水力、太阳能、风能、地热利用和发电技术的日趋成熟、实用和商业化，也将大大减轻我国石油供给面临的压力。我国有丰富的天然气资源，应该加快制定优惠政策和法律法规，支持天然气工业的发展，以减轻我国石油供给面临的压力。

（4）加大开发海洋力度。多年来，许多国家已从海洋中得到巨额回报，1985 年美国的海洋产值就已达 3400 亿美元，而英国通过开采北海海底石油天然气，已由一个进口国一跃而成为世界重要石油输出国。如何尽快地将海洋资源优势转变为经济优势，已是一项十分迫切的任务。

2. 构建国际化平台，分散进口渠道，进口与投资并举

面对中国石油需求的大幅增长，为了扩大供给，中国企业除了应不断在境内开采石油外，还要通过各种方式从国际市场寻找稳定的供货渠道，积极实施"走出去"战略。迄今，我国同海外油源的合作范围已扩展到中亚的俄罗斯和阿塞拜疆，东南亚的印尼、缅甸，中东的利比亚、伊朗、阿曼，中南美洲的委内瑞拉和非洲的苏丹等地。我国与国外的很多合作项目都采取"份额油"的方式，即中国在当地的石油建设项目中参股或投资，每年从该项目的石油产量中分取一定的份额。这样一来，我国拿到手的是实物，石油进口量不至于受价格波动太大的影响。因此，国内普遍的看法是"走出去"买油不如"走出去"采油。

为了使我国石油企业加快"走出去"的步伐，国家应采取一系列措施。可以对企业在海外的油气投资活动予以税收优惠政策；国家针对中国企业海外石油直接工程项目设立投资基金，并设置政策性保险政策；进一步改变海外投资管理体制和外汇管理体制等。同时，三大石油集团在石油安全及海外投资战略中要积极配合，不断提高国际石油开发与投资参与的广度和深度，为提高我国石油安全发挥重要作用。

3. 加快建立我国石油储备安全体系

纵观发达国家在石油安全方面所做的努力可以看出：战略石油储备是保障能源安全的重要方法。为保障我国石油产业供给安全与价格安全，应加快构建符合我国国情的石油产业安全体系，逐步拓宽石油安全途径。在全球经济一体化的背景下，充分利用国际国内一切积极

因素，提高我国的石油"供给安全"。战略储备是对付石油供应短缺而设置的头道防线。同时，储备可以为调整经济增长方式，特别是能源消费方式争取时间；储备可以起到一种威慑作用，使人为的供应冲击减少。但是，其真正的作用不在于弥补损失掉的进口量，而在于节制油价的上涨。石油战略储备是一项系统工程，不可能一蹴而就，要结合我国国情，逐步建立。具体措施如下：

（1）确定适当的石油储备规模。借鉴各国建立石油储备的经验，建立储备是一个由小到大、循序渐进的过程，其发展过程依每个国家的国情、制度、财力等因素而定，没有一个绝对的标准，各国储备的规模也在不断变化和调整之中。因此，我国石油储备的目标是要尽快起步，然后逐步扩大石油储备规模。根据目前我国原油进口的依赖程度以及国家的经济能力，石油储备宜采取阶段性的目标。

（2）建立符合我国国情的石油储备模式。按照国际能源机构（IEA）的分类，目前世界上大致有公司储备、政府储备和中介组织储备3种储备体系，每个国家又有不同的组合。我国在起步阶段，宜采取政府储备和公司储备同时并举，在资金筹措上，建立国家石油储备所需的资金主要由政府承担，建立企业储备所需资金主要由企业承担。目前，中石油、中石化、中化集团等公司共同参加了国家石油战略储备计划。在我国石油储备基地建立之初，发挥公司优势相当重要。由于在市场经济条件下，储备石油会影响相关企业的效益，因此在运用法律手段明确企业义务的同时，应该给予企业一定的政策倾斜，采取适当的措施，在保证国家利益的同时，也保证企业的利益。

（3）建立和完善石油统计和报告制度。在国际能源机构和欧盟的大多数成员国制定的能源安全和石油储备法律中，大都含有对石油经营者定期报告石油生产、销售、进出口、库存统计数据的要求，通过信息的收集、分析，政府可及时跟踪和监测石油供需形势和市场变化，对石油储备应保持多大规模、应急情况下的储备投放等进行决策。目前，我国的能源统计还不够完善，特别是石油统计数据还不完全，不利于提高决策的科学性和及时性。在研究建立我国国家石油储备的过程中，应建立石油信息报告制度，完善石油统计。

4. 完善我国石油市场机制

1998年中国对石化行业进行重组，在行业内初步形成了中石化、中石油和中海油三大国有公司竞争的局面。但是，由于采取划地域而治的行业重组方式，导致产业链不匹配和市场控制力区域性不均衡，实际上形成了区域性垄断的格局。

国际上，石油市场的国际化进程很快，形成了全球化、整体化和竞争趋于均衡化的特征。国内市场必须纳入这个有机体，如此既可从市场竞争、供需矛盾的互融和平衡中得到安全保障，也可通过国内外石油公司共同参与，实现多元化的石油进口，分散进口风险。2006年底开放成品油市场后，国外成品油可长驱直入我国。面对这一形势，应首先开放国内市场，通过市场化的竞争，为国有石油企业参与开放后的角逐打下管理基础。政府继续放松石油市场准入管制，放开石油终端销售市场。一方面，在放开石油价格的同时，建立起宏观调控机制，真正掌握住市场管理和调控权；另一方面，打破国内石油市场的地域垄断，积极培养市场主体，从开放市场、完善和规范市场入手，制定市场规则，形成合理、有序的竞争格局，比如将分别隶属于铁路、交通、民航、农业、林业等系统的石油专项用户的油品供应系统剥离出来，组建独立的石油销售公司，并享有石油进出口权，使之成为真正的石油市场主体。同时，鼓励民营等其他社会资金进入石油流通领域，营造健康有序的石油市场。

5. 加快油品期货市场建设

中国已是世界上第二大石油消费国，但石油产品定价机制的市场化程度还不高。由于国内没有成熟的石油市场，石油产品价格由政府根据国际市场价格统一确定，这样的定价机制使我国只能被动地接受国际石油价格。2004 年，上海期货交易所的燃料油期货交易正式开张，此举有望通过期货市场特有的价格发现和套期保值功能，促进国内石油产品定价机制的市场化进程，增加我国在国际燃料油定价中的话语权，规避油价剧烈波动给国内企业带来的风险。

6. 建立和完善石油产业安全监管体系

中国对石油的依赖不断增加，必须要有一个协调能源政策、主管能源的政府机构，形成一个从中央到地方统一的、以能源战略管理为核心的能源监管体系，出台一些针对能源安全的方法措施。在一个部门集中能源行业的专家和知识，将有助于制定宏观能源经济政策和加速石油安全管理问题的解决。

7. 运用外交战略保障我国石油安全

未来中国经济的发展与国际资源具有很大的相关性，而这种相关性又具有不同的和不断变化的地缘政治特点，这就决定了石油地缘战略在很大程度上需要依靠具有明显经济倾向的外交去贯彻。当今国际上，石油外交在国际石油角逐中具有不可替代的作用。因此，中国在中东、北非、中亚等地的外交活动需要强化，以有力的石油外交来提高获取国际油气资源的安全系数。

总之，只有科学地运用经济、行政、军事和外交手段构建符合我国国情的石油产业市场体系、管理体系和风险控制体系，才能保证我国石油产业安全，保障我国经济的协调、稳定和可持续发展，维护国家经济安全。

三、中国天然气资源供需状况及发展战略

（一）加快发展天然气的战略意义

天然气具有洁净、高效、资源丰富、方便储运等优点，2011 年，全球天然气消费量已高达 3 万多亿 m^3，占世界一次能源需求总量的 1/4。随着环保要求的日益严格和人们环保意识的增强，天然气这种洁净能源的市场份额将不断扩大，前景十分广阔。

我国是世界上为数不多的以煤炭为主要能源的国家。2011 年，我国天然气消费总量 1031 亿 m^3，增长速度较快，约 20%，但在一次能源消费结构中仅为 4.5%，远低于 23.7% 的世界平均水平，也低于 11% 的亚太地区平均水平。然而，随着我国社会经济的持续快速发展，国家实施可持续发展战略，天然气替代煤炭、石油作为新一代高效燃料的进程将进一步加快，在我国能源及国民经济中的地位和作用将增大。据有关部门预测，我国天然气消费量将从 2000 年的 245 亿 m^3 增长到 2020 年的 3000 亿 m^3。

（1）天然气是我国中西部经济发展的强大资源支柱，是中西部经济的基础产业和支柱产业。例如，仅四川省和重庆市就有约 70% 国有大中型企业的生产过程或者产品直接与天然气相关，能源消费构成中天然气占 15% 以上，四川盆地天然气在目前的生产力水平下，直接保证了不少于 600 亿元的国内生产总值，对四川经济发展具有重要支撑作用。

（2）天然气对农业的发展有重要的战略作用。我国是一个农业大国，农业在国民经济中的基础作用十分重要，而农业中所用的化肥等产品要以天然气为原料。因此，天然气对于加强农业的基础作用，保证农业的稳定增长起了重要作用。

（3）天然气对化学工业的发展有巨大贡献。天然气是优质的化工原料，现代经济体系的一个显著特点是合成材料的应用，当代最重要的合成材料的最基本的原料主要来源是石油和天然气。天然气作为化工原料，对化工行业有巨大影响。

（4）天然气对环境保护的重大贡献。天然气作为民用及工业燃料，具有特殊优势。它具有运输方便、热量高、热利用效率好、污染小的特点，具有环境效益和生态效益。技术监测部门的数据表明：100 亿 m^3 天然气替代煤供民用，可节约煤 3000 万 t，减少大气中的二氧化碳 36 万 t，减少大气烟尘 30 万 t，使空气更加清新，提高居民生活质量。

（二）我国天然气需求与产量增长趋势

目前，世界人均消费天然气 459m^3/年，而我国仅为 81m^3/年。过去，我国天然气主要用于化工、油气田开采和发电等领域，在天然气消费中所占比例在 70%以上，其中以化肥生产为主，居民用气所占比例不到 20%，但近年来已发生变化，城市燃气所占比例迅速上升。

今后 10 年，在上海等地区能源需求的推动下，中国的天然气需求量将会很大。预计到2020 年，我国天然气需求量将超过 3000 亿 m^3，占整个能源构成的 10%以上。虽然未来 10 年中国天然气行业将快速发展，产量增长较快，但由于需求增长旺盛，进口天然气数量会迅速增长。

我国天然气工业尚处于起步阶段，由于产量比较低，天然气利用基本上是"以产定用"。主要利用地区是邻近天然气产地的城镇及工业区。世界上天然气主要用于发电、工业、居民燃料和化工原料，我国的天然气利用以化肥工业为主，随着天然气工业的发展和环保的要求，我国天然气的利用方向应以发展"以气发电"、"以气代油"、"城市气化"为主。

我国鼓励外商参与从天然气勘探开发、基础设施、天然气发电站、大中城市燃气等项目的建设与经营，对外开放的领域几乎涵盖了整个天然气产业链。我国对天然气终端销售市场继续扩大开放，有很大的发展空间，加上前几年三大石油公司没有将重点放在天然气的终端销售上，这样给民营资本带来了投资机会。

西气东输、海气登陆、引进液化天然气工程以及俄气南下等项目，正在加速建设和筹备。一幅横跨大陆东西、连接沿海、纵贯南北的天然气框架蓝图已经呈现出来，这必然为我国城市燃气的发展提供可靠的保障和难得的机遇。

（三）我国天然气发展战略与对策

为了加快天然气替代煤炭、石油作为新一代高效燃料的进程，提高和增强天然气在我国能源及国民经济中的地位和作用，有必要在勘探、政策、国际合作和统筹规划等方面实施如下发展战略和对策。

（1）继续加强勘探工作，为国内天然气工业发展提供充足的资源基础。当前，我国天然气开采的储采比较高，即有一定的生产能力不能被发挥出来。原因是我国的天然气生产主要集中在中西部地区，距经济较发达的东部沿海地区数千公里，生产基地远离市场。较高的生产成本和运输成本，使其在东部地区与其他能源及进口液化天然气相比缺乏竞争力。解决办法有二：一是寻找大型高产气田，降低生产成本，二是加大天然气管道的输气量，降低运输成本。为此，需要进一步加强勘探，提供更充足的资源和品位更高的大气田。因此，加强天然气资源勘探，在一个较长的时期内仍是战略重点，以便形成国内天然气供应由东、南海域向东部沿海，西部地区向中、东部地区输送的总体格局。

（2）加强对天然气工业发展扶植，加快上下游整体发展步伐。世界上许多国家都对天然气的发展提供政策支持，例如加强基础设施建设，促进上下游的协调发展；制定优惠税收政策，扶植天然气勘探与生产、管道输送和城市天然气输配企业的发展。我国天然气工业尚处于发展初期，生产水平低，靠自身能力发展十分有限；同时，天然气生产基地大多在经济欠发达的中西部地区或海上，地理条件复杂，基础设施薄弱。因此，应从战略的高度，采取有力措施，在如下方面加大对天然气发展的支持：

1）天然气工业发展纳入国家西部大开发战略，国家已明确加大对西部地区，包括交通、通讯、能源等基础设施建设方面的开发力度，提高中央财政建设投资比例，加大财政转移支付力度，加大金融信贷的支持。天然气勘探开发及管理建设等都作为西部大开发的重要内容而成为国家财政支持的重点。

2）利用市场机制，加快天然气工业发展。随着国家对大中型国有企业改革的深入，企业将拥有更大的投融资决策权，从而更有条件利用国内外两种资金来发展天然气上下游各项事业，加快天然气整体协调发展。

3）统筹规划、上下游协调发展。天然气作为清洁能源，是国家今后发展的重点，要在长远规划的基础上协调上下游工程，做到上下游同步建设，同步发展。

4）制定优惠政策，根据国家经济及能源发展的需要，制定必要的法规和政策，扶植天然气工业的整体发展。

（3）积极利用国际天然气资源。从长远来看，到2020年中国天然气需求量将达到3000亿 m^3，而我国国内生产能力届时可望达到2000多亿 m^3，无法满足国内需求。邻近中国的俄罗斯、中亚天然气资源丰富，是中国可能利用的天然气境外首选资源地。此外，中东地区也应成为我国东南沿海液化天然气的重要供应来源地。

（4）国内外资源统筹规划，加快天然气国际大通道的建设。随着经济全球化的进展，区域间的互利经济合作已是发展的大趋势。在能源地区合作方面，中亚及包括俄罗斯在内的东亚天然气供需系统建设将逐步展开。中国是沟通中亚、韩国、日本、俄罗斯的重要枢纽。这种地区性能源系统的发展，必将带动国内天然气的发展。因此，需要将国内外天然气可利用资源统筹规划，建设天然气国际大通道，促进中亚、俄罗斯和中、日、韩的能源和经济合作。

四、石油天然气资源的节约与保护

在经济持续高速发展，能源资源日趋紧张的新形势下，我国作为石油天然气资源相对短缺的国家，更应注重两者的节约和保护。

（一）节约和保护石油天然气资源具有重大战略意义

石油和天然气是主要能源和化工原料，在全球经济和国际关系中有着特殊的地位和重要影响。作为重要战略物资，两者对于维护国家安全具有重要意义，其拥有量已成为一个国家、一个地区综合实力和发展潜力的重要标志。

油气资源仍然是21世纪的主要能源之一。现已探明的石油可采储量，可以满足未来30年内全球对石油资源不断增长的需求。另外，全球待发现的石油可采资源还有1700亿t，只要保证足够的投资和工作量，估计到2030年左右，全世界的石油产量才可达到高峰值，届时，年产量大体是50亿t左右。全球还有广大的海域没有进行勘探，加之加拿大油砂资源开发方法取得突破等，均意味着油气资源在未来能源供应结构中仍将扮演重要角色。

未来石油供应将更加依赖中东、中亚——俄罗斯等国家和地区，全球石油供应格局2020年将发生重大变化。全世界目前探明的剩余石油可采储量为1400多亿t，中东占了934亿t，占世界剩余石油储量总和的 65% 左右。待发现的石油可采资源，中东、中亚——俄罗斯分别占全球总量的 36% 和 21%。世界人口最多和经济发展最快的亚太地区，剩余石油开采储量仅占世界的 3.7%，待发现的石油可采资源仅占世界的 7% 左右，资源短缺的问题十分突出。

正是由于油气资源的重要性、在全球分布的不均衡性及世界经济发展的不均衡性，导致了世界各国油气资源在需求、资金、技术等方面的不均衡性，使其成为一个国家乃至世界政治、经济等方面重要的影响因素之一。由于高油价和油价波动的不断冲击，以及国际上部分地区复杂多变的局势，对我国油气资源战略提出了更高的要求。我国的油气长期进口已成定局，油气资源不仅是目前，也是今后长期影响我国国民经济发展的关键。我国油气资源勘探开发面临着国内外两方面的任务：在国内，应当深化东部、加快西部、加大海域油气资源勘探开发；国外方面，要加快"走出去"的步伐，探索多种油气资源勘探开发的对外合作形式，此外，也要考虑油品贸易多样化和进口渠道多元化，以避免海路的风险，保障我国石油进口的安全性。然而，在开源的同时，更应注重节流。我国把资源节约作为基本国策，坚持能源开发与节约并举、节约优先，积极转变经济发展方式，调整产业结构，鼓励节能技术研发，普及节能产品，提高能源管理水平，完善节能法规和标准，不断提高能源效率。

（二）中国节能任务艰巨

改革开放以来，在国家"能源开发与节约并举，把节能放在首位"的方针指引下，全国各行各业大力开展节能工作，取得了明显的成效。我国 20 世纪的最后 20 年中，取得了能源翻一番保经济翻两番的优异成绩，但与世界先进水平的差距依然很大。例如，2001 年，我国单位国内生产总值（GDP）能耗是日本的 6.13 倍、德国的 3.77 倍、美国的 3.27 倍、泰国的 1.26 倍，仅与印尼持平。近年来，我国的节能工作出现了一些波动，其中 2002—2004 年能耗呈上升趋势，虽然 2004 年后开始下降，但与 20 世纪相比速度明显在放慢。例如，2005、2006 年全国单位 GDP 能耗分别为 1.226t 标准煤/万元、1.204t 标准煤/万元，2006 年比 2005 年降低 1.79%。2007 年全国单位 GDP 能耗为 1.160t 标准煤/万元，比 2006 年降低 3.66%。2007—2009 年我国单位 GDP 能耗降低率分别为 5.04%、5.20%、3.61%。2010 年我国单位国内生产总值能耗是世界平均水平的 2.2 倍，主要矿产资源对外依存度逐年提高。

世界各国工业能源消费一般只占能源消费总量的 1/3 左右，而在我国，工业能耗所占比例近 70%，而许多经济大省工业能耗占比甚至显著高于 70%。在工业部门中，钢铁、有色金属、化工、建材等高耗能行业的能源消费，又占整个工业终端消费的 70% 以上。也就是说，这些高能耗行业差不多消耗了全国能源消费总量的一半。我国高能耗工业的高速发展，并没有建立在充分提高技术和效率的基础之上。单位产品能耗和工艺能耗比国际先进水平仍有很大差距。以钢铁行业为例，"十五"期间我国钢铁新增生产能力几乎相当于日本钢铁全部生产能力的 2 倍，但由于中小高炉比重过大，我国钢铁行业的平均能耗仍然明显高于日本钢铁行业多年前就达到的能耗水平。

采收率是衡量石油开采效率的重要指标，目前我国的平均采收率只有 26%，浪费严重，而发达国家可达 46% 以上，这说明我国提高采收率仍有巨大潜力可挖。若我国石油采收率提高 1%，可采储量就可增加 2 亿多吨，预计现已投入开发的油田通过技术进步可增加可采储量 4 亿～7 亿 t。

（三）节约和保护油气资源的主要对策

要节约和保护油气资源，建设资源节约型社会，最具根本性的工作就是把节约资源作为基本国策，转变我国石油经济增长方式，以增长集约型促资源节约型发展。为此，必须在政府宏观调控的指导下，增强市场在油气资源配置中的决定性作用，深化现代企业制度改革，开放市场，减少不适当的政府干预，营造公平竞争的市场环境。

第一，要实现经济社会的可持续发展，必须走节约资源的道路。为继续深入推进能源节约，我国进一步提出把节约资源作为基本国策，发布了《国务院关于加强节能工作的决定》，制定并实施了《节能中长期专项规划》，并将节能任务具体落实到各省、自治区和直辖市以及重点企业。我国正在完善国内生产总值和能源消耗指标体系，将能源消耗纳入各地经济社会发展综合评价和年度考核，实行单位国内生产总值能耗指标公报制度，实施节能目标责任制和问责制，构建节能型产业体系，促进经济发展方式的根本转变。

第二，坚持政府为主导、市场为基础、企业为主体，在全社会共同参与下，全面推进能源节约。中国坚持以提高能源效率为核心，以转变经济发展方式、调整经济结构、加快技术进步为根本，构建能源资源节约型的产业结构、发展方式和消费模式。建立节能型的产业体系，落实节能目标责任制和评价考核体系。完善节能技术推广机制，鼓励节能技术和产品的研发。深化能源体制改革，完善能源价格形成机制，充分发挥财政税收等经济政策对节能的推动作用。

第三，在以政府为主导、市场为基础方面，应按照国际油气市场规则，不断健全完善油气市场机制，建立油气经济增长方式转变的体制基础。由于石油天然气产业在国民经济中的重要地位，国家应加强对石油市场的宏观管理，逐步建立完善、统一、开放、竞争有序的石油市场体系，适度进行石油经济宏观调控，规范管理国内石油市场，充分发挥市场配置资源的决定性作用，确保国家石油市场稳定和国家能源安全；进一步改革石油价格体制，改进石油价格形成和调节机制，使价格尽量与国际价格接轨，由市场来决定和指导石油价格，创造资源合理流动的市场环境；按照加入世界贸易组织的承诺，在保证国家经济安全、保持石油市场稳定、保护消费者利益的前提下，逐步扩大开放石油市场，建立规范、有序、高效的石油市场竞争机制，规范国家控股石油企业、合资合营与私营石油企业、外资及外国石油企业在中国市场的运作行为；鼓励和支持石油企业向跨国公司及跨国经营发展，重视私营石油经济等非国有企业的改革和发展，规范外资石油企业在中国市场的经营和管理，形成公平竞争、共同繁荣的环境，为石油产业及企业推进经济增长方式转变提供政策支持和宏观环境。

第四，在产业和企业改革方面，应按照石油市场国际化的要求，健全石油产业经营机制，完善现代企业制度，建立石油经济增长方式转变的微观基础。积极推进石油产业改革，把石油企业推向国际市场，按照国际石油市场规则加大兼并、联合和企业合作力度。扩大实施石油产业建设跨国公司及国际化经营，积极盘活存量国有资产，实施国有石油优势企业大公司、大集团、国际化战略；国家控股石油企业要做精主业，带动辅业，发展副业，推进上中下游一体化，重点发展石油化工、精细化工、天然气利用等产业、企业，促进石油产业协调、持续、有效发展；完善国家控股石油企业现代企业制度，优化法人治理结构，理顺现代管理体制，搞好资产管理体制改革，实行股份制改造，实施产权多元化和股权多元化，形成符合石油市场经济的产权组织基础；学习和创新石油经营理念和现代管理模式，推行扁平化管理，采取精细管理方式，形成精简、快捷、高效的运行机制，建设持续、有效发展的石油企业，为推进石油产业经济增长方式转变创造组织基础。

第五，在石油产业管理方面，应转变观念，逐步放开和扩大石油市场，提高对外开放和国际化经营水平，为石油经济增长方式转变创造条件。要转变石油产业经营管理理念，明确石油产业集约型可持续发展目标，实施国际化、大集团、低成本、有效益战略，深化国际石油大市场观念，注意把握国内石油市场国际化发展趋势，在低成本、高质量的基础上，提高在两个市场上的竞争力；深化石油国际化经营和外贸体制改革，抓紧建立统一、规范的石油外贸市场体系，加大实施以质取胜和科技兴油措施的力度，加强国内与国际石油产业企业的合作与交流，优化石油外贸结构，实现石油进出口产业的战略升级；提高石油外贸引进及其运营质量，使石油外贸更好地为国民经济发展服务；搞好石油国际贸易，掌握石油市场世贸规则和国际惯例，为石油经济增长方式转变创造环境条件，以加快发展中国石油产业经济。

第三节　煤炭资源的开发利用

我国煤炭资源丰富，仅次于美国和俄罗斯，储量约占全国矿产资源储量的90%，化石能源的95%，具有巨大的资源潜力。我国煤炭工业经过60年多的开发建设，特别是经过改革开放30多年的高速发展，基本解决了建国以来长达30多年煤炭供应量"短缺"的局面，成为世界产煤第一大国。我国一次能源生产和消费结构中，煤炭的比重一直都在70%左右。在未来相当长的时期内，煤炭作为主要能源的战略地位不会改变。

一、中国煤炭资源现状和前景

（一）煤炭资源总量

我国拥有十分丰富的煤炭资源。《中国的能源状况与政策》白皮书显示，2006年，我国煤炭保有资源量10345亿t，剩余探明可采储量约占世界的13%，列世界第三位；煤炭已发现的资源量仅占资源蕴藏量的13%，可采储量占已发现资源量的40%，资源开发潜力巨大。2011年，我国原煤产量35.2亿t，列世界第一位。

（二）煤炭资源的基本特点

我国煤炭种类齐全，从褐煤到无烟煤均有储量。褐煤现有储量1311.42亿t，占全部保有储量的13.07%；低变质烟煤（长焰煤、不粘煤、弱粘煤、1/2中粘煤）3271.11亿t，占全部保有储量的32.60%；中变质烟煤（气煤、气肥煤、肥煤、1/3焦煤、焦煤和瘦煤）2633.44亿t，占全部保有储量的26.25%；高变质煤（贫煤、无烟煤）1696.45亿t，占全部保有储量的16.92%。

我国煤炭质量主要以低中灰～中灰煤和低硫煤居多，低灰且低硫的优质煤比较少。按照《煤炭灰分等级划分标准》划分，低中灰煤（10%～20%）占总量的43.9%，中灰煤（20%～30%）占总量的32.7%，中高和高灰煤（>30%）占总量的1.8%，而特低灰、低灰煤（<10%）仅占总量的21.6%，主要分布在晋陕蒙地区。按照《中国煤中硫分等级划分标准》划分，我国基本以特低硫、低硫煤为主，其储量占总量的56.07%。低中硫～中硫煤占32.96%，中高硫～特高硫煤占11.97%。按照空气干燥基高位发热量分级，高热值煤占91.8%，低热值和中低热值煤仅占2.3%，主要为东北地区和云南的褐煤。

我国煤炭开采条件差异很大。与美国、澳大利亚等国相比，煤田构造复杂，煤层埋藏较深，适宜露天开采的煤炭资源较少。东北地区煤层较稳定，构造中等复杂，目前老矿区资源开始逐步萎缩。华北地区东部煤田内断裂构造发育，构造中等偏复杂，浅部资源基本已被利用，后备资源短缺。中西部煤田资源丰富，开采技术条件简单，煤层埋藏较浅，构造简单。华南地区东部含煤性差，煤层不稳定，构造极为复杂，一般只适宜建小型井。西部的云贵川地区，煤层埋藏浅、厚度薄，构造中等复杂。西北地区的新疆准噶尔、吐哈等大型煤盆地质、资源条件较好，煤层厚度大，埋藏浅，但水资源短缺，煤炭开发环境差。

煤炭资源与人口、区域经济和环境矛盾十分突出。我国人均占有煤炭储量仅为世界人均占有煤炭储量平均水平的一半左右。煤炭资源分布与区域经济发展和消费需求极不适应。我国经济最发达的北京、上海、广东、浙江、江苏等十省市，国内生产总值占全国一半以上，而煤炭储量仅占5%左右；西部地区国内生产总值约占全国的1/5，但其煤炭储量却占全国约3/5。生态环境制约着煤炭资源的开发，资源富集的晋、陕、蒙、新疆四省（区），煤炭资源占全国的71%，水资源仅占全国的1.6%，气候干旱少雨，土地沙化，植被覆盖率低，生态环境十分脆弱。

（三）煤炭资源总体开发利用情况

2011年，中国一次能源生产总量达到31.8亿t标准煤，居世界第一。其中，原煤产量35.2亿t，原油产量稳定在2亿t，成品油产量2.7亿t。天然气产量快速增长，达到1031亿m³。电力装机容量10.6亿kW，年发电量4.7万亿kWh。目前，中国已成为世界上最大的能源生产国。

改革开放三十多年来，我国经济高速发展，能源需求增长过快，造成煤、电、油供应紧张，煤炭资源总体呈现供不应求局面。2011年，我国能源生产总量达23.5亿t标准煤，能源消费总量26.6亿t标准煤，其中，原煤产量达到25.23亿t，煤炭总消费量25.8亿t，煤炭占能源消费总量的70%。我国煤炭资源在东部、中部开发利用程度较高。此外，煤炭资源开采深度一般在500~600m，而东部省份的部分老矿区开采深度则达到800~1000m，约60%的统配煤矿实现了机械化采煤，综合机械化采煤只及世界平均水平的35%。目前，矿井的现实回采率平均只有35%~40%，有84%的原煤要经铁路运输，并占铁路货运总量的40%以上。在国内煤炭消费构成中，80%以上用于直接燃烧。东部地区煤炭资源开采外部条件较好、储量丰富的矿井大多已经开发，只有极少数尚待开发，西部地区特别是晋、陕、蒙西地区煤炭资源丰富，煤质优良，煤层埋深浅且稳定，构造简单，开发程度相对较低。

二、中国煤炭资源开发战略

（一）煤炭在中国能源战略中的地位

煤炭是我国的主要能源，在一次能源消费构成中占70%。随着国家对环境保护和污染治理工作的加强以及产业结构的调整，能源结构将进一步优化，水电、石油及天然气所占的比重将逐步上升。但是，这一变化过程十分缓慢。例如，煤炭在我国一次能源消费中的比重由1980年的72.2%下降到2007年的70%，在近30年的时间里只下降了2.2%。因此，可以预见，在未来相当长的时间内，煤炭仍然是我国主要能源，预计到2030年仍将会占到50%以上。煤炭是可靠、廉价和可洁净利用的能源，是通向未来能源系统的桥梁。充分发挥煤炭资源优势，是我国能源可持续发展的现实选择和必然要求。

煤炭是我国最丰富的能源矿产，在我国常规能源储量中占90%，在能源工业中起着举足轻重的作用，且品种齐全，基本可满足经济发展中各行业对煤炭能源的需求。目前，中国已成为煤炭、钢铁、铜等世界第一消费大国，继美国之后的世界第二石油和电力消费大国。在同等发热量情况下，煤炭是最廉价的能源，具有较强的市场竞争力。

（二）煤炭资源开发总体战略

煤炭是中国的基础能源，其开发总体战略是：增加供给能力、优化能源结构、保障煤矿安全、减少环境污染、提高资源利用效率、构建新型煤炭工业体系，从而保障国民经济的可持续发展。为此，要加大煤炭资源勘查力度，支持大型煤炭基地的资源普查和地质详查，规范商业性勘探，提高资源保障程度，稳步推进大型煤炭基地建设。通过企业兼并和重组，形成若干产能亿吨级的大型企业集团。继续推进煤炭资源开发整合，调整改造中小煤矿，依法关闭淘汰不符合产业政策、不具备安全生产条件、浪费资源和破坏环境的小煤矿，进一步优化煤炭产业结构。促进与相关产业协调发展，鼓励实行煤电联营或煤电运一体化经营，延伸煤炭产业链。提高煤矿机械化水平和采煤综合机械化程度，推进煤炭的清洁生产和利用，鼓励洁净煤技术的研发和推广，加快替代液体燃料研究和示范。积极发展循环经济，加强环境保护，促进资源综合利用，加快煤层气产业化发展。加强煤炭运输体系建设，稳步提高运输能力。建立安全生产责任制，加大煤矿安全改造和瓦斯防治投入力度，不断提高安全生产水平。

（三）煤炭资源开发指导思想与战略布局

根据煤炭资源开发的总体战略，我国煤炭开发的指导思想应当是：运用高新技术改造传统的煤炭产业，重点建设高效安全的现代化煤矿，走煤炭生产集约化的道路；重点支持大公司、大企业集团开发对平衡全国煤炭需求起关键作用的煤炭调出省区；延伸煤炭产业链，重点发展煤电联营及关联密切的产业链；注重加工转换，推进洁净煤技术产业化，保护矿区生态环境，促进煤炭工业可持续发展；积极引进国外资金和先进技术，继续扩大煤炭出口，实施走出去战略。

基于上述指导思想，根据我国东西部煤炭资源分布和经济发展程度呈逆向分布的客观情况，充分考虑煤炭工业的长远发展和煤炭运输情况，煤炭开发的总布局应当是：稳定东部地区煤炭生产规模；重点开发晋陕蒙地区煤炭资源，调节全国供需平衡；积极开发西南区，适当开发新甘宁青。当前及今后一个时期要积极开发"西电东送"配套的西南及晋陕蒙地区煤矿项目，重点进行低硫、低灰、高发热量的优质动力煤的开发，对于一些接续煤矿和调整结构的煤矿，适时进行开发建设。

（四）煤炭工业结构调整战略

按照进一步优化煤炭产业结构的要求，从当前煤炭工业经济结构看，存在诸多不合理之处：生产结构不合理，煤矿数量多，生产规模小；产品结构不合理，绝大多数企业依靠煤炭单一产品单一经营，多种经营发育不够，原煤洗选加工比重低，商品煤灰分高；企业组织结构不合理，企业数量多，规模小，经济实力不强，产业集中度低；产业结构不合理，除煤炭采选业外，多种经营涉及农、林、牧、渔、建材等20多个行业，经营规模小，盈利水平低。

针对上述问题，煤炭工业结构调整的重点应放在以下几个方面。

（1）煤炭生产结构调整。煤炭生产结构调整的主要措施包括：关闭取缔一批浪费资源、技术落后、质量低劣、污染严重和没有安全生产保障的小煤矿；关闭破产一批资源枯竭、成本畸高、扭亏无望的国有煤炭企业。

（2）煤炭技术结构调整。大力推广高效集约化开采技术，在有条件的大中型煤矿推广机电一体化装备，小型煤矿要实现正规开采，从而建设一批高效安全现代化矿井，全面提升小型煤矿的技术素质。

（3）重点扶持和引导发展跨地区、跨行业、跨所有制和跨国经营的煤炭企业集团。对国有煤炭企业进行战略性重组，通过改组、联合、兼并、控股或参股等方式，加强国有煤矿的骨干地位和作用，提高市场竞争力。培育和发展一批具有优势的大型和特大型国有煤炭企业，按地域、按煤种、按产业关联度，建立跨地区、跨行业、跨所有制和跨国经营的煤电路港、煤焦和煤化工等综合经营的现代企业集团公司。

（4）发挥矿区资源优势，发展综合利用，延伸煤炭产业链，调整产业结构。煤炭企业要紧紧抓住国有经济战略性调整和重组、改革行业管理体制，消除行业壁垒的有利时机，用战略的眼光规划企业未来，研究制定煤炭产业链的延伸、分解和整合战略。大力发展大型坑口电站和综合利用电厂，就地转化成清洁能源，变输煤为输电。并以煤电为龙头，发展冶炼、化工、建材等关联度比较密切的产业，形成综合发展的企业集团；有条件的要发展煤化工及其下游产品，集中力量做精做强，建立市场竞争优势。

（5）大力推进洁净煤技术的产业化，调整企业的产品结构，走可持续发展道路。煤炭工业洁净煤技术发展涉及四个方面，一是煤炭洗选、型煤、动力配煤、水煤浆等煤炭加工技术；二是煤炭直接液化、煤气化等煤炭转化技术；三是煤层气开发利用、矿区生态环境技术等控制污染与资源综合利用技术；四是煤矿区洁净燃煤及发电技术。其中煤炭洗选、动力配煤是煤炭工业洁净煤技术的主导技术。

三、煤炭资源高效集约化开发

（一）国外煤炭开发技术及发展趋势

近年来，国外煤炭开发的趋势是集中化开采和集约化经营，其基本特点包括：

（1）矿山生产规模不断扩大。世界各国矿山（包括矿井及露天矿）数量急速减少，但矿山年产量却迅速增大，长壁式开采矿井的年产量已向千万吨级发展。

（2）高度集约化经营。由大型企业集团占有煤炭，生产及市场销售份额的集中化，是矿业集中化开发的又一重要趋势。本世纪初国际十大煤炭公司控制着 815 亿 t 的煤炭年产量，其中美国 6 家公司产煤 5 亿 t，占当时全美煤炭总产量的 51%；澳大利亚 7 家公司产煤 1.09 亿 t，占全澳煤炭总产量的 46%；南非 4 家公司产煤 1.85 亿 t，占南非煤炭总产量的 87%。近年来，这一趋势仍在继续，如美国前 5 家煤矿的产量，已占全国煤炭产量的 52% 以上。

（3）开采设备大型化，煤炭生产高度机械化、自动化。开采设备日益大型化，高性能及自动监控成为矿山生产集中化的前提条件。在地下开采方面，国际上共同的发展趋势是"一个矿井，一个采区，一个工作面"。美国矿井长壁工作面宽度平均为 270m，最大为 365m；区段长度平均 2700m，最大为 5100m；采煤机功率达 1559kW；长壁工作面平均年产量超过 215Mt。

（4）大力发展露天开采。露天开采具有生产能力大、建设周期短、开采成本低、劳动生产率高、吨煤投资低、资源回收率高以及安全条件好等一系列优点，因此世界各主要产煤国家无不大力发展露天开采。美、印、德、澳、俄等国露天采煤的比重皆达 60%～80%。露天开采为高度机械化、自动化提供了优越条件，尤其是高效流水式作业的连续工艺及半连续工艺，以及集采掘、运输与排卸为一体的大型拉斗铲倒堆剥离工艺，使露天矿达到年产数千万吨的惊人规模，以及数以百吨计的全员效率。例如，美国露天煤矿中采用大型拉斗铲倒堆剥离的产量达 382Mt，比重已达露天矿煤炭总产量的 57%。

（5）实现高劳动生产率。高度机械化、自动化开采带来了空前未有的高劳动生产率。2007 年美国煤炭产量 11.46 亿 t，职工总数仅为 7 万人，全员工效为 55.2t/工。

（二）国内煤炭开发技术发展状况

我国的煤炭开采以井工为主，约占总产量的 94%。70 年代我国曾批量引进国外先进的煤矿机械化成套装备。煤炭行业经过吸收、消化、自主开发，研制了多和适应我国煤层和基础设施条件的机械化采煤、掘进、运输等技术装备，并大面积推广应用，取得了良好的技术经济效果。经过 40 多年的发展，全国平均采煤机械化程度达到 45%，国有重点煤矿采煤机械化程度则达到 85%以上。

经过国家和行业几个五年计划科技攻关，现已研制并推广使用了厚及特厚煤层、中厚煤层、薄煤层综采成套技术装备及开采工艺。其中，年产 100 万 t 综采成套技术及装备已得到普及，年产 300 万 t 以上的综采成套技术及装备已开始投入使用，年产 600 万 t 的综采装备已通过鉴定。各种不同煤层赋存条件下的煤炭开采工艺的研究，也为工作面的高效生产奠定了基础。煤矿大型设备的自动化、智能化，以及工况监控、通讯信息网络等高新技术的开发取得初步成效。这些技术设备的应用推动了煤炭工业的技术进步。神东矿区 2010 年产煤 2600 万 t，而全矿用人仅 600 多人，全员工效不仅是全国平均水平的 60 倍以上，而且比美国和澳大利亚的同类矿还高。

（三）国内煤炭开发技术发展方向

在传统计划经济体制下，煤炭工业的增长主要是依靠生产要素的扩张，特点是井型小、生产分散、技术装备落后。这种广种薄收的粗放型经济增长方式，是造成国有煤炭企业严重亏损、生产经营困难、产业结构不合理、生产后劲不足的主要原因。煤炭工业要持续、健康发展，必须实现经济增长方式由粗放型向集约型转变。依靠科技进步实现煤炭开采高产、高效、集约化生产，是实现经济增长方式转变的主要手段，是提高煤炭企业市场竞争能力、优化资源配置、改变煤矿技术面貌、实现安全生产根本好转的必由之路，其最终目的是提高经济效益，实现煤炭生产的良性循环。

从技术的层面讲，实现矿井高效集约化开采的途径包括：

（1）采煤工作面高产高效是实现矿井高效集约化开采的前提。根据我国的煤炭开发条件，实现采煤工作面高产、高效、安全开采可有两种途径，采取两种开采工艺：一是通过加大采煤设备的生产能力和提高开机率来实现单一煤层的高产、高效、安全开采。这已为国内外的生产实践证明是有效的，也是美国、澳大利亚等先进采煤国家井工矿井实现高效集约化开采的有效方法。在这方面，我国虽取得了很大的进步，但国产装备的生产能力、可靠性、机电一体化程度、配套性能等方面仍存在相当大的差距，需要继续提高。二是针对储量丰富的厚及特厚煤层采用综采放顶煤采煤工艺。综采放顶煤工作面除了采煤机落煤外，增加了液压支架后部放顶煤的出煤点，并实现采煤机割煤和放顶煤工序平行作业，大大提高了工作面的出煤能力。一般情况下，使用年产 100 万 t 能力的综采设备可实现年产 200 万 t 左右的生产水平。这是一条投资少、产量高、消耗低、效益好，适合我国国情的技术途径。

（2）先进的开采装备是实现矿井高效集约化开采的基础。煤矿高效集约化生产的发展方向，是将先进的机电一体化技术、信息技术、先进的制造技术应用于煤矿机电设备，通过装备和工艺的有机配套，使传统的采煤、掘进、运输等主要工艺过程全部用先进的技术装备完成，实现高效率、高可靠性和高安全的集约化生产模式。煤矿开采从普通机械化向高效集约化生产过渡，实现综合机械化、机电一体化高产高效开采，是煤矿开采技术和装备的又一次重大进步。

（3）矿井大型化、集中化、系统化和自动化是发展方向。要实现矿井高效集约化开采，必须依靠科学技术进步，走大型化、集中化、系统化和自动化道路：①大型化有两个层次的含义，即矿井大型化与采煤工作面装备和生产能力大型化，这可以通过建设大型或特大型矿井或对老矿井进行技术改造来实现；②集中化生产就是缩短战线，提高单位时间和空间的利用率，具体表现为时间集中、空间集中和生产要素集中三个方面，即通过尽可能地减少包括准备工作在内的非生产时间来提高工时利用率和采煤工作面设备的开机率、减少工作点及集中资金投资于经济效益和开采条件好的矿井；③系统化的着眼点是简化生产系统，提高系统能力和可靠性，主要内容包括：简化生产环节和工艺系统、简化开采层次、简化巷道布置以及优化设备及系统能力设计；④自动化是指矿井开采自动化，主要包括安全环境的监控、生产工艺过程与设备工作状态监控、矿井生产系统自动控制等。

四、煤炭资源的综合利用

（一）煤炭资源综合利用概况与前景

煤炭资源综合利用是针对我国过去煤炭企业粗放开发、简洗加工、低效利用、污染环境和效益低下的现状，以煤炭资源综合开采、深度加工、多元发展为基础，以获得最佳的经济、环保、社会等综合效益为目标，按其资源的特性进行充分利用，从根本上改变以高耗资源、损坏环境为代价的局面。对煤炭资源进行高效利用的过程，实质上是调整产业结构、转换经营方式、减少各种消耗、获取最高利润的过程。

我国煤炭企业可以综合利用的资源有煤炭资源、与煤共伴生矿物以及煤炭开采加工过程中产生的固体、液体、气体物质，主要包括以下三个方面：一是煤炭的加工和综合利用，主要是扩大煤炭洗选加工、推广洁净煤技术产业化、提高煤炭利用效率，减少矿区环境污染；二是废弃物的综合利用，主要有煤矸石、煤泥、煤层气（矿井瓦斯）、矿井水的综合利用；三是与煤共伴生矿物的合理利用，主要有硫铁矿、高岭土、膨润土、石膏、油母页岩、硅藻土、石灰石、石墨、天然焦等。近 10 多年来，我国煤炭资源加工与综合利用工作在政策扶持、科技进步、市场拉动、投资增加和环保要求的推动下，呈现出快速发展、总体推进、扩量提质、增效降污的可喜局面。

煤炭企业靠资源生存、发展和壮大，对资源合理开发、高效利用，是以综合开采、深度加工为前提，以循环发展、提高收益为目标，走的是新型工业化道路，具有极其广阔的发展前景。长期以来，国家对资源综合利用工作十分重视，采用了一系列法律、经济、技术和必要的行政手段，支持和鼓励资源综合利用工作的开展。早在 1985 年，国务院就下发了《关于开展资源综合利用若干问题的暂行规定》。1996 年，国务院批转国家经贸委等部门《关于进一步开展资源综合利用的意见》。接着，国家经贸委会同有关部门先后制定了《煤矸石综合利用管理办法》、《煤矸石综合利用技术政策要点》、《资源综合利用认定管理办法》。2001年，财政部和国家税务总局报请国务院批准，对煤矸石综合利用电厂减半征收增值税。2004年，国家发改委、财政部和国家税务总局联合重新修订了《资源综合利用目录》。2006 年，国家发改委、财政部和税务总局印发了《国家鼓励的资源综合利用认定管理办法》。2007 年，国土资源部下发了《关于加强煤炭和煤层气资源综合勘查开采管理的通知》。总之，国家出台的一系列经济技术政策和相关法规，为大力开展煤炭资源综合利用提供了良好的环境。

（二）煤炭洗选加工

煤的洗选加工是提高煤资源利用效率的重要手段之一。煤炭洗选是利用煤和杂质（矸石、灰分、硫等）的物理、化学性质的差异，通过物理、化学或微生物分选的方法使煤和杂质有效分离，并加工成质量均匀、用途不同的煤炭产品的一种加工技术。按选煤方法的不同，可分为物理选煤、物理化学选煤、化学选煤及微生物选煤等，其中常用的是前两者。物理选煤是根据煤炭和杂质物理性质（如粒度、密度、硬度、磁性及电性等）上的差异进行分选，主要的物理分选方法有两种：①重力选煤，包括跳汰选煤、重介质选煤、斜槽选煤、摇床选煤、风力选煤等；②电磁选煤，利用煤和杂质的电磁性能差异进行分选，这种方法在选煤实际生产中没有应用。物理化学选煤——浮游选煤（简称浮选），是依据矿物表面物理化学性质的差别进行分选，目前使用的浮选设备很多，主要包括机械搅拌式浮选和无机械搅拌式浮选两种。

　　煤炭洗选加工有许多好处。首先，洗选可以提高煤炭质量，减少燃煤污染物排放。煤炭洗选可脱除煤中 50%～80% 的灰分、30%～40% 的全硫（或 60%～80% 的无机硫），燃用洗选煤可有效减少烟尘、SO_2 和 NO_x 的排放，入洗 1 亿 t 动力煤一般可减排 60 万～70 万 tSO_2，去除矸石 16Mt。其次，洗选加工可以提高煤炭利用效率，节约能源。例如，炼焦煤的灰分降低 1%，炼铁的焦炭耗量降低 2.66%，炼铁高炉的利用系数可提高 3.99%；合成氨生产使用洗选的无烟煤可节煤 20%；发电用煤灰分每增加 1%，发热量下降 200～360J/g，每度电的标准煤耗增加 2～5g；工业锅炉和窑炉燃用洗选煤，热效率可提高 3%～8% 等。再次，优化产品结构，提高产品竞争能力。发展煤炭洗选加工，有利于煤炭产品由单结构、低质量向多品种、高质量转变，实现产品的优质化，满足不同消费用户的需求。此外，煤炭经过洗选，可去除大量杂质，从而起到减少运费的作用。

　　（三）洁净煤技术

　　传统的煤炭开发和使用过程中，不仅能源利用率低，而且对环境造成严重污染，制约着国民经济的可持续发展。要改变这种状况，必须提高煤炭的利用率，减少燃煤对大气及环境的污染，发展洁净煤技术。

　　根据中国煤炭的开发使用特点及对环境的影响，洁净煤技术分为 4 个方面：煤炭加工、煤炭转化、煤炭燃烧及后处理、煤炭开发利用中的污染控制。在这 4 个方面中，煤炭转化是最主要的，而煤炭气化又是煤炭转化中最主要的途径，它用煤炭作为原料来生产工业燃料气、民用煤气和化工原料气，是洁净、高效利用煤炭的最主要途径，是许多能源及高新技术的关键技术和重要环节。当然，煤炭转化技术也包括煤的液化技术、煤气化联合循环发电技术以及燃煤磁流体发电技术。

　　（1）煤的气化技术。煤的气化技术有常压气化和加压气化两种，它是在常压或加压条件下，保持一定温度，通过气化剂（空气、氧气和蒸汽）与煤炭反应生成煤气，煤气中主要成分是一氧化碳、氢气、甲烷等可燃气体。用空气和蒸汽作为气化剂，煤气热值低；用氧气作为气化剂，煤气热值高。煤在气化中可脱硫除氮，排去灰渣，这样，煤气就成为洁净燃料。

　　（2）煤的液化技术。煤的液化技术有间接液化和直接液化两种。间接液化是先将煤气化，然后再把煤气液化，如煤制甲醇，可替代汽油，我国已有应用。直接液化是把煤直接转化成液体燃料，比如直接加氢将煤转化成液体燃料，或煤炭与渣油混合成油煤浆反应生成液体燃料。

　　（3）煤气化联合循环发电技术。这种技术先把煤制成煤气，再用燃气轮机发电，排出高温废气烧锅炉，再用蒸汽轮机发电，整个发电效率可达 45%。

（4）燃煤磁流体发电技术。当燃煤得到的高温等离子气体高速切割强磁场，就直接产生直流电，然后把直流电转换成交流电，发电效率可达 50%～60%。

（四）煤矸石综合利用

煤炭开采和洗选加工，每年要排出大量煤矸石等固体废弃物，产生量一般为煤炭产量的 10%左右，我国年排放量大约在 1.5 亿～2.0 亿 t 之间，目前已积存近 40 亿 t，不仅占用大量土地，还造成地面、空气和河流污染。煤矸石虽然是废弃物，但综合利用就可变废为宝。根据煤矸石的热值不同、矿物质含量和硫含量不同，可以有多种利用途径，如热值较高的用于发电，热值中等的用于生产建材、水泥或轻骨料，热值低不便利用的充填井下采空区，也可用于建筑公路、防水堤和垃圾场，或采用复垦法变成牧场或果园等。加强煤矸石的综合利用，可以在煤炭生产地最大限度利用煤炭，减少煤矸石占地和环境污染，变废弃物为资源，为煤炭企业带来经济效益。

（1）煤矸石发电。在国家一系列相关政策的引导和鼓励下，我国煤矸石发电得到快速发展。通过劣质煤综合利用电站的建设，减少了堆积造成的矿区污染；劣质煤综合利用电站热电联供，取代了分散的小锅炉，带来明显的环保效益。煤矿建坑口电站，还延长了产业链，优化了产业结构，带动了相关产业（水泥、硅铁、化工、建材）的发展，给矿区带来良好的经济效益。目前，煤矸石发电正朝着提高装机容量、降低煤耗、注重脱硫的方向发展。

（2）煤矸石制砖和其他建筑材料。近年来，我国煤矸石砖等建材生产发展很快。一些煤矿还用煤矸石生产釉面砖、多孔隔热砖、轻质板材、免烧砖、陶粒、陶管、人造大理石等，逐步向轻质型、高强度、多品种方向发展。

（3）其他用途。从 20 世纪 80 年代起，我国相继建设了一批洗煤厂及硫精矿回收车间，洗选高含硫矸石和洗中煤，获得硫精矿，不仅回收了硫铁矿，减少了矸石山自燃对环境的影响，还给矿区带来相应的经济效益，避免了资源浪费。煤矸石中所含的有机质，是携带固氮、固磷、解钾等微生物理想的原料基质和载体，加之取材广泛，成本低廉，使煤矸石成为生产微生物肥料最主要的原料。一些企业利用煤矸石作为塌陷区和露天矿坑的充填材料，在塌陷区上盖起宿舍、学校、办公楼，修建游泳池、矿区公园等，使采煤破坏的土地得到恢复，减少了矸石占地，消除矸石山对环境的污染，取得了较好的经济效益和社会环境效益。

第四节　新能源和可再生能源的开发利用

如前所述，能源是社会发展和经济增长最基本的驱动力，是人类赖以生存的基础。目前，全世界的能源仍是以煤、石油和天然气等化石燃料为主。这些化石燃料储量有限且不可再生，同时，它们又是极其宝贵的化工原料，可以从中提炼和加工出各种化学纤维、塑料、橡胶和化肥等化工产品。将这样重要的化工原料作为能源来使用，未免过于可惜。随着社会生产力的发展和人类生活水平的提高，世界能源的消耗量越来越大。据估计，全世界石油、天然气和煤的储量最多只能供给人类使用一二百年。因此，摆在人类面前的一项紧迫战略任务，就是探索和研究新能源和可再生能源的开发和利用问题。

一、新能源和可再生能源的概念和特征

（一）新能源和可再生能源的种类和共同特征

自然界中存有各种资源，很多资源都包含有某种形式的能，人们对其开发利用可以获得

所需的各种能量。凡能够提供各种能量的自然资源统称为能源。新能源和可再生能源是能源中的一个种类，是指采用新技术和新材料开发利用的自然资源，主要包括核能、水能、太阳能、风能、生物质能、地热能和海洋能等。

新能源和可再生能源具有不同的存在形式，但在技术上却具有以下一些共同的特性：①资源丰富并可再生，可供人类永续利用；②能量密度低（除核能），开发利用通常需要较大的空间；③不含碳或含碳很少，对环境污染较小；④分布广泛，有利于就地或分散式利用；⑤受季节、昼夜影响，波动性大，不利于连续性使用。

（二）各类新能源和可再生能源的特性

（1）核能。核能是指原子核在其裂变反应或聚变反应中所释放的能量。可以开采加工成核燃料或可以转换成核燃料的地质产物称为核燃料资源，即核能资源。核能资源主要有铀、钍、锂和氚四种。核能源的突出特点是能量密度特别高。例如，1kg 铀 235 完全燃烧释放的能量大约是同质量标煤的 240 万倍。一座 1000MW 核电站每年仅需装入 25t 核燃料，大大降低了运输成本。核能的另一个优点是，在一定条件下核资源还可以再生。例如，把热中子堆生成的钚 239 放到快中子反应堆中使用，由于钚 239 在快中子的作用下裂变生成多个次级中子，使得核电站在消耗一个裂变物质的同时生产多于一个新的裂变物质，实现裂变物质的增殖。这样，在原理上即意味着可把天然铀资源中蕴藏的大部分能量开发出来，使铀资源的利用率由常规条件下的 1%左右提高到 60%～70%。据 2001 年第 18 期世界能源大会估计，在上述条件下，核资源量将增殖到 325×1021J，比目前全世界煤炭、石油、天然气的总和还要多 15%。

（2）水能。水能是目前商业开发量最大的可再生能源。按国际上的分类，大中型水电站属于传统的可再生能源，小水电则属于新的可再生能源。我国水能资源居全球之冠，迄今开发利用率很低，潜力很大。水能是可再生、高效、干净的能源。水力发电不需要消耗燃料，通常还可以同时获得防洪、灌溉、航运、给水、养殖、旅游等综合利用效率，总体和长远经济效益显著。

（3）太阳能。这里是指直接转化和利用的太阳能，包括通过光电转换和热转换利用的太阳能。太阳能具有四个特点：①储量的"无限性"，据估计，一年内到达地球表面的太阳能总量折合标准煤共约 1.892×1013 千亿 t，是目前世界主要能源探明储量的一万倍，太阳的寿命至少尚有 40 亿年，相对于人类历史来说，太阳可源源不断供给地球的时间可以说是无限的；②存在的普遍性，虽然由于纬度的不同、气候条件的差异造成了太阳能辐射的不均匀，但相对于其他能源来说，太阳能对于地球上绝大多数地区具有存在的普遍性；③利用的清洁性，太阳能像风能、潮汐能等洁净能源一样，开发利用时几乎不产生任何污染；④利用的经济性，太阳能取之不尽，用之不竭，可以随地取用，在目前的技术发展水平下，有些太阳能利用已具经济性，如太阳能热水器一次投入较高，但其使用过程不耗能，而电热水器和燃气热水器在使用时仍耗费能源。

（4）风能。风能是地球上自然能源的一部分，具有永久性、清洁无污染、可转移、可再生、就地可取等特性。此外，风能也具有与太阳能类似的特点：能量低和不连续，因而风能的利用收集系统面积也很大。目前，风力资源主要有两种利用方式：风力提水和风力发电。

（5）生物质能。生物质能资源品种很多、数量大且分布广泛。但是，在目前经济技术发展条件下，可以作为能源资源使用的生物质能主要有 5 类：林木采伐剩余物和林业加工剩余物、农作物秸秆和农业加工剩余物、人畜粪便和工业有机废水、能源植物以及城市生活有机垃圾。其中前两项是重要的能源资源。

在可再生资源中，生物质能是最容易受转换技术、经济和社会影响的一种能源。在可获量和物理化学特性方面，各种生物质能有很大的差异。由于体积大、运费高、通常限于就地使用。

（6）地热能。地热能是储存于地下岩石和流体中的热能，有四种类型：①水或蒸汽，埋藏深度在 100～4500m，温度 90～350℃；②地压地热能，储存在沉积岩层中，含有在高压下被溶解的甲烷贮热水层，温度 90～200℃；③干热岩地热能，是在特殊地质条件下形成的含水很少或无水的干热岩体，温度超过 200℃；④岩浆地热能，储存在 700～1200℃的高温熔融岩浆体中的热能，其资源量最为丰富，但开采难度较大。

（7）海洋能。海洋能通常是指海洋中所蕴藏的可再生资源，主要为潮汐能、波浪能、海流能、海水温差能和海水盐差能。海洋能按储存形式又可以分为机械能、热能和化学能。其中，潮汐能、波浪能和海流能为机械能，海水温差能为热能，海水盐差能为化学能。

二、新能源和可再生能源在中国能源战略中的地位和作用

（一）新能源和可再生能源在中国能源战略体系中的总体地位和作用

新能源和可再生能源是实现我国能源战略体系的重要组成部分。《中国的能源状况与政策》白皮书指出，"中国能源战略的基本内容是：坚持节约优先、立足国内、多元发展、依靠科技、保护环境、加强国际互利合作，努力构筑稳定、经济、清洁、安全的能源供应体系，以能源的可持续发展支持经济社会的可持续发展"。这其中的立足国内、多元发展、依靠科技、保护环境、加强国际互利合作五项内容，都与新能源和可再生能源的开发利用相关。例如，立足国内是指主要依靠国内资源增加能源供应。水能资源是重要的可再生能源，我国水力资源理论蕴藏量折合年发电量为 6.19 万亿 kWh，经济可开发年发电量约 1.76 万亿 kWh，相当于世界水力资源量的 12%，列世界首位。目前，我国水力资源开发利用程度仅为 20%，在增加国内能源供应方面潜力巨大。

在谈到提高能源供应能力的措施时，《中国的能源状况与政策》白皮书进一步指出，新能源和可再生能源是我国能源优先发展的领域。这是因为，新能源和可再生能源的开发和利用，对增加能源供应、改善能源结构、促进环境保护等，具有重要的作用，是解决能源供需矛盾和实现可持续发展的战略选择。

（二）新能源和可再生能源在农村发展战略中的地位

我国有近半数人口生活在农村。长期以来，由于受经济和技术水平的限制，广大的农村地区一直是能源消费水平最低的地区，也是经济发展较慢的地区。能源缺乏是制约农村经济发展的重要因素。直到 20 世纪 90 年代，农村地区仍有 7000 多万人没有用上电，多数农村地区还是依靠传统方式利用生物质能源。解决农村能源问题是全面建设社会主义新农村的必然要求，也是我国的一个特殊问题。在加强农村能源建设方面，我国政府坚持"因地制宜，多能互补，综合利用，注重实效"的原则，积极发展和推广新能源和可再生资源技术的应用。国家通过实施"光明工程"、"农网改造"、"水电农村电气化"和"送电到乡"，充分利用小水电、风力和太阳能发电，改善了农村生产生活用能条件，解决了 3000 多万农村无电人口及偏远无电地区的用电问题。到 2011 年，无电人口已下降到 500 万人。我国将继续积极发展农村户用沼气、生物质能利用、太阳能热利用等，为农村地区提供清洁的生活能源。继续推广应用省柴节能灶炕、小风电、微水电等农村小型能源设施。积极开展绿色能源示范县建设，加快推进农村新能源和可再生能源开发利用。

（三）新能源和可再生能源在提高中国能源供给安全方面的作用

能源问题一直是制约我国国民经济和社会发展的热点和难点。能源安全最重要的标志，就是能源的供给满足国民经济和社会发展的需要。在过去 20 多年的时间里，我国经济年均增长约 9.7%，而能源资源的增长仅为 4.6%。据估计，我国煤炭可供开采不足百年。我国石油产量上限水平大约只有 2 亿 t/a 左右，约发生在 2020 年前后，这个数量仅相当于届时全国石油需求量的 1/4～1/3，也就是说，绝大部分的石油需求量都必须依赖进口来解决。在当前世界石油资源日益枯竭、同时又没有找到合适代用资源的情况下，石油资源不仅是一种稀缺的资源，而且是一种极具风险的军事战略物资，不确定性非常大。中国经济的发展受能源供给和需求变化的制约。从 1990 年起，中国的能源总消费已经大于总供给，能源需求对外依赖程度迅速增加，中国能源安全已经亮起红灯，这也是我国面临的最主要的能源安全问题。

新能源和可再生能源的开发利用，可为缓解石油供需矛盾、保证石油的供应安全做出贡献。这是因为，所有可再生能源基本都是土生土长的，且分布十分广泛，有利于建设分散式的能源基础；同时，有些可再生能源还可以直接间接地转换为液体燃料，如生物质油、生物质液态燃料和氢能等，都可以由生物质能、水能、风能和太阳能转换而得。目前，在世界各地，这些资源都已经得到了不同程度的开发和利用。当然，受地域、时间、技术和能源多寡等多方面的影响，上述能源的大规模推广还存在一定的困难。面对世界经济和能源需求的不断增加，加快新能源和可再生能源的研究和开发利用步伐，已经成为一项重要且紧迫的课题。

（四）新能源和可再生能源在可持续发展战略中的地位和作用

在全面建设小康社会的进程中，能源的可持续发展，事关中国经济社会的可持续发展。因此，以能源的可持续发展，支持经济社会的可持续发展，是长期而艰巨的任务。从能源长期发展来看，包括太阳能、风能、地热能、海洋能和氢能等在内的新能源，不仅资源丰富，而且不产生或较少产生污染物，既是近期重要的补充能源，又是未来能源结构的基础，对能源的可持续发展起着重要的作用。

中国未来能源的发展，将面临供给缺口加大、石油后备资源不足、以煤为主的能源结构带来的严重环境污染等三大矛盾。为实现能源与社会经济、环境的可持续发展，除了积极实现常规能源的高效化、优质化、清洁化利用外，加快开发利用核能、太阳能、风能、地热能等新能源也是重要途径之一。这个世纪将是"复合能源时代"，能源技术的研究开发将是多样的，以形成多种能源互补、新能源技术加速发展的新格局。从长远看，人类必将过渡到以持久的、多样化的可再生能源为主的新型能源结构上来。

三、世界新能源和可再生能源的开发利用

（一）核能资源开发利用

1957 年，第一座商用核电厂在美国宾州投入运行，引发了 20 世纪 50 年代至 70 年代末世界核能特别是核电的快速发展。然而，此后八九十年代的一系列核泄漏事件，特别是 1986 年令世界震惊的切尔诺贝利核电站核泄漏事故，导致全球核电产业陷入低谷。

但是，随着能源供应日趋紧张以及解决环境污染问题的压力日益沉重，同时，也随着核电技术和管理的进步，各国的核能利用很快出现复兴。

2001 年，在美国的倡议下，美国、法国、英国、瑞士、阿根廷、巴西、加拿大、日本、韩国和南非 10 国及欧盟共同成立了第四代核反应堆国际论坛，规划未来更安全核反应堆的发展方向，确定参加合作的各国政府将在 2030 年前为此投入不少于 60 亿欧元的研究经费。2002 年，第四代核反应堆国际论坛初步选定了六个设计构想，现正在逐步落实之中。与此同时，世界上许多国家对于发展核电都表现出了更为积极的态度。

美国、法国等国的核电技术比较成熟，市场机制培育较为充分，而且是核电大国，它们对待核电的态度在很大程度上影响到世界核电的发展趋势。为了减少对传统能源石油、天然气的依赖，美国搁置 30 多年的核电建设计划被重新提到议事日程。2005 年，布什总统签署的能源法案，为美国新建核电开了绿灯。2007 年 2 月，美国总统布什在其《国情咨文》中首次提出了"先进能源计划"。在此计划中，美国将与法、英、日、俄合作发展先进民用核能，包括创新性先进核反应堆和核废料循环利用新方法。在法国，2007 年核电比重占全部总发电量的 76.8%，这不仅使法国自身的电力供应有了充分保障，还使其成为世界上最大的电力净出口国，每年获利约 26 亿欧元。

其他一些欧洲国家对于发展核电也表现出较为积极的态度。为了确保能源安全，丹麦批准开工建设压水堆核电站。英国政府已开展了发展新能源的咨询工作，并初步决定扩大民用核能利用。曾反对核电的瑞典民众，对核电态度也更加务实，目前半数以上的瑞典人转而支持发展核电。俄罗斯与东欧国家也对发展核电表现出浓厚的兴趣。俄罗斯在未来 25 年将投资 600 亿美元，建设 40 个核反应堆。

各国的实践表明，核电发电成本低于煤电发电成本 15% 以上，而且核电站不释放二氧化碳、硫和一氧化碳，有利于各国应对日益沉重的环境压力。因此，如果把环境影响等考虑在内，核电较之煤炭发电和天然气发电的成本优势将更为明显。

根据国际原子能机构的预测，到 2030 年，全球核电装机容量将达到 473～748GW，占总装机容量的比重为 8%～9%；届时，全球核电发电量将达到 3522～5551TWh，占全球总发电量的 12%～14%。

（二）水能资源开发利用

自从 100 多年前第一台发电机组问世以来，从技术上讲可以开发的水电资源蕴藏量就一直在稳定增长。随着技术的发展和进步，越来越多偏远及条件困难的水电站站址在当今已可以开发建设并与电网相连。根据国际水力发电协会的统计，全世界水电发电理论蕴藏量约为 40 万亿 kWh（度）、技术可开发量约为 15 万亿 kWh，相当于 2011 年全球的发电总量的 68%。

但是，在现实中，并不是所有技术上可以开发的水电资源，在经济上都是可行的。据估计，当前全球经济可开发水电资源蕴藏量约为 8.8 万亿 kWh。由于受众多因素的影响，经济上可行水电资源的可开发量变动很大，这些因素包括各种能源资源之间的竞争、投资成本的回收、水坝安全以及水电工程建设对环境的影响等。在 20 世纪 70 年代，因石油危机对全球能源供应的冲击，水力发电建设在世界上曾十分活跃。此后，由于人们对热力发电所造成的温室效应认识的深入，又进一步给包括水电在内的各种可再生能源的开发建设注入了新的活力。然而，随着水电建设的快速发展，大型水坝的负面影响也日益显现。与此同时，人们对有关水坝生态影响的科学研究日益深入，国际社会对这种盲目追求"水利利益"而越来越随心所欲建筑大型水电设施的做法开始表示怀疑，并在世界范围引发了一场旷日持久的争论。至今，这一争论已发展成为当今世界有关可持续发展主题中辩论最为激烈的全球性论题之一。

支持大型水电工程建设的一方认为，水电工程建设可以满足许多社会和经济发展需要，如发电、灌溉、防洪、供水等。反对方则强调，水坝带来了许多难以根治的弊端，诸如生态系统和渔业资源的破坏、债务负担和费用超限、人口迁移及其贫困化等问题。目前，反对大型水电工程建设的呼声在世界上有增无减。世界银行按其环境评估等级也仅把水电列为是一种可以进行可持续开发的能源。加之新的石油及天然气资源不断被发现，使它们的开发储备已远远延长至 21 世纪中期以后。这些均给水电行业决策者们在确定他们的投资战略和行动时提出了难题，使一些大中型水电项目上马困难，在一些西方工业发达国家尤为如此。

因此，虽然全球水电资源的蕴藏量很大，但水电事业的发展却面临着一系列新的挑战，其中主要是环境保护和经济性方面的挑战。无疑，这种状况给全世界水电建设者们提出了一个新的课题，即努力开发在技术上可行、在环境及经济上亦可行的水力发电工程。为此，世界上许多专家都在致力于研究水电建设发展的新途径，以便摆脱困境，走上一条良性发展的道路。

（三）太阳能资源开发利用

人类利用太阳能已有几千年的历史，但发展一直很缓慢，现代意义上的开发利用只有半个多世纪的时间。1954 年，美国贝尔实验室研制出世界上第一块太阳能电池，从此揭开了太阳能开发利用的新篇章。之后，太阳能开发利用技术发展很快，特别是 70 年代爆发的世界性的石油危机，有力地促进了太阳能的开发利用工作。经过半个多世纪的努力，太阳能光热利用技术及其产业异军突起，成为能源工业的一支生力军。

太阳能的应用领域目前已非常广泛，但最终可归结为太阳能热利用和光利用两个方面，其中在太阳能热利用方面，最为活跃并已形成产业的，当属太阳能热水器和太阳能热发电。目前，在世界范围内，太阳能热水器技术已很成熟，并已形成行业，正在以优良的性能不断地冲击电热水器市场和燃气热水器市场。国外的太阳能热水器发展很早，但 80 年代因石油降价和取消对新能源减免税优惠政策，使工业发达国家太阳能热水器总销售量处于停滞状态。出于保护生态环境的需要，许多国家又开始重视太阳能热水器在节约常规能源和减少二氧化碳排放方面的潜力，在美国、日本、以色列等国，太阳能热水器的使用量大幅度增长。国际上，太阳能热水器产品经历了闷晒式、平板式、全玻璃真空管式的发展，目前的发展方向仍是注重提高集热器的效率，如将透明隔热材料应用于集热器的盖板与吸热间的隔层，以减少热量损失；聚酯薄膜的透明蜂窝已在德国和以色列批量生产。

太阳能热利用技术的最大突破，是 20 世纪 80 年代实现了太阳能热发电的商业化。20 世纪 80 年代中到 90 年代初，Luz 国际公司在美国南加州自 1984 年至 1991 年共建造了 9 个柱形抛物槽镜分散聚光系统的太阳能热发电站，总功率为 354MW，约占当地电网容量的 2%。9 座电站中最大的容量为 80MW，由约 900 条聚光槽组成，构成目前世界最大的太阳能热发电厂。由于美国政府和州政府先后在 1991 年取消对太阳能电站的投资减免税优惠政策，迫使第 10 号电站停建，公司宣告破产。从 2006 年开始，全球太阳能热发电才逐步复苏，至 2011 年底，全球太阳能发电累计装机容量达到 6900 万 kW。假如能继续保持这样的增长趋势，预计到 2020 年全球装机总容量将超过 2 亿 kW。

50 年代第一块实用硅太阳电池的问世，揭开了光电技术的序幕和人类利用太阳能的新篇章。自 60 年代太阳电池进入空间、70 年代进入地面应用以来，太阳能光电技术发展迅猛。

美国是最早制定光伏发电建设规划的国家。日本 1992 年启动了新阳光计划，到 2003 年日本光伏组件生产占全世界的 50%，世界前 10 大厂商有 4 家在日本。而德国新可再生能源法规定了光伏发电上网电价，大大推动了光伏市场和产业发展，使德国成为继日本之后世界光伏发电发展最快的国家。瑞士、法国、意大利、西班牙、芬兰等国，也纷纷制定光伏发展计划，并投巨资进行技术开发和加速工业化进程。

如果说 20 世纪是石油世纪的话，那么 21 世纪则应当是可再生能源世纪，太阳能世纪。如果实施强化可再生能源的发展战略，到本世纪中叶，可再生能源可占世界电力市场的 3/5，燃料市场的 2/5。在世界能源结构转换中，太阳能处于突出位置。世界一次能源替代趋势的研究结果表明，太阳能将在 2050 年左右达到 30% 的比例，次于核能居第二位，本世纪末将取代核能居第一位。壳牌石油公司经过长期研究得出结论，21 世纪的主要能源是太阳能；日本经济企划厅和三洋公司合作研究后则更乐观地估计，到 2030 年，世界电力生产的一半将依靠太阳能。正在兴起的"太阳经济"将成为未来全球能源的主流。

（四）风能资源开发利用

在自然界中，风是一种可再生、无污染而且储量巨大的能源。全球的风能约 $20 \times 10^9 kW$，比地球上可开发利用的水能总量还要大 10 倍。随着全球气候变暖和能源危机，各国都在加紧对风力的开发和利用，以便减少二氧化碳等温室气体的排放。风能的利用主要是以风能作为动力和风力发电两种形式，其中又以后者为主。

以风能作为动力，就是利用风来直接带动各种机械装置，如带动水泵提水等。这种风力发动机的优点是：投资少、工效高、经济耐用。目前，世界上约有一百多万台风力提水机在运转。澳大利亚的许多牧场，都设有这种风力提水机。在很多风力资源丰富的国家，还利用风力发动机铡草、磨面和加工饲料等。

把风的动能转变成机械能，再把机械能转化为电能，这就是风力发电。风力发电所需要的装置为风力发电机组，大体上由风轮（包括尾舵）、发电机和铁塔三部分组成。风电场建设投资费用低、占地少、不需要移民、建设周期短，是解决边远农村独立供电的重要途径，还能有效遏制温室效应和沙尘暴灾害，抑制荒漠化的发展。利用风力发电，以丹麦应用最早且使用较普遍。丹麦只有 500 多万人口，但却是世界风能发电大国和发电风轮生产大国。世界 10 大风轮生产厂家有 5 家在丹麦，世界 60% 以上的风轮制造厂都在使用丹麦的技术。世界风力发电总量除中国外居前 3 位的国家，分别是美国、德国和西班牙，其风力发电总量占全球风力发电总量的 60%。2011 年，全球风能发电装机容量已达 238GW。预计未来 15～20 年内，世界风能市场每年将递增 25%。近年来，国际上风力发电呈现出三个趋势：

（1）大型化。20 世纪 80 年代，国外风电机组的单机容量一般为 55～100kW；到 90 年代则上升到 300～600kW。目前，兆瓦级的机组已经商品化，如德国生产的 6MW 机组。

（2）轻型化。在不断增加风电机组功率的同时，为了降低成本，国外研究人员对风电机组的系统进行了优化设计，采用轻质材料，设计无齿轮箱、变速恒频和主动失速型风电机组等一些高效新型机组。

（3）向海上发展。由于陆地狭小，欧洲已开始在海上建立风力发电场。世界 10 大风电市场，占世界总装机容量 90% 以上，欧洲有 7 个。

（五）生物质能资源开发利用

生物质能一直是人类赖以生存的重要能源，是仅次于煤炭、石油和天然气而居于世界能源消费总量第四位的能源,在整个能源系统中占有重要地位。据估计,地球陆地每年生产 1000 亿～1250 亿 t 生物质,海洋年生产 500 亿 t 生物质。生物质能源的年生产量,远远超过全世界总能源需求量,相当于目前世界总能耗的近 10 倍。因此,生物质能极有可能成为未来可持续能源系统的组成部分。到本世纪中叶,采用新技术生产的各种生物质替代燃料,将占到全球总能耗的 40% 以上。

人类对生物质能的利用,包括直接用作燃料的有农作物的秸秆、薪柴等,间接作为燃料的有农林废弃物、动物粪便、垃圾及藻类等,它们通过微生物作用生成沼气或采用热解法制造液体和气体燃料,也可制造生物炭。生物质能是世界上最为广泛的可再生能源。地球上每年生成的生物质总量巨大。据估计,仅通过光合作用生成的生物质总量就达 1440 亿～1800 亿 t(干重),其能量约相当于全世界总能耗的 3～5 倍,但尚未被人类合理利用,多半直接当薪柴使用,不仅效率低,而且不利生态环境。

现代生物质能的利用,是通过生物质的厌氧发酵制取甲烷,用热解法生成燃料气、生物油和生物炭,用生物质制造乙醇和甲醇燃料,以及利用生物工程技术培育能源植物,发展能源农场。

目前,生物质能技术的研究与开发已成为世界重大课题之一,受到各国政府与科学家的关注。许多国家都制定了相应的开发研究计划,如日本的阳光计划、印度的绿色能源工程、美国的能源农场和巴西的酒精能源计划等,主要是生物质能源的开发利用。目前,国外的生物质能技术和装置大多已达到商业化应用程度,实现了规模化产业经营。以美国、瑞典和奥地利三国为例,生物质转化为高品位能源利用已具有相当可观的规模,分别占该国一次能源消耗量的 4%、16% 和 10%。在美国,生物质能发电的总装机容量已超过 10000MW,单机容量达 10～25MW;美国纽约的斯塔藤垃圾处理站投资 2000 万美元,采用湿法处理垃圾,回收沼气,用于发电,同时生产肥料。巴西是乙醇燃料开发应用最有特色的国家,实施了世界上规模最大的乙醇开发计划,目前乙醇燃料已占该国汽车燃料消费量的 50% 以上。美国开发出利用纤维素废料生产酒精的技术,建立了 1MW 的稻壳发电示范工程,年产酒精 2500t。

（六）地热资源开发利用

地球本身像一个大锅炉,深部蕴藏着巨大的热能。在地质因素的控制下,这些热能会以热蒸汽、热水、干热岩等形式向地壳的某一范围聚集,如果达到可开发利用的条件,便成为具有开发意义的地热资源。据测算,地球内部的总热能量,约为全部煤炭储量的 1.7 亿倍。每年从地球内部经地表散失的热量,相当于 1000 亿桶石油燃烧产生的热量。

地热资源是世界上最古老的能源之一。在古代时期,人们就已将低温地热资源用于浴池和空间供热,地热资源的大规模开发始于 19 世纪 20 年代。20 世纪初,地热能开始在大规模空间采暖、工业、发电等方面应用。1904 年,意大利首次利用地热蒸汽发电成功。20 世纪 30 年代,冰岛利用地下热水,建立起世界上最早、最大、最先进的地热供暖及生活用水系统。70 年代初的石油危机后,全球兴起了地热发电热潮。全球的地热装机从 1970 年的 68MW,增至 1980 年的 2480MW、1990 年的 5867MW、1998 年的 8239MW、2010 年的 10900MW。与此同时,地热直接利用的设备容量也大幅度增加。目前,全世界 80 多个国家拥有地热资源,其中多数已进行地热资源的开发利用。

菲律宾是世界地热利用发展最快的国家之一,目前地热装机容量已达近 2000MW,仅次于美国,居世界第二位。该国的地热发电已占全国电力供应的 22%。世界各国地热发电的成本不一，但一般在 5 美分/kWh 左右（燃煤电站 6.5 美分/kWh）。目前，冰岛地热发电成本最低，仅 2 美分/kWh，采暖仅 0.5 美分/kWh。因此，与其他常规能源相比，地热具有商业竞争力。中低温地热的直接利用范围十分广泛，已在技术可靠性、经济性及环境可容性等方面得到各国认可，广泛用于洗浴、游泳、治疗、空间采暖、温室、养殖、工业利用等。地热直接利用的迅速发展，不仅能改善环境，而且有利于人民生活质量的改善。地热开发对环境有轻微的影响，诸如热水直接排放后造成地表水热污染；含有害元素或盐分较高的地热水污染水源和土壤；地热流体中 NO_2、CO_2、H_2S 以及少量的 NH_4、Hg、Rn、B 等有害气体的排放以及长期超采所造成的地面沉降等。针对这些问题，世界各国已相继制定了地热资源开采法规，建立起长期热田监测系统并采取尾水回灌、水质净化、含盐地热水处理等措施。目前，地热资源的开发完全能适应商业性运作，基本达到可持续发展的要求。

近年来，世界地热电力开发变缓，除了受常规能源价格影响之外，主要是地热开发仍面临着初始投资金额大、地质勘探风险高等因素的制约。目前，几乎可以利用一切低温地热源的地热热泵技术，在全球兴起了应用的高潮。过去一直认为，埋深于 3km 以上的地热热储才具有经济开发价值，然而，随着热泵的应用，将使所有国家都可以利用遍布的低位热能进行供暖或制冷。因此，地热热泵技术有可能取代地热发电，成为地热资源利用的热点。

（七）海洋能资源开发利用

海洋能资源丰富，种类繁多。但是，由于开发技术复杂且经济性差，目前海洋能广泛应用的主要有潮汐能和波浪能。潮汐发电是海洋能开发技术中最成熟和规模最大的一种。目前，全世界潮汐电站的总装机容量为 265MW。1966 年建成的法国朗斯潮汐站，是世界上最大的潮汐电站，总装机容量为 240MW，单机功率为 10MW，共 24 台水轮机，年发电 5.4 亿 kWh。1984 年，加拿大建成了一座单库单向发电站，主要目的是验证大型水轮式发电机组的使用性，为计划建造的芬地湾大型潮汐电站提供技术依据。该电站的单机容量为 20MW，是世界最大的机组。2008 年，一座带有全球最大潮汐涡轮机的发电厂在英国投入运营。该电厂位于北爱尔兰的斯特兰福德湾海域，每小时发电量达 120 万 W，是目前全世界规模最大的一个潮汐涡轮机，发电量超过任何的潮汐涡轮机 4 倍。它将利用全世界潮汐流动最快速的海湾之一斯特兰福德湾的自然优势，满足附近 1140 户居民的用电需求。

波浪能是研究开发最活跃的一种海洋能，现在已经接近商业化应用阶段。挪威的 KW 聚波电站是比较成功的一座水波电站。日本是研究波浪电站最多的国家，先后建造了漂浮式震荡水柱装置和固定式震荡水柱装置等十多座。英国和葡萄牙也在建造震荡水柱波浪电站。2007 年，英国政府批准了建立一座世界最大海浪能发电站的计划，设计装机容量为 20MW，建成后的发电量能满足 7500 个家庭的电力需求，可在 25 年内减少 30 万 t 二氧化碳排放。这座耗资 4200 万英镑的海浪能发电站已于 2011 年在英国西南部的圣艾夫斯湾建成发电。

四、中国新能源和可再生能源的开发利用

（一）核能资源开发利用

我国的核电事业自 20 世纪 80 代初开始起步，"八五"期间有 3 台机组（共 2100MW）建成投产，包括我国自行设计建造的浙江海盐秦山一期 300MW 核电机组，以及利用外资、引进成套设备兴建的广东深圳大亚湾核电站两台 900MW 核电机组。目前，这 3 台核电机组一直在安全稳定地运行。2000 年核电发电量为 160 亿 kWh，占全国总发电量的 1.19%。"九五"期间，有 4 个核电项目的 8 台机组开工建设，总装机容量为 6600MW，分别是 1996 年 6

月开工建设的秦山二期核电站两台 600MW 压水堆机组，1997 年 5 月开工建设的广东大亚湾岭澳核电站两台百万千瓦级压水堆机组，1998 年 6 月开工建设的秦山三期核电站两台 700MW 重水堆机组，以及于 1999 年 10 月开工建设的江苏连云港田湾核电站两台由俄罗斯引进的百万千瓦级压水堆机组。目前，这 8 台核电机组已全部建成发电，使我国核电总装机容量达到 8850MW。此外，2008 年初，我国首个在海岛上建设的核电站正式动工，项目位于福建省宁德市辖福鼎市秦屿镇的备湾村，濒临东海，南距福州 143km，北距温州 113km，是我国第一个在海岛上建设的核电站。2011 年，计划建于山东荣成市的高温气冷堆核电站示范工程项目通过国务院批准。该项目是中国拥有自主知识产权的第一座高温气冷堆示范电站，也是世界上第一座具有第四代核能系统安全特性模块式高温气冷堆商用规模示范电站；计划投资 4 0 亿元建设一台 20 万 kW 高温气冷堆核电机组，预计 2017 年底前投产发电。

我国已能自主设计建设 300MW 压水堆核电站，基本实现了 600MW 压水堆核电站的自主开发、设计和建造。通过已建和在建核电项目的实施，在核电研究与工程实验、工程设计、设备设计与制造、工程建设、项目管理等方面已经具有相当的基础和实力，具备了以我为主、中外合作条件下建设百万千瓦级压水堆核电站的能力和一定的开发创新能力，这是我国今后继续发展核电极为宝贵的基础。

（二）水能资源开发利用

我国拥有丰富的水能资源。水力资源理论蕴藏量折合年发电量为 6.19 万亿 kWh，经济可开发年发电量约 1.76 万亿 kWh，相当于世界水力资源量的 12%，列世界首位，是我国仅次于煤炭资源的第二大能源资源。我国水能资源相对集中的大江大河，开发条件好，有利于建成大型水电基地，发挥水能资源的规模效益。

经过几十年的发展，我国的水电建设取得了很大成就，先后建成了新安江、三门峡、刘家峡、青铜峡、龙羊峡、小浪底、葛洲坝、丹江口、三峡、二滩等大型水电工程，有效提高了河流的防洪能力，保护了河流两岸人民免受洪水灾害，改善了农业灌溉、工业生产和城市生活用水以及航运发展条件。我国有 4 万多家小水电站，装机总量逾 4000 万 kW，解决了 3 亿无电人口的用电问题，特别是对解决农村偏远地区的用电困难发挥了重要作用；全国已建成 800 多个小水电电气化县，一些生态环境脆弱的山区和荒漠地区以电代柴，减少了对植被的砍伐，治理了环境，保护了生态，促进了农村地区经济和社会的发展。2011 年，我国水电装机容量已达到 2.3 亿 kW，居世界第一，提供了全国约 15% 的电力需求。同时，水电站设计、工程技术和设备制造等技术也达到了世界先进水平。尽管如此，与美国水能资源已开发利用 80%、巴西和挪威水电占电力 90% 以上相比，我国水能资源的开发利用程度仅为 20%，差距很大，开发潜力也很大。

（三）太阳能资源开发利用

我国幅员广大，有着十分丰富的太阳能资源，太阳能年辐射总量每 cm^2 超过 60 万 J，开发利用前景广阔。从全国太阳年辐射总量的分布来看，西藏、青海、新疆、内蒙古南部、山西、陕西北部、河北、山东、辽宁、吉林西部、云南中部和西南部、广东东南部、福建东南部、海南岛东部和西部以及台湾的西南部等广大地区的太阳辐射总量很大，其中尤以青藏高原地区最大，居世界第二位，仅次于撒哈拉大沙漠。我国太阳能利用方式主要有太阳能热水器、太阳灶和被动式太阳房等以及太阳能光伏发电。目前，我国太阳能产业规模已位居世界第一，是全球太阳能热水器生产量和使用量最大的国家和重要的太阳能光伏电池生产国。我国比较成熟的太阳能产品有太阳能光伏发电系统和太阳能热水系统。

目前，世界上光伏发电较多的国家主要有日本、德国和美国。中国光伏发电产业于 20 世纪 70 年代起步，90 年代中期进入稳步发展时期。太阳电池及组件产量逐年稳步增加。经过 40 多年的努力，已迎来了高速发展的新阶段。在"光明工程"先导项目和"送电到乡"工程等国家项目及世界光伏市场的有力拉动下，我国光伏发电产业迅猛发展。到 2011 年底，我国继续保持着世界太阳能电池第一生产大国的地位，产量超过 11GW；全国光伏系统的累计装机容量达到 300 万 kW；已初步建立起从原材料生产到光伏系统建设等多个环节组成的完整产业链，特别是多晶硅材料生产取得了重大进展，突破了年产千吨大关，冲破了太阳能电池原材料生产的瓶颈制约，为我国光伏发电的规模化发展奠定了基础。

我国太阳能热水器产业的发展历程，可以追溯到 20 世纪 70 年代后期。经过多年的发展，我国太阳能热水器产业已形成较为完整的产业化体系。从原材料加工、热水器产品制造到营销服务，综合配套协调发展。无论从产值还是从保有量的角度讲，我国都已成为名副其实的太阳能热水器生产和应用第一大国。2011 年，我国太阳能热水器总产量达到 5700 万 m^2，较上年增长 17.6%，总保有量约为 19360 万 m^2；同年，太阳能热水器市场销售额约为 900 亿元人民币；产品出口欧洲、美洲、非洲、东南亚等 50 多个国家和地区。

（四）风能资源开发利用

我国风能资源丰富，据国家气象局资料显示，中国陆上 50m 高度可利用的风力资源为 5 亿多 kW，海上风力资源也超过 5 亿 kW，远远超过可利用的水能资源的 3.78 亿 kW。我国风能资源分布很广，在东南沿海、山东、辽宁沿海及其岛屿年平均风速达到 6～9m/s，内陆地区如内蒙古北部，甘肃、新疆北部以及松花江下游也属于风资源丰富区，在这些地区均有很好的开发利用条件。近年来，我国的交通条件得到极大的改善，电网覆盖程度有了很大的提高，许多风资源丰富地区已置于电网覆盖之下，为建设大型风电场提供了更有利的条件。同时，对风能的利用，特别是对我国沿海岛屿，交通不便的边远山区，地广人稀的草原牧场，以及远离电网的农村、边疆，作为解决生产和生活能源的一种可靠途径，具有十分重要的意义。

20 世纪 80 年代，我国便开始了风力发电的开发研究，经过多年的努力，相继在新疆、内蒙古、辽宁、广东、浙江、福建等地区建成了数十个风电场，其中以始建于 80 年代末期的新疆达坂城风电场规模最大，总装机容量已达 14 万 kW。2011 年，我国风电并网装机容量达到 4700 万 kW，居世界第一。根据"十二五"国家风电发展规划，2015 年和 2020 年全国风电装机容量将分别达到 1 亿 kW 和 1.8 亿 kW。

（五）生物质能资源开发利用

作为可再生能源，生物质能是仅次于煤炭、石油、天然气之后的第四大能源，在整个能源系统中占有重要的地位。我国理论生物质能资源约 50 亿 t，目前可供开发利用的主要为生物质废弃物，包括农作物秸秆、薪柴、动物粪便、工业有机废弃物和城市固体有机垃圾等，可转化为电力、燃气等多种清洁能源形式。

我国生物质能开发利用有四个重点领域。一是大力普及农村沼气。规划到 2020 年，力争使适宜农户普及率达到 70%，基本普及农村沼气。二是积极推广农作物秸秆生物气化和固体成型燃料。在有条件的地区，要继续发展秸秆生物气化技术，为农户提供清洁能源。在秸秆固体成型燃料方面，近期要以农村居民炊事和取暖为重点，加快试点示范，逐步解决农村基本能源需要，改变农村用能方式，提高资源转换效率。三是试点发展生物液体燃料。根据我国土地资源和农业生产特点，利用荒山、荒坡及盐碱地等土地资源，稳步发展甜高粱、甘蔗和木薯等非粮食能源作物，建设能源基地，生产燃料乙醇。四是稳步推进秸秆发电。借鉴欧美等发达国家的做法，深入调研并总结江苏、山东、河北、吉林等地秸秆发电利用的经验，开展适度规模的秸秆发电。

（六）地热资源开发利用

我国地热资源丰富，仅已发现的地热露头点就有 3200 余处，全年天然放热资源量折合 35.6 亿 t 标准煤。作为能源资源开发，地热资源是一种环境友好型的清洁能源资源，可供发电、采暖、供热等利用。

我国拥有 150℃ 以上的高温温泉区近百处，集中分布在藏南、滇西和川西地区，成为我国开发利用高温地热能资源最有前途的地区。著名的羊八井地热电站、朗久地热电站和那曲地热电站，就兴建在西藏地区，其中羊八井电厂发电量已占拉萨电网的 45%。近年来，在我国北方地区，如北京、天津、西安、开封、大港、任丘等地，地热采暖有了很大的发展，既节约了常规能源，又减少了环境污染。我国中西部大部分地区属农业区，无论是山区还是平原地区，地热资源均十分丰富，为地热在农、牧、副、渔等方面的广泛利用提供了优越的资源条件。目前，地热资源已广泛地用于温室种植（蔬菜、花卉等）、水产养殖、禽类孵化、育雏、育秧、繁育水稻等方面，效益显著。羊八井地热田除发电外，还用于为面积达 50000m^2 的地热温室供热，其中种植西红柿、黄瓜、青椒等 20 余种蔬菜，取得良好效益。

按照《可再生能源发展"十二五"规划》，到 2015 年，各类地热能开发利用总量达到 1500 万 t 标准煤，其中，地热发电装机容量争取达到 10 万 kW，浅层地温能建筑供热制冷面积达到 5 亿 m^2。

（七）海洋能资源开发利用

我国大陆海岸线长达 18000 多千米，拥有 6500 多个大小岛屿，海岛的岸线总长约 14000 多千米，海域面积 470 多万 km^2，海洋能资源十分丰富，达 5 亿多千瓦。其中潮汐能 1.1 亿 kW，潮流能 1200 万 kW，海流能 2000 万 kW，波浪能 1.5 亿 kW。这些资源的开发利用仍处于研究试验阶段。

五、新能源和可再生能源开发利用的战略目标及措施

新能源和可再生能源的特点是清洁环保，随着开发利用技术的发展，从长远来看更具有安全性、经济性和可持续性，因而在我国的能源发展战略中具有十分重要的地位。尽管目前新能源和可再生能源在我国的能源消费中所占的比重还很低，但只要制定具体而又切实可行的发展战略目标，努力实现这样的目标，就能够一步步扩大新能源和可再生能源在经济各部门和人民日常生活中的利用。

（一）中国新能源和可再生能源开发利用的战略目标选择

新能源和可再生能源是中国能源优先发展的领域。新能源和可再生能源的开发利用，对增加能源供应、改善能源结构、促进环境保护具有重要作用，是解决能源供需矛盾和实现可持续发展的战略选择。中国已经颁布《可再生能源法》，制定了可再生能源发电优先上网、全额收购、价格优惠及社会公摊的政策。建立了可再生能源发展专项资金，支持资源调查、技术研发、试点示范工程建设和农村可再生能源开发利用。发布了《可再生能源中长期发展规划》和《核电中长期发展规划》，提出到2020年，将我国核电运行装机容量从目前的906.8

万 kW 增加到 4000 万 kW，核电占全部电力装机容量的比重从现在的不到 2%提高到 4%；到 2020 年，使可再生能源消费量达到能源消费总量的 15%。我国将从核电适度发展阶段进入到积极发展阶段。将推进水电流域梯级综合开发，加快大型水电建设，因地制宜开发中小型水电，适当建设抽水蓄能电站。推广太阳能热利用、沼气等成熟技术，提高市场占有率。积极推进风力发电、生物质能和太阳能发电等利用技术，将建设若干个百万千瓦级风电基地，以规模化带动产业化。积极落实可再生能源发展的扶持和配套政策，培育持续稳定增长的可再生能源市场，逐步建立和完善可再生能源产业体系和市场及服务体系，促进可再生能源技术进步和产业发展。

1. 核电

目前，我国在建和运行的核电装机容量 1696.8 万 kW，2020 年前还将新投产核电装机约 2300 万 kW。在厂址选择方面，新建核电站的厂址将主要从广东、浙江、山东、江苏、辽宁、福建等沿海城市中优先选择，并考虑在尚无核电的山东、福建、广西等沿海省（区）各安排一座核电站开工建设。2016 年后开工建设的核电站才有望建在内陆省份。目前，我国已在上述沿海省份确定了 13 个优先选择的厂址，总装机规模约 5946 万 kW。

2. 水电

考虑到资源分布特点、开发利用条件、经济发展水平和电力市场需求等因素，今后水电建设的重点是金沙江、雅砻江、大渡河、澜沧江、黄河上游和怒江等重点流域，同时，在水能资源丰富地区，结合农村电气化县建设和实施"小水电代燃料"工程需要，加快开发小水电资源。到 2020 年，全国水电装机容量达到 3 亿 kW，其中大中型水电 2.25 亿 kW，小水电 7500 万 kW。

开展西藏自治区东部水电外送方案研究，以及金沙江、澜沧江、怒江"三江"上游和雅鲁藏布江水能资源的勘查和开发利用规划。

3. 生物质能

根据我国经济社会发展需要和生物质能利用技术状况，重点发展生物质发电、沼气、生物质固体成型燃料和生物液体燃料。到 2020 年，生物质发电总装机容量达到 3000 万 kW，生物质固体成型燃料年利用量达到 5000t，沼气年利用量达到 440 亿 m^3，生物燃料乙醇年利用量达到 1000 万 t，生物柴油年利用量达到 200 万 t。

生物质发电包括农林生物质发电、垃圾发电和沼气发电，建设重点为：

（1）在粮食主产区建设以秸秆为燃料的生物质发电厂，或将已有燃煤小火电机组改造为燃用秸秆的生物质发电机组。在大中型农产品加工企业、部分林区和灌木集中分布区、木材加工厂，建设以稻壳、灌木林和木材加工剩余物为原料的生物质发电厂。到 2020 年，农林生物质发电（包括蔗渣发电）总装机容量达到 2400 万 kW。在宜林荒山、荒地、沙地开展能源林建设，为农林生物质发电提供燃料。

（2）在规模化畜禽养殖场、工业有机废水处理和城市污水处理厂建设沼气工程，合理配套安装沼气发电设施。到 2020 年，建成大型畜禽养殖场沼气工程 10000 座，工业有机废水沼气工程 6000 座，年产沼气约 140 亿 m^3，沼气发电达到 300 万 kW。

（3）在经济较发达、土地资源稀缺地区建设垃圾焚烧发电厂，重点地区为直辖市、省级城市、沿海城市、旅游风景名胜城市、主要江河和湖泊附近城市。积极推广垃圾卫生填埋技术，在大中型垃圾填埋场建设沼气回收和发电装置。到 2020 年，垃圾发电总装机容量达到

300 万 kW。

生物质固体成型燃料是指通过专门设备将生物质压缩成型的燃料，其储存、运输、使用方便，清洁环保，燃烧效率高，既可作为农村居民的炊事和取暖燃料，也可作为城市分散供热的燃料。生物质固体成型燃料的生产包括两种方式：一种是分散方式，在广大农村地区采用分散的小型化加工方式，就近利用农作物秸秆，主要用于解决农民自身用能需要，剩余量作为商品燃料出售；另一种是集中方式，在有条件的地区，建设大型生物质固体成型燃料加工厂，实行规模化生产，为大工业用户或城乡居民提供生物质商品燃料。全国生物质固体成型燃料年利用量达到 5000 万 t。

在生物质燃气方面，充分利用沼气和农林废弃物气化技术提高农村地区生活用能的燃气比例，并把生物质气化技术作为解决农村废弃物和工业有机废弃物环境治理的重要措施。在农村地区主要推广户用沼气、特别是与农业生产结合的沼气技术；在中小城镇发展以大型畜禽养殖场沼气工程和工业废水沼气工程为气源的集中供气。到 2020 年，约 8000 万户（约 3 亿人）农村居民生活燃气主要使用沼气，年沼气利用量约 300 亿 m^3。

生物液体燃料是重要的石油替代产品，主要包括燃料乙醇和生物柴油。根据我国土地资源和农业生产的特点，合理选育和科学种植能源植物，建设规模化原料供应基地和大型生物液体燃料加工企业。不再增加以粮食为原料的燃料乙醇生产能力，合理利用非粮生物质原料生产燃料乙醇。近期重点发展以木薯、甘薯、甜高粱等为原料的燃料乙醇技术，以及以小桐子、黄连木、油桐、棉籽等油料作物为原料的生物柴油生产技术，逐步建立餐饮等行业的废油回收体系。从长远考虑，要积极发展以纤维素生物质为原料的生物液体燃料技术。重点在东北、山东等地，建设若干个以甜高粱为原料的燃料乙醇试点项目，在广西、重庆、四川等地，建设若干个以薯类作物为原料的燃料乙醇试点项目，在四川、贵州、云南、河北等地建设若干个以小桐子、黄连木、油桐等油料植物为原料的生物柴油试点项目。到 2020 年，生物燃料乙醇年利用量达到 1000 万 t，生物柴油年利用量达到 200 万 t，总计年替代约 1000 万 t 成品油。

4. 风能

通过大规模的风电开发和建设，促进风电技术进步和产业发展，实现风电设备制造自主化，尽快使风电具有市场竞争力。在经济发达的沿海地区，发挥其经济优势，在"三北"（西北、华北北部和东北）地区发挥其资源优势，建设大型和特大型风电场，在其他地区，因地制宜地发展中小型风电场，充分利用各地的风能资源。到 2020 年，全国风电总装机容量达到 3000 万 kW。在广东、福建、江苏、山东、河北、内蒙古、辽宁和吉林等具备规模化开发条件的地区，进行集中连片开发，建成若干个总装机容量 200 万 kW 以上的风电大省。建成新疆达坂城、甘肃玉门、苏沪沿海、内蒙古辉腾锡勒、河北张北和吉林白城等 6 个百万千瓦级大型风电基地，并建成 100 万千瓦海上风电项目。

5. 太阳能

发挥太阳能光伏发电适宜分散供电的优势，在偏远地区推广使用户用光伏发电系统或建设小型光伏电站，解决无电人口的供电问题。在城市的建筑物和公共设施配套安装太阳能光伏发电装置，扩大城市可再生能源的利用量，并为太阳能光伏发电提供必要的市场规模。为促进我国太阳能发电技术的发展，做好太阳能技术的战略储备，建设若干个太阳能光伏发电示范电站和太阳能热发电示范电站。到 2020 年，太阳能发电总容量达到 180 万 kW。建设重点如下：

（1）采用户用光伏发电系统或建设小型光伏电站，解决偏远地区无电村和无电户的供电问题，重点地区是西藏、青海、内蒙古、新疆、宁夏、甘肃、云南等省（区、市）。建设太阳能光伏发电约 10 万 kW，解决约 100 万户偏远地区农牧民生活用电问题。到 2020 年，偏远农村地区光伏发电总容量达到 30 万 kW。

（2）在经济较发达、现代化水平较高的大中城市，建设与建筑物一体化的屋顶太阳能并网光伏发电设施，首先在公益性建筑物上应用，然后逐渐推广到其他建筑物，同时在道路、公园、车站等公共设施照明中推广使用光伏电源。重点在北京、上海、江苏、广东、山东等地区开展城市建筑屋顶光伏发电试点。到 2020 年，全国建成 2 万个屋顶光伏发电项目，总容量 100 万 kW。

（3）建设较大规模的太阳能光伏电站和太阳能热发电电站。在甘肃敦煌和西藏拉萨（或阿里）建设大型并网型太阳能光伏电站示范项目；在内蒙古、甘肃、新疆等地选择荒漠、戈壁、荒滩等空闲土地，建设太阳能热发电示范项目。到 2020 年，全国太阳能光伏电站总容量达到 20 万 kW，太阳能热发电总容量达到 20 万 kW。另外，光伏发电在通讯、气象、长距离管线、铁路、公路等领域有良好的应用前景，预计到 2020 年，这些商业领域的光伏应用将累计达到 10 万 kW。

在太阳能热利用方面，应在城市推广普及太阳能一体化建筑、太阳能集中供热水工程，并建设太阳能采暖和制冷示范工程。在农村和小城镇推广户用太阳能热水器、太阳房和太阳灶。到 2020 年，全国太阳能热水器总集热面积达到约 3 亿 m²，加上其他太阳能热利用，年替代能源量达到 6000 万 t 标准煤。

6. 其他可再生能源

积极推进地热能和海洋能的开发利用。合理利用地热资源，推广满足环境保护和水资源保护要求的地热供暖、供热水和地源热泵技术，在夏热冬冷地区大力发展地源热泵，满足冬季供热需要。在具有高温地热资源的地区发展地热发电，研究开发深层地热发电技术。在长江流域和沿海地区发展地表水、地下水、土壤等浅层地热能进行建筑采暖、空调和生活热水供应。到 2020 年，地热能年利用量达到 1200 万 t 标准煤，建成潮汐电站 10 万 kW。

7. 农村可再生能源利用

在农村地区开发利用可再生能源，解决广大农村居民生活用能问题，改善农村生产和生活条件，保护生态环境和巩固生态建设成果，有效提高农民收入，促进农村经济和社会更快发展。发展重点是：

（1）解决农村无电地区的用电问题。在电网延伸供电不经济的地区，发挥当地资源优势，利用小水电、太阳能光伏发电和风力发电等可再生能源技术，为农村无电人口提供基本电力供应。在小水电资源丰富地区，优先开发建设小水电站（包括微水电），为约 100 万户居民供电。在缺乏小水电资源的地区，因地制宜建设独立的小型太阳能光伏电站、风光互补电站，推广使用小风电、户用光伏发电、风光互补发电系统，为约 100 万户居民供电。

（2）改善农村生活用能条件。推广"小水电代燃料"、户用沼气、生物质固体成型燃料、太阳能热水器等可再生能源技术，为农村地区提供清洁的生活能源，改善农村生活条件，提高农民生活质量。到 2020 年，使用清洁可再生能源的农户普及率达到 70% 以上，农村户用沼气达到 8000 万户，太阳能热水器使用量达到 1 亿 m²。

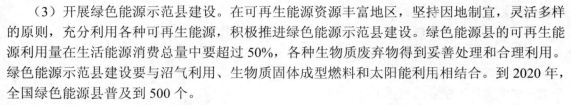

（3）开展绿色能源示范县建设。在可再生能源资源丰富地区，坚持因地制宜，灵活多样的原则，充分利用各种可再生能源，积极推进绿色能源示范县建设。绿色能源县的可再生能源利用量在生活能源消费总量中要超过50%，各种生物质废弃物得到妥善处理和合理利用。绿色能源示范县建设要与沼气利用、生物质固体成型燃料和太阳能利用相结合。到2020年，全国绿色能源县普及到500个。

（二）实现战略目标的主要障碍

我国有丰富的新能源和可再生能源资源以及潜在的巨大市场，发展速度也比较迅速，但要实现产业化发展，必须消除技术、资金、市场、机制等方面的障碍。

（1）技术与资金问题。目前，除水力发电、太阳能热利用和沼气外，我国大多数新能源和可再生能源技术仍处于发展的初期阶段，与发达国家相比，技术工艺相对落后、生产企业规模小，一些原材料和产品国产化程度低，致使相关产品的生产成本较高，与常规能源相比无竞争优势。新能源和可再生能源行业是一个新兴产业，资金短缺和缺乏有效的融资机制是其产业化发展的重要障碍。在资金支持方面，除需要有政府的扶持政策外，还需开拓确保满足资金需求的融资渠道及融资方式。

（2）市场保障机制不完善。长期以来，我国可再生能源发展缺乏明确的发展目标，没有形成连续稳定的市场需求。虽然国家逐步加大了对可再生能源发展的支持力度，但由于没有建立起强制性的市场保障政策，无法形成稳定的市场需求，可再生能源发展缺少持续的市场拉动，致使我国可再生能源新技术发展缓慢。此外，很多以新能源和可再生能源为基础的开发项目具有很好的市场开发潜力，但由于缺乏宣传，使得这些产品没有形成有效的市场。

（3）激励政策体系不健全。在目前的技术水平条件下，新能源和可再生能源产品的生产成本还不完全具备与常规能源产品进行竞争的能力。为此，需要建立和完善投资、税收、信贷、价格、管理等方面的激励政策体系，支持新能源和可再生能源产品的发展。

（4）管理体制问题。新能源和可再生能源按能源品种分属于不同的行业，加之历史原因，没有形成统一的归口行业。对新能源和可再生能源行业的领导和管理又分属于多个部门，这样的管理机制既不能适应市场经济的需要，也很难出台统一的政策措施。

（三）解决困难与消除障碍的主要对策

为推动我国新能源和可再生能源产业的发展，达到规划的目标与要求，需要制定相关的政策并付诸实施：

（1）坚持开发利用与经济、社会和环境相协调。新能源和可再生能源的发展，既要重视规模化开发利用，不断提高可再生能源在能源供应中的比重，也要重视新能源和可再生能源对解决农村能源问题、发展循环经济和建设资源节约型、环境友好型社会的作用，更要重视与环境和生态保护的协调。要根据资源条件和经济社会发展需要，在保护环境和生态系统的前提下，科学规划，因地制宜，合理布局，有序开发。特别是要高度重视生物质能开发与粮食和生态环境的关系，不违法占用耕地，不大量消耗粮食，不破坏生态环境。

（2）推动我国新能源和可再生能源法律法规建设，制定"新能源和可再生能源资源开发利用管理条例"、"新能源和可再生能源促进法"等，以便依法推动新能源和可再生能源的开发利用工作。

（3）建立起完善的经济激励政策体系，逐步制定税收、信贷、投资、价格、补贴等方面的经济激励政策。

（4）建立合理的管理机制，加强对全国新能源和可再生能源工作的统一领导，避免工作的盲目性、分散性及重复性，推动统一的政策措施出台。

（5）加强对重点行业和产品的投入，加大对企业技术改造的扶持力度，推动一批新能源和可再生能源骨干企业的规模发展。

（6）积极开拓并建立有效的国际与国内以及政府与民间融资渠道，通过不同的融资方式并采取相应的措施多渠道筹集资金。

（7）通过政府采购或价格补贴等措施刺激新能源和可再生能源市场需求的增长，培育市场；制定产品标准，健全质量控制和认证制度，加强对市场的规范和管理。

（8）在实施"西部大开发"战略的过程中，充分发挥西部地区的新能源和可再生能源资源优势，采取政策倾斜等措施，推动西部地区的新能源和可再生能源产业化建设。

（9）加强国际合作和交往，积极引进国外先进技术，加快新能源和可再生能源技术水平的提高和向商业化应用的转化，并加速国产化进程。

第七章

海洋及沿海滩涂资源的开发利用

我国是一个陆海兼具的国家，拥有 18000km 的大陆海岸线，200 多万 km² 的大陆架和 6500 多个岛屿，按照国际法和《联合国海洋法公约》的有关规定，管辖的海域面积近 300 万 km²，接近陆地领土面积的三分之一，人均海洋国土面积 0.0027km²，相当于世界人均海洋国土面积的 1/10；海陆面积比值为 0.31，在世界沿海国家中列第 108 位。海洋及沿海滩涂资源的开发利用前景十分广阔。

第一节 海洋资源的开发利用

我国的海洋资源十分丰富，包括海水淡化资源、矿产资源、动力资源、生物资源和空间资源，具有广阔的开发利用前景。开展海洋发展战略研究，积极开发利用海洋资源，对我国经济社会可持续发展具有重要意义。

一、海洋资源概述

（一）海洋资源的概念与特点

1. 海洋资源的概念

海洋资源的概念分为广义和狭义两种。广义而言，凡是与海洋有关的物质、能量和空间都属于海洋资源的范畴。如海洋上的风能，海底的地热，海上城市、花园和飞机场，海底的隧道和居住室，海滨浴场，以及海水中的各种资源。总之，凡是海上可以利用的空间，能够创造财富的物质和能源，可供人们生产、生活和娱乐的一切与海洋有关的设施，均叫海洋资源。

狭义海洋资源是指来源、形成和存在方式都直接与海水相关的资源。如海水中生长的动、植物，海水里存在的各种化学元素，海水运动所具有的能量，海底埋藏的各种液态和固态的矿物等。总之，海洋资源是和海水本身直接发生关系的物质和能量。按照对海洋资源的狭义理解，可以把海洋资源分成四大类：海洋水资源、海洋矿产资源、海洋动力资源和海洋生物资源。

2. 海洋资源的特点

概括起来，我国的海洋资源有 3 个特点。一是种类多，储量大。我国是世界上海洋资源最丰富的国家之一，这为我国发展海洋水产、海洋石油开发、海洋围垦、海洋养殖、海洋运输、海洋盐业和化工等生产，提供了优越的自然条件。二是海洋资源分布不平衡，有与陆地资源分布呈反相关的明显趋势。我国海洋资源遍布近海各海区，但东海和南海更为丰富。而我国陆地的石油、煤炭资源多分布在北部和西北部，水力资源多分布在南部和西南部，我国工业和人口集中在东部区域，却缺少能源。海洋资源，特别是海洋新能源的分布，极大地弥补了我国陆地资源分布上的缺陷，有利于发展我国东南部地区的经济。三是我国海洋资源的绝大部分在大陆架浅海。渤海平均深度 18m，黄海平均深度 44m，全部在大陆架浅海。东海和南海的资源也多在陆架浅海范围。海洋资源分布在浅海区域，便于进行海上捕捞和养殖作业，有利于海洋能和海底石油的开发利用活动，减少了海上作业的难度，降低了成本，可以提高海洋资源的利用率和社会经济效益。

（二）海洋资源的分类

海洋资源可采用不同的方法进行分类，如按资源的来源分类、按资源能否再生分类、按资源能否提取分类以及按自然属性分类，其中得到较广泛应用的，是如表 7-1 所示的按海洋资源自然属性进行分类。

表 7-1   **海洋资源的分类及开发利用**

资源分类	开发内容	开发结果	涉及产业
海洋水资源	淡水	为海岛，船只或近岸缺水区提供淡水	化学、机械、电力
	海水直接利用	海水冷却、脱硫、回注采油、冲厕和冲灰、洗涤、消防、制冰、印染等	电力、化学、重工、机械、纺织、食品
海洋矿产资源	海中常量元素提取	提取食盐、镁、溴、钾、重水等作为各种工业原料	矿业、化学、石油、造船、土建、钢铁、金属、电机、电力
	海中微量元素提取	提取铀、碘等作为国防工业和医药原料	
	石油天然气	提取石油和天然气	
	锰结核	从海底采出的锰结核中，提炼出锰、铁、铜、钴、镍	
	其他矿物	提取铁砂、金砂、锡砂、磷灰石及其他金属	
海洋动力资源	热力	热能变成电能	电力、土建、电机
	海水运动的热能和动能	海水运动的动能量变为电能	
	其他能量	用深层海水压力差进行海底钻探	
		地电	
海洋生物资源	植物	生产海带、紫菜、巨藻等	水产、造船、电机
	动物	猎获鱼类、虾类、海龟、鲸类、海豚类及其他海兽	
		鱼类在渔礁附近聚集、生息形成天然渔场	
		人工养殖鱼类、贝类	
海洋空间资源	海岸带	提供地基，建设码头、港口	交通、水产、通信、土建、旅游
	海面	建设海上机场、海上城市、海洋公园、发展海运	
	海水中	建设海中油库、海洋水族馆	
	海底	建设海洋储藏基地，发展跨海交通、越洋通信	

二、海洋资源开发利用的国际趋势

（一）海洋生物资源

海洋是生物资源宝库。据生物学家统计，海洋中约有 20 万种生物，其中已知鱼类约 1.9 万种，甲壳类约 2 万种。许多海洋生物具有开发利用价值，为人类提供了丰富食物和其他资源。世界海洋浮游植物产量5000亿t，折合成鱼类年生产量约6亿t。假如以50%的资源量为可捕量，则世界海洋中鱼类可捕量约3亿t。另外，药用和其他兰物资源也有很大开发潜力。

开发海洋生物资源的主要产业是海洋渔业，另外还有少量海洋药用生物资源开发。近10年来，世界海洋渔业年产量平均约8500多万t，产值约2000亿美元。长期以来，日本和俄罗斯是渔业产量超过1000万t的渔业大国。中国的海洋渔业发展较快，近年来捕捞量一直保持在1500万t左右，居世界首位。世界其他海洋渔业大国包括秘鲁、智利、美国、印度和印度尼西亚，捕鱼量均在500万t以上。

近年来，日本和俄罗斯等国正在探索大洋深水区的生物资源开发问题，首先是进行资源调查，同时开发新的捕捞技术。过去曾被认为是海洋中的荒漠的大洋深水区，蕴藏着大量的中层鱼类资源，其中仅灯笼鱼的生物量就有9亿t，每年可捕量可达5亿t。南大洋磷虾资源年可捕量可达0.5亿～1亿t。另外，水深200～2000m的区域也有许多其他经济鱼类，如长尾鳕科鱼类，深海鳕科鱼类，平头鱼科鱼类，以及金眼鲷、鲽鱼等，可捕量约3000万t。

（二）海洋矿产资源

占地球面积约70%的海洋里蕴藏着大量的矿产资源。海水中最普通的矿产是盐，即氯化钠，是人类最早从海水中提出的矿物质之一。此外，还有钾盐、碘、溴等几十种稀有元素及硼、铷、钡等，它们一般在陆地上分布较少且分散，但对人类又极具价值。据估计，海水中含有的黄金可达550万t，银5500万t，钡27亿t，铀40亿t，锌70亿t，钼137亿t，锂2470亿t，钙560万亿t，镁1767万亿t。这些矿物，大都是国防、工农业生产及生活的必需品。例如，镁是制造飞机快艇的材料，又可以做火箭的燃料及照明弹等，是金属中的"后起之秀"，而目前世界上有一半以上的镁来自海水。

海水是宝，海洋矿砂也是宝。海洋矿砂主要有滨海矿砂和浅海矿砂。它们都是在水深不超过几十米的海滩和浅海中由矿物富集而具有工业价值的矿砂，是开采最方便的矿藏。从这些砂子中，可以淘出黄金，而且还能淘出比金子更有价值的金刚石、石英、钻石、独居石、钛铁矿、磷钇矿、金红石、磁铁矿等。所以，海洋矿砂成为增加矿产储量最大的潜在资源之一，越来越受到人们的重视。

在深海底处，也有着许多重要的矿物资源，多金属锰结核就是其中最有经济价值的一种。这种呈黑色或褐色的锰结核鹅卵团块，有的像土豆，有的像皮球，直径一般不超过20cm，呈高度富集状态分布于300～6000m水深的大洋底表层沉积物上。据估计，整个大洋底锰结核的蕴藏量约3万亿t，如果开采得当，它将是世界上一项取之不尽，用之不竭的宝贵资源。目前，锰结核矿成为世界许多国家的开发热点。在海洋这一表层矿产中，还有许多沉积物软泥，也是一种重要的矿产，含有丰富的金属元素和浮游生物残骸。例如覆盖一亿多平方公里的海底红黏土中，富含铀、铁、锰、锌、铟、银、金等，具有较大的经济价值。

近年来，科学家们在大洋底部发现的33处"热液矿床"，是由海底热液成矿作用形成的块状硫化物多金属软泥及沉积物。这种热液矿床主要形成于洋中脊，海底裂谷带中，热液通过热泉，间歇泉或喷气孔从海底排出，遇水变冷，加上周围环境及酸碱度变化，使矿液中金属硫化物和铁锰氧化物沉淀，形成块状物质，堆积成矿丘。有的呈烟筒状，有的呈土堆状，有的呈地毯状，储量从数吨到数千吨不等，是又一项极有开发前途的大洋矿产资源。

石油和天然气是遍及世界各大洲大陆架的矿产资源。世界上已探明的海上石油储量占地球石油总储量的 25.2%，天然气储量占 26.1%。海上石油储量有 55%～70%在水深小于 200m 的大陆架范围内。随着世界陆地石油和天然气资源的日益减少，人们自然会转而求助于海洋。

然而，目前海底矿藏资源的勘探和开采技术还不够成熟，要投入实际应用更面临许多难题。除了成本比陆地高以外，还存在破坏生态环境等问题。无论是发达国家还是发展中国家，目前还都处于一种不断摸索的阶段。

（三）海洋空间资源

近代海洋空间资源开发利用，已从传统的海涂围垦、港口、航道发展到建设海上人工岛、海上机场、旅馆、海面与水下工厂、仓库、海底隧道、海上桥梁等设施及石油等矿产资源开采。在此方面，日本已处于国际上的前沿地位，特别是在人工岛的建造方面。我国海洋空间资源的开发利用，目前主要还限于海涂和交通运输方面。

现在世界上经济发展越快，人口密度越高的地方，建造的人工岛就越多。日本就是建造人工岛最多的国家，美国、荷兰等国和我国的香港和澳门也很重视发展人工岛。日本是个群岛国家，国土狭小，人口稠密。为解决土地不足的问题，日本很早以前就开始了人工造陆。日本的人造陆地从利用方式的变化大体可分三个阶段：①明治维新以前，以拓海围田、开垦耕地为主的农业利用期；②明治维新到 20 世纪 70 年代的经济高速增长期，综合工业到重化工业为主的工业利用期。据日本国土厅统计，1912—1954 年，仅东京湾 6 港区造陆就有 3000hm^2，1954—1982 年，全日本人造陆地面积达到 6 万 hm^2；③经济高速增长时期以来，从以工业开发为主转向以交通、住宅、商务、情报、文化娱乐等为主的城市功能多样化开发利用期。

第二次世界大战后的 50 多年间，日本人围海造陆达 200km^2，相当于 26 个香港岛的面积。20 世纪 70 年代日本将围垦的重点转移到海岸以外的人工岛。东京人口 1200 多万，面积只有 2145km^2。为了寻找新的生活空间，东京将在 15 年时间内用城市垃圾填出 18 个人工小岛。日本目前已建的最著名的人工岛是神户人工岛。日本有关部门提出再建造 700 个人工岛的设想，以扩大国土面积 1.15 万 km^2，满足日本经济发展的需要。

日本神户人工岛是世界上第一座海上城市，位于神户市以南约 3000m，通过一座大桥与市区相连，水深 12m，面积 436 万 km^2，历时 15 年完工，耗资达 5300 亿日元。岛的中部是生活区，建有住宅、商店、学校、医院、博物馆、公园和体育馆等可供 2 万多人居住的设施，南侧建有防波堤，其他三面是现代化的集装箱装卸载码头。

阿联酋也在迪拜建造耗资 140 亿美元的全球首个棕榈叶形状的岛屿——"朱美拉棕榈岛"，规划建造私人住宅、公寓，豪华酒店以及港口、水主题公园、餐馆、购物中心和潜水场所等设施，总共可容纳 6 万居民，成为世界上最大的人工岛。

三、我国海洋资源需求状况

（一）建设海洋强国需要海洋资源作为基础

我国伟大的航海家郑和曾给我们留下这样的名言："欲国家富强，不可置海洋于不顾。财富取之于海，危险亦来自于海。"国内外历史发展的经验告诉我们，国家的兴衰，与海上力量息息相关，海兴则国强，海衰则国弱。自鸦片战争以后，海上力量的衰败和海权的沦丧，成为我国被动挨打的重要原因。改革开放以来，我国的海洋事业得到迅速发展，尤其是在 1996 年批准《联合国海洋法公约》之后，我国在争取和维护国家海洋权益方面逐步步入正轨。

由于有交流之便，世界上多数沿海地带成为经济、科技和文化中心。世界上 3/4 的大城市，70%的工业集中在沿海地区，如纽约、里约热内卢、伦敦、鹿特丹、东京、孟买、新加坡等，这些城市的发展，带动了所在国的经济繁荣和社会发展。在我国，沿海地区是经济和社会发展最快的区域。沿海12省、区、市的陆地面积仅占国土总面积的14%，而GDP却占全国的60%。我国沿海有中等以上城市25个，其中包括中国经济实力最强的上海和天津、大连、青岛、厦门、深圳等重要城市。同时，沿海地区也是人类生产、生活的最佳场所。目前，世界60%的人口居住在距海岸100km的地区。据预测，到2020年，世界3/4的人口将居住在沿海地区。中国每平方公里人口平均约135人，东部沿海地区约400人，人口承载力最强。预计到21世纪中叶，将有50%～60%的人口生活在沿海地区。

海洋是货物与商品运输的主要载体，海洋资源具有巨大的开发潜力。在可预见的未来，蓝色海洋将是人类生存所需的食品生产基地、原料供应基地和生活发展空间，是人类可持续发展的物质基础。随着陆地资源的日趋枯竭，海洋在新的世纪将成为世界各国特别是沿海国家生存与发展的资源宝库和最后空间。

（二）我国海洋资源的总体评价

我国"海洋国土"近300万 km^2，就绝对数量而言，在世界沿海国家中名列第9位。海岸线总长32000多公里（大陆岸线长18000多公里，岛屿岸线长14000多公里），也位于世界前10名之列。然而，我国海陆面积之比很小，仅为0.31，大大低于世界海陆面积平均比值0.87，在140个沿海国家中仅居第108位。我国人均海洋国土面积仅为 $0.0027km^2$，在世界沿海国家中排名第122位。海岸线系数仅为0.0018，在沿海国家中居第94位。

我国近海鱼类可捕量约400万t，占世界海洋鱼类可捕量的4%。但我国近海鱼类人均可捕量还不到4kg，大大低于世界人均可捕量19kg的水平。我国近海石油资源探明储量为5亿多吨，占世界海洋石油资源探明储量的1.8%；海洋天然气探明储量为1000多亿 m^3，占世界海洋天然气探明储量的0.57%。其他资源，如滩涂、港址、滨海砂矿和旅游资源等人均占有量也大大低于世界沿海国家的平均水平。

总之，如果仅考虑近海资源，我国海洋资源总体上有绝对数量大而人均数量少的特点，这就更需要我们合理、有效、可持续地开发利用这些资源。

（三）人口增长与社会经济发展对海洋资源的需求

作为世界上人口最多的国家，我国人口总量已接近14亿，而且人口增长的压力依然很大，每年的净增人口保持在1000万左右。人要吃饭穿衣、要有栖身之地、物质和文化生活水平要不断改善和提高……这就需要有土地种粮种棉、发展城镇、修建基础设施、开凿矿山、开办工厂……然而，如前所述，我国土地资源的一个重要特征，就是总量丰富但人均贫乏。一方面，我国耕地面积大量减少，土地退化、损毁严重，土地后备资源严重不足，60%以上的耕地分布在水源不足或者水土流失、沙化、盐碱化严重的地区，通过开发补充耕地的潜力也十分有限；另一方面，我国土地利用粗放，利用率和产出率低，浪费土地的情况十分严重。同时，随着人口的增加和经济的发展，我国的环境问题越发严重，主要表现为空气和水环境污染日益加重、噪声和固体废弃物遍布城乡、物种濒危和生态恶化、自然资源日趋枯竭等，改善生态环境需要占用大量的土地。在人口、经济增长和资源环境等多方面对土地的压力越来越大的严峻形势下，今后除尽力提高内陆土地的利用效率和效益外，很自然会把目光转向海洋，通过开发和利用海洋来拓宽生存和发展空间。

总之，我国是世界上人口最多、人均土地资源匮乏的国家，在合理利用陆地资源的同时，必须高度重视开发利用海洋资源。我国属于海洋大国，海域蕴藏着丰富的资源，制定合理的海洋发展战略，积极开发利用海洋资源，对我国经济社会可持续发展具有重要意义。

四、我国各类海洋资源开发潜力及利用现状

（一）海域资源

我国有四大海域，分别为渤海、黄海、东海和南海。渤海是一个近似封闭的内海，处于中国大陆东部的最北端，一面临海，三面环陆，北、西、南三面分别与辽宁、河北、天津和山东三省一市毗邻，东面经渤海海峡与黄海相通，辽东半岛的老铁山与山东半岛北岸的蓬莱角间的连线，为渤海与黄海的分界线。渤海海域面积 77000km²，大陆海岸线长 2668km，平均水深 18m，最大水深 85m。渤海地处北温带，夏无酷暑，冬无严寒，多年平均气温 10.7℃，降水量 500～600mm，海水盐度为 30。渤海海底平坦，多为泥沙和软泥质，地势呈由三湾向渤海海峡倾斜态势。海岸分为粉沙淤泥质岸、沙质岸和基岩岸三种类型。渤海湾、黄河三角洲和辽东湾北岸等沿岸为粉沙淤泥质海岸，滦河口以北的渤海西岸属沙砾质岸，山东半岛北岸和辽东半岛西岸主要为基岩海岸。

黄海西临山东半岛和苏北平原，东边是朝鲜半岛，北端是辽东半岛，面积约 40 万 km²，最深处在黄海东南部，约 140m。按照黄海的自然地理等特征，将黄海分为北黄海和南黄海。北黄海是指山东半岛、辽东半岛和朝鲜半岛之间的半封闭海域，面积约 8 万 km²，平均水深 40m，最大水深在白翎岛西南侧，为 86m。长江口至济州岛连线以北的椭圆形半封闭海域，称南黄海，总面积 30 多万 km²，平均水深 45.3m，最大水深在济州岛北侧，为 140m。黄海水温年变化小于渤海，为 15～24℃，海水的盐度也较低，为 32‰。黄海寒暖流交汇，水产丰富，特别是渤海和黄海沿岸地势平坦，面积宽广，适宜晒盐。例如，著名的长芦盐区，烟台以西的山东盐区以及辽东湾一带都是我国重要的盐产地。

东海北连黄海，东到琉球群岛，西接我国大陆，南临南海，南北长约 1300km，东西宽约 740km。东海海域面积 70 多万 km²，平均水深 350m 左右，最大水深 2719m。东海海域比较开阔，大陆海岸线曲折，港湾众多，岛屿星罗棋布，我国一半以上的岛屿分布在这里。大陆流入东海的江河，长度超过百公里的河流有 40 多条，其中长江、钱塘江、瓯江、闽江等四大水系是注入东海的主要江河，使东海形成一支巨大的低盐水系，成为我国近海营养盐比较丰富的水域，其盐度在 34‰以上。东海位于亚热带，年平均水温 20～24℃，年温差 7～9℃。较之渤海和黄海，东海的水温较高，盐度也较大，加之亚热带和温带气候，利于浮游生物的繁殖和生长，是各种鱼虾繁殖和栖息的良好场所，也是我国海洋生产力最高的海域。东海有我国著名的舟山渔场，盛产大、小黄鱼和墨鱼、带鱼。东海有很多优良港湾，如上海港位于长江下游黄浦江口，这里航道深阔，水量充沛，江内风平浪静，宜于巨轮停泊。

南海北边是我国广东、广西、福建和台湾，东南边至菲律宾群岛，西南边至越南和马来半岛，最南边的曾母暗沙靠近加里曼丹岛。浩瀚的南海，通过巴士海峡、苏禄海和马六甲海峡等，与太平洋和印度洋相连。南海在四大海域中面积最大，约有 356 万 km²，相当于 16 个广东省的面积。我国最南边的曾母暗沙距大陆达 2000km 以上，比广州到北京的路程还远。南海也是邻接我国最深的海区，平均水深约 1212m，中部深海平原中最深处达 5567m。南海因其自然地理位置，适于珊瑚繁殖，在海底高台上，形成很多风光绮丽的珊瑚岛，如东沙群岛、西沙群岛、中沙群岛和南沙群岛。南海诸岛很早就为我国劳动人民发现并开发，是我国

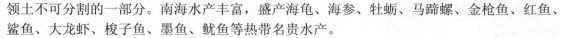

领土不可分割的一部分。南海水产丰富，盛产海龟、海参、牡蛎、马蹄螺、金枪鱼、红鱼、鲨鱼、大龙虾、梭子鱼、墨鱼、鱿鱼等热带名贵水产。

（二）海岛资源

海岛是陆地国土和海洋国土的结合部，它兼备丰富的海、陆资源，在海洋经济和沿海经济发展中具有重要的作用。据不完全统计，若不包括台湾、香港和澳门所属岛屿，我国共有面积大于 $500m^2$ 的岛屿 5000 多个，总面积为 8 万 km^2，约占全国陆地总面积的 0.8%，其中有人居住的岛屿 400 多个，共有人口约 500 万。我国海岛分布很不均匀。东海岛屿最多，约占全国岛屿总数的 58%；南海次之，约占 28%；黄海、渤海最少，约占 14%。

我国海岛资源丰富，主要有以下几种：

（1）陆地资源。全国海岛共有农田面积 1900 多万亩，森林面积 5600 多万亩。其中，山东的海岛农田面积最大，约 900 万亩；海南的海岛森林面积最大，约 450 万亩。

（2）滩涂资源。全国海岛滩涂资源共有 650 多万亩，其中山东最多，约 150 万亩。

（3）可养殖水面。全国海岛共有可养殖水面 1200 多万亩，其中福建最多，为 620 多万亩。

（4）港址资源。全国海岛共有港址 370 多处，其中浙江最多，为 178 处。

（5）旅游资源。海岛具有独特的自然景观、生态环境、人文古迹等，全国可供旅游的海岛接近 300 个。

（6）矿物资源。不少海岛蕴藏着非金属和金属矿物，特别是南沙群岛及其附近海域，以石油和天然气储量最丰富。

目前，我国在海岛开发利用方面，还处于起步阶段，且发展不平衡。陆地资源、滩涂资源和港址资源开发利用发展较为迅速，而在旅游和矿物资源方面的开发利用刚刚开始。旅游开发方面，有赖于海岛主权的实质落实，海军力量的强大；矿物资源方面，则要努力提高开采和勘探技术。这些资源的开发利用潜力都很巨大。

（三）滩涂资源

我国沿海滩涂资源丰富，总面积为 2.17 万 km^2（合 3255 万亩）。我国沿海入海河流每年带入的泥沙量为 17 亿～26 亿 t，平均约 20 亿 t。这些泥沙在沿岸沉积形成滩涂，每年淤涨的滩涂总面积约 40 万亩，使我国滩涂资源不断增加。滩涂资源主要分布在平原海岸，渤海占 31.3%，黄海占 26.8%，东海占 25.6%，南海占 16.3%。

早在秦汉和隋唐时期，我国的围海造田已达到相当规模，新中国成立以来，更是制定了滩涂综合开发规划，开展了大规模的开发利用活动。但是，总体来看，我国沿海滩涂的开发利用存在模式单调简单，开发层次低、效益差，资源浪费严重，利用技术简单落后，生态环境遭受破坏，滩涂开发缺乏科学论证和综合规划等一系列问题。

（四）海洋生物资源

中国近海海洋生物物种繁多，达 2 万多种。海洋生物以暖温性种类为主，其次有暖水性和冷温性及少数冷水性种类。由于黄、东、南海的外缘为岛链所环绕，属半封闭性海域，故海洋生物种类具有半封闭性和地域性特点，多为地方性种类，还有少数土著种和特有种，而世界广布种较少。海洋植物主要为藻类，另有少量种子植物。海洋动物种类很多，几乎从低等的原生动物到高等的哺乳动物的各个门、纲类动物都有代表性种类分布。

中国海域被确认的浮游藻类 1500 多种，固着性藻类 320 多种。海洋动物共有 12500 多种，其中无脊椎动物 9000 多种，脊椎动物 3200 多种。无脊椎动物中有浮游动物 1000 多种，软体动物 2500 多种，甲壳类约 2900 种，环节动物近 900 种。脊椎动物中以鱼类为主，约近 3000 种，包括软骨鱼 200 多种，硬骨鱼 2700 余种。

我国近海年平均生物生产量为 $3.02t/km^2$，在全球范围属中下水平。南太平洋年平均生产生物量为 $18.2t/km^2$，日本近海为 $11.8t/km^2$，北海为 $4.7t/km^2$。我国诸海中，年平均生物生产量以东海最高，为 $3.92t/km^2$。

我国海洋渔业的最佳资源可捕量为 280 万～329 万 t。其中，中上层鱼类为 76 万～89 万 t，占 27%；底层近底层鱼类为 106 万～125 万 t，占 38%；头足类为 11 万～13 万 t，占 4%；虾蟹类为 39 万～46 万 t，占 14%；其他为 48 万～56 万 t，占 17%。按海区分，黄海渤海区最佳资源可捕量为 55 万～65 万 t，东海区为 140 万～170 万 t，南海区为 100 万～121 万 t。

对于海洋生物资源的开发利用，我国在渔业开发方面走在世界前列，其他方面的工作则开展的不够理想。近年来，随着科学技术的创新和国外先进技术的引入，我国在海洋生物资源开发利用方面将会有较大的发展。

（五）海洋矿产资源

海水中的盐是人类最早从海水中提出的矿物质之一。此外，还有钾盐、碘、溴等几十种稀有元素及硼、铷、钡等。我国海盐生产发展很快，现在沿海 11 个省、自治区、直辖市都有盐田，生产的海盐质量不断提高，品种越来越多。除原盐外，已投入批量生产的有洗涤盐、粉碎洗涤盐、精制盐、加碘盐、餐桌盐、肠衣盐、蛋黄盐和滩晒细盐，并在试制调味盐、饲畜用盐砖等。钾元素在海水中占第六位，共有 600 万亿 t。海水中提钾主要用来制造钾肥。此外，钾在工业上可用于制造不易受化学药品腐蚀的含钾玻璃，这种玻璃常用于制造化学仪器和装饰品。钾还可以制造软皂，可用作洗涤剂。地球上 99%以上的溴都在海水中，其含量约为 65mg/L，总量达 100 万亿 t，主要用于制溴化物、氢溴酸、药物、染料、烟熏剂等。我国自 20 世纪 60 年代起开始进行海水直接提溴并获得成功，现已在青岛、连云港、广西等地相继建立了提溴工厂，进行试验生产。

我国滨海砂矿的种类达 60 种以上，世界滨海砂矿的种类几乎在我国均有蕴藏。主要有钛铁矿、锆石、金红石、独居石、磷钇矿、磁铁矿、锡石、铬铁矿、铌（钽）铁矿、锐钛矿、石英砂、石榴子石等。我国滨海砂矿类型以海积砂矿为主，其次为海、河混合堆积砂矿，多数矿床以共生形式存在。我国滨海砂矿探明储量为 16 亿 t，其中包括滨海金属矿和非金属矿，但主要为后者。金属矿产储量包括钛铁矿、锆石、金红石、独居石、磷钇矿等。滨海砂矿中的锆石和钛铁矿两种就占滨海金属矿藏总量的 90%以上。20 世纪 60 年代，我国对滨海砂矿进行了规范性的勘探，陆续发现了一批具有工业价值的砂矿床。20 世纪 80 年代以来，多数的滨海砂矿已有不同规模的开发。目前，我国滨海已探明的砂矿产区 90 余处，各类矿床191 个，矿点 135 个。

我国多金属结核资源包括中国管辖海域赋存的资源和国际海底享有的资源。1979—1989 年我国在南海中央海盆和大陆坡调查时发现了海底多金属结核，主要分布在北纬14°～21°31′、东经 115°～118°，水深 2000～4000m 海底。多金属结核直径一般在 5～14cm。多金属结核的富集区面积约 $3200km^2$，位于中沙群岛南部深海盆及东沙群岛东南和南部平缓的陆坡区。由于多金属结核的含矿品位不高，分布不集中，有待进一步开展详细调查。

国际海底（领海、专属经济区和大陆架以外的深海大洋底部）及其资源是人类的共同财产。位于太平洋东北部以克拉里昂—克里帕顿断裂带为边界的海区，是品位和丰度都很高的远景矿区，储量达 150 亿 t。1987 年联合国国际海底管理局筹委会批准苏联、日本、法国和印度为先驱投资者。这些国家的调查工作始于 20 世纪 50 年代。我国海上勘探活动始于 70 年代中期，大规模勘探活动始于 80 年代初。80 年代末我国从 200 万 km² 的调查海域中，按照矿区平均丰度、品位和海底地形坡度的指标要求，在北纬 7°～13°，西经 138°～157°的范围内，圈出具有商业开采价值的 30.1 万 km² 的远景矿区。1990 年经国务院批准，向联合国国际海底管理局筹委会申请矿区登记，选划出 15 万 km² 的勘探开辟区。1991 年 3 月 5 日我国被批准为世界第五个登记的"深海采矿先驱投资者"。近年来，我国采用多种先进技术手段，在 15 万 km² 的开辟区中，探明了各区多金属结核的品位、丰度、地形地貌环境及其分布特点。

热液矿床是深海又一重要的矿产资源。1986 年 6 月日本与德国的联合调查，在东海冲绳海槽西北水深 1400m 处，发现了大规模的热液硫化物矿床。估计 1t 矿石含金 14g，银 11kg，铜、锑只占 4%，锌占 24%，经济价值高，是世界上迄今在海底发现含贵金属品位最高的热液矿床。

（六）港口资源

我国港址资源丰富的原因是我国大陆有基岩海岸 5000 多公里，占全国大陆岸线总长的 1/4 以上，全国海岛共有港址 370 多个。这类海岸线曲折，岬湾相间，深入陆地港湾众多。它们的特征是岸滩狭窄，坡度陡，水深大，许多岸段 5～10m 等深线逼近岸边，可选为大中型港址。淤泥质海岸 4000 多公里，其中大河河口岸段常有一些受掩护的深水岸段和较稳定的深水河槽，可建大中型港口。砂砾质海岸呈零星分布，岸滩组成以砂、砾为主，岸滩较窄、坡度较陡，堆积地貌发育类型多，常伴有沿岸沙坝、潮汐通道和潟湖，有一定水深和掩护条件，可建中小型港口。

我国沿岸有 160 多个大于 10km² 的海湾，10 多个大、中河口，深水岸段总长达 400 多公里。绝大多数地区常年不冻。除邻近河口外，大部岸段无泥沙淤积或很少，基本具备良好的港址环境条件。目前，可供选择建设中级泊位以上的港址有 164 处。

我国四大海域，港口建设方面最有优势的是渤海。渤海港口具有分布密度高，大型港口及能源出口港多，自然地理条件好，经济发达，腹地广阔，资源丰富等优势，是我国北方对外贸易的重要海上通道。已建和宜建港口 100 多处。其他三大海域的开发利用也正在按部就班地进行，以便充分利用宜建港口的地理优势，发展港口经济。

（七）滨海旅游资源

我国沿海地带跨越热带、亚热带、温带三个气候带，具备"阳光、沙滩、海水、空气、绿色"五个旅游资源基本要素，旅游资源种类繁多，数量丰富。据初步调查，我国有海滨旅游景点 1500 多处，滨海沙滩 100 多处，其中最重要的有国务院公布的 16 个国家历史文化名城，25 处国家重点风景名胜区，130 处全国重点文物保护单位以及 5 处国家海岸自然保护区。按资源类型分，共有 273 处主要景点，其中有 45 处海岸景点，15 处最主要的岛屿景点，8 处奇特景点，19 处比较重要的生态景点，5 处海底景点，62 处比较著名的山岳景点，以及 119 处比较有名的人文景点。

我国的大连海滨、北戴河海滨、普陀山海滨、厦门海滨、汕头、深圳海滨及海南岛崖县的天涯海角海滨等，均已成为对外开放的著名滨海风景名胜地。

我国的滨海旅游资源丰富，改革开放以来，得到了进一步的合理开发。然而，目前全国1500余处海滨、海岛旅游景点的开发程度还不高，滨海旅游业发展潜力很大，将在中国海洋经济的全面振兴中发挥日益重要的作用。

（八）海水资源

我国是严重缺水国家，很大一部分城市都处于缺水甚至严重缺水状态，因此，合理利用海水资源，可以大大缓解滨海城市和省份，特别是北方滨海省、市（如天津、河北、辽宁、山东等）的缺水问题。

近年来，我国在海水利用方面取得了三项重要进展。一是海水利用技术取得重大突破。我国海水淡化在反渗透法、蒸馏法等海水淡化关键技术方面，如日产5000t反渗透海水淡化工程和日产3000t蒸馏法海水淡化工程已有商业化建设和运行经验，并拥有自主知识产权，目前正在进行万吨级示范。海水循环冷却技术已进入每小时万吨级产业化示范阶段，有的指标已达到世界先进水平。海水脱硫技术已在沿海火电厂开始应用。海水化学资源综合利用技术取得积极进展，如海水制盐广泛应用，海水提取镁、溴、钾等已完成千吨级中试。二是海水利用初具规模。目前，我国已建成运行的海水淡化设备日产量已达到12万t，海水直流冷却水年利用量已近480亿m^3。三是海水淡化成本迅速下降。由于创新能力不断增强，技术水平不断提高和规模的不断扩大，吨水成本已经降到5元左右。

五、海洋资源开发利用策略

（一）我国管辖海域资源的开发与保护

我国管辖海域的资源是沿海地区经济和社会发展的重要基础，对海洋经济以及整个沿海地区的经济发展起着越来越大的支撑作用。然而，由于我国人均海洋资源占有量相对较少，经济发展对资源的需求日益增多，使海洋资源的可持续利用面临着严峻的挑战。管好、用好、保护好我国海洋资源，已成为21世纪的重要课题。

我国管辖海域的综合管理是保证经济和社会持续快速健康发展的重要途径。综合管理往往要通过行政、法律、经济、科技和教育等手段，对海洋开发活动进行组织、指导、协调、控制和监督，以保证合理利用海区的各种资源，促进各行各业协调有序地发展，提高整个海区的经济效益、社会效益和生态环境效益。综合管理还体现在联合组织编制海域功能区划，海洋开发规划，协商解决开发过程中出现的各种矛盾和问题，以及在更高层次上进行决策磋商。

根据《中国海洋21世纪议程》，我国海洋资源开发利用的总体目标是：建设良性循环的海洋生态系统，形成科学合理的海洋开发体系，促进海洋经济持续发展。为此，必须采取各种有效措施，保证海洋资源的可持续开发利用。逐步恢复沿海和近海的渔业资源，发现新的捕捞对象和渔场，为海洋捕捞业的持续发展提供资源基础；保护滩涂和浅海区的生态环境，培育优良养殖品种，为海洋农牧化的大规模发展创造条件；扩大油气资源勘探区域，发现新的油气资源；深水港湾必须依据深水深用的原则，用于不同规模的港口建设；为适应海洋旅游娱乐业迅速发展的要求，一切适宜于旅游娱乐的岸线、海滩、浴场和水域，都要预留下来，保证旅游娱乐事业的需要。

同时，要加强海洋生态环境保护工作，对全部管辖海域逐步实施环境管理。2020年基本控制住近岸海域污染和生态破坏的趋势，重点河口、海湾环境质量好转，溢油、赤潮等环境灾害减少，海洋环境质量与经济建设进一步协调发展。21世纪中叶，海洋生态环境保护工作

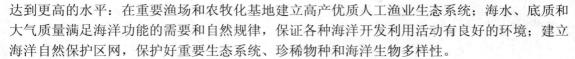

达到更高的水平：在重要渔场和农牧化基地建立高产优质人工渔业生态系统；海水、底质和大气质量满足海洋功能的需要和自然规律，保证各种海洋开发利用活动有良好的环境；建立海洋自然保护区网，保护好重要生态系统、珍稀物种和海洋生物多样性。

（二）世界共有海洋资源的开发利用

海洋资源具有一定的公有性，因此，许多海域和海洋资源各国都可以利用。世界海洋总面积的 35.8%以领海大陆架的 200 海里专属经济水域的形式划归沿海国家管辖，其他 64.2%（约合 2.3 亿 km²）的区域仍为世界公有。在划归沿海国家管辖的水域内，船舶仍可自由航行，从这一点上说，这个区域也属公有。即使是各国的领海，其他国家的船舶也有无害通过的自由。公海和国际海底的资源是世界共有的，各国都有权开发利用。各国通过交纳一定的养护费可以获得别国管辖海域渔业资源的捕捞权，内陆国可以在沿海国管辖海域内获得一定数量的剩余捕捞量，这也是海洋资源与陆地资源的不同点。因此，在考虑海洋资源时，更要树立全球意识，制定开发利用全球海洋资源的战略。

公海也可以称为国际海域。《联合国海洋法公约》（简称《公约》）规定，公海是"不包括在各主权国家的专属经济区、领海或内水，或群岛国的群岛水域内的全部海域"。专属经济区和大陆架的出现，使原有可以开发的公海面积减少了 36%，但这一区或仍占全球水体面积的绝大多数，更拥有全部海底资源的 70%左右。

公海海底区域，包括各国大陆架以外的海床、洋底及其底土，被称为国际海底区域。国际海底区域的资源不同于领海、专属经济区、大陆架或公海的资源（公海渔业资源由各国自由捕捞）。国际海底及其资源，任何国家或个人不得据为己有，任何国家也不能自由开发，而是人类的共同继承财产。国际海底区域及其资源实行国际管理，为此，联合国还在 1994年《公约》生效时专门成立了国际海底管理局，代表全人类行使这种管理权，其总部设在牙买加。关于国际海底矿产资源的开发制度，《公约》规定实行平行开发制，即一方面由联合国国际海底管理局企业部开发，另一方面由有关国家及其自然人和法人与管理局以协作方式开发。同时，为了照顾对多金属结核资源勘探进行了大量投资的国家的需求，承认它们的优先勘探权。

目前，有关国家对深海采矿采取了不同的态度。美国是最早从事多金属结核勘探的国家。20 世纪 70 年代初，美国实施"国际洋底铁锰沉积矿产研究计划"，对世界各大洋都进行了调查，重点区域是夏威夷群岛和美国本土之间的区域。日本是对多金属结核开发最积极的国家。法国也是早期投资者之一。印度作为发展中国家，也十分重视多金属结核资源的战略开发，在印度洋的赤道附近进行了多次调查。韩国、巴西、菲律宾和泰国等，也都在积极考虑多金属结核的勘探开发问题。

由于公海海底资源归属的不明确性，在对其开发过程中海洋强国往往占得先机。如目前最大的海洋霸权国美国，1961 年 3 月，美国总统肯尼迪在国会公然宣称，"为了美利坚的生存，必须开发海洋"，此后，美国成了当今世界上海洋开发最活跃的国家。美国以强大的经济和军事实力为后盾，在全球争夺公海开发的主动权，其他西方国家也纷纷捷足先登。中国作为世界人口大国、沿海大国、海洋渔业大国，应当积极参与公海生物资源和矿产资源的开发利用，在其中扮演日益重要的角色，并对这些资源的养护做出应有的贡献。

（三）海洋科技发展与资源可持续开发利用

21 世纪是海洋开发的新世纪，而海洋的可持续开发利用则依赖于科学技术的支撑。目前，与先进国家相比，我国海洋科学技术水平差距较大，对海洋及其可持续利用所起的作用还比较小。为此，必须提高海洋资源开发和保护的科技水平，发展海洋高新技术及其产业。

《中国 21 世纪议程》提出，将科学技术支持能力的建设和科技界在可持续发展中的作用，列为主要行动方案领域，并将海洋环境科学研究体系建设、开展与海洋环境保护相关的基础学科研究、海洋资源综合利用与可持续开发研究、相关的海洋学基础研究与技术开发等列为重要的行动，以满足海洋资源开发、海洋环境保护和海洋可持续发展的需要。我国政府于 1993 年就发布了《海洋技术政策》蓝皮书，系统地制定了海洋科学技术发展的技术政策。

认识海洋和开发利用海洋，不能单纯依赖海洋科学技术，电子科学技术、空间科学技术、管理科学技术等也将是海洋可持续利用的重要科学基础。就海洋科学技术而言，重点是开展海洋资源开发技术发展及其产业化、海洋资源可持续开发与保护、海洋资源开发中的服务保障技术等领域的研究，以提高中国海洋产业增长的质量和效益，并促进其全面发展，为缓解人口、资源、环境问题给中国可持续发展所带来的困难，促进相关产业的形成和发展，以及提高人民生活质量等做出贡献。

国家将通过各类重大科技计划的实施，逐步增加对海洋科学技术进步的投入，以推动海洋资源开发、海洋环境保护等领域的重大科技问题的研究，并促进相关产业的形成。同时，通过深化科技体制改革，加快科学技术与海洋经济发展相结合的进程，建立和完善既适应我国市场经济体制，又符合海洋科技自身发展规律的新型可持续科技体制。

海洋开发技术是开发利用海洋资源、发展海洋经济、促进社会发展的重要手段，必须有计划地开展海洋领域的高新技术应用研究与产业化工作，促进海洋新兴产业和产业群的形成与发展，加快海洋传统产业改造，保证海洋产业可持续发展。在此方面，应积极开展以下工作：

（1）研究开发海水淡化技术、海水直接利用技术，推进沿海地区海水综合利用的进程。

（2）发展海洋生物技术。加强细胞、染色体、基因等海洋生物工程技术研究，培养优质、高产、抗逆的海洋生物新品种；开发病害防治技术及建立防治体系，开辟新饲料源及配合饲料优化配方和加工工艺，改造海水养殖业，建设符合清洁生产的苗种培育和人工养殖体系及高效生态养殖新技术，扩大可持续发展渔业的规模；发展海洋渔业工程技术，研究和应用新型海洋捕捞技术，积极探索和开发增殖型渔业，逐步提高海洋农牧化水平。开展海洋医药资源的研究与开发，重点开发防治人类常见病、多发病和疑难杂症的药物和医用材料，发展抗癌、抗衰老、抗病毒活性物质的提取技术，并开发系列特效药品；研究开发无残毒高效农药添加剂等。

（3）开展海洋矿产资源开采技术研究和应用。研究开发海水化学元素提取技术，加快盐田改造，开发高产、稳产和具有良好生态环境效益的制盐新技术和新工艺；加强盐田生态系统的开发研究，发展盐田生态技术和综合利用技术。在借鉴、引进、吸收、消化深海采矿的连续铲斗技术、液压（气压）提升技术和海底自动采矿技术的同时，发展符合我国国情的深海采矿技术和配套设备，并以此带动近海采矿业、深海油气业的发展；同时，促进海洋矿物运输业和冶炼技术产业的发展。

（4）发展海洋空间开发利用技术。积极开发利用港口资源、滩涂资源及浅水区的空间资源，适度发展海上城市、海上浮动工厂、水下工业城市、人工岛、海上机场、海底隧道、海底管道和缆线铺设、人工围海造地，以及开辟海洋娱乐场、海洋公园等。

（四）海洋生态环境保护的区域合作

海洋生态环境是海洋生物赖以生存和繁衍的基本条件。气候变异、自然灾害以及人类对海洋无序和不合理的开发利用，都给海洋带来严重的污染和生态环境的破坏。近年来，我国在保护海洋生态环境方面做了大量的工作，但整个中国海的生态环境状况仍不乐观。由于受海洋环境污染、资源开发活动和自然因素等的影响，海洋资源基础遭到破坏，海域的可持续利用能力在逐步下降。

海洋是一个流动的整体，海洋生物的迁徙，海洋环境的污染，不仅会给一个地点、一个国家的海域造成影响，也会给一个地区乃至整个世界带来不利的影响。要保护海洋生态环境，仅靠一个国家的力量不行，各国必须进行各种形式的合作，包括双边的、多边的和国际性的合作。

自 20 世纪 70 年代以来，我国在采取一系列措施保护沿海和海洋环境的同时，积极参与了海洋环境保护的国际合作，为保护全球海洋环境这一人类共同事业进行了不懈的努力。我国支持并积极参与联合国系统开展的环境事务，是历届联合国环境署的理事国，与联合国环境署进行了卓有成效的合作。我国已缔结和参加国际环境条约 50 多个，其中涉及海洋环境保护的国际条约和协议主要有：《1969 年国际油污损害民事责任公约》、《1972 年防止倾倒废弃物和其他物质污染海洋公约》、《73/78 国际防止船舶造成污染公约》、《1982 年联合国海洋法公约》、《1990 年国际油污防备、反应和合作公约》、《1992 年生物多样性公约》等。

同时，为了保护黄海、东海、南海的海洋生态环境，我国还陆续同周边海上邻国开展了一些海洋生态环境保护方面的合作，取得了一些成效，为改善黄海、东海、南海的海洋生态环境起到了比较积极的作用。例如，20 世纪 80 年代以来，我国先后与美国、加拿大、日本、法国、韩国、菲律宾等国家在黄海、东海海域就生态环境方面开展过较大规模的合作，其中有黄海大海洋生态系合作、中韩黄海海洋学联合研究、中加海洋生态系围隔实验技术合作研究、中日东海特定海区河流入海海洋环境负荷及其对海洋生态系的影响项目合作调查研究、中法长江口及毗邻水域污染物和营养盐生物地球化学合作研究等，另外还有一些以保护海洋生态环境为主要目的的合作项目，例如中日黑潮调查研究、副热带环流合作调查研究等。

第二节　沿海滩涂资源的开发利用

我国是世界上的海洋大国之一，海域辽阔，海洋资源丰富，适合于向海洋发展。同时，我国的大城市也多集中在沿海地区，尤其是我国东部沿海地区，人口密集，城市化进程不断加快，工、农业生产迅速发展，这些都对土地造成日益沉重的压力，人均耕地已不足 1 亩，部分地区的人均耕地面积甚至只有 0.4 亩左右，土地的人口承载力已接近、甚至超过了临界极限。在这样严峻的形势下，积极开发沿海滩涂等后备土地资源，增加耕地面积和保持耕地总量动态平衡，广辟食物来源，是缓解我国沿海地区人地关系紧张的重要途径之一。

一、沿海滩涂资源的概念、分类与开发利用

（一）沿海滩涂的概念

沿海滩涂（简称滩涂）是海岸的重要组成部分。实际上，沿海滩涂只是滩涂的一种主要类型，广义的滩涂还包括滩涂沼泽、江滩、河滩地等在地域上远离海洋的土地类型。沿海滩涂作为一个地域概念，从不同的角度出发，存在有不同的认识与界定。一般来说，沿海滩涂的定义可有广义与狭义之分。狭义定义从纯学术角度，把沿海滩涂界定为海岸受海水周期性淹没的区域——潮间带，即大潮高潮线与大潮低潮线之间，海水周期性淹没的地带。广义界定则是指从开发利用的角度看，沿海滩涂不仅拥有全部潮间带，还包括潮上带和潮下带可供开发利用的部分。由于沿海各地滩涂类型及其开发利用方式的不同，滩涂数量统计的上下限也就有所差异，没有统一界线。本书所涉及的滩涂，若非特指，均指广义的沿海滩涂。

影响滩涂生长形成的因素很多，其中主要是泥沙和潮流两个因素。各种河流不同程度上携带大量泥沙入海，为沿海滩涂的形成提供了物质基础，在一些河口形成向海延伸的三角洲。我国各大河流，每年都输送大量泥沙入海。例如，黄河每年输沙量约 16 亿 t，还有闽江、钱塘江、淮河、海河等，年输沙量也都各有数百万吨。每年总计从内陆输送到河口及海岸带的泥沙量约 20 亿 t，大部分沉积在河口或被海流夹带，在沿海地区移动逐渐沉积。据估算，假设这 20 余亿 t 泥沙全部都在其河口附近海岸堆积下来，一年就可增加厚达 3m、面积为 5.33 万 hm^2 的土地。总体上讲，我国的海岸线是逐年向海扩展的，仅小部分海岸如废黄河口、长江口以北和钱塘江北岸等一些岸段因受冲刷而后退。

（二）沿海滩涂资源

沿海滩涂资源是我国重要的后备土地资源之一。同时，在我国荒山地、荒坡地、荒草地、荒碱地、荒滩地和荒沙地等六大后备土地资源开发利用中，滩涂资源的开发利用潜力巨大。这主要表现在三方面。一是面积潜力。潮上带尚未开发利用的面积有 87.40 万 hm^2，占潮上带滩涂总面积的 70.82%。二是生产潜力。总体来说，现有滩涂开发项目技术落后，经营粗放，产量较低，好坏之间有较大差距。如能使用高效的生产管理技术对其进行改造挖潜，产量和效益都将有大幅提高。三是效益潜力。传统的滩涂项目大多采用或农、或牧、或养殖的单一利用方式，缺乏综合开发和立体利用的概念，滩涂资源开发利用程度低、效益差。

此外，沿海滩涂又是一个十分敏感的海陆交替的复合生态系统。科学、高效的资源开发利用，将极大地提高系统生产能力，持续向人类提供越来越多的粮、棉、油等农产品、畜产品和水产品等；而不合理的开发，则会破坏资源，引起生态环境恶化，阻碍甚至破坏系统生产力。例如，乱占乱围、滥采滥捕等行为，导致某些水产资源衰减甚至灭绝，长期超采地下淡水引起海水倒灌、良田荒芜等。

（三）沿海滩涂资源的分类

1. 沿海滩涂资源利用类型

根据沿海滩涂自然分带规律，我国海岸带滩涂土地资源由潮上带，潮间带和潮下带 3 个地貌单元构成了总的分布格局，跨越热带，亚热带和暖温带 3 个海洋气候区，组成 3 个十分明显的不同地质、利用方式和分布形态的地带。潮上带由陆地表层的各种土壤和岩石为基底，组成了滨海平原、台地丘陵、低山等土地资源，是我国沿海人民生产生活和开发滩涂及海洋资源的前沿基地。潮间带主要由江河搬运陆上泥沙物质入海，在沿岸沉积成不同质地滩涂，与岩礁组成了滩涂资源，是涨潮淹没，退潮出露和海水生物资源分布丰富的地带。潮下带土地之上为厚 15m 的海水水体所覆盖，形成浅海资源地带，是海洋生物，尤以游泳动物索饵，洄游，栖息，繁殖的重要场所。三者构成了海洋带由固体——陆海交叉体——水体的土地资源基本形态，三者比例结构大体为 4:1:5。

根据中国土地利用分类系统和滩涂土地资源利用形态，潮上带土地利用类型主要分为耕地（水田、旱地和水浇地）、园地（果园、热带作物种植园、茶园和桑柞园）、林地（用材林地、薪炭林地、经济林地、防护林地、特种林地和其他林地）、草地、水域、城乡与工矿用地（城乡用地、工业区、盐场、油田和砂矿）、交通用地和特殊功能用地8大类18亚类；潮间带土地利用类型主要分为滩涂养殖地和沼泽利用地（芦苇地和红树林地）；潮下带土地利用类型主要分为浅海捕捞和浅海海水养殖。

2. 沿海滩涂的景观生态类型

滩涂分类是沿海滩涂研究的基础和滩涂资源综合开发的前提，不同的滩涂类型，适合不同的滩涂开发模式，而从不同的角度出发，又可对沿海滩涂进行不同的类型划分。

景观生态分类是新兴的景观生态学的重要内容，通过对景观生态系统的类型划分，以区域内各种土地类型的组合，即景观镶嵌体为其空间表现结果，是对传统土地分类的深化，综合反映了景观的形成特征与演潜方向，是进行景观研究的基础，有利于土地综合利用的实现。根据沿海滩涂景观基质的物质组成与物种分布特征，以及斑块特征组合差异，可将沿海滩涂划分为泥滩、沙滩、岩滩和生物滩四种基本类型。

（1）泥滩。泥滩又称潮滩或滩涂，特指淤泥质海岸潮间带浅滩，占我国滩涂总面积的80%以上。泥滩岸线约4000km，主要可分为平原型和港湾型两类，前者分布在辽东湾、渤海湾、江苏沿岸、杭州湾等大河入海平原沿岸；后者分布在浙、闽、粤沿岸的一些港湾内。泥滩土壤发育良好，多为沼泽潮滩盐土，靠近河口，淡水资源丰富的河滩地也发育部分潮土。土壤质地细，有机质含量高（1%～2%），含盐量低，高潮区常有耐盐沼生植物生长，如芦苇、盐地碱蓬等，为丹顶鹤、麋鹿等野生动物提供湿地生态环境，可进行农业围垦开发。中低潮区则有众多的埋栖或穴居海洋生物，适于发展海产养殖业。

（2）沙滩。沙滩又称海滩，是砂质海岸的潮间带浅滩，与岩滩相间出现，同属基岩海岸的组成部分。在我国主要分布于辽宁、山东、江苏、浙江、福建、台湾、广东、海南、广西等地。沙滩多发育潮滩盐土，成土时间短，以砂砾石为主，有机质含量低，含盐量高。其多位于海洋动力搬运、堆积作用较强的地段，滩面物质受风、浪作用，发生滩面重组过程，变化较频，不适于植物生长，但沙滩的栖息生物种类多样，适于发展底栖生物，尤其是经济贝类的增养殖。同时，以海滨浴场为主的旅游开发和砂矿开采，也是沙滩开发的重要方向。

（3）岩滩。岩滩又称岩礁滩，多位于基岩海岸的迎风向浪场所，是基岩海岸受强烈海水动力作用浸蚀不断后退形成的。全国岩滩岸线总长约5000km，占全国岸线总长的1/3以上，主要分布于辽东半岛南端、山海关——葫芦岛、胶东半岛、江苏连云港及杭州湾以南沿海，以及台湾东部沿海。岩滩滩面较陡，在基岩底质上覆盖薄层细砂或基岩砾石、碎块，或发育沟槽，土壤不发育。因岩性、波能、微地貌等因素差异，各地岩滩宽窄不一，从几十米至几千米不等。岩滩的滩面生物较少，但其下部多伸展浅水平台、岛礁群等，成为海洋生物索饵、栖息、繁殖的优良场所，是我国传统藻类、海珍品养捕区，适于多种藻类、贝类、色类、甲壳类、棘皮类的增养殖开发。而在条件适宜的滩面，可考虑发展深水良港、波浪潮汐发电和滨海旅游。

（4）生物滩。生物滩指某一或几种生物在滩涂上适应环境大量生长繁殖，并发育而成顶级生态系统，最终由这些生态系统组成景观基质的一类特殊滩涂，其生物多样性丰富，生物量高。目前，我国沿海生物滩涂主要有珊瑚礁滩和红树林滩两类。

珊瑚礁滩是珊瑚礁海岸这一热带海洋特殊生物海岸的重要组成部分，由造礁石珊瑚和珊瑚碎屑聚积而成，在我国主要分布于南海诸岛和海南岛远离河口地区，在台湾及澎湖沿海、两广沿海也有零星分布。虽然珊瑚礁滩一般较窄，土壤发育差，但有十分丰富的海洋生物资源，观赏、食用、医药及工业原料生物等种类多，经济价值高，是我国重要的海洋渔业捕捞和增养殖开发场所。同时，随着珊瑚礁海洋公园（保护区）的相继建立，珊瑚礁滩将逐步成为重要的旅游、科研场所。

红树林滩是热带、亚热带气候条件下淤泥质潮滩在红树植物大量生长繁殖后发育而成的，常与潮滩相伴出现，在我国主要分布于海南、两广和台湾海峡两岸受良好波浪掩护的港湾、河口地区。红树林滩生物群落分带性明显。平均高潮位以上，生长耐盐陆生植物。高潮区下缘及中潮区，则主要生长红树植物。低潮区除前缘有部分先锋红树植物生长外，多为光滩，是众多海洋生物、鸟类的栖息场所。红树林除有生物护岸功能外，其林滩也可适当发展海洋水产增养殖业，并可建立红树林自然保护区，发展旅游业。

（四）国内外沿海滩涂资源的开发利用

开辟海洋生存空间，使用最早、最多的方式就是填海造田，这种人类改造自然的宏伟工程，为沿海国家和城市生活空间的拓展提供了一条有效途径，为人类发展开辟了广阔的天地。

进入 20 世纪以来，尤其是第二次世界大战以后，科技进步、经济发展、人口增长，使沿海滩涂资源的综合开发利用越来越受到重视。世界各沿海国家和地区，包括日本、荷兰、瑞典、英国、中国香港等，都纷纷把沿海地区作为地区经济发展的重心，许多特大城市、城市群都分布在沿海地区。日本、荷兰这样人多地少的国家，更是非常重视从海洋获取生存空间。第二次世界大战后 60 多年来，日本新造陆地面积已超过 $20000km^2$，相当于 3 个新加坡、26 个香港的土地面积；而荷兰 1/4 的国土都来自海洋。

我国沿海滩涂开发历史较早，早在秦汉和隋唐时期，围海造田已达到相当规模，还逐渐总结了"鱼鳞式围塘、促淤围塘、中低潮区围垦、软基地筑堤"等一整套围海造田经验，但滩涂土地利用方式极为简单，主要为种植粮、棉和制盐。

1949 年以来，我国对开发利用沿海滩涂资源十分重视。在开发利用滩涂过程中，注重加强领导，制定切实可行的规划，兴办国营农场，综合开发、规模经营，利用滩涂开展了粮食和经济作物（如粮食、棉花、瓜果、糖料等）的种植、草场畜牧和水产养殖等活动，取得了令人瞩目的成果。此外，在沿海滩涂资源调查和规划方面，先后由国家有关部门牵头，组织进行了全国海岸带资源调查、全国海岛资源调查、全国沿海滩涂资源农业开发规划等，对促进沿海滩涂资源合理开发利用起到了很大促进作用。

二、我国沿海滩涂土地资源及其开发利用

（一）我国沿海滩涂土地资源的特征及开发利用潜力

1. 沿海滩涂土地资源特征

我国沿海地区滩涂质地分布与陆地输入的泥沙物质质地和海水动力作用关系密切。各岸段的滩涂质地归纳起来有泥砂质地、砂泥质地、砂质地、淤泥质地、卵石地、砾石地、礁石底和珊瑚礁等。不同的滩涂质地，在不同的气候条件下适宜不同的贝藻类性生物生长。例如，泥蚶（毛蚶）喜生长在泥砂质和淤泥质滩涂地，因南北气温条件的差异，浙江岸段以南多分布在滩涂的低中潮区，以北多在低潮区，至渤海沿岸则主要生长在常年海水淹没的潮下带海涂中，因渤海沿岸每年有 2～4 个月结冰期，低潮区越冬困难。又如文蛤等沙性贝类多生长在砂质和砂泥质滩涂中，一般多分布在滩涂的中、低潮区。

我国沿海地区滩涂土壤以滨海盐土为主，盐分主要来自海水。河流携带大量泥沙入海，受海洋潮汐咸水顶托和絮凝作用,不断在近海沉积。当其尚处于水下堆积阶段时,则为高矿化海水所浸渍,而成为盐渍淤泥。但出水成陆后,在我国北部沿海地区,由于强烈的蒸发,盐分向地表累积.这个阶段纯属盐分的地质累积过程。当高等植物出现而开始土壤形成过程时,积盐过程则成为成土过程的一个组成部分,盐渍淤泥也就变为滨海盐土。由于我国滨海地区跨三个生物气候带,自南而北逐渐干旱,土壤含盐量也相应随之日小增大。华南沿海的盐土表层含盐量一般不超过 2%,而华北和东北的盐土表层含盐量达到 2%~3%,个别甚至高达 5%~8%。

南海沿岸各大河流的入海河口地区分布着一些酸性滨海盐渍土,又称"咸酸田",以钦江和西江河口较为集中,其他地区则零星分布。这种土壤富含硫酸铝,呈强酸性反应;干时出现黄色斑块,有硫黄味,硫黄含量最高可达 20%以上,硫主要来自红树林。咸酸田能危害水稻生长,严重的 1 周后可致根端变黑,最终腐烂。因此,与其他滨海盐土一样,咸酸田只有进行改良后,才能开发利用并取得较好的收益。

2. 沿海滩涂资源的数量及分布

我国大陆海岸线长达 1.8 万 km,跨越辽、冀、津、鲁、苏、沪、浙、闽、粤、桂、琼等 11 个滨海省、市、自治区和台湾。新中国成立后,国家进行了大规模匜海工程,许多海岸线因裁弯取直而缩短长度,大约比中华人民共和国成立初期短了 1500 余 km。全国岛屿面积大于 $500m^2$ 的共有 6536 个,岛屿岸线总长 14390km,包括台湾属岛屿岸线 1824km。岛屿围海工程规模比较小,岸线长度变化较小。根据沿海 11 个省市自治区海岸带调查资料,我国有滩涂资源总面积达 217.09 万 hm^2,为新中国成立以来围海工程总面积的 1.8 倍多,存在着巨大的开发潜力。95%以上的滩涂资源分布在大陆岸线的潮间带,而岛屿滩涂资源面积分布较少,估计不足全国滩涂总面积的 5%。

按滩涂资源的分布地形部位,我国的滩涂资源可分为海滩涂、滩涂沼泽和河(江)滩地 3 个二级类型。其中海滩涂分布范围最广,面积最大,占全国滩涂总面积的 80.6%。滩涂沼泽地分布在大潮高潮线附近,占全国总面积的 14.5%。河(江)滩地面积最小,仅占总面积的 4.9%,以浙江和鲁北两岸段分布最多。

3. 沿海滩涂土地资源开发利用潜力

目前,我国的海岸线仍继续向海发展延伸。据不完全统计,我国沿海主要江河水系多年平均入海的输沙量达到 20 亿 t,这是我国海岸带造陆扩大土地资源的主要物质来源,决定着各个岸段滩涂资源的扩展速度。黄河口滩涂面积扩展速度最快,其悬浮物质漂移影响范围很广泛,为鲁、冀、津等其他岸段提供了丰富的滩涂泥沙物质来源。其他江河口也不同程度地扩大滩涂向海延伸的面积,为增加我国陆地面积提供了基础条件。

海岸带接纳入海泥沙的量,主要决定于各条江河流域的水土保持状况。随着我国经济的快速发展和国力的增强,保护生态环境、治理水土流失、实施可持续发展已列入中国 21 世纪议程,可望在不久的将来取得显著成效。届时,陆地入海泥沙量将大大减少,沿海滩涂淤长速度将随之下降。但即使如此,根据沿海经济发展建设对土地资源的要求,仍可通过人工围海工程扩展陆地面积,这是陆地区域所不具备的条件。因此,海岸带是我国唯一可造陆,能扩大土地面积的区域,有着巨大的潜力。

据有关统计资料,全国可供围垦的滩涂资源以浙江、山东和河北 3 省最多,各省均在 26.67 万~33.33 万 hm^2;其次是广东、福建和江苏,面积也在 13.33 万~20 万 hm^2;最少的是天津、广西和上海。

（二）我国沿海滩涂土地资源的开发利用

1. 我国过去对沿海滩涂土地资源的开发利用

滩涂是沿海地区从事海洋渔业生产最便捷的场所，古今普遍的利用方式是：每天退潮期间进行在南方沿岸称为"讨小海"、北方沿岸称为"赶海"的生产活动，直接采捕滩涂上生长的以贝藻类为主的海鲜品；涨潮期间使用简单网具和小船，在岸礁上设吊网或在滩涂边缘用手提网、手撒网和定置网等进行生产，捕捞游到近岸索饵的鱼、虾、蟹等海产品。我国南北沿岸的自然气候条件差异明显，温暖季节南方比北方长，滩涂生产季节从北方的夏秋季延长到南方沿岸四季皆可进行。

20 世纪 50～80 年代，在继承先人围海经验的基础上，我国开发利用滩涂资源的围海工程有了较大规模的发展，全国累计围垦滩涂面积共约 120 万 hm^2，相当于现有滩涂资源总面积的 55.1%。这大大缓解了我国沿海地区经济发展对土地资源的需求，尤其是耕地、盐田、对虾海水养殖、港口城市和工矿企业等主要用地需求，取得了丰富的围海造地经验。应该说，新中国成立以来围垦利用沿海滩涂资源，符合我国人多地少的基本国情，因此在可预计的未来，这样的开发利用仍将是沿海地区增加土地资源的重要手段。当然，今后的围垦活动必须吸取以往的经验教训，进行更严格的科学论证，确保垦区土地资源得到综合开发利用以及土地利用结构具有合理性，实现社会、经济、生态和环境相协调的发展。

2. 我国沿海滩涂土地资源开发利用特征

我国沿海滩涂土地资源开发利用有两个基本特征。一是土地资源利用类型齐全，以农业用地为主体。在土地利用类型方面，内陆开发利用的农、林、牧、水利、淡水渔业、城市乡镇、工矿企业、铁路、公路、江海航运、航空机场、管道运输、旅游胜地、自然保护区以及国防要塞等用地类型，在海岸带皆有分布，而内陆不具有的用地类型，如海洋渔业基地、海水养殖、海洋渔业捕捞、港口海洋运输、海水综合利用、海水动力资源开发以及造船厂等，在海岸带也有发展。所以，我国海岸带土地资源的利用门类相当齐全，堪称集我国陆海土地利用类型之大全，但其中主要是农业用地。

二是开发利用问题复杂。我国滩涂和海洋资源，在沿海地区经济发展战略中占有重要位置，具备充分发挥外引内联和两个辐射扇面作用的优越条件，正逐步建成为我国对外贸易的重要基地、海洋开发的重要基地、滨海综合工业基地，以及向内地输送技术、人才和信息的重要基地等，发展前景十分广阔。同时，海岸带现有的传统产业，如农、林、牧、渔、盐业、港口、海运、造船及滨海城镇体系等，也都要通过现代化改造扩大和发展。上述开发利用活动还要与自然生态环境相协调。因此，在考虑沿海滩涂土地资源开发利用规划时，必须处理好错综复杂的需求关系，兼顾各方面的利益。但实际情况却往往是顾此失彼，各自为政，存在的问题多，矛盾较突出，特别表现在四个方面：陆地上非农业用地的增加与农业用地尤其是耕地减少的矛盾；滩涂资源的合理围垦与成陆利用效益时间差的矛盾；陆地有害物质入海量的增加、近海〔岸〕油气田的开发、开放式拆船工业的兴起等污染源与海洋生态环境保护的矛盾；农业与非农业各部门之间的用地矛盾。解决这些主要问题和矛盾，必须坚持统一规划，严格科学论证和决策程序，制定严密的管理制度和切实可行的措施，从而保证海岸带土地资源得以合理、顺利地开发利用。

3. 我国海岸带土地资源利用结构

按照沿海滩涂的定义,我国海岸带土地资源主要是分布在潮上带、潮间带和潮下带,因而其利用结构也存在差异。

潮上带是沿海岸人们生产生活的主要空间场所,是我国现代经济文化发展的前沿地带。长期以来,在自然、经济和社会条件的影响下,潮上带土地资源是沿海岸开发最早、利用程度最高、利用类型最多、区域特点最明显的地带。滨海平原、低地、河口三角洲、台地等各种土地资源大部分已开发成为农、林、牧、水产养殖、果桑、盐、苇、乡村聚落、港口城市、工矿交通、风景旅游区、自然保护区和海防军事要塞等部门的利用场所。主要用地类型包括耕地、园地、林地、牧草地、城乡建设用地、交通用地、水域和未利用地。分布着深圳、汕头、珠海、厦门、海南等经济特区,天津、上海、大连、广州、青岛等沿岸开放城市以及长江、珠江三角洲和闽南三角洲地带等,成为我国东部和南部对外开放联系的前沿地带,同时带来了突出的土地利用问题。此外,沿海经济技术开发区也利用海上运输方便条件,大多分布在有(可建)泊位的深水岸段,沿海未利用的荒滩荒丘土地资源潜力较大,有利于减少征收征用耕地。未利用地包括荒草地、盐碱地、沼泽地、沙地、裸土地、裸岩及石砾地、田坎和其他用地等8类,沿海县(市、区)未用地分布较广,面积较大,其中有些已开发为旅游区、海滩游泳场、自然保护区等特殊用地,具有较大开发利用价值。

潮间带即受海水淹没出露的海滩涂、滩涂沼泽和沿海河滩地。目前海滩涂资源主要用于人工养殖和护管养贝藻类以及港养鱼类的用地。我国海滩涂资源进一步开发利用的潜力最大,特别是海水养殖业的发展利用。滩涂沼泽主要集中在黄海、渤海沿岸,位于大潮高潮线附近及潮上带常年积水的低洼处,分布有沼泽草地、芦苇地、红树林地等。我国海岸带受咸淡水淹没出露的沿海河滩地是滩涂资源的重要组成部分。基岩岸段的河滩地面积比平原岸段多,潮差较大的东海、南海岸段比潮差较小的黄海、渤海岸段河滩地面积大。

潮下带指大潮低潮位即理论基准面〔零米线〕至水深15m线之间的海域,是距离大陆和岛屿海岸线最近的浅海区域大陆。沿岸11个省市自治区和海南省沿岸的浅海区域总面积为12.4万 km^2,占海岸带总面积49.8%。浅海占我国近海面积比例虽然很小,但海洋拥有的丰富资源,如海洋生物、海水动力、海水化学元素和海底矿产资源等,浅海区域皆有分布,而且是我国海洋资源开发利用最早的海区。海洋渔业、海水晒盐、海上运输是传统的3大产业部门,历史悠久,分布广泛。石油天然气钻探开采、波(涌)浪能、海水其他化学元素和海底煤炭矿产资源开发利用也有巨大潜力。

(三)我国沿海滩涂土地资源开发利用的制约因素及问题

新中国成立以来,我国在开发利用沿海滩涂土地资源方面取得了巨大的成就,但是,某些不利自然条件因素和人为因素的存在,极大地制约着开发利用工作的进一步发展。

(1)水资源短缺。淡水资源短缺,是制约沿海地区土地资源开发利用和城乡工农业建设发展的关键因素。根据陆地水文调查资料,我国东部沿海11个省、市、自治区的水资源量为7079.4 亿 m^3,占全国水资源总量27114 亿 m^3 的26.1%,其中南方沿海的沪、浙、闽、粤、琼、桂6省市区水资源量6063.6 亿 m^3,北方沿海的苏、鲁、津、冀、辽5省市水资源量1015.8亿 m^3,即南方水资源量是北方的6倍。沿海地区位于大小江河水系入海末梢,地形宽敞,多为滨海平原和丘陵低山地带,年降水量一般均低于沿海内地,而且地形条件调蓄天然径流的能力很低,尤其是滨海平原区,汛期大量径流迅速排入海中,枯水期又往往缺水,各省市区海岸带是水资源量最贫乏的地带。即使在水资源较丰富的南方沿岸，也存在许多以旱作为主的耕地，一些早已围成的垦区也因缺水改良土壤而无法垦殖利用，有的港口城市经常出现供水紧张局面等。水资源短缺，是潮上带分布有大面积利用程度低和未开发的盐碱荒滩荒地等的主要原因。

（2）土壤条件限制。沿海地区土壤类型以盐化潮土、盐土为主，大多数土地后备资源土壤含盐量在 0.4%～2.0%，加上水利基础设施、水土保持等工程措施配套不够完善，现有排水河道淤积，排水不畅，加剧了土壤的次生盐渍化，从而影响了土地开发。

（3）土地权属模糊造成短缺行为。第一，滩涂土地基本上属国有，不能像一般农村集体土地那样，分成小规模地块长期承包给农民使用。要长期使用国有土地，就要进行土地使用权的出让，而我国通常作为农业生产单位的农民家庭组织，往往无经济能力购买大片土地的使用权。在这个矛盾未解决之前，农民只能采取短期租用的方式对滩涂土地进行农业开发利用。然而，如果滩涂土地也同农村承包土地一样，分成小地块出让，既不利于现在的规划管理，也不利于今后农业的可持续发展。第二，国家在收回国有的滩涂土地时，省去了征用土地的费用，但对原耕作农民如何进行补偿并无明确规定。这样，在回收土地时难免产生纠纷，挫伤农民的积极性。因此，农民在进行农业生产时，不愿做较长期投资，改进生产技术，只注重短期经营。同时，由于承租土地的农民没有统一组织，基本农田建设难于开展。第三，沿海滩涂虽为国有，但土地尚未出让或划拨以前，在滩涂上进行的农业生产都是由围垦单位管理。这段时间内收取的租金，除一部分上缴外，其余归围垦单位所有，甚至成为有些围垦单位的主要收入来源。但是，由于最终的处决权在国家手中，而围垦单位又不清楚何时会收回土地的管理权，所以他们只注重眼前的简单管理和收费工作，极少考虑长远的可持续经营。

（4）盲目围垦，污染严重，生态环境遭到破坏。个别地区盲目围海造地造田，单纯强调发展种植业或养殖业，将沿海滩涂的大面积芦苇砍伐。有些在不适宜围垦滩涂开展的围垦项目，不仅破坏了生态环境，而且由于开发条件差、成本高而效益不佳。沿海地区工矿企业众多，工业"三废"和生活污水排放严重超标，导致环境状况不断恶化。

上述不利因素的后果，必然是规划不明、管理不当、缺乏资金投入以及已投入资金效益低下，如不采取措施加以扭转，沿海滩涂土地资源的开发利用将不具有可持续性。

三、沿海滩涂资源可持续开发利用

（一）滩涂资源可持续开发利用的依据与原则

沿海地区是我国开发海洋资源的前沿基地。改革开放以来，随着经济的快速发展，原有土地利用结构的平衡状态被打破，已经或即将出现的农业与非农业及部门内部的土地利用问题、人口膨胀与环境容量及环境保护问题等，都是不容忽视的重大问题。因此，为了解决这些问题，实现沿海滩涂资源的可持续开发利用，必须以沿海滩涂土地资源的自然条件和社会经济条件及潜力，沿海省市区和国家生产力总体布局的需要以及自然、社会、经济、生态效益相结合的良性循环为依据，实行因地制宜、综合利用，合理安排围海造田、水产养殖、植苇、盐业等，相应发展农业、林业、牧业等，提高经济效益与生态效益。具体来说，今后沿海滩涂的开发利用应坚持以下原则。

（1）土地开发与国土综合整治相结合。滩涂开发是一项复杂的系统工程，必须做到田、水、路、林、村综合整治，努力改善当地生产生活环境条件。

（2）因地制宜合理调整布局。我国沿海地区海岸线长，港湾多，各个岸段的自然、资源和社会经济条件千差万别，土地资源开发利用状况及其潜力极不相同，必须因地制宜地考虑各个岸段的土地资源特点和条件，从基本国情和维持良好的生态系统出发，优先开发耕地、林地、水域、盐田、滩涂养殖地和浅海捕捞等优势土地利用类型，并发挥外引内联的重要作用。土地开发应遵循保持耕地总量动态平衡的原则，在保证农业用地的前提下，满足工业、城市用地的发展需要，进行土地的合理调整布局。

（3）兼顾社会、经济和生态效益。海岸带处于陆海交界地带，由水体（浅海）、陆海交叉体（滩涂）、固体（陆地）等空间资源组成，相互关联，互为因果。若资源开发利用合理，可相互促进；反之则互相制约，甚至造成无法挽回的影响和损失。滩涂资源的开发利用必须坚持经济、社会和环境效益的统一。

（4）近期开发与远期利用相结合。目前沿海滩涂土地资源开发利月，已经不同于过去依靠群众集体大规模地进行，尚未开发的土地资源大多条件较差，开发难度较大，应综合权衡各种利弊，统筹当代和今后利益，促进可持续发展。

（二）滩涂资源可持续开发利用区划

各地应根据自己的资源条件和社会经济状况，因地制宜，做好功能区划。

（1）渤海地区以海水养殖业、围海造田和海盐生产为主，并逐步开发黄河三角洲的荒地，建立牧草地、林地和芦苇基地。

（2）北黄海地区（包括山东半岛和辽东半岛东部）除东、南地区发展围海造田外，宜巩固现有海盐基地，在部分高潮滩和中潮滩以下发展海水养殖，在河口地区适当发展莳田。

（3）南黄海地区（江苏省射阳河口以南至长江口）以围海造田和水产养殖并举，促进贝类生产。

（4）东海地区（包括上海、浙江、福建及粤东地区）应以水产养殖和围海造田为主，建立水产苗种养殖基地，选择适宜地区组织围海造田，以解决人多地少的矛盾。

（5）南海地区（包括广东、广西、海南）可结合河道整治，积极进行围海造田，发展甘蔗、塘鱼、水稻、果品等生产。海南岛东北部拟发展水产养殖，保护红树林，以及扩建海岸带防护林，并发展水稻、果品、热带作物种植。海南岛西南部、雷州半岛西海岸以发展海盐为主。广西沿岸建立以珍珠贝为主的水产养殖业保护区及红树林保护区和观测站。其他岸段以发展水产养殖为重点，有条件的地区组织围海造田并酌量发展莳、盐，进行综合利用。

（三）滩涂资源可持续开发利用对策

（1）加强农田基础设施建设，改善土地利用条件。首先应搞好现有工程配套，对关系到地区灌排成败的各大型干渠抓紧加宽疏滩，提高输水能力。其次，要多方集资，增加水利设施建设投资，尤其是国家开发资金的大部分应用于水利建设。把区域主要沟、渠、路、桥、涵、闸建设齐全并标准化，实现大河有水渠渠满，农田用水畅通无阻。再次，加强水利队伍建设，提高管理水平。县（区）、乡（镇）、村都要建立健全水利管理机构，配齐专职或兼职水利管理人员。

（2）加强林、牧业建设，改善生态环境。沿海地区盐碱地资源丰富，大多不宜农作，适宜植树、种草，发展林牧业生产。所以，应把林牧业生产作为发展沿海大农业的战略任务，提高沿海土地资源生态效益和经济效益。因地制宜，合理搭配树种、草种；制定优惠政策，调动当地植树、种草，发展林牧业生产的积极性；建立健全林牧业管理机构，充分发挥林牧业管理技术人员的积极性。

（3）采取综合措施，改良盐碱地，科学利用水资源，合理灌溉，提高土地质量。

（4）注重沿海地区可持续发展能力的建设。为促进沿海地区经济社会可持续发展，应重点关注三个方面的问题。首先，加快发展沿海交通等基础设施建设。沿海地区具有建设成为区域性和国际海港的优势，应加快以港口为主体的交通运输、电力和通信等基础设施建设。其次，促进现代农业发展。滩涂由江水和海水携带泥沙冲淤而成，因此表面十分平坦，适合大规模使用农业机械。应结合新农村建设，成为我国发展现代农业的重要支点。再次，促进产业升级，确保可持续发展。沿海地区滩涂土地资源丰富，发展大农业生产的条件优良，应合理开发、有效利用土地资源，使各种土地类型的潜力都得到充分发挥。对于宜林、宜牧土地，由于过度开垦造成退化的应退耕还林、还牧。

（5）加强执法力度，完善滩涂资源开发利用管理政策法规。开发建设应尽可能少占或不占耕地，尤其不能侵占基本农田。必须改变"先用后征"的做法，实行建设用地的全程管理，严格执行用地计划指标。深入贯彻落实《土地管理法》，进行珍惜每一寸土地的基本国策教育。在现阶段我国农民家庭收入不高的情况下，租用国有土地仍是获得国有土地使用权的主要方式。因此，在制定滩涂资源开发利用管理政策法规时，应该针对农业生产加入有关出租的具体条款，如规定农用土地出租的最短年限、违约处罚办法、设立土地出租中介机构、开发单位及个人的权利等。

（6）以市场为导向，利用经济手段指导滩涂开发。如引入竞争和监督机制，建立和完善滩涂围垦招、投标市场及项目业主负责制；形成各种完善的农业市场，包括农业技术市场、农产品贸易市场、农业金融市场等，利用市场指导农民进行农业开发；弱化行政管理职能，加强市场指导力度，针对农业生产周期长，丰歉受自然气候影响大，对市场信号反应迟钝的特点，各级政府加强对农业的支持。

（四）我国沿海滩涂资源开发利用方式

我国滩涂资源丰富，开发前景广阔。沿海泥质滩涂地势平坦，面积辽阔，长期受海水夹带泥沙淤积，地表土质肥沃，具有良好的农垦价值；沿海滩涂湿地是许多珍稀动植物生活栖息的场所，具有重要的生态保护价值；砂质沿岸多是风光秀丽、气候宜人、碧水蓝天的旅游度假场所，具有适宜旅游开发的价值；泥沙质滩涂由于地势平缓、海岸宽阔，海水潮涨潮落，在海岸宜于开发盐池，具有发展盐业生产的价值；而在滩涂上生长的芦苇等草本植物，不仅能提供大量的造纸原料和畜牧饲料，还有保护海岸、净化环境的价值。因此，我国未来沿海滩涂资源综合开发利用可以有以下 6 种主要方式。

（1）农业综合开发。围垦沿海滩涂，发展粮、棉、林、果、牧业生产，是我国沿海海涂资源开发利用的主要方向。我国过去通过海涂围垦建成了一批农、林、牧生产基地，在大大提高农、林、果、牧产品单产和总产量的同时，也极大缓解了沿海地区人口密集而土地不足的矛盾。

（2）水产养殖业。我国沿岸水域鱼、虾、贝、藻等海水生物种类达 1500 余种，海涂和浅水海域面积辽阔、饵料丰富，具有发展浅海滩涂水产捕捞和养殖的优越条件。目前，我国沿海滩涂宜开发的养殖面积约 130 余万 hm^2，已开发面积不足 20%，发展潜力巨大。

（3）原盐生产及盐化工业。我国原盐总产量的 60% 左右来源于海盐生产，居民食用盐的大部分也来源于海盐。我国沿海滩涂围垦面积中有约 20% 用于盐业生产，年产原盐 2000 万 t 以上，海盐生产量一直居世界首位。

（4）观光旅游业。海洋不仅为人类提供粮食和各种矿物资源，还为人类提供了优良的休闲娱乐和保健场所。海水的比热系数大，白天可以吸收大量热量，晚上又将热量释放出来，是一个良好的自然"空调机"。因此，一年四季气温变化不大，这样能保证人体新陈代谢的稳定，内脏负担均衡，对人体健康有益。同时，大海波涛汹涌，海浪的撞击可以产生大量负离子。据测定，海滨地区负离子浓度高出内陆 1 倍。负离子能使空气清新，人呼吸这样的空气有益健康，尤其是在当今工业社会，空气污染严重，能呼吸到这样的清新空气，对延年益寿大有裨益。目前，观光旅游业是世界经济第二大产业，由于海岸带特殊的气候、风景、环境，滨海旅游在旅游业中越来越占有重要的地位。近年来，随着旅游业的发展，海岸旅游人数增长很快，对沿海地区的经济发展起到明显的促进作用。

（5）沿海防护林带建设。我国沿海多数地区经常受到海风吹袭和海浪冲刷，严重影响当地人民的生活和生产，因此在沿海滩涂地区广植林木并保护天然林木，对于稳定滩涂生态、增强抗灾能力具有重要作用。滩涂林带不但具有生态效益，而且可以通过提供林木产品发挥经济效益。

（6）湿地动植物种群保护。沿海滩涂属于湿地类型的一种，大量珍稀动植物以滩涂为其觅食、栖息和迁徙场所。沿海滩涂地区人类经济活动的不断发展，对湿地动植物构成了潜在的威胁。所以，我国为保护滩涂动植物，在沿海许多地区建立了野生动植物保护区，引种、驯养了一批世界濒危动物。

第八章

其他重要资源的开发及有效利用

主要金属矿产资源、生物资源、森林资源等资源节约及综合利用，对于实现可持续发展战略具有重要意义。按照资源节约及有效利用的相关要求，对资源的可开发量、自然品质、赋存条件、开发价值等进行分析评价，对项目占用的资源品种、数量及来源情况进行研究，对拟建项目的资源消耗情况进行分析评价，是提高资源利用效率、降低资源消耗的重要途径。

第一节　主要金属矿产资源的开发利用

矿产资源是一种十分重要的不可再生自然资源，是人类社会赖以生存和发展的不可或缺的物质基础，既是人们生活资料的重要来源，又是极其重要的社会生产资料。据统计，目前我国 95%以上的能源和 80%以上的工业原料，都取自矿产资源。新中国成立 60 多年来，我国矿产勘查工作取得了辉煌的成就，为国家探明了大批矿产资源，基本上保证了国民经济建设的需要。我国大多数金属矿产资源储量丰富，但人均拥有量少，贫矿、难选矿和共伴生矿多，中小型矿床比例大，部分矿种严重短缺。同时，我国的矿产资源开发企业，特别是众多的小型矿山企业，仍然存在着技术装备落后，劳动生产率低，集约化程度差，综合利用水平低，资源浪费，环境污染等亟待解决的问题。

一、矿产资源概述

（一）矿产资源的概念、分类及主要分布

矿产资源是指经过地质成矿作用，使埋藏于地下或出露于地表、并具有开发利用价值的矿物或有用元素的含量，达到具有工业利用价值的集合体。矿产资源是不可再生资源，在地球上的储量有限。目前，世界已知的矿产有 1600 多种，其中 80 多种应用较广泛。随着生产力水平的提高和技术经济条件的改善，矿产资源利用的深度和广度及其工业价值将不断增加。

矿产资源可分为金属和非金属两大类。金属矿产资源按其特点和用途，又可分为铁、锰、铬、钨等黑色金属，铜、铅、锌等有色金属，铝、镁等轻金属，金、银、铂等贵金属，铀、镭等放射性元素和锂、铍、铌、钽等稀有、稀土金属。非金属矿产资源主要是煤、石油、天然气等燃料原料，磷、盐、硫等化工原料，金刚石、石棉、云母等工业矿物和花岗石、大理石、石灰石等建筑材料。

主要金属矿产包括铁、锰、铜、铝、铅、锌、金、银、钼、锑、铋、钨、锡和稀土等。世界主要金属矿产资源分布广泛，各大洲都有丰富的资源，但又相对集中，往往是几个国家就集中了全球资源量的大部分。例如，乌克兰、俄罗斯、澳大利亚和美国集中了全球 50%以上的铁储量；南非、乌克兰、加蓬和澳大利亚集中了 85%的锰储量；智利、美国、波兰、俄罗斯和印尼集中了近 57%的铜储量；澳大利亚、几内亚、巴西、牙买加和印度集中了 72%的铝储量；澳大利亚、中国、美国和哈萨克斯坦集中了 57.5%的铅储量；澳大利亚、中国和美国集中了 48%的锌储量；南非、美国、澳大利亚和俄罗斯集中了 51%的金储量；南美的秘鲁及北美的美国、加拿大和澳大利亚集中了 54%的银储量等。

（二）矿产资源储量分级

矿产资源储量级别是由国家有关部门或行业协会制定、统一区分和衡量矿产储量精度（或可靠程度）与技术经济可利用性的标准，目的是便于国家与矿山企业正确掌握矿产资源，统一矿产储量的计算、审批、统计和用途，更加经济合理地做好矿产地质勘探工作。

通常，储量按地质控制精度分级，按技术经济可利用性分类。目前，大多数国家均统称为储量/资源分类，把地质精度与经济可行均作为储量/资源分类的因素考虑。储量分类最早起于英国，1944 年美国矿业局与地质调查局共同提出了一个储量分类方案，后经过两次修改，于 1980 年形成了在北美和南美广为流行、世界许多国家均参照的矿产资源分类、分级方案。如表 8-1 所示，该方案有两个坐标轴，横轴代表地质工作的程度，随地质工作程度由高至低，所取得的储量或资源量被分为"查明资源"和"未发现资源"两大类，前者进一步分类为"探明"和"推测"资源，后者则进一步分类为"假定"和"假想"资源。纵轴代表储量或资源的经济可利用性，随着技术经济可行性的由高到低，查明资源分为"经济"、"边际经济"和"次经济"级别。方案还将查明的地下储量分为"储量"和"储量基础"两个概念，前者是指可以从地下真正采出的部分，后者是指地质圈定的部分，它包含了可采出的储量和由于设计、开采、安全等原因不能采出的部分。

表 8-1　　　　　　　　　　　美国矿产资源分类、分级方案（1980）

资源分类 储量分级	查明资源		未发现资源
	探明资源	推测资源	概率范围
	确定资源		假定/假想资源
经济	储量	推测储量	+
边际经济	边际储量	推测的边际储量	+
次经济	探明的次经济资源	推测的次经济资源	
其他产出	包括非传统和低品位物质		

1979 年，联合国提出了一个资源分类方案。1996 年，联合国欧洲经济委员会提出了联合国矿产储量/资源分类国际框架，如表 8-2 所示。

表 8-2　　　　　　　　　　　联合国矿产储量/资源分类国际框架

联合国 国际框架	国家 系统	详细勘探	一般勘探	普查	踏勘
可行性研究/ 采矿报告		1. 证实矿产储量（111）； 2. 可行性矿产储量（211）			
预可行性研究		1. 概略矿产储量（121）（122）； 2. 预可行性矿产资源（221）（222）			
地质研究		1～2 确定矿产资源 （331）	1～2 推定矿产资源 （332）	1～2 推测矿产资源 （333）	？ 踏勘矿产资源 （334）

注　1=经济；2=潜在经济；1～2=经济到潜在经济；?=经济未定。

与表 8-1 所示方案相比，这个方案用三个格来框定储量/资源的类型。第一个是地质格，表明地质工作阶段，由深而浅为详细勘探、一般勘探、普查、踏勘。第二个为可行性格，由深而浅为可行性研究/采矿报告、预可行性研究、地质研究。第三个格为经济格，由深而浅为经济、潜在经济、经济到潜在经济。按照这一方案，可将储量/资源框定为 10 个类型，即表 8-2 中编码 111～334。这一分类体系对各国储量资源分类体系之间的转换与接轨具有重要意义。

苏联于 1960 年制定的矿产储量分类规范中，除从经济角度，将矿产储量分为平衡表内与平衡表外两类外，还按勘探和研究的程度，将其分为详细探明和详细研究（A、B、C_1）储量，初步评价储量（C_2）和预测储量三类。我国的分类分级方案曾是沿用苏联的分类体系并结合我国具体情况制定的，经多次修改后，特别是参照并吸收了联合国及其他矿业大国分类分级方案的特色，形成了 1999 年发布的《固体矿产资源/储量分类》（GB/T 17766—1999）国家标准，如表 8-3 所示。该标准的主要特点是套用了联合国国际储量/资源分类的三维分类框架，强化了矿产资源储量的经济含义和可行性研究的作用，增强了与国际惯例接轨的观念，同时也统一了不同矿种之间的口径。

表 8-3 中国固体矿产资源/储量分类表

地质可靠程度 分类 经济意义	查明 矿产资源			潜在 矿产资源
	探明	控制	推断	预测
经济	可采储量（111）			
经济	基础储量（111b）			
经济	预可采储量（121）	预可采储量（122）		
经济	基础储量（121b）	基础储量（122b）		
边际经济	基础储量 （2M11）			
边际经济	基础储量 （2M21）	基础储量 （2M22）		
次边际经济	资源量 （2S11）			
次边际经济	资源量 （2S21）	资源量 （2S22）		
内蕴经济	资源量 （331）	资源量 （332）	资源量 （333）	资源量 （334）？

注　表中所用编码（111～334），第 1 位数表示经济意义：1=经济，2M=边际经济，2S=次边际经济，3=内蕴经济，？=经济意义未定；第 2 位表示可行性评价阶段：1=可行性研究，2=预可行性研究，3=概略研究；第 3 位表示地质可靠程度：1=探明，2=控制，3=推断，4=预测，b=未扣除设计、采矿损失的可采储量。

（三）主要金属矿产资源的开发利用

矿产资源是人类生产资料和生活资料的基本源泉之一，是世界经济发展的重要物质基础。主要金属矿产资源的开发利用，对世界经济的发展起着重大作用，在全球生产产值最大的 10 种矿产中，主要金属矿产就占 4 种，依次为：铁矿石、金、铜、锌。

全球已探明的主要金属与非金属矿产储量为 1450 亿 t, 其中美国、加拿大、澳大利亚、南非主要矿产储量占世界 80% 以上。全球已探明的主要金属矿产储量保证程度估计（年）的基本情况如下，铝：222，镍：51，铜：33，锡：45，铅：18，锌：20，汞：43，铁：161。

近 30 多年来，矿产资源开发利用总体上呈现出五个特点。一是矿产采、选、冶技术发展迅速，可开采利用的矿石品位不断降低，资源综合利用率不断提高；二是资源回收利用成为现代矿业生产的目标之一，废旧金属回收利用率日益提高；三是矿业生产追求矿产品的高附加值，资源国的矿产资源开发利用产业发展走向一体化；四是世界矿产开采和冶炼仍以发达国家为主，但重心逐步转向发展中国家；五是产能充裕，市场价格趋稳。

二、我国主要金属矿产资源开发利用现状

1949 年以来，我国矿产资源，特别是主要金属矿产资源的勘查工作取得了辉煌的成就，探明了大批矿产资源，基本上保证了国民经济发展的需要。

（一）金属矿产资源开发利用总体情况

我国地大物博，矿产资源种类齐全。据国土资源部制定的《全国矿产资源规划（2008—2015 年）》，全国共发现矿产 171 种，已探明资源储量的 159 种，其中金属矿产共 56 种，已查明的矿产资源总量和 20 多种矿产的查明储量居世界前列，其中，铁矿居第 4 位，铜矿居第 3 位，铝土矿居第 5 位，铅锌、钨、锡、锑、稀土、菱镁矿等居第 1 位。建成一批重要金属矿产资源开发基地，金属矿产资源供应能力明显增强。铁矿石、钨、锡、锑、稀土、菱镁等矿的开采量连续多年居世界第一。包括金属矿在内的矿业经济快速发展，矿业增加值达到1.36 万亿元，约占工业增加值的 12.7%，占 GDP 的 5.5%。矿产资源的开发利用促进了区域经济的发展，已成为推动我国经济蓬勃发展的重要动力。表 8-4 所示为我国近年来主要金属矿产资源的勘查成果及开采量。

表 8-4　　　　　　　　　　我国主要金属矿产资源勘查成果及开采量

类别	矿产名称	完成情况	备　注
新增资源储量 （2001—2007 年）	铁（矿石亿 t）	39.38	查明地质储量
	铜（金属万 t）	957.87	查明地质储量
	铝土矿（矿石亿 t）	3.95	查明地质储量
	锰（矿石亿 t）	1.80	查明地质储量
	钨（WO_3 万 t）	14.4	查明地质储量
矿产资源开采量 （2007 年）	铁矿石	7.07	居世界第 1 位
	钨	8.04	居世界第 1 位
	锡	15.13	居世界第 1 位
	锑	15.29	居世界第 1 位
	稀土矿	12.05	居世界第 1 位
	金	213.85	居世界第 2 位

注　资料来源：《全国矿产资源规划（2008—2015 年）》。

（二）主要金属矿产开发利用情况

我国已探明储量的金属矿产共 56 种，其中铁、锰、铜、铝、铅、锌、金、银、钼、锑、

铋、钨、锡和稀土是我国主要的金属矿产。目前我国主要金属矿产资源及开发利用状况，可概括为 5 个方面：

（1）主要金属矿产大多数储量丰富，其中铅、锌、钨、锡、锑、稀土 6 种矿产的储量居世界首位；另有 10 种矿产的储量也居世界前列：钼、银、铜为第 3 位，铁为第 4 位，锰、铝为第 5 位、金为第 7 位。但是，我国矿产贫矿、难选矿和共伴生矿多，中小型矿床比例大，大型和超大型矿床比例很小，部分矿种严重短缺。同时，我国人口众多，人均矿产资源拥有量少，仅为世界人均拥有量的 58%，居世界第 53 位。我国矿产勘查长期投入不足，公益性地质工作滞后，找矿技术缺乏重大突破，资源储量增长相对缓慢。

（2）主要金属矿产业发展迅速，产量高，但大宗矿产供需缺口日益加大，对外依存度不断上升，进口额逐年增加。我国铁矿石、钨、锡、锑、稀土等矿石产量名列世界首位，铅和金第 2 位，铝土第 4 位；铁、锰、铜、铝、铅、锌、钨、锡和金等主要金属矿产品的消费量居世界前列。由于消费增幅大于产量增幅，铁、锰、铜等短缺矿产需大量进口予以补充。

（3）主要金属矿产资源地理分布及金属工业布局不均衡，资源紧缺与资源潜力并存，矿业萎缩与矿业待兴同在。由于地质成矿条件不同，以及经济体制、经济布局和经济地理区位的原因，金属矿产资源自 20 世纪 50 年代开发利用以来，逐渐形成两大反差：一是经济发达的东中部地区，许多矿山面临资源枯竭的困境；而经济欠发达的西部地区，则具有巨大的矿产资源实力与潜力，急需将资源优势转换成经济优势。二是金属工业居先的东中部地区，明显呈现出采选生产能力小于冶炼生产能力，冶炼生产能力又小于加工生产能力；而金属工业滞后的西部地区则相反。因此，变"西矿（资源）东运"为"东矿（产业）西迁"，应是实施西部大开发战略，促进西部区域经济发展的重要内容之一。

（4）主要金属矿产在国际市场竞争中，既有优势，又有劣势，金属矿业市场尚需进一步扩大对外开放。我国的金矿和稀土矿产品的成本低于国外水平，具有较强的竞争力。铁、锰、铜、铝土矿的精矿成本较高，国际竞争力不强。钨、锑、锡、稀土等优势矿产，由于开发利用管理不善，资源优势在一定程度上被削弱，但仍具有相当的竞争优势。在国际合作方面取得较大进展，我国矿业已成为外商投资的重要领域，100 多家外国公司在我国投资铁、铜、铅、锌、金等矿产的勘查开采。

（5）金属矿产业的高新技术投入、资源综合利用率、矿山环境治理水平均有较大提高，但资源浪费、环境破坏仍较严重。20 多年来，以《矿产资源法》为主体的矿业法制建设不断加强和完善，国有大中型金属矿山企业通过结构调整、资产重组，取得了明显的经济效益、社会效益和环境效益。但众多的中小型矿山，仍然存在着技术装备落后，能源、原材料消耗高，劳动生产率低，集约化程度差，资源浪费，综合利用率低，环境污染等问题。

三、主要金属矿产资源可供性与保障程度

（一）国内主要金属矿产可供性

我国 20 世纪 50～60 年代建设的矿山有 2/3 进入中老年期，经过几十年的强化开采，资源逐渐枯竭。20 世纪 90 年代以来，我国进入经济高速增长阶段，许多矿产资源耗费速度加快；另一方面，我国矿产地质勘探投入严重不足，新发现的矿产急剧减少，而已勘查矿产资源中经济可用性差和经济意义不明确资源储量所占比重大，可采和预可采储量比例低，矿产资源探明储量呈下降趋势，后备储量的增长速度滞后于消耗速度，矿产资源对经济社会发展的支持力度不断减弱，保障程度总体不足。今后我国工业化、城镇化将快速推进，是全面建

设小康社会的关键时期，矿产资源市场需求强劲，预计主要金属矿产消费增长快于生产增长。经济社会发展的阶段性特征和资源国情，决定了主要金属矿产资源大量快速消耗态势短期内难以逆转，资源供需矛盾日益突出。据预测，到 2020 年，我国铁矿石消费量将超过 13 亿 t，2008—2020 年累计需求超过 160 亿 t；精炼铜 730 万～760 万 t，累计需求将近 1 亿 t；铝 1300 万～1400 万 t，累计需求超过 1.6 亿 t。如不加强勘查和转变经济发展方式，届时在我国 45 种主要矿产中，有 19 种矿产将出现不同程度的短缺，其中 11 种为国民经济支柱性矿产，铁矿石的对外依存度将在 40%左右，铜的对外依存度仍将保持在 70%左右，铝土的对外依存度将在 43%左右，锰的依存度将在 60%，镍和铬的依存度将分别在 80%和 95%。此外，黄金和银也不能保证国内需求。

（二）影响可供性和保障程度的主要因素

影响我国主要矿产资源可供性和保障程度的因素很多，但主要因素有三个。

（1）产业结构和矿业结构调整。据测算，我国第一、二、三产业的产值能耗比和钢材消耗强度比分别为 1:6:2 和 1:100:7，即第二产业 100 万元产值消耗的钢材，在第三产业可创造 1429 万元的产值。因此，降低第二产业在国内生产总值中的比重，可以大大减少能源和钢材的消耗。在三大产业内部，不同部门的资源消耗强度也不一样。如金属冶炼及压延加工业的金属材料消耗强度是纺织业的 21 倍多。

矿业部门结构调整包括优化矿产开采规模结构、产品结构和上下游比重结构。近年来，我国在调整矿业上下游产业结构和矿产品结构的同时，加强了中小型矿山的技术改造，促进了矿山企业兼并、联合，使中小型矿山数目大减，矿山企业的管理水平和技术水平得到较大提高，降低了生产成本，提高了资源利用效率。

（2）技术进步。地质调查与矿产资源基础评价新方法新技术的应用，可使矿产资源潜力得到提高。过去 20 多年来，地球科学的许多新概念、新理论、新方法和高新技术在矿产资源基础评价与勘查中得到广泛应用，大大提高了找矿预测水平。如应用深海探矿技术，我国在西太平洋富锰多金属结核等非传统矿产资源调查与评价方面，取得了重大突破。深部找矿技术的应用，使找矿深度从不到 400m 逐步向 400～800m 拓延，大幅度扩大了我国的陆地矿产资源基础。

先进的采选冶矿技术，可提高矿产开发利用水平，进而提高资源的可供性和保障程度。随着我国采选冶矿技术水平的不断提高，以及对综合利用的重视，金属矿产综合利用水平逐年提高。目前，我国矿产资源总回收率为 30%左右，其中黑色金属矿产资源的综合回收率为 30%，有色金属矿产资源综合回收率为 35%，70%以上有经济价值的共生伴生元素都能得到不同程度的利用，综合回收的共生伴生元素近 40 种，综合利用率平均为 35%左右。我国铁矿资源共生、伴生组分大约有 30 多种，目前能回收 20 余种。

（3）再生资源回收利用。再生资源（或废金属）的回收利用，对一次金属原料需求量的增长起着重要的抑制作用，可节约大量一次资源。例如，回收利用 1t 废铁，可炼好钢 850kg，节省铁矿石 2～3t，焦炭 1t，石灰石 0.5t；回收 1t 废杂铜，可提炼电解铜 850kg，节约铜矿石 150t，电能 260kWh。

（三）国外主要金属矿产对中国的可供性

世界主要金属资源国的资源条件、开发利用的经济条件、所在国的政策导向和法律法规、政局和社会安全、国家间外交、贸易关系等，直接影响着主要金属矿产对我国的可供性。因此，必须对国外主要供给国和地区做出科学合理的综合评价，进一步分析国外对我国短缺的铁、锰、铜和铝等资源的可供性。

（1）主要供给国和地区综合评价。根据世界主要金属资源国对我国可供性影响的诸要素，可以确认周边地区是我国可供矿产的首选区。合作开发利用周边国家的资源，一直是资源进口大国的重要方针。周边国家包括俄罗斯、蒙古、中亚五国、南亚、东南亚等 16 国以及澳大利亚。这些国家矿产资源丰富，铁、钨、锡、铜、铅、锌、铝、金等都有较大的储量，据统计，铁占 33.9%，铜占 22.6%，铝土占 34.7%，钨占 26.6%，锡占 35.4%，金占 17.5%。澳大利亚是世界重要的矿产资源生产国和出口国，已探明的矿产资源多达 70 余种，其中铅、镍、银、钽、锌的储量居世界首位。我国的矿产品贸易和矿业投资，应优先考虑这些周边国家。

同时，拉丁美洲地区和非洲大陆，也是我国主要金属矿产资源来源的重要选区。拉丁美洲矿产资源丰富，矿种齐全，矿业在国民经济中占有重要的地位。拉美主要金属矿产储量占世界第一、二位的有铜、铝土矿等，锡、铁和锌的产量也相当大。拉美各国的经济一直不景气，良好的矿业投资环境，丰富的资源成为吸引外资的重要筹码。近年来，拉美地区接收国外在矿业上的直接投资不断增长，使这一地区金属的生产能力迅速提高。非洲大陆的矿业在其国民经济中占极为重要的地位，矿产储量排名世界第一或第二位的有铝土矿、金、锰等。

（2）主要短缺金属矿种可供性。在未来相当长的时期内，部分用量大的主要金属矿产资源如铁、锰、铝、铜等，利用国外来源弥补国内不足，将是我国矿业发展的重要选择。由于我国利用国外资源起步较晚，目前国际上较重要的资源大都被国外一些实力雄厚的跨国公司所控制，这无疑增加了我国利用国外矿产资源的难度。

铁矿。世界铁矿资源非常丰富，静态保障期长达 100 年以上；巴西和澳大利亚等国的矿石品位高、质量好，生产能力充足，完全可以满足世界钢铁工业发展的需求。

锰矿。世界锰矿储量丰富，分布相对集中，特别是富锰矿，保障程度高；世界锰矿生产能力长期过剩，价格走低，为我国利用国外优质锰矿提供了良好的外部条件。目前，我国尚未建立国外锰矿基地，今后应以周边国家和发展中国家为主，逐步建立锰矿生产供应基地，积极参与国外锰资源开发。可供我国贸易和投资的国家有南非、澳大利亚、加蓬、加纳、印度、格鲁吉亚等国。按照多元化的原则，可选择几个重点国家逐步推进，最终建立多元的生产供应基地。

铜矿。世界陆地铜矿资源储量充足，对我国的可供性条件较好，保证年限长，静态保证年限达 20 余年。近年来，不断有新的矿床发现；未来矿山可建生产能力充裕，生产成本低廉；产量增长和市场价格波动幅度均趋稳定；供给国家多，矿产品种类多样化，数量充足。

四、主要金属矿产资源开发利用战略

按照科学发展观和资源可持续利用的思想，主要金属矿产资源的开发利用战略，应当能够确保这些资源的可持续开发利用。为此，必须充分发挥市场配置资源的决定性作用，加强对资源开发利用的宏观管理，保护生态环境，加强主要金属矿产资源的地质勘查，增加矿产资源生产供应能力，实行合理开采和资源节约与综合利用，大力推进矿业技术进步，搞好主要金属矿产资源的战略储备，积极开展国际矿业合作。

（一）矿产资源市场化配置

造成我国矿产资源勘探工作滞后、开采和利用效率低下、矿业市场秩序混乱、环境污染严重和安全事故的根本原因，在于矿产资源开发运行的体制机制不完善，矿产品作为一种有限和稀缺资源的价值没有得到充分体现。因此，要实现我国主要金属矿产资源的可持续开发利用，必须首先改变无偿或廉价使用资源的状况，坚持矿产资源市场化配置的原则，实行以矿产资源探矿权、采矿权有偿取得为重要内容的矿产资源有偿使用制度改革，使矿业企业合理负担矿产资源成本，逐步理顺矿产品价格，使其能够反映资源稀缺程度、市场供求关系和环境治理成本，促进矿产资源节约、合理有序开发和集约利用。

坚持矿产资源市场化配置的原则，应优质资源优用，稀缺资源少用，优势资源持续利用，在矿产资源分配环节中促进提高资源开发利用效率，立足于提高每一单位资源的利用价值，以最少的资源消耗和环境代价，取得最大的社会、经济效益，逐步建立起全国资源集约型的社会生产体系和社会消费体系。

坚持矿产资源市场化配置的原则，着力构建全国性的统一矿产资源市场体系。我国幅员辽阔，地质条件极为复杂。在不同地区，由于成矿地质条件的差异，所形成的矿产资源无论是品种还是数量、质量都不尽相同。如我国北方煤多，南方有色金属矿产多；西南磷矿、铁矿多，东北铁矿、石油多。矿产资源在空间分布上的这种不均匀性，一方面使不同省（区）具有不同的资源优势；另一方面又使各个省（区）的矿产品难以配套齐全。因此，在矿产资源的配置上，必须有全局观念，根据各地经济建设的实际需要，合理调配资源。各地应充分发挥自身资源优势，发展本地区特色经济，不搞"小而全"的地方经济结构，避免大宗矿产品的远距离调入运输。同时，也要充分考虑地区间的优势资源互补问题，不搞地区分割，避免地方保护主义，把有限的资源用到最需要的地方去，发挥最大的社会经济效益。

坚持矿产资源市场化配置的原则，就应遵循国际通行规则，遵守多边贸易规则，增加贸易政策和管理的透明度，保证经贸政策的统一实施，逐步实行国民待遇原则和公平竞争原则。结合我国金属矿产资源的特点和现实，遵循"补缺、补紧、补劣"的原则，积极参与国际竞争。

（二）资源开发利用宏观管理

认真贯彻执行《矿产资源法》及其有关法律法规，加强管理，严格办矿秩序，从组织上和行业管理上理顺各企事业单位的归属关系，严格执法，坚决取缔各种非法采矿活动，制止一切滥采乱挖现象。进一步加大管理力度，按照"产权明晰、权责明确、政企分开、管理科学"的要求，探索符合市场经济体制需要的矿业管理体制，形成有利于资源有效开发利用的激励和制约机制。走"资源开发与节约并举"、"资源开发与环保并举"的资源节约型经济的道路。

全面提高基础性地质调查工作力度，为经济社会发展提供可靠的地质信息。继续实施国土资源调查，加大中央和地方财政对公益性地质调查工作的投入力度，建立长期稳定的国土资源调查工作机制。加强矿产勘查工作，不断寻找探明新的矿产地，以增加可供开发利用的资源储量。要根据国家建设对矿产资源的需求情况，重点加强资源紧缺和国民经济急需金属矿产的勘查工作。

加强矿区环境保护。应制定关于矿山环境保护的法规，依法保护矿山环境，减少矿产资源开发的环境代价。积极推广矿产资源开发废弃物最少化和清洁生产技术；实施矿山开发全过程的环境管理，制定保护恢复计划，依据"谁开发，谁保护"的原则，实行矿山资源开发环境补偿收费政策，建立并推进矿区土地复垦费征收使用管理制度；大力开展矿山"三废"资源化和矿山开采对周围环境影响无害化活动。

认真研究新的采选矿技术，采用高新技术手段，实现清洁生产和生态矿业。矿山设计必须把环境保护作为重要指标加以考虑，要不断优化、改进设计，确定合理的开采顺序、采矿结构，充分有效地回收资源，大幅度减少废石、废渣和废水的排放；采用先进的地压控制技术，有效控制地表沉陷、山体滑坡等地质灾害的发生；进一步提高矿业废料综合利用的技术水平，尽可能将无用废料转化为可用原料，将有用废料转化为无害废料。有效解决矿区环境保护问题，保证我国矿业的可持续发展。

（三）矿产资源集约化开发利用

对于矿产的生产和消费企业，应努力提高集约化经营水平。所谓集约化经营，就是不断加大科技投入，改善生产条件和提高工艺水平，使资源在开发和加工过程中做到物尽其用，使资源的综合利用率、再生利用率达到更高水平；在资源的消费过程中，使单位国内生产总值所消耗的矿产品逐步下降，并接近于发达国家水平。必须转变观念，采取切实有效措施，实现矿产资源的粗放型开发利用向集约型开发利用的转变。具体到主要金属矿产资源，应做好以下各项工作：

（1）加强规划，合理进行金属矿山开发布局。加大中西部地区矿产资源的开发利用力度，建设资源接续区，促进优势资源转化。鼓励开发铜、铝土矿；对锌、铅等矿维持目前开发规模，重在提高经济效益；对钨、锡、稀土等矿种要发挥优势，降低成本，提高效益；对于铁矿石资源，要有重点地选择国内现有的铁矿山进行技术改造，增加产能，提高效益。

（2）加快产业结构调整和升级步伐，节流优先、降低资源消耗。通过矿业体制改革，推进矿产品生产结构调整和升级，促进单一产品向配套产品、高耗能产品向低耗能产品的转化，提高资源利用水平。

（3）实行规模开发，提高集约化水平。要淘汰落后、分散的矿业生产，控制非理性的矿产开发，引导小型金属矿山走集约化道路。大中型矿山要重组重建，建立高起点、高技术、规模化、集团化的现代企业，大幅度提高企业的国际竞争力。

（4）发展和完善金属矿产资源的勘察、开发、利用技术体系，包括技术研究、开发、引进、推广和资金投入机制，形成卓有成效的新的矿业技术体系。研究开发矿产品深加工技术、贫矿和难选冶矿利用技术及节能降耗技术，支持对矿产资源开发利用中的重点和难点问题，特别是深部采矿与低品位、难选冶矿石的开发利用等问题的科技攻关。

（四）积极开展国际矿业合作

随着我国经济建设的迅速发展，对矿产资源需求量的不断增加，国内资源短缺和保障程度下降的趋势日益明显。在世界矿业全球化、市场化步伐不断加快的今天，不能只把目光放在国内，而可以在矿产资源立足国内的同时，依据比较利益的原则，充分利用两种资源，两个市场，在获取合理经济效益的前提下，采用"走出去"和"引进来"的战略，鼓励和支持企业到国外去勘探、开发矿产资源，或直接进口矿产品，取得双赢。在矿产品贸易方面，需要进行战略性结构调整，改变过去以低出养高进的模式，即以低价初级矿产的大量出口，换取进口深加工高附加值的矿产品；要执行以高出养低进的矿产品外贸方针，认真实施科技兴矿战略，加大我国矿业企业产品的科技含量。要加大矿业资本市场的引资、融资力度，使矿业资本输入和输出维持适当的比例关系。

主要金属矿产资源，应在提高国内矿产资源供应能力的同时，积极推进并逐步建立国外矿产资源基地，以保证我国铁、铜、铝、锰、镍、铬等所需大宗短缺矿产的稳定供应。为鼓励和促进到国外进行金属矿产资源的勘查开发，有关部门要做好统筹规划，出台有关的鼓励、优惠政策，并组织银行、保险、运输、法律等部门为矿业开发部门提供服务，配合矿业部门到国外开拓业务。建立国外矿产资源风险勘查开发基金，并在对外融资、信贷和税收方面实行相应的优惠政策，大力扶持我国紧缺金属矿产资源的勘查和开发。总之，应通过实施双向式的发展战略，提高我国主要金属矿产资源对经济可持续发展的保障能力。

（五）重要金属矿产资源储备

广义的战略性矿产资源储备，包括矿产品储备和矿产资源储备。前者包括精矿储备、原材料储备和型材储备，旨在保障非常时期国内对矿产资源需求的短期、应急、安全；后者包括矿产资源量储备和矿产地储备，旨在保障实现国家经济社会可持续发展战略对矿产需求的长期、稳定、安全供给。应逐步建立适合我国国情的矿产储备体系。实行战略矿产储备制度，增强应对突发事件和抵御国际市场风险的能力。建立完善矿产资源战略储备的管理机构和运行机制，形成国家重要矿产地与矿产品相结合、政府与企业合理分工的战略储备体系。根据我国金属矿种的主次和我国国力，对于战略性的矿产如铜、锰、铬等，应分期分批纳入储备序列。而我国的优势矿产钨、锡、稀土等，应以资源优势支撑市场优势，以驾驭国际市场价格为目的进行战略性储备。要实施的战略措施包括：

（1）制定金属矿产储备规划和配套法律制度，论证储备方案。完善与我国金属矿产资源储备规划相配套的法律法规，尽快建立国家战略性矿产资源储备管理结构。

（2）采用国家储备与企业储备相结合的方式，对紧缺金属矿产品进行限期限额储备。矿产品的储备应采取多层次的储备形式，如战略性储备由国家投资进行；国家经济安全储备和市场安全储备由国家、企业和地方分别进行。矿产资源储量的储备应分为两级进行：一级为待建待产的矿产地储备；一级为已建矿山特别是新建矿山的预留储备。

（3）建立国家重要金属矿产储备区。考虑到矿产资源储备的战略区位，加大对中西部地区金属矿产资源的勘察，逐步发现和建立一批重要金属矿产的战略性储备矿区。

第二节　重要生物资源的开发利用

生物资源是指在当前条件下人类可以利用与可能利用的生物，包括动物资源、植物资源和微生物资源等。生物资源既是农业生产的主要经营对象，也是工业、医药、交通等部门的原材料和能源来源。生物资源具有再生机能，如利用合理，并进行科学的抚育管理，不仅能生长不已，而且能按人类意志进行繁殖更生；若利用不合理，则不仅会引起资源数量和质量下降，甚至可能导致灭种。随着生产的发展和科技的进步，生物资源作为人类生活和生产的物质基础，已越来越为人们了解和重视。同时，生物资源的承载能力与人类需求间的矛盾也日益尖锐。因此，研究生物资源的合理开发利用问题，对于经济社会可持续发展具有十分重要的意义。

一、生物圈与生物资源

（一）生物圈及其意义

地球上的生物圈，是一个很薄且十分特殊的圈层。生物生命活动所要求的外部环境条件比较苛刻，特别是高级生物，对外界生存条件的要求尤为严格。因此，地球所处的自然环境中，从垂直的方向看，只在一个十分狭窄的空间范围内才具备这样的条件。这一狭窄的空间范围，主要位于地球表层固相、液相、气相的交界面附近，围绕着该界面高度，集中了地球上达 99%的生物物质。这些生物物质形成了一个环绕地球的连续薄层，称之为"生物圈"。

生物体集中存在的薄层，是地球上各类自然条件相互作用、相互制约，组合而成的独特空间。如果没有这种独特自然环境的存在，结果将正如其他星体上目前尚未正式发现生命现象一样，地球本身也只能是一片死寂的世界。归纳起来，这一特定空间大致应具有如下条件：

（1）有大量液态水存在，而且在这种液态水存在的部位上，还必然能同时存在或交替存在固、液、气三种状态，并可在其间进行能量和物质转换。

（2）具有一个稳定而有效的外来能源——太阳能，以满足生物生命过程中所必须得到的能量，同时亦可为生物环境的改变提供基本动力。

（3）在生物圈中，一定要具备充分大的三相物质界面，即具有固体的岩石圈、液体的水圈与气体的大气圈三者相邻接的界面活动带。例如大多数的农作物，它们的根伸入固体的土壤中，茎叶充分伸展于大气中，液态水通过植物体联系着物质和能量的转换和流通。如果没有这三相界面的存在，要发展到高等植物是不可能的。

（4）有一个气压较为恒定、组成成分比较一致的大气。一方面为初始生产力的形成提供 CO_2 源以及为生物的呼吸作用提供氧源，另一方面又是保护生物体免受紫外线辐射的保护层，并且是形成"温室效应"、防止能量过分逸失的"储能器"。

（5）在生物圈中，必须具备全球规模的能量和物质的循环。这种循环有助于能量物质分配的均衡并创造出一种特殊的环境结构，提供有利于生命活动的特殊功能。事实上，生物本身的循环过程，与无机界的地质循环过程、大气循环过程、水循环过程等，是紧紧地交织在一起的，而这种交织的空间，恰好只能位于地表界面附近狭小的范围中。因此，生物圈是唯一允许这种循环同进共存、相互交织并产生复杂效应的场所。

（6）在生物圈中，环境因素必须有一种适宜的组合，变化幅度不能过大，这样才能满足生物生长和发育的要求。因此，过冷、过热、过湿、过干、营养元素的过度缺乏和过度富集、极端的盐碱度等，以及在各自然环境因素中过于偏离正常的组合关系，均不利于丰富生物物质的存在以及正常的生物活动，尤其不利于高等植物的正常活动。

依据上述六个基本条件衡量，适于生物活动大量集中的空间范围实际很小，但却是全人类生存和发展的空间基础。地球上这个生物圈的垂直幅度，大约是从最深的海洋（超过11000m），到高出海平面以上 9000m 的范围内。虽然科学家在超过 10000m 的海深底部（如菲律宾深海沟）发现有细菌，在地表以上海拔 9000m 的地方，也发现了细菌和真菌的孢子在大气中飘浮，但生物物质总量中的绝大部分，仅仅只能生存于比上述范围要窄得多的薄层内。生物圈的垂直幅度，如果和地球本身相比，则显得微不足道。地球赤道的半径为 6378.169km，大约是生物圈厚度的 3200 倍（生物圈厚度平均按 2km 计算）。全球其他成分与生物物质的质量的对比如表 8-5 所示。

表 8-5　　　　　　　　　　　　　　地球成分质量与生物质量比较

地球的成分	质量的比较（以生物质量为1）
生物质量（包括其中包含的水）	1
地球表面新鲜淡水	16
大气	642
地球上的冰	3750

续表

地球的成分	质量的比较（以生物质量为1）
海洋中所溶解的盐类	6125
海洋中的水	17500
地球外壳（平均深度 17km）	3000000
地球整体	750000000

（二）生物资源的概念、属性与特征

生物资源是生物圈中的植物、动物与微生物组成的各种资源的总称。《生物多样性公约》将生物资源定义为"对人类具有实际的或潜在的价值与用途的遗传资源、生物体、种群或生态系统及其中的任何组分之总称"。它们是有生命、可繁殖、可遗传、具有新陈代谢机能的资源。其中，驯养与栽培的物种及其野生亲缘类群，国际上通称为"遗传资源"，从属于可更新资源。

按自然属性，生物资源可分为植物、动物与微生物三大类，每一大类又可分出多级多种类别，最终到种与品种。估计全球的植物种数约为 50 万种，其中已鉴定的种数约为 40 万种。估计全球动物包括昆虫在内的种数约 450 万种，其中已鉴定的种数约为 130 万种。

按社会经济属性，生物资源可分出野生生物资源与家养与人工栽培生物资源两大类。在植物资源中还可以分出粮油食用、药用、纤维用、燃料用与香料用等多种植物资源。在近 2000 种的人工栽培植物资源中，又可分出农作物资源、饲料牧草资源、果树与经济林木资源、瓜类蔬菜资源及观赏植物资源等。动物资源中也可分出食用、药用、油脂用、皮毛用、观赏用等多种动物资源。在 40 余种驯化的家养动物资源中又可分为家畜类、家禽类、家鱼类及家用昆虫类等。至于微生物资源，其内容更为丰富，有细菌、放线菌、酵母菌、螺旋体、立克次体、支原体、衣原体与病毒等，它们在农业中是生产细菌肥料、微生物农药、发酵饲料的资源，在医药工业中是生产抗菌素与疫苗的资源，同时还是酿造工业与食品工业中不可缺少的资源。

生物资源有四个不同于其他自然资源的基本特征：①生物资源具有可更新性特征，即新陈代谢机能、可生殖、可遗传和生态适应性、生态脆弱性以及生物多样性；②空间分布的地域性是生物资源的第二个特征，由于自然条件的复杂性、生物区系迁移的历史因素以及人类活动的影响等，生物资源的种类、数量和质量以及生物类型等方面均表现出明显的地域性特征；③生命周期性是指生命现象特有的在时间序列上呈现的有规律的重复变化，这在一定程度上由生态系统中生物活动的周期性所决定；④生物资源的关联性表现在它既是相对独立的一类自然资源，同时又与其他自然资源共同存在于生物圈中，相互依存、相互制约，构成了完整的生态系统。在这一生态系统中，生物资源的变化影响着水、土、气候等资源的形成和演变。

（三）生物生产力

生态系统中绿色植物通过光合作用制造与累积有机物的速度，称为初级生物生产力（第一性生产力）；而植食性动物及真菌、细菌和某些原生动物等异养有机体利用和释放绿色植物所固定太阳能而形成的生物物质的重量，称为次级生物生产力（第二性生产力）。生物生产力通常用物质的干重表示，如 $g/(m \cdot 日)$ 或 $t/(hm^2 \cdot 年)$ 等，也可用等效的能量单位表示。初级生产力又分为总初级生产力和净初级生产力，前者指单位时间内（如一天、一年等）自养生物在单位面积上生产的全部有机物的干重，后者则是指总初级生产力减去生物因自养呼吸所消耗的干物质后的净累积速度。

研究生物生产力必须了解生物量的概念，与前者不同的是，后者表示生态系统内生物所累积的干物质的现存量，它随生物群落年龄的增加而增加。生产力只是生物群落干物质累积的速度，年龄大的生物虽然生物量大，但生产力可能较低。通常，生物个体在幼龄期生产力较高，但生物量较低；到成熟期或老龄期后，生物量达到最高值，但生产力却很低。

生物圈中的生物总量，陆地上占99%以上，海洋中要少得多。地球上生态系统初级生产力的分布差异很大：陆地上，由热带雨林、亚热带常绿林、温带落叶林、北方针叶林、热带稀树草原、温带草原、苔原到荒漠，净初级生产力依次下降；海洋中，净初级生产力最高的地方有珊瑚礁、海藻床和上涌流区域，其次是大陆架；深海的生产力非常低，相当于陆地的荒漠。表 8-6 显示的是联合国教科文组织开展的大型国际科学合作项目人与生物圈（MAB）计划中相关研究的结果。

表 8-6　　　　　　　　　　生物圈中的净初级生产力及有关特征

生态系统类型	面积 ($10^6 km^2$)	净初级生产力（干物质）			生物量（干物质）		
		正常范围 [$g/(m^2 \cdot a)$]	均值 [$g/(m^2 \cdot a)$]	总量 ($10^9 t/a$)	正常范围 [$kg/(m^2 \cdot a)$]	均值 [$g/(m^2 \cdot a)$]	总量 ($10^9 t$)
热带雨林	17.0	1000～3500	2200	37.4	6～80	45	765
热带季雨林	7.5	1000～2500	1600	12.0	6～80	35	260
温带常绿林	5.0	600～2500	1300	6.5	6～200	35	175
温带落叶林	7.0	600～2500	1200	8.4	6～60	30	210
北方森林	12.0	400～2000	800	9.6	6～40	20	240
疏林与灌木	8.5	250～1200	700	6.0	2～20	6	50
萨瓦纳草原	15.0	200～2000	900	13.5	0.2～15	4	60
温带草原	9.0	200～1500	600	5.4	0.2～5	1.6	14
冻原与高山	8.0	10～400	140	1.01	0.1～3	0.6	5
荒漠半荒漠	18.0	10～250	90	1.06	0.1～4	0.7	13
裸地	24.0	0～10	3	0.07	0.1～0.2	0.02	0.5
耕地	14.0	100～4000	650	9.1	0.4～12	1	14
沼泽	2.0	800～6000	3000	6.1	3～50	15	30
湖泊与河流	2.0	100～1500	400	0.8	0～0.1	0.02	0.05
陆地总量	149		782	117.5		12.2	1837
开放性海洋	332.0	2～400	125	41.5	0～0.005	0.003	1.0
上涌流区域	0.4	400～1000	500	0.2	0.005～0.1	0.02	0.008
大陆架	26.6	200～600	360	9.6	0.001～0.004	0.001	0.27
藻盘与藻礁	0.6	500～4000	2500	1.6	0.04～4	2	1.2
河口湾	1.4	200～4000	1500	2.1	0.01～4	1	1.4
海洋总量	361		155	55.0		0.01	3.9
海陆总量	510		336	172.5		3.6	1841

陆地生态系统中生物总量约为 $1832×10^9t$，其中森林生态系统生物量高达 $1648×10^9t$，占整个陆地生物总量的 90%左右。全部陆地生态系统每年提供的净生产量约为 $107×10^9t$，其中森林提供的干物质约占 65%。因此，森林系统在制造有机物、维持生物圈物流和能流的运转中，起着十分重要的作用。

二、生物资源的地位和价值

生物资源（即生物多样性）为地球上生命的存在提供了基础，其重要的社会、伦理、文化和经济价值，从有记载的历史开始，就已在人类社会生活的各个层面（宗教、艺术、文学等）得到承认。随着社会经济的发展，人类对生物资源的需求不断改变，但其在人类经济与文化生活中的重要性和价值，不但没有任何减少，反而在不断提高，特别是那些珍稀品种。

（一）生物资源的基础地位

生物资源是大自然赋予人类的最基本的财富，是人类社会三大基本经济资源——生物资源、矿物资源和水资源之一。生物资源作为一种可更新资源，既是农业生产的主要经营对象，也是工业、医药、交通等部门的原材料和能源来源以及众多人类生活资料的来源，同时还提供适于人类生存的生态环境。因此，生物多样性具有很高的开发利用价值，在世界各国的经济活动中，生物多样性的开发与利用，均占有十分重要的地位。随着生产发展和科技进步，生物资源在人类生存发展中的基础地位越来越明显。

（二）生物资源的直接价值

直接价值也称为使用价值或商品价值，是人们直接收获和使用生物资源所形成的价值，包括消费使用价值和生产使用价值两个方面。

消费使用价值指不经过市场流通而直接消费的一些自然产品的价值。生物资源对于居住在出产地的人们来说十分重要。人们从自然界中获得薪柴、蔬菜、水果、肉类、毛皮、医药、建筑材料等生活必需品，尤其在一些经济不发达地区，利用生物资源是人们维持生计的主要方式。大约 80%的世界人口仍主要依赖从植物中获得的各种药材，在亚马逊河流域有 2000多种动植物被作为药用，在中国，能够入药的物种多达 5000 多种；木杈和动物粪便提供了尼泊尔、坦桑尼亚和马拉维主要能源需求的 90%和其他一些国家的 80%；在非洲，野生动物的肉制品在人们食物中占据了所需蛋白质的很高比例，其中尼日利亚为 20%，博茨瓦纳为40%，扎伊尔为 75%，加纳大约为 75%。

生产使用价值是指生物资源商业性收获后作为市场上流通和销售的产品的价值。生物资源的产品一经开发，往往会具有比其自身高得多的价值，常见的生物资源产品包括：木材、鱼类、动物的毛皮、麝香、鹿茸、药用动植物、蜂蜜、橡胶、树脂、水果、染料等。例如，木材是一些发展中国家的重要出口产品，在印度尼西亚，木材是第二大出口产品，地位仅次于石油。

（三）生物资源的间接价值

生物资源的间接价值是指与生态系统功能有关，但不体现在经济核算体系中的价值。生物资源的间接价值，可能大大超过其直接价值。直接价值常常源于间接价值，因为收获的动植物物种，必须有其自身的生存环境，它们是生态系统的组成成分。没有消费和生产使用价值的物种，可能在生态系统中起着重要作用，并供养那些有使用和消费价值的物种。生物多样性的间接价值包括非消费性使用价值、选择价值、存在价值和科学价值。

（1）非消费性使用价值。非消费性使用价值主要体现在生物资源维持生态平衡和稳定环境的作用。保护生物资源可以为人类社会带来日益增长的效益，这种效益因地域和物种的不同而各不相同，但大致可归纳为以下几个方面：光合作用固定太阳能，使光能经绿色植物进入食物链，从而给可收获物种提供维持系统；保持水循环、稳定水文功能、集水区的植被调节和防止水分的流失；土壤生成和保护土壤，减少土壤肥力的损失，减少水土流失；大范围和小范围的气候调节（包括对气温、降水量和大气湍流的影响）；碳、氧、氮等生命必需元素的贮存和循环，维持 O_2 和 CO_2 的平衡；环境中的污染物，包括有机废料、农药以及空气和水污染物的吸收和分解；为人类身心健康提供良好的生活和娱乐环境，良好的自然景观为人类提供了居住、游乐和修养的场所等。

（2）选择价值。选择价值是人们赋予一种资源或资产的超出其目前实际使用价值的价值。有时，人们不能确定某种资产未来的可获性及其所产生服务的价值。如果现在永久性地丧失了这种资产，人们就会丧失未来利用该资产为自己造福的选择，这也就意味着自己的福利（或社会福利）水平的降低。为了保留未来需要时能够使用该资产的选择，或者，为了避免未来需要时无法获得该资产的风险，人们愿意为它支付高于目前价值的价格，高出的部分就是所谓的"选择价值"。自然界中的许多野生动植物，也许目前人类无法予以利用，其价值是潜在的，也许我们的子孙后代能发现其价值，找到利用的途径。因此，多保存一个物种，就会为我们的后代多留下一份选择机会，一份宝贵的财富。

（3）存在价值。有些物种，尽管其本身的直接价值很有限，但它的存在能为该地区人民带来某种荣誉感或心理上的满足。例如，大熊猫、金丝猴、褐马鸡等是我国的特产珍稀动物，全国人民都引以为荣，大熊猫已成为中国的象征。

（4）科学价值。有些动植物物种在生物演化历史上处于十分重要的地位，对其开展研究有助于搞清生物演化的过程。同时，有些动物具有仿生学价值，它们的器官、生理功能和机制在科学研究和发明创造中能给人以新的思路与启示，在仿生科学研究中具有重要意义。例如，蝙蝠、海豚的超声波回声定位系统在交通设计、定向、导航、探测、调节控制等系统中，为人们所仿效和利用。人们利用响尾蛇用热定位确定被捕捉动物位置的原理制成了响尾蛇导弹。

三、我国生物资源的分布状况及主要特征

我国幅员辽阔、自然地理条件复杂，生物种类极为丰富，生物多样性在全球居第 8 位，北半球居第 1 位。我国有高等植物 30000 种，占世界的 10%，居第三位，其中裸子植物 250 种；脊椎动物 6347 种，占世界的 14%，其中鸟类 1244 种，鱼类 3862 种，均属世界前列。其中属于中国特有的脊椎动物有 667 种，如大熊猫、金丝猴、白鳍豚、扬子鳄、麋鹿等；中国特有的高等植物 17300 种，如银杉、金钱松、珙桐等。

（一）动物资源

1. 我国动物资源地理分布

我国野生动物资源分布广泛，地区差异明显。喜马拉雅山北翼、秦岭山地以北和黄河流域以北的动物资源，多属北方种类或青藏高原特有种类，属于动物地理区划中的古北界。上述界限以南，尤其是长江流域以南，属于东洋界。根据全国各地动物资源特点的不同，可将其划分为 7 个区。

（1）东北区。该区位于我国东北。其范围包括大、小兴安岭、张广才岭、老爷岭、长白山、松嫩平原和辽河平原。区内气候寒温湿润，森林茂盛且面积广大，森林类型除最北部为

寒温带针叶林外，大部为温带针阔叶混交林。本区森林动物繁多，并有大量大型食草兽。兽类资源中，著名的毛皮兽有赤狐、貉、紫貂、貂熊和水獭等。它们毛长而密，是制作御寒服装的上等材料。紫貂被誉为东北"三大宝"之一，其毛皮是世界上特别名贵的商品。东北虎为我国一类保护动物。提供名贵药材的动物有梅花鹿、马鹿等。此外重要的种类还有黑熊、棕熊、驼鹿、驯鹿、东北兔、雪兔等。鸟类资源有细嘴松鸡、黑琴鸡、雷鸟、花尾榛鸡、灰鹤、丹顶鹤、白鹤、蓑衣鹤等珍禽。著名的水禽鸳鸯在该区产卵育雏。

（2）华北区。该区北接东北区和蒙新区，向南包括黄土高原和华北平原。这里气候属暖温带，冬寒夏热，植被主要为落叶阔叶林和森林草原等。由于该区开垦历史悠久，森林破坏严重，大型动物很少。兽类资源中数量较多的有黄鼬、狗、麝和草兔等。此外还有猕猴、野猪、斑羚、貉、花面狸、豹猫等，但这些种类数量很有限。该区特产的驰名世界的四不像野生种已灭绝，现仅见于动物园中。鸟类资源中，著名的有石鸡、褐马鸡和环颈雉。其中褐马鸡是我国珍贵的特有种。其他鸟类有红脚隼、豆雁、白额雁、天鹅、赤麻鸭、白鹤、灰鹤、大鸨等。

（3）蒙新区。包括大兴安岭以西，长城、祁连山和昆仑山以北的干旱地区。境内大部分为典型的大陆性干旱和半干旱气候，属温带荒漠和草原景观，其中的动物以适应荒漠和草原生态环境为主要特征。中大型食草兽类有蒙古野驴、野生双峰驼、野马和黄羊，前三者为我国一类保护动物。分布于新疆北部的野马，近几年未见其踪迹。小型毛皮兽有塔里木兔、草兔、河狸、旱獭、黄鼬、漠猫、兔狲等。鸟类资源有鸨、毛腿沙鸡、环颈雉、雁鸭类、涉禽类和数种百灵等。

（4）青藏区。包括昆仑山、祁连山以南及横断山以西的整个青藏高原。本区海拔高，气候严寒干燥，食料稀少，所以动物种类贫乏，但特有种多，以适应高海拔、寒冷气候为主要特征。本区特产兽类有野牦牛、藏羚、藏原羚、藏野驴、岩羊、盘羊、白唇鹿、藏狐、旱獭和高原兔等，其中许多种类是我国重点保护动物。较名贵的毛皮兽有雪豹、兔狲等。著名的鸟类资源有斑头雁、黑颈鹤、藏马鸡、西藏毛腿沙鸡等。

（5）西南区。基本上位于横断山脉区。境内地势起伏很大，西北走向的高山峡谷相间并列，植被垂直分异显著，类型多样，山地森林面积大，为动物的南北渗透混杂和多种动物栖息提供了有利条件，所以这里的动物资源相当丰富，以盛产高山森林动物为其主要特征。有闻名于世的大熊猫，主要栖息于四川西部，甘肃南缘的高山针叶林竹丛中，专食箭竹。著名的还有金丝猴、羚牛、小熊猫、长尾叶猴等。毛皮兽有金钱豹、石貂、豹猫、水獭等。鸟类资源以雉、画眉最繁盛，其中许多是珍禽。如雉科的血雉、棕尾虹雉、绿尾虹雉、白腹锦鸡等，画眉类的钩嘴画眉、鹦嘴鹛等。西南山地因画眉种类繁多而享有"画眉的乐园"之誉。

（6）华中区。该区位于四川盆地以东的长江流域。区内地形复杂多样，西部主要是山地、盆地，东部主要是低山、丘陵、平原，气候温暖湿润。植被类型南部为常绿阔叶林，北部为常绿落叶阔叶混交林。许多原生森林早已被破坏而沦为荒山或成为灌丛或次生林。特产资源种类不多，多与西南区或华南区共有。如黄腹角雉、白鹇、白颈长尾雉、红腹锦鸡、大灵猫、小灵猫、斑灵猫、小鹿等，均与华南相同，而大熊猫、金丝猴、羚牛等又主要分布在西南区。仅灰胸竹鸡、獐、黑麂和毛冠鹿是该区特有。

（7）华南区。该区包括云南、两广和福建等省南部以及台湾、海南、南海诸群岛。气候属热带和南亚热带，炎热多雨，属热带雨林和季雨林的分布范围，这里是我国动物资源最丰富的地区。在兽类资源方面，灵长类居全国之首，占全国灵长类总数的 73%，产有猕猴、小猕猴、短尾猴、豚尾猴、台湾猴、黑叶猴、长臂猿等。珍贵食肉兽有华南虎、云豹、江獭、椰子猫、小爪水獭等。云南边境分布有最珍贵的亚洲象和野牛。偶蹄类以水鹿和赤鹿的分布最广，数量较多。亚洲特产的坡鹿在我国仅产在海南省。另外，本区还产有中华穿山甲、华南兔、海南兔及豪猪等。鸟类资源有绿孔雀、孔雀雉、竹鸡、原鸡等。

2. 我国动物资源主要特征

（1）种类和资源类型丰富多彩。我国地域辽阔，地跨热带、亚热带、温带等不同的温度带和湿润、半湿润、半干旱和干旱等不同的湿度区，相应的植被类型和土壤类型多种多样，地质历史古老，地形复杂，又有世界屋脊之称的青藏高原。这些为野生动物的繁衍生息提供了丰富多样的生态环境，适于多种动物在这里生存，使得我国成为世界上野生动物种类最多的国家之一。我国动物资源的类型也十分多样，众多的野生动物包含了多种经济价值和用途的资源类型，如毛皮兽类动物、药用动物、可驯养动物等多种类型。

（2）特有种和珍稀种类较多。由于我国第四纪时大部分地区未遭受大陆冰盖的直接破坏，保留了许多在世界其他地区早已灭绝的古老子遗种类和一些属原始或孤立的种类，使得我国动物区系中子遗种类和特有种类非常丰富。据统计，雉科的珍稀种类全世界共有 30 种，而我国就有 16 种。鹤类全世界仅有 15 种，我国有 9 种。画眉类全世界共有 146 种，产于我国境内的就达 33 种。鸟类中的黑颈鹤、丹顶鹤、长尾雉、鸳鸯、褐马鸡、藏马鸡、蓝雪鸡、蓝乌鸦、雉鹑、绿孔雀、孔雀雉、天鹅，兽类中的金丝猴、台湾猴、叶猴、大熊猫、华南虎、羚羊、毛冠鹿、黑麂、白唇鹿、梅花鹿、紫貂、野驴、野生双峰驼、野牦牛、羚羊、藏羚，两栖类的大鲵，爬行类的扬子鳄等，都是我国特有的或主要分布于我国的种类。我国的动物中，属国家一类保护动物的达 68 种，属二、三类保护的达 100 种。其中不少种类是世界上罕见的珍贵种类。例如被称为我国"国宝"的大熊猫，是世界闻名的珍贵动物，被称为"活化石"，具有重大的科研价值。

（二）植物资源

1. 我国植物资源地理分布

我国的植物资源包括森林资源和草场资源两大部分，其分布情况阐述如下。

（1）森林资源的分布。我国的森林资源分布极不均匀，主要集中分布于东北、西南和东南三个地区。其中东北的大、小兴安岭和长白山地是我国最大的天然森林木材生产基地，集中了全国 1/3 以上的森林资源。西南的横断山、雅鲁藏布江大拐弯地区和喜马拉雅山南坡，也是我国重要的天然林分布地，集中了我国 1/4 以上的森林资源。东南部的丘陵山地也集中了我国相当大一部分森林资源，这里主要是人工森林。而人口众多的华北、中原和辽阔的西北地区森林资源极少，尤其是西北地区更少。青、甘、宁、新四省区和内蒙古中、西部及西藏西部广大地区，占国土面积一半以上，森林面积却不及全国的 1/30，各省区的森林覆盖率均在 5%以下。

我国森林的分布状况主要决定于水、热条件及其组合在空间上的分异格局。从森林特征及其与自然环境的关系看，我国森林分布大体上可划分为以下五带两区。

1）寒温带针叶林带。该带主要分布在大兴安岭北部山地。该带气候寒冷潮湿，冬季漫长而严寒，夏季短促而凉爽，林木生长期短，发育着大面积耐寒冷的针叶林。该森林系西伯利亚寒温性针叶林向南延伸的部分，树种和林相单一整齐。优势种以兴安落叶松为主，常形成大面积纯林，约占本区森林面积的 50% 和蓄积量的 70% 以上。其次是樟子松和红皮云杉。伴生的阔叶树有白桦、黑桦、山杨、蒙古栎和朝鲜柳等。森林总面积约 1467 万 hm^2，覆盖率为 53.6%，总蓄积量为 13.7 亿 m^3。

2）温带针阔叶混交林带。该带处于东北山地东部，包括小兴安岭、完达山、张广才岭和长白山等山地。现有森林面积约 2000 万 hm^2，覆盖率为 44.3%，总蓄积量为 17.5 亿 m^3。该带受海洋性气候影响广，夏季气温较高，雨量丰富，有利于森林生长。这里水平地带的典型森林植被是以红松为特征的针叶树与水曲柳、黄菠萝、胡桃楸等落叶树所组成的针叶与落叶阔叶混交林为主。山体上部分布着由落叶松、云杉、冷杉组成的寒温性针叶林以及白桦林等。其中的红松、水曲柳、胡桃楸等树种以材质优良而享有盛誉。该林带与上述寒温带针叶林带一起构成我国森林资源最丰富的林区，在我国林业区划中为"东北用材、防护林地区"。现有森林面积约占全国森林总面积的 1/4，蓄积量约占全国总蓄积量的 1/3。

3）暖温带落叶阔叶林带。该带北起长城，南到秦岭、淮河，东至辽东和山东半岛，西部包括黄土高原的东南部。这里由于开发较早，受人为影响强烈，原生森林早已破坏。现在保存的森林面积只有 833 万 hm^2，森林覆盖率只有 8%。除了秦岭中段有较大面积的连片森林外，其余绝大部分地区只在交通不便的山区零星地分布有次生林。水平地带的森林为落叶阔叶林，但早已遭到破坏。常见树种有落叶栎类和杨、柳、榆、核桃、泡桐等阔叶树以及侧柏、油松等针叶树。在较高的山地，落叶阔叶林之上的垂直带是温性的针叶与落叶阔叶混交林，主要针叶树有油松，白皮松和华山松等，主要阔叶树种有辽东栎、槭类、山杨等。再向上分布的是寒温性针叶林，主要树木为华北落叶松、云杉和冷杉等。

4）亚热带常绿阔叶林带。该带分布于我国整个亚热带地区，面积辽阔，是我国森林区的主体部分。其范围北起秦岭、淮河一线，南到两广中部，东至黄海和东海海岸，西达青藏高原东缘。东部和中部大部分地区受太平洋季风的影响，西南部的部分地区又受印度洋季风的影响，加之纬度偏低，所以气候温暖湿润，雨量充沛，冬无严寒，利于常绿植物生长，形成了大范围的常绿阔叶林。

5）热带季雨林、雨林带。该带地处我国最南部，范围包括南沙群岛、海南岛、台湾岛中南部、雷州半岛和云南西双版纳等地区，总面积约 0.28 亿 hm^2，占全国总面积的 3% 左右。该地带高温多雨，冬暖夏长，有利于植物生长。植物种类在各带中最为丰富，仅高等植物就有 7000 种以上。特有种很多，仅海南岛就有 500 多种，西双版纳有 300 多种。不少植物属于国家保护的珍稀植物。组成季雨林、雨林的优势科主要有桑科、桃金娘科、番荔枝科、无患子科、梧桐科、豆科等。雨林的树木高大，优势种不明显，外貌四季常绿、林冠参差不齐，垂直结构层次多而不易区分，不少乔木具板状根和气生根，老茎生花现象普遍，林中木质藤本发达，寄生和附生植物丰富。

6）青藏高原的高山针叶林区。主要包括喜马拉雅山脉、横断山脉和念青唐古拉山脉的高山峡谷地带。这里山高谷深，相对高差大，受西南和东南季风的影响，雨量多，气温低，蒸发量小，云雾多，湿度大，适于常绿针叶树生长，形成了大片以冷杉和云杉占优势的暗针叶林。亚高山暗针叶林集中连片，蓄积量大，许多地方每公顷超过 1000m^3。针叶林占 80% 以上，阔叶林不足 20%。该区冷杉林最多，占 40% 以上，其次是云南松林，占 20% 以上，云杉林占 10% 以上。此外，其他树种有各种松树、铁杉、红豆杉、粗榧、栲、棕、栎、椴、桦、杨、柳等。该区森林资源丰富，是我国第二大林区，是西南的主要木材生产基地。由于地处长江等大江大河上游，山高坡陡，地形复杂，其森林对保土蓄水、维护生态平衡有着重要的作用。

7）蒙新地区的山地针叶林区。该区处于我国西北地区，其范围东起大兴安岭山地西麓，南至昆仑山和阿尼玛山，西北到国境线。区内森林主要分布在阿尔泰山、天山、祁连山、贺兰山和阴山等山地。构成森林的针叶林主要有落叶松、云杉、冷杉、桧柏、侧柏等；阔叶树有山杨、桦、栎等。西天山的云杉林蓄积量甚高，每公顷可达 900m³。该区是典型的大陆性气候，干燥少雨，气温变化剧烈，风沙普遍。森林多分布在湿度较大，气温变化较缓的阴坡。这里的森林生态系统比较脆弱，森林破坏后形成杨、桦次生林，进一步破坏则成为草甸。因此不宜过度采伐，应以防护林经营为主。

（2）草场资源的分布。我国草场面积约 40000 万 hm²，占陆地面积的 41.41%，是耕地面积的 4 倍，为世界第二草地大国，而且草场类型多，分布极为广泛。除一部分分布于我国南部和中部外，大部分草场位于北部和西部年平均降水量低于 400mm 的地区，即分布在大兴安岭——吕梁山——六盘山——青藏高原东缘一线的西北一侧的广阔区域。在水平方向上，由东向西具有明显的地带性差异，随着水分条件的变化，依次为草甸草原、典型草原、荒漠草原和荒漠等类型。同时由于区内山地的影响，一些草场呈垂直地带性分布，如西北地区自下而上依次为山地荒漠、山地草原、亚高山草甸等类型；在青藏高原的东南部从下向上分布着干旱河谷灌丛、山地灌草丛、亚高山草甸和高山草甸等类型。我国南部和中部的草场，主要分布于丘陵山地，所以俗称草山草坡。在海拔 1000m 以下，常与耕地、林地交错分布。根据全国各地草场类型组合特点的不同，可把我国草场分为 5 个区。

1）东北及内蒙古东部草甸草原区。该区包括东北三省及内蒙古东部地区。这里地势比较平缓，山体不高，年降水量在 350mm 以上，有利于多年生草本植物生长。草场类型以草甸草原为主，还有草甸和疏林草甸等类型。此区牧草种类丰富，生长旺盛，其高度约 60～80cm。草群盖度 60%～90%，产草量高而稳定。

2）内蒙古草原区。该区包括内蒙古中部及相邻的河北坝上的典型草原和荒漠草原地区。区内地势辽阔平坦，气候属温带半干旱和较干旱的类型，降水量约 200～350mm，多集中在夏秋季节。这里的草地植被是我国温带草原的主体部分。东部为典型草原，以旱生丛生禾草占绝对优势，主要建群植物有大针茅、克氏针茅、针茅、短花针茅、沟叶羊茅、百里香、糙隐子草、冷蒿等。草蒿 30～50mm，草群盖度约 50%。西部为荒漠草原，草丛稀疏而低矮，生产力比东部低。目前该区大部分地段放牧过度，草场具有明显退化趋势。

3）西北荒漠区。该区包括内蒙古西部、宁夏、甘肃和新疆等广大的荒漠区。区内地势起伏较大，山地与河谷、盆地及平原相间分布。盆地和平原气候极端干燥，年降水量仅 100～200mm，远低于蒸发量。植被极为稀疏，有大片裸地。饲用植物为富含盐分的超旱生小灌木和小半灌木，生产力低，适养骆驼和羊。山地降水较多，湿度相对较大，因而分布有多类山地草场，如山地草原、亚高山草甸、高山草甸等，产草量较高，宜养各种牲畜。该区冬季草场和割草草场草量不足，畜牧业发展受到限制。

4）青藏高寒草原区。该区包括青海、西藏和四川西部的高寒地区，海拔多在 3000m 以上，气候寒冷干燥，草场多为低草类型，主要包括高寒草甸、草原、高寒荒漠等，在一些峡谷地带分布有丰茂的高草型草场。该区适宜牦牛、藏羊等耐寒牲畜生长。

5）中部和南部高山草坡区。该区范围从中部暖温带的一些省份到南部亚热带和热带各省区的广大丘陵山地以及云贵高原。这里有许多植被地带中的草地，大多是森林破坏后所发育起的次生植被以及农区分散的轮歇地和零星草地，主要分布于丘陵山地上。由于人类经济活动影响的轻重不同，形成了乔、灌、草比重不同的各种演替阶段。据统计，我国南方有草山草坡 0.67 亿 hm^2。若管理利用得当，有很大的开发潜力，可发展以肉牛为主的畜牧生产，是我国草场畜牧业的重要后备基地。

2. 我国植物资源主要特征

我国植物资源主要特征是种类丰富，绝对量大，但人均占有量较少。

（1）种类丰富，类型多样。我国幅员辽阔，有高山、丘陵、平原、深谷、江河、湖海等各种各样的地貌单元，热带、温带和寒带气候俱全，为我国不同的植物类型的生长创造了有利条件。目前我国有高等植物 30000 多种，仅次于马来西亚和巴西，名列世界第三，其中近200 个属的植物为我国所特有，其中银杉、水杉、银杏、苏铁、珙桐等是我国特有的子遗物种。裸子植物全世界现存 12 个科，近 800 种，我国就有 10 个科 230 多种，约占世界同类植物的 1/3；被子植物是现代最为繁荣、分布广泛的植物类群，我国的被子植物为世界总科数的 53%，其中能直接或间接供人们吃、穿、住、用的种类很多，可提供食物的就有 2000多种。

（2）资源绝对量大，人均占有量少。我国现有的耕地面积居世界第四位，森林面积居世界第五位，人均森林面积仅列第 119 位。草原面积仅次于俄罗斯和澳大利亚，居世界第三位，此外还有大面积的沼泽、荒漠等。这些众多的区域中蕴藏着数量巨大的植物资源。但由于我国人口众多，植物资源按人口平均，又远远低于世界平均水平，随着经济建设的发展，植物资源的潜在需求量很大，今后对资源的消耗将会大幅度增加。

（三）微生物资源

微生物是所有形体微小、单细胞或个体结构较为简单的多细胞，甚至没有细胞结构的低等生物的通称。微生物资源是指，在目前的社会经济技术条件下，人类可以利用与可能利用的以菌类为主的物种资源。世界万物生生不息，原因在于自然界中存在着物质循环链。生物循环是最基础的循环之一，植物、动物、微生物，三大类生物构成了生物循环主链，其中植物是生产者，动物是消费者，微生物是转化还原者。因此，微生物在生物循环中起着核心环节的作用。

1. 微生物资源的地理分布

国内外关于微生物地理分布的研究还比较有限，但有一点可以肯定，即由于微生物代谢类型极其多样化，使得其生存环境也极为多样，除火山喷发时的喷发口以外，其他地方无处不在，如在高等动、植物无法生存的地方，如高温、低温、酸碱、放射线等环境，很多微生物都能生长。

2. 微生物资源的主要特征

概括地说，微生物资源有三个主要特征，即准确数量难以确定、资源量大以及变异性大。

（1）准确数量难于确定。由于微生物种类多，个体小，不易观察研究，所以没有人确切地知道自然界到底有多少种微生物。到目前为止，有人甚至估计已知微生物不到实有数的 1%。它们中的许许多多在人们还不知道其存在之前就已消失。

（2）资源量大。微生物是一类种类繁多的可再生资源，是最丰富的遗传基因库。动、植物有珍稀、濒危之说，而微生物则没有。目前很难用多大用处、多少种类、"蕴藏量"等来估价微生物的资源量。对微生物资源的开发，不存在"过度"问题，也不会因开发造成原产地环境恶化。但这并不是说微生物种类没有减少的危险。其实很多微生物种类，人们还不知道它们的存在之前就已在地球上灭绝，这不是由于微生物资源开发本身带来的减少，而是因为天然环境的破坏所造成的后果。

（3）变异性大。较之高等动、植物，微生物的变异性大得多，人们对微生物的改造比较容易。例如，最初从微生物找到青霉素时，其产率不到万分之一，经过人们的改造，今天达到了 5%以上，产率提高 500 多倍。经验告诉我们，在短期内通过人类的改造，可以把微生物的生产能力大幅度提高。

四、我国主要生物资源的开发利用

（一）主要生物资源的开发利用概况

1. 森林资源的开发利用

我国古代曾是个森林资源十分丰富的国家，历史上曾有一半的国土被森林覆盖，但随着人口增长，大量毁林垦荒，逐步变成了一个少林的国家。1948 年，全国森林面积只有 80.82 万 km²，森林覆盖率为 8.6%。新中国成立后，国家广泛开展造林绿化工作，森林覆盖率有所提高，但由于我国人口增长快，基数大，森林资源相对较少。

第七次（2004—2008）全国森林资源清查结果显示，全国森林面积 19545.22 万 hm²，森林覆盖率 20.36%。活立木总蓄积 149.13 亿 m³，森林蓄积 137.21 亿 m³。我国森林覆盖率只有全球平均水平的 2/3，排在世界第 139 位。人均森林面积 0.145hm²，不足世界人均占有量的 1/4；人均森林蓄积 10.151m³，只有世界人均占有量的 1/7。全国乔木林生态功能指数 0.54，生态功能好的仅占 11.31%，生态脆弱状况没有根本扭转。清查结果表明，乔木林每公顷蓄积量 85.88m³，只有世界平均水平的 78%，平均胸径仅 13.3cm，人工乔木林每公顷蓄积量仅 49.01m³，龄组结构不尽合理，中幼龄林比例依然较大。森林可采资源少，木材供需矛盾加剧，森林资源的增长远不能满足经济社会发展对木材需求的增长。

2. 草地资源的开发利用

我国是世界上最早利用草地资源进行畜牧业生产的国家之一，距今已有三、四千年的历史。新中国成立以来，我国在草地资源调查、开发利用和建设方面均取得了一定成绩，草地畜牧业生产获得了较大发展。目前，在全国各类草地中，牧养着数千万头牲畜，约占全国牲畜头数的 20%以上，在畜牧业生产中占有重要的地位。对草地的利用程度日益加强。近年来，进行了大规模的天然草地改良和人工草地建设工作，特别是实行翻耙、补播、施肥、除杂、灌溉等现代化的管理手段，不仅大幅度地提高了天然草地的利用率，而且使草地的生产力也有了明显提高。

但是，与世界发达国家相比，我国草地资源开发利用仍较落后，存在诸多问题，其中主要有两个。

一是草地建设投资少，基础设施差，草地生产水平低下。就草地基本建设而言，从建国到 2000 年，我国对草原的投入总计约 0.5 元/亩。2000 年以来，国家虽然加大了投入力度，投入总计约 100 亿元，平均 25 元/hm²，而同期国家投入林业的资金 1100 多亿元，平均 630 元/hm²，每公顷的投入是草原的 25 倍。全国草原围栏面积不足总面积的 10%，且围栏质量和围栏"到户"情况还不尽如人意。人工草地面积多年徘徊在 800 万 hm² 左右，仅占草原面积 2%，远远低于发达国家 60%～70%的水平。全国有效灌溉面积占国土面积的 56.7%，而内蒙古、四川、西藏、甘肃、新疆等省区有效灌溉面积只有其国土面积的 3%，天然草原的灌溉面积比例就更低。

我国草地畜牧业单位面积生产效益很低，尽管牛、羊存栏数逐年增加，但主要生产指标落后于世界平均水平，甚至低于发展中国家的平均水平。近年来，我国每公顷草地平均年产肉 3.68kg，产毛 0.45kg，产奶 4.04kg，共计为 7.02 个畜产品单位，单位面积草地产肉量为世界平均水平的 30%。草地上所生产的肉类，仅占全国肉食量的 6.8%，所生产的羊毛仅能满足毛纺工业需要量的 1/3，每百亩可利用草地生产的畜产品单位，还不及美国同类草地产值的 1/20。造成这种状况的主要原因是，长期以来我国对草地利用未有足够的重视，对草地建设的投资甚少，畜牧业基础设施极差，至今仍然是靠天养畜和掠夺式的经营。

二是草地退化严重，草畜矛盾突出。草原退化的主要表现是植被衰退，产草量降低，有毒有害及劣等草滋生，风蚀沙化，水土流失，土地盐碱化，放牧家畜体重下降，鼠虫害猖獗，草原生产力受到极大破坏。全国草地退化面积约占草地总面积的 1/3，退化比例最高的是宁夏、陕西、甘肃，其次是新疆、内蒙古和青海。草原退化的原因很多，是自然因素和人为因素综合作用的结果。受全球温室效应的影响，温度升高，雨水减少，干旱频繁发生，特别是春季高温、干旱、大风等对草原退化有重大影响，但人类对草原不合理的开发和利用是最重要的原因。

3. 动物资源的开发利用

动物资源是可更新资源，若保护和开发利用得当，使其消耗速度与恢复速度相一致，则可成为取之不尽、用之不竭的自然财富。然而，由于对动物资源保护不够，开发利用不合理，我国动物资源遭到严重破坏，数量正日趋减少，许多珍稀物种濒临灭绝。近 60 年来，我国动物灭绝了数十种，另外尚有数百种面临濒危绝灭的境地。目前，国家重点保护野生动物名录中受保护的濒危野生动物已达 400 余种。我国动物资源开发利用中存在的主要问题如下。

（1）滥捕滥猎、偷猎盗猎现象猖獗。长期以来，由于地方主管部门的管理不善，加之一些商业部门的不合理收购——片面追求扩大出口量，导致乱捕乱猎。如我国分布最广、数量最多的猕猴，于 20 世纪 60 年代为满足出口需要，曾在华南地区进行大围捕，有的猴群竟被一网打尽，使猕猴资源遭到极大的破坏。同时，法制不全，执法不严，促使偷猎盗猎的现象仍不断发生。

（2）栖息环境遭破坏，分布区面积缩小。森林过度采伐、草原滥垦、农耕土地扩大、湿地滩涂围垦、城镇和工业区不断发展、水利工程建设以及农药污染等，都会改变自然景观，使适宜野生动物栖息的环境遭受破坏，危及物种生存。如海南岛的黑冠长臂猿，曾分布于 10 个县，计约 2000 余只，后因天然热带雨林大面积被砍，"树倒猢狲散"，现只残存于个别地方，数量不足 50 只，属我国最濒危的灵长类动物。

4. 微生物资源的开发利用

微生物与人类的生产、生活和生存息息相关。很多食品（如酱油、醋、味精、酒、酸奶、奶酪、蘑菇）、工业品（如皮革、纺织、石化）、药品（如抗生素、疫苗、维生素、生态农药）等都依赖于微生物制造；微生物在矿产探测与开采、废物处理（如水净化、沼气发酵）等各种领域中都发挥重要作用。此外，微生物对地球上气候的变化也起着重要作用。就目前而言，微生物资源的开发利用可分为五类。

（1）农业微生物。农业微生物是保持土壤肥力的重要因素。微生物可分解动植物的排泄物及残体，使有机成分变为无机物，供植物吸收利用。土壤中的硫、磷、钾、铁等的化合物，也是通过微生物的作用，转化成可溶性盐类而被植物根系吸收。固氮微生物固定空气中的游离氮，增加土壤肥力，为植物提供氮素，这也是自然界中氮素循环的重要环节，如豆科植物与根瘤菌共生使其获得氮素而高产。

（2）工业用微生物。微生物酵母菌是重要的工业用资源，大约有 370 多种，用途广泛，如发面做馒头、面包和酿酒，还能生产酒精、甘油、甘露醇、有机酸、维生素等。有的还可用于石油脱蜡、降低石油凝固点、制备核苷酸和酶制剂等。目前，我国已广泛采用微生物发酵法生产味精，不仅提高了生产效率，还节约了粮食，保证了工人的健康。利用薯干和废蜜糖为原料，通过微生物发酵法生产出的柠檬酸，替代了进口产品。酶制剂可用于制糖、食品、皮革、纺织、酿造、医药、印染等方面。我国现已建立起微生物工业体系，把微生物广泛地应用到国民经济的许多部门。

（3）药用微生物。真菌中的重要药材有茯苓、马勃、雷丸、香菇、猪苓、灵芝、虫草、神曲、竹黄、掸花等 100 多种，其中已知含有抗癌物质的也有数十种。放线菌的突出特性之一是产生抗生素，而抗生素在医疗上使用广泛，如链霉素、土霉素、金霉素、卡那霉素、庆大霉素等。放线菌还用来生产维生素与霉类。霉菌可以提制青霉素、灰黄霉素等。

（4）环境保护微生物。在自然界物质转化中，微生物的作用不可缺少。微生物能够分解有机物质还原于自然界，能保持大气中 CO_2 的平衡，有些微生物还具有分解各种有毒物质的能力。利用微生物处理含酚、有机磷及印染废水等，已取得了显著效果，在含氰废水的处理中也取得了进展。如某些假单胞杆菌可以将水中的汞化合物转化成还原性的金属汞，达到去汞毒的目的。梭状芽孢杆菌等可使废水得到净化。菌胶团细菌具有较强的分解有机质的能力。

（5）食用微生物。食用菌是一类大型真菌，在分类学上属于真菌界。大部分食用菌的食用部分是子实体，但也有极个别的是菌核。能形成大型子实体的真菌有 6000 种左右，其中可食用的约 360 种，目前人工栽培的约 15～16 种。常见的种类有羊肚菌、牛肝菌、猴头菌、白蘑菇、口蘑、香菇、草菇、鸡枞、平菇、双孢蘑菇、金针菇、滑菇、凤尾菇、侧耳、黑木耳、银耳、松耳等。近年来的研究发现，食用菌中的一些种类，如猴头菌、茯苓、蜜环菌、香菇等，还可用来提取增鲜剂、抗菌素以及其他一些药物成分。因此，食用菌是食品和制药工业的重要资源。

（二）生物资源开发利用趋势展望

由于过去对生物资源的不合理开发、利用，我国大部分野生动植物资源数量急剧减少，一些已处于濒危状态，有的物种已经灭绝。同时，野生生物生境的破坏程度也在逐渐加剧，使其中的许多物种变成濒危种或受威胁种。因此，在可以预见的未来几十年时间里，我国生物资源的开发利用将出现三种趋势。

（1）可开发对象逐渐减少。生物资源减少的直接原因是其生境的破坏。如今我国国土面积 2/3 以上的山区、农牧及农林等生态脆弱地区，普遍存在着严重的生态破坏。其中，我国的森林资源，尤其是宝贵的原始林，长期受到乱砍滥伐、毁林开荒及森林火灾与病虫害破坏，原始林面积每年都在减少。蕴含丰富生物物种的热带雨林，由于不断砍伐毁林，已比原有面积减少超过一半。温带森林的 1/3 也不复存在。虽然我国森林总面积有不断增加的趋势，但分布不均匀，而且森林质量不高，林龄结构以幼龄林、中龄林和人工林为主，短期内还不能成为大型野生动物的栖息地。我国草原由于盲目开垦、超载滥牧以及其他人为的破坏，北方

"三化"（沙化、碱化、退化）面积已占草原总面积的一半以上。虽然草原面积不断减少，但草场载畜量在短期内还不会减少，反而会增加，这更增加了草原沙化和退化的速度。森林和草原是大部分野生动植物的载体，它们的减少必将加剧生物多样性的丧失，使我国可利用的生物资源越来越少。当然，随着我国对生态环境重视程度的不断提高，退耕还林还草、封山育林等重大举措的实施，我国的生物资源状况有望逐渐好转，但这需要全国人民花费几十年甚至上百年的时间才可能实现。

（2）开发利用方式多样化。随着科学技术的发展，尤其是生物技术和空间技术的发展，使生物资源的开发利用进入了一个新的历史时期，对生物资源的开发已不是简单地使用其生物体，而是对其进一步的深加工，精加工，最大限度地挖掘生物的开发潜力，使其为人类造福。

（3）走人工驯养、栽培之路。随着我国人口的增长及人民生活水平的提高，我国对生物产品的需求有增无减，靠生物自身的生长，已远远不能满足人类的需要，所以对野生动植物的开发只能走人工驯养、栽培之路。

（三）遗传工程技术在生物资源开发中的应用

遗传工程是指将外源遗传物质人工地转移到受体生物细胞中，使受体生物获得新的属性的遗传操作过程。广义的遗传工程包括细胞工程、染色体工程和基因工程。细胞工程即细胞水平上的遗传工程，如在畜牧业中应用的胚胎切割、胚胎移植、性别选择与控制、核移植、体外受精等；染色体工程是指染色体水平的遗传工程，包括染色体的加倍、某条染色体的消除、添加、代换及其片段的转移和重组等；基因工程是在基因水平的遗传工程，又叫重组 DNA 技术。狭义的遗传工程专指基因工程，按照预先的设计，首先获取含有目的基因的 DNA 片段，在体外与载体拼接构成重组 DNA，将其导入受体细胞进行复制与表达，以获得目的基因产物的过程。

在人类开发利用历史进程中，生物资源的种类与质量一直呈现出不断扩大与提高的特征。化学仿生学、分子生物学、遗传工程、细胞学等涉及生物类科学技术的发展，已使生物资源的人工调控程度越来越高，大量抗病、抗旱和抗寒的杂交生物种类不断形成。

农作物和动物的良种化是当代农业生产领域生物资源开发利用的基本趋势，如种植业已经出现的"绿色革命"，粮食作物的品种改良使全球粮食增产累计效益达到30%以上，禽畜业尤其是养鸡业良种化的推广实施，使全球鸡和鸡蛋绝对数量成倍增长。遗传工程研究的发展，将使作物品种形成自身固氮能力，而无须施加氮肥。使用选择自发突变的育种方法，其产生新组合性状的速度，较之自然界的进化过程快一万倍，如采用遗传工程方法，则要快一亿到十亿倍。

在动物资源开发利用中，遗传工程技术主要应用于畜牧业。例如，养猪业中的基因工程主要是转基因技术，如将牛的生长激素基因导入猪受精卵，可以提高猪的生长速度；导入人的控制组织器官的基因，培育专供给人输血和器官移植用的转基因猪；导入某些抗病因子，提高猪的抗病性等。这些领域的研究虽已取得突破性进展，但还存在外源基因与宿主细胞的整合率不高，外源 DNA 在宿主体内表达率低，外源基因插入打破了机体固有的平衡状态，使机体出现某些失调和病理状态等问题，有待进一步研究解决。

（四）空间技术在生物资源开发中的应用

自人类开始探索太空以来，空间技术飞速发展，越来越多的国家和地区，利用空间技术开发生物资源，展现了良好的发展势头和经济效益。

80 年代末，我国科学工作者将空间技术应用于作物育种，利用返回式卫星和高空气球搭载作物种子，探索利用空间环境条件进行作物遗传改良的新途径，取得了一些很有价值的研究资料和世界领先水平的研究成果。如 1987 年利用高气球搭载的甜椒品种"龙椒二号"，经连续多年混合选择，已培育出果重达 250g 以上，增产 120%的早熟新品系。1987 年利用高空气球搭载了粳稻品种"中作 59"和"海香"，其 M2 代在 11 个性状上均出现广幅的分离，不仅从中获得了产量、品质明显改进的新品系，而且选育出能够恢复籼型雄性不育系育性的粳稻恢复基因突变系，这是迄今利用其他手段难以获得的罕见突变，它将对水稻亚种间杂种优势利用产生重大影响，已选育出多个综合农艺性状好、恢复力强的恢复系，以其配制的杂种一代优势显著，可望应用于农业生产。

1984 年，美国将番茄种子送上太空达 6 年之久，在地面试验中获得了变异的番茄，种子后代无毒，可以食用。1995 年，美国航空航天局在北卡罗来纳州立大学建立了引力生物学中心，重点研究植物对引力的感受和反应，以最终开发出更加适于太空旅行的植物。而我国的科技工作者则更多地把眼光投向如何利用空间环境资源，开辟选育植物优良品种的新途径。

21 世纪是航天科技飞速发展的世纪，也是航天农业发展的最佳时期。利用主太空所特有的强宇宙射线辐射、高真空、重粒子、微重力等对农作物的诱变作用，可以从中定向筛选培育出优良新品种。实验表明，经历过太空遨游的农作物种子，在形态、产量、抗病性、营养成分及细胞遗传等方面大多数都发生了遗传基因突变。其明显优势与特点是：多因素缩合诱变和有益诱变增多、变异幅度大、稳定快、周期短等，且不仅植株明显增高增粗，果型增大，产量比普通的农作物种子增长 10%～20%，品质大为提高，作物也更加强健，对病虫害的抗逆性特别强，一般的杂交种子，种植两三代就会退化，而太空种子种 10 代也不会退化。

五、我国生物资源的保护

生物资源的保护，就是生物多样性的保护。目前，由于人类的过度开采和栖息环境的改变，一些种类的生物资源日趋减少，有的濒于灭绝，这一现象已引起人类的极大关注。为了永续利用，造福后代，各国政府和人民正在采取有效措施，保护作为人类共同财富的生物资源。

（一）生物资源保护现状

地球上的生物种类繁多，但由于人类的活动和自然条件的变化，生物多样性受到很大的威胁。虽然物种的绝灭本来是进化的自然过程，每个物种都有其寿命（大约 100 万～1000 万年之间），如在生物演化史上，就发生过 5 次大规模的物种灭绝事件（奥陶纪至白垩纪），但每一次都是自然灾难引起的。例如，地质学家目前已发现证据，证明 6500 万年前的一次陨石撞击地球，造成恐龙大灭绝，这是最近一次的物种灭绝。然而，时至今日，地球再次走向物种灭绝的边缘。据有关专家估算，现代世界中生物物种灭绝的速度比史前世界高出了 100～1000 倍，而这一次却不是因为某种外来不可违逆的力量，而是人类本身的行为，人类的砍伐破坏，为了经济利益不惜竭泽而渔是最主要的因素。

近年来，生物多样性受到了严重威胁，物种灭绝速度不断加快，遗传多样性急剧贫乏，生态系统严重退化，这些都加剧了人类面临的资源、环境、粮食和能源危机。联合国环境开发署 2002 年 5 月发表的一份报告显示，目前有 11000 多种动植物物种濒临灭绝，其中包括 1000 多种哺乳动物，占全球哺乳动物总数的近 1/4。对于鸟类来说，每 8 种鸟类中就有一种濒临灭绝。据《国家地理杂志》报道，整个地球的动植物种类，在未来数百年内约有 50%可能走向毁灭，所有的生物都将因此受到影响。

（二）生物资源保护战略

人类的生存和发展，与生物多样性的丰富程度息息相关。地球上的生物多样性是长期进化的结果，一旦破坏就很难恢复。任何一个物种的灭绝，都会削弱我们自身适应自然变化的能力，给人类自身带来无法弥补的损失。生物多样性的保护是当今世界上极其重要而紧迫的环境问题之一。生物多样性的保护，离不开可持续利用，而可持续利用又必须以保护为基础。一般认为，生物多样性保护战略包括三个基本部分：保护、抢救生物多样性；研究生物多样性；持续、合理利用生物多样性。近期生物资源的利用，应首先服从于生物资源保护的需要，制止过度利用和不合理开发，使生物资源得以逐步恢复，形成良性循环；同时，发展野生动植物资源的人工养殖和栽培，提高资源利用效率，逐步实现生物资源可持续利用。

（1）就地保护。就地保护是指保护生态系统和自然生境以及维护和恢复物种在其自然环境中有生存力的群体。可以通过建立自然保护区、风景区和森林公园等对某些特有物种实行就地保护。长期实践证明，要保护物种、基因，必须保护生态系统及其生态过程，而物种及其所拥有的基因，在生态系统中的功能作用是多种多样的，在生物多样性维持机制中发挥各自的作用，因此生物多样性的生态系统功能是生物多样性科学的核心问题。所以，必须注重对生态系统多样性的保护，这样，在保护生态系统内的所有过程和生境的同时，也就保护了许多未知物种和基因。应优先保护那些充当授粉媒介、种子传播媒介、起控制作用的物种或具有其他重要生态系统功能的关键物种。关键物种的种群要达到能够自我维持的数目，失去这些物种将导致生态系统平衡的迅速崩溃。某些生态系统中高营养级物种可以对低营养级物种产生强烈的影响，最终导致整个生态环境的改变，这一现象被称作下行效应，因此应注意对高营养级物种的保护。目前，我国70%的陆地生态系统种类、80%的野生动物和60%的高等植物，特别是国家重点保护的珍稀濒危动植物，绝大多数都在自然保护区里得到较好的保护。

（2）迁地保护。一般认为，就地保护是最为有效的保护方式，不仅保护了物种个体和种群，而且保护了所在地生境的生态系统演替和物种进化过程以及种内遗传变异度。迁地保护是就地保护的补充措施，对那些已丧失生境而遭受生存威胁的物种以及自然繁殖能力差、种群呈衰退的物种，具有特别的意义。迁地保护的最终目标，是将这些物种再重新引进它们原生的自然生境中。目前，已有许多珍稀濒危物种在人为繁育条件下，种群得到迅速扩展，已具备回归引种的条件，如扬子鳄、东北虎、丹顶鹤、黑叶猴等动物和银杉、秃杉、珙桐、金花茶等植物。

（3）可持续利用。生物资源的开发利用，必须遵守物质能量高效利用原则和生态平衡原则，最大限度地发挥其经济效益、社会效益和环境效益。在确定生物资源的收获量时，不但要考虑相应的经济效益和生物种群再生能力，同时也应考虑生物资源开发对环境和社会效益以及生物群落的影响。因此，可以根据最优化控制的理论，实现环境、生物、经济和社会效益等多目标最佳的可持续利用。换句话说，生物资源的开发利用，既要考虑经济上可行，还要考虑生物资源的自我更新能力以及环境的承受能力。

（三）生物资源保护对策

对生物多样性的保护，必须使人们认识到生命平等原则，正如每一个人都有生存的权利一样，每一种生物都应拥有这个最基本的权利，不论是大象、鲸、老虎、丹顶鹤、熊猫，还是昆虫、细菌、病毒。在认识到生物多样性的重要性和紧迫感之后，人们更要积极地投入到对生物多样性的保护中去。

（1）资源现状的调查。要保护珍稀濒危物种，必须首先调查各物种的分布、生境、数量、致危原因及利用现状等，并建立物种的档案资料。根据国际自然与自然资源保护同盟的红皮书，对受威胁的物种划分为灭绝、濒危、渐危、稀有、未定等级别，汇编各地区的濒危物种名录，制定拯救保护计划，并予以实施。

（2）制定法规。首先要颁布狩猎法，以法律形式来保护和管理野生动物。狩猎法的主要内容，是对狩猎动物的种类和数量加以限制，规定狩猎时间和季节，以及各种捕捉的器械、渔捞工具的规格等。这些限制又可按照资源的多少而适当调整，以便既有利于资源的合理利用，又能促进资源的再生增殖。决不能仅根据市场需要和价格来调节猎取量，而应按生态学原理来指导生产。

1988 年 11 月我国公布了《野生动物保护法》，这是我国第一部有关野生动物保护的重要法律文件，其目的在于保护、拯救珍贵、濒危野生动物，保护、发展和合理利用野生动物资源，以维护生态平衡。1989 年 1 月，林业部、农业部公布了《国家重点保护动物野生动物名录》，规定了国家保护的野生动物种类，列有一级保护动物 95 个种和类群，二级保护动物 161 个种和类群，其中的一些类群包含了某些属目的所有种，因此实际包含的物种在 300 种以上。

（3）限制贸易。野生动物及其产品的自由贸易，促使偷猎和违法狩猎现象在各国出现，造成了野生动物资源的极大破坏。为了限制野生动物及其产品的国际贸易，1973 年 3 月 3 日在华盛顿缔结了"濒危野生动植物种国际贸易公约"，该公约参加国一致通过了一个野生动物名录，凡列入该名录的野生动物及其产品，除非经过特别批准和发给证书，否则一律不许进行进口、出口和转口贸易。我国已于 1980 年 12 月 25 日正式参加该公约，并已设立了相应的管理机构和监察机构，1981 年 4 月该公约在我国正式生效。该公约的贯彻实施对全世界的野生生物保护事业发挥了积极的作用。

（4）发展自然保护事业。自然保护区，是指为了保护自然和自然资源，保护珍稀、濒危和本地特产种类的生物资源，以及保护不同生态类型有代表性的自然生态系统而划出的一定空间范围而加以保护的地区。这对于保护、恢复和发展生物资源，保存自然历史遗产，改善人类生存环境，促进科学文教事业和旅游事业的发展，都具有重要的意义。

1872 年，美国建立了世界上第一个国家公园，即黄石公园。我国于 1956 年建立第一个自然保护区，即鼎湖山自然保护区，主要目的是保护南亚热带常绿阔叶林。我国已建立各级各类自然保护区 2538 处，面积 150 万 km^2，约占陆地国土面积的 15%，初步形成了类型比较齐全、布局比较合理、功能比较健全的全国自然保护区网络。

第三节　森林资源的开发利用

森林是自然环境的重要组成部分，同时又是人类经济活动中一种重要的经济资源。森林不仅持续不断地为社会提供木材等多种有形产品，而且保存了世界上绝大部分物种基因资源和碳储量，因而是生物多样性保护的核心和全球气候变化的重要调节器；森林还在保持水土、防止沙漠化、防治污染及恢复退化与受污染危害土地方面有着不可低估的作用。总之，森林资源同时具有经济生产功能、生态保护功能和社会文化功能，是社会可持续发展的一个重要基础。

一、森林资源在经济社会发展中的地位和作用

（一）森林资源在提供林产品中的地位和作用

森林是地球上最大的陆地生态系统，是全球生物圈中重要的一环，是木材和林副产品等重要物质的生产基地。世界森林的覆盖面积占地球陆地总面积的30%，森林是地球表面直接利用太阳能并将之转化为生物化学能的效率最高、产量最大的生态系统，具有较高的生物生产能力。同时，森林还具有重要的物质生产能力，为人类提供木材以及其枝、皮、叶、果实、花等。科学研究表明，在世界陆地生态系统的总生物量中，森林的生物生产量占到90.7%，其单位面积生物生产量是农田和草原生物量的$20 \sim 100$倍；世界年产木材达到$30.5 \times 10^8 m^3$。此外，森林还提供大量的林副产品：板栗、柿子、枣、油茶、油桐、橄榄、油棕、樟树、桂皮、桂花、丁香等；还有许多药材和林特产品，如珍惜中草药和野生动植物。这些丰富的物种资源为人民生活和工农业生产提供了多种原料，并为引种、驯化和科学研究提供了多样化的种质基因。

（二）森林资源在改善生态环境中的地位和作用

森林具有强大的生态防护功能，能够涵养水源、防风固沙、保持水土、调节气候和净化空气，对维护自然生态平衡起着重要的作用。

（1）涵养水源。森林除了具有直接的机械固土作用外，还能在其根系周围分泌一些可胶结土粒的有机物，使土粒不易受雨水的冲刷。此外，林内丰富的枯枝落叶所形成的腐殖质及腐朽植物根系所形成的孔洞，增加了土壤的粗孔隙率，改善了林内土壤的物理结构和化学结构，使森林具有调节流量的作用。

（2）防风固沙。森林不仅能通过树干和树枝的阻挡以及气流本身的冲撞摩擦使风力减弱、风速降低，又能使另一部分风改变方向，达到防风的效果。同时，林木的庞大根系又能固沙紧土，削弱风对沙土的携带能力，逐渐把沙土固定下来，对改善环境起到巨大的作用。

（3）保持水土。森林通过林冠截流降水，削弱了雨水对地表土壤的侵蚀能力，减少了地表径流，加之庞大根系的固土作用，大大减少了水土流失。

（4）调节气候。森林通过庞大的林冠遮挡，改变了太阳辐射的强度和大气流通强度，可以达到降低风速、调节气温、提高空气和土壤湿度、减少地表蒸发量和作物的蒸腾量、防止和减轻干热风、冰雹、霜冻等灾害的效果。

（5）净化空气。林木具有吸收二氧化碳，放出氧气的作用；森林还是天然的吸尘器和负氧离子合成器，可以过滤空气粉尘、增加大气负氧离子、吸收有毒气体，并具有杀菌、降低噪音、改进水质等功能。

二、国内外森林资源保护与利用现状

（一）世界森林现状

联合国粮农组织（FAO）通常每5年公布一份世界森林资源评估报告，2011年公布了《2010年世界森林资源评估报告》。报告显示：世界在扭转森林面积减少的总体趋势方面已经取得了显著进展，而且一些国家和区域的某些与森林资源范围相关的变量在一段时间以来没有呈现明显的负面态势，有的甚至出现积极的态势。但在许多国家毁林，包括不受限制的将森林转变为农业用地，继续保持令人震惊的高比率。需要付出巨大努力以确保所有区域的森林资源范围普遍保持积极和稳健态势。

（1）森林面积和森林覆盖率。据FAO报道，2010年世界森林总面积略超过40亿hm^2，相当于人均0.6hm^2，其中：天然林为37.6亿hm^2，约占全球森林面积的94%；人工林为2.64亿hm^2，占6.6%。2000—2005年全球年均净减少森林面积730万hm^2，但与20世纪90年代（1990—2000）全球年均净减少森林面积890万hm^2相比，减少速度明显下降。

2005 年世界森林覆盖率与 1990 年基本持平，但与 1995 年的 26.8% 相比，却增加了 3.2%，2010 年森林覆盖率为 31%。世界人均森林面积仍为 0.6hm²，近 10 多年来没有变化。1990—2010 年世界森林资源状况，如表 8-7 所示。

表 8-7 　　　　　　　　　　　　**1990—2010 年世界森林资源状况**

年份（年）	森林面积（万 hm²）			森林覆盖率（%）	人均森林面积（hm²）
	天然林	人工林	合计		
1990	380800	15500	396300	30	0.6
1995	327400	18000	345400	26.8	0.6
2000	368200	18700	386900	30	0.6
2005	380200	15000	395200	30	0.6
2010	376000	26400	402400	31	0.6

在世界森林资源中，有三分之二集中分布在俄罗斯（20.5%）、巴西（12.1%）、加拿大（7.8%）、美国（7.7%）、中国（5.0%）、澳大利亚（4.1%）、刚果民主共和国（3.4%）、印度尼西亚（2.2%）、秘鲁（1.7%）和印度（1.7%）等 10 个国家，其中前 5 个国家森林面积占全球的 50% 以上。有 105 个国家的森林面积占土地面积（不含内陆水域）的比重超过全球平均水平。但世界上也有 62 个国家的森林面积占土地面积（不含内陆水域）的比重不到 10%，其中，有些国家如莱索托、吉布提、埃及、利比亚、毛里塔尼亚、科威特、摩纳哥和瑙鲁不足 0.5%。

（2）森林蓄积量。据估计，2010 年世界森林总蓄积量为 5270 亿 m³。南美洲、非洲西部和中部的热带雨林的单位立木蓄积最高，温带和寒温带森林也较高，占世界森林总面积 71%。占森林蓄积总量 74% 的 117 个国家分别报告了阔叶和针叶种的立木蓄积结构，2010 年，针叶林蓄积量约占 39% 的森林总蓄积量，阔叶林比重约为 61%。事实上，阔叶林的比例很可能更高，因为大多数没有报告立木蓄积分布的国家是信息过少的发展中国家，而这些国家针叶林蓄积比重较小。在欧洲、北美洲和中美洲，针叶林在蓄积上占支配地位；而在非洲、大洋洲和南美洲，阔叶林则占首要地位。

（3）森林生物量。2010 年世界森林所含总生物量（地上和地下）达 6000 亿 t，相当于每公顷 149t。有热带森林的区域每公顷生物量蓄积最高，南美洲及西部和中部非洲的每公顷生物量蓄积超过 200t。世界森林的枯死木量估计为约 670 亿 t 干物质或每 hm²16.6t。2010 年森林资源评估所报告的全球生物量估计数要比 2005 年森林资源评估时的高，这主要是因为 2010 年森林资源评估中的森林面积要比 2005 年森林资源评估时的高，也因为 2010 年森林资源评估中的每公顷生物量蓄积略高些。在全球森林生物量中，南美的森林生物量为最多，达 1802.10 亿 t，占世界森林总生物量的 42.7%，居世界首位；第二位是非洲，为 709.17 亿 t；第三位是欧洲，为 610.70 亿 t；第四位是北美和中美洲，为 523.57 亿 t；第五位是亚洲，为 450.62 亿 t；第六位是大洋洲，为 126.40 亿 t。就每公顷森林生物量而言，南美洲最多，为 203t；第二是非洲，为 109t；第三是北美和中美洲，为 95t；第四是亚洲，为 82t；第五是大洋洲，为 64t；第六是欧洲，为 59t。

（4）原生林。原生林面积最大的 10 个国家占全世界原生林总面积的 88%。在 19 个国家里，原生林至少占森林总面积的 50%；有 7 个国家将至少 75% 的森林划分为原生林。在区域层面，最大的面积在南美洲（6.24 亿 hm²），其次是北美洲和中美洲及欧洲（几乎全部在俄罗斯联邦）。加勒比、欧洲（不包括俄罗斯联邦）、东部和南部非洲的干旱地区、北部非洲、西亚和中亚的某些国家报告了有限的原生林面积。中部非洲、北美洲、中美洲及俄罗斯联邦划分为原生林的森林比例较高。

（5）人工林。2010 年人工林总面积估计为 2.64 亿 hm^2，相当于全球森林总量的 6.6%。东亚、欧洲和北美洲的人工林面积最大，共占全球人工林面积比重约为 75%。东亚的人工林占该地区森林总面积的 35%，且大多数生长在中国。欧洲拥有世界第二大人工林，人工林比例接近世界平均值。如果排除了拥有广博天然林的俄罗斯联邦，欧洲的人工林比例上升到 27%，人工林比重一跃成为世界第二。北美洲的人工林面积居第三位，占该分区域森林总面积的 5.5%。报告人工林面积最小的分区域依次是非洲的各分区域、加勒比、中美洲及西亚和中亚。这些人工林主要集中分布在 6 个国家，包括中国（22.4%）、俄罗斯联邦（12.1%）、美国（12.2%）、日本（7.4%）、苏丹（3.9%）和巴西（3.9%）。人工林占森林面积的比重大于 20% 的国家和地区有 38 个，有些国家如阿联酋、阿曼、科威特、佛得角、利比亚和埃及的森林全为人工林。全球人工林面积每年增加 280 万 hm^2，高于 20 世纪 90 年代的 225 万 hm^2。世界上有 85 个国家和地区的人工林面积呈增加趋势，过去 5 年年均增加合计 294.9 万 hm^2，其中年均增加面积较多的国家有中国、俄罗斯联邦、美国、越南、印度、印度尼西亚、智利和澳大利亚，分别为 148.9 万、32.0 万、15.7 万、12.9 万、8.4 万、7.9 万、6.1 万 hm^2 和 5.6 万 hm^2。但仍有 18 个国家和地区的人工林面积呈减少趋势，过去 5 年年均减少合计 16 万 hm^2，其中年均减少面积较多的国家有苏丹、菲律宾和哈萨克斯坦，分别为 4.7 万、4.6 万 hm^2 和 2.9 万 hm^2。

（6）公有林。全世界 80% 的森林是公有林（指林地所有权，包括国有和集体），20% 的森林是私有林。《2010 年全球森林资源评估报告》涉及的 7 个地区中（非洲、亚洲、欧洲、北美洲和中美洲、大洋洲和南美洲），3 个地区其公有林超过 80%。森林面积居世界前 10 位的国家中，俄罗斯、中国、刚果民主共和国和印度尼西亚的森林全部公有，印度、加拿大、秘鲁和澳大利亚的公有林分别占 98.4%、92.1%、83.1% 和 72.0%，美国的私有林在森林面积中的比重较大，为 57.6%。

（7）森林利用。世界森林的三分之一用于木质和非木质产品生产，11% 的森林指定用于生物多样性保护。用于生产木质和非木质产品的森林比重大于 50% 的国家和地区全球有 43 个，有些国家如克罗地亚、芬兰、法国、希腊和爱尔兰的比重超过 90%。有 22 个国家和地区将 30% 以上的森林指定用于生物多样性保护，有些国家如留尼汪、中非共和国、新加坡、塔吉克斯坦和新西兰指定用于生物多样性保护的森林比重大于 70%。全球指定用于水土保持的森林面积比重为 9.3%，其中有 31 个国家的比重超过 30%，有些国家如肯尼亚、利比亚、科威特、土库曼斯坦和乌兹别克斯坦 90% 以上的森林用于水土保持。全球指定用于提供休闲、旅游、教育及宗教场所等社会服务的占 3.7%，有些国家如塞拉利昂、亚美尼亚、德国和巴西指定用于提供社会服务的森林比重超过 20%，德国达 42.3%。

（8）森林灾害。每年近百分之四的森林受到各种灾害的影响。全球每年平均有 1.04 亿 hm^2 的森林受到林火、有害生物（包括病虫害）以及干旱、风雪、冰和洪水等气候事件影响，其中受森林病虫害和林火影响的面积较大，分别占 65.3% 和 26.7%。受灾害影响森林面积的 83.5% 集中分布在美国（23.5%）、加拿大（15.6%）、印度（12.5%）、中国（7.6%）、俄罗斯联邦（7.4%）、缅甸（6.2%）、乍得（5.9%）和芬兰（4.8%）。这些国家受灾害影响的森林面积占本国森林面积的比重分别为 8.1%、5.3%、19.4%、4.5%、0.9%、18.8%、50.0% 和 22.1%。

其中，受病虫害影响森林面积较大的国家有美国（2246.6 万 hm²）、加拿大（1423.8 万 hm²）、印度（940 万 hm²）、中国（707.4 万 hm²）、俄罗斯联邦（591 万 hm²）和蒙古（279.8 万 hm²），这些国家合计占全球森林面积的 90.8%。

（二）我国森林资源保护与利用现状

1. 中国森林资源的特点

（1）森林资源总量丰富，但人均占有量较低。第七次（2004—2008 年）全国森林资源清查资料表明，全国森林面积 19545.22 万 hm²，森林覆盖率 20.36%。从总量上看，我国森林资源比较丰富，总量位于世界前列。1999—2008 年，我国森林面积由 13370.35 万 hm² 上升到 19545.22 万 hm²，排在俄罗斯、巴西、加拿大、美国之后，列世界第 5 位；森林蓄积量由 101.73 亿 m³ 上升到 133.63 亿 m³（其中活立木总蓄积量为 145.54 亿万 m³），列世界第 6 位。但是，从森林人均占有量看，我国则属于少林国家之一。全国人均占有森林面积为 0.132hm²，相当于世界人均占有量的 20.9%，仅排在第 134 位；人均森林蓄积量为 9.421m³，不到世界平均水平的 1/6，居世界第 122 位。表 8-8 显示了联合国粮农组织《2010 年世界森林资源评估报告》数据与我国第七次全国森林资源清查结果的对比情况。

（2）森林类型多样，种类繁多。中国地域辽阔，地貌类型齐全，横跨寒温带、温带、暖温带、亚热带、热带 5 个气候带，自然条件复杂多样，从而形成了我国森林类型多样、植物种类繁多的特色。据统计，木本植物中乔木树种有 111 科 2800 余种，其中木质优良、经济价值较高的近 1000 种。我国几乎具有北半球的全部植被类型。中国东部湿润区分布着各类森林，最北部寒温带为落叶针叶林，向南是温带落叶阔叶林区；亚热带林区在中国面积最大，局部地区还残存着世界上其他地方早已绝迹的小片"活化石"林——水杉、银杉、银杏等，此外还有水松、杉木、金钱松、台湾杉、福建柏、杜仲等树种为中国所特有。南部有热带的半常绿季雨林、雨林和红树林，并引种了一些热带植物，如橡胶、油棕、剑麻等。中国竹子近 300 余种，占亚洲竹子总属数的 70%。

表 8-8　　　　　　　　　　　　中国与世界森林资源比较

统计项目	森　林　面　积					森　林　蓄　积				
	总面积（亿 hm²）	人均（hm²）	覆盖率（%）	天然林（%）	人工林（%）	总蓄积量（亿 m³）	人均（m³）	森林采伐量		
								年伐量（亿 m³）	年采伐率（%）	每年人均消耗木材蓄积量（m³）
《2010 世界森林资源评估报告》	39.8	0.6	31	93	7	5270	68	34.1	0.69	0.47
全国第七次森林资源清查（2004—2008 年）	1.95	0.145	20.36	62	38	137	10.2	3.6	3	0.28

注　1. 世界人口按 64.5 亿，中国人口按 13.2 亿计。
　　2. 原生林定义：没有明显人类活动迹象及生态进程未受到重大干扰的本地树种的森林（我国称之为原始林）。
　　3. 全球 2005 年森林采伐价值为 640 亿美元，每立方米 20.6 美元，非木材林产品价值 47 亿美元，占木材采伐价值的 7%。我国缺少具体数值，但据估计要远远高于 7%。

（3）森林覆盖率低，且分布极不均匀。我国森林资源总的分布特点是边疆省区多，内地少；经济发达、人口众多的地区少，经济落后、人烟稀少的地区多；东北和西南地区较集中，东南和华南地区次之，西北地区较少。第七次全国森林资源清查结果表明：东北地区森林覆盖率达到40.22%，西部地区仅为17.05%。

1999—2003年，虽然我国的森林覆盖率由16.55%上升到18.21%，平均提高了1.66个百分点，但也只相当于世界森林覆盖率的61.52%，比世界平均水平低10.48个百分点，居世界第130位。全国所有省区市的森林覆盖率都有不同程度的提高，但分布极为不均。例如，包括内蒙古自治区在内的西北六省森林覆盖率的增长幅度，明显低于全国平均增长量，而东南沿海水热条件比较好的集体林区森林资源增幅显著。目前，青海省的森林覆盖率仅为4.4%，而福建省的森林覆盖率却高达62.96%，居全国之首。一般认为，一个国家要保障健康的生态系统和经济，森林覆盖率必须超过20%。森林稀少是我国生态环境恶化、自然灾害频繁的重要原因之一。

2. 中国森林资源现状

我国古代曾是个森林资源十分丰富的国家，历史上曾有一半的国土被森林覆盖。但是，随着人口增长，大量毁林垦荒，逐步变成了一个少林的国家。1948年全国森林面积只有80.82万km^2，森林覆盖率为8.6%；新中国成立后在全国范围内广泛地进行造林绿化工作，森林覆盖率有所提高，但由于我国人口增长快，基数大，森林资源相对减少。长期以来木材总消耗量大于总生长量，第二次全国森林资源清查期间（1977—1981年），年均森林资源赤字1878万m^3；第三次全国森林资源清查期间，年均森林资源赤字1537万m^3，直到1990年我国才消灭森林赤字，初步扭转了多年来森林资源消耗量大于生长量的被动局面。

如前所述，第七次（2004—2008）全国森林资源清查结果显示，全国森林面积19545.22万hm^2，森林覆盖率20.36%，活立木总蓄积149.13亿m^3，森林蓄积137.21亿m^3。除港、澳、台地区外，全国林地面积30378.19万hm^2，森林面积19333.00万hm^2，活立木总蓄积145.54亿m^3，森林蓄积133.63亿m^3。天然林面积11969.25万hm^2，天然林蓄积114.02亿m^3；人工林保存面积6168.84万hm^2，人工林蓄积19.61亿m^3，人工林面积居世界首位。全国林木年均净生长量3.99亿m^3，年实际消耗量3.44亿m^3，人均木材消耗量0 12m^3。第七次全国森林资源清查结果表明，我国森林资源进入了快速发展时期。重点林业工程建设稳步推进，森林资源总量持续增长，森林的多功能多效益逐步显现，木材等林产品、生态产品和生态文化产品的供给能力进一步增强，为发展现代林业、建设生态文明、推进科学发展奠定了坚实基础。

3. 林产工业现状及森林资源的开发利用

林产工业是利用森林产品进行机械加工和化学加工的产业，包括木竹加工业、林产化工业、木竹浆造纸业和经济林产品加工业，是林木生产品的利用阶段。

中国的林产工业是新中国成立后的新兴行业。经过六十年的发展，林产工业已经有相当的规模，形成了包括生产、教育、设计、设备制造的比较完整的工业体系，为我国经济建设做出了巨大的贡献，对稳定和调减原木产量、缓解木材供需矛盾起了明显作用。

但是，中国林产工业存在一些不足之处，如林产工业发展缺乏统筹规划，基本建设布局依据生产状况予以调整，生产潜力有待挖掘等。近年来，林产工业快速发展，大多数企业存在着不同程度的原材料供应紧张问题；同时，20世纪80年代营造的速生丰产林又接近成熟，急待解决林木利用问题。因此，必须加强两者的有效结合，进行基地化、定向化协作经营，实现林工一体化。

中国是缺林国家，目前可以开发利用的成、过熟林资源最多只能维护七年左右。中国森林资源的质量在逐年下降，尤其是天然林中成、过熟林的储蓄量在急剧减少，可采资源已经濒于枯竭，资源危机加重。

（三）我国森林资源保护与利用中的主要问题及原因

我国森林资源开发利用中存在的问题主要表现在三个方面：森林资源结构不够合理，林分低龄化问题突出；林地生产力较低，病虫害严重；人工林面积大，但质量有待提高。

1. 森林资源结构不够合理，林分低龄化问题突出

各林种比例现状与充分发挥森林资源多种效益的要求不相适应。我国林种结构按林地面积划分为防护林、用材林、薪炭林和特用林。从实际情况分析，如表 8-9 所示，用材林面积过大，防护林和经济林面积偏小，不利于发挥森林生态效益和提高总体经济效益。

林龄结构不合理，可采资源继续减少，这对后备资源培育构成极大威胁；森林质量不高，幼龄林、中龄林面积占林分面积的 67.85%，蓄积占林分蓄积的 38.94%，近期可供采伐利用的森林资源偏少。加上人口大量增长和经济迅速发展的双重压力，使我国在今后相当长的时间内都将面临森林资源短缺的局面，必将影响社会经济持续发展。

表 8-9 　　　　　　　　　　　按林种划分的森林面积和蓄积量

林种	面积（万 hm²）	比例（%）	蓄积量（万 m³）	比例（%）
防护林	5474.63	38.34	550084.48	45.47
用材林	7862.58	55.07	551241.94	45.57
薪炭林	303.44	2.13	5627.00	0.47
特用林	638.02	4.47	102810.26	8.50

2. 林地生产力较低，病虫害严重

我国林地生产力低下的主要表现是林地利用率较低，残次林多、单位蓄积量少和生长率不高。林地利用率的高低，是衡量一个国家林业发达水平的重要标志。目前，我国林地利用率低于第三世界的平均值，更低于林业发达国家水平。全国有林地面积只占林业用地面积的40%左右，有些省份甚至低于 30%，远低于世界平均水平。先进的林业国，不仅具有较多的林地面积，而且对林业用地的利用也充分，如日本有林地面积占林业用地面积的 76.2%，瑞典为 89%，芬兰甚至全部林业用地都覆盖着森林。

我国残次林多。除台湾、西藏东南部和大兴安岭、长白山、横断山、天山、阿尔泰山、祁连山、神农架等山区有成片的原始林地，大部分地区的森林已遭到不同程度的破坏，演替为次生林，并且仍在增加。

我国森林单位蓄积量和生长率均不高。全国林分平均蓄积量为 84.73m³/hm²，相当于世界平均值的 84.86%，居世界第 84 位。林分生长率 2.88%，林分单位面积年均生长量为 3.55m³/hm²。

3. 工林面积大，但质量有待提高

第六次全国森林资源清查资料显示：除香港特别行政区、澳门特别行政区和台湾外，全国人工林面积达 5325.73 万 hm²，人工林蓄积量 15.05 亿 m³，其发展速度和规模均居世界首位。但是，全国人工林单位面积蓄积还不到整个林分平均水平的一半，质量有待提高。

三、我国木材及其加工产业发展趋势

（一）国内主要木材及加工品的需求

森林是木材和各种林产品及其他林副产品等工业原料的供应地。森林资源是林业生产的对象，林业是经济生活中的一个重要部门。就国民经济和社会可持续发展而言，对森林资源的需要集中地反映到生态防护与社会效应和生产木材及其他林产品等经济效应两方面：

1. 生态防护和社会效应对森林资源需求

根据对全国各类局部自然资源环境状况分析，为了保证各地基本上免除各种自然灾害的侵袭，需要有一个较好的自然环境。培育和扩大森林需要水热条件适宜，社会经济状况又允许用于生长森林的土地。

2. 国民经济和人民生活水平提高对木材生产量的要求

木材是不可缺少的重要原材料和能源，因而国民经济和人民生活对森林资源和木材等林产品产量具有一定的要求。

（1）社会发展对木材的需求量。我国每人每年平均消耗木材还处于较低水平，人均年木材消耗量仅 $0.25m^3$，为世界平均水平的 43%、发达国家的 10%。

（2）林产品对森林资源面积的需求。我国现有用材林仅为需要量的 30% 左右；如果扣除不宜开发的面积，仅为需要量的 26%。中国现有经济林仅为需要量的 15% 左右，中国的用材林也只有需要量的 60%。

（3）木材资源的需求。我国短缺的主要是珍贵树种材、大径材和高档纸浆纤维材。尽管我国森林资源年均净生长量大于年净消耗量，但在主要采伐中幼林的同时，成熟材林面积和蓄积量仍在下降。森林资源消耗量已经超过了目前森林资源结构所决定的合理消耗量。因此，未来一段时间，解决木材供需平衡问题的着眼点，不应放在扩大林木资源的采伐上，而应放在提高林木资源的利用效率上，通过推动人造板工业的发展和木材产品质量的提高，减少对木材的需求。

（二）国内主要木材及加工品的供需平衡

1. 林业发展潜力

（1）森林资源发展空间。森林资源是森林物产的基础，没有森林就谈不上森林物产，而林业产业则是森林物产发挥经济和社会效益的重要载体，尽管面临很多困难，但我国在未来林业持续发展中还是有一定的潜力。我国森林资源还有较大的发展空间。我国 400mm 等雨线以东仍有相当面积的无林地，适宜发展速生丰产林；另外有大量荒地需要绿化。此外，广大的农村局部还有一定数量不宜耕种的农业用地，可以用于林业的发展。这些都为我国未来森林资源和林业的发展留有空间。同时，我国目前林地的年生产率还很低，林地的利用率和生产率不高，这使我国林业发展在资源上仍有潜力。

（2）社会力量参与林业发展有巨大潜力。社会各界对森林资源保护和发展的广泛参与，是森林资源可持续发展的重要条件。通过社会的参与，可以加强社会对林业和森林资源的认识，为森林资源的可持续发展奠定必要的社会基础。我国林业必须依靠全社会的力量和全社会的广泛参与，才可能获得持续的发展动力。在依靠社会力量发展林业方面，我国有很多成功的经验。我国是一个人口大国，在广大农村有丰富的劳动力资源，而且林业发展在农村是与其他发展交织在一起的，在其他经济资源上有较强的共享性，林业已经成为农村发展最广泛的产业之一，农村社会发展可以从各个方面促进林业的发展。当然，经营林业和森林资源

生产潜在的商业利益，也在引起社会的重视，并以各种形式吸引社会资金的进入，并发展形成了一些很好的社会与林业联合经营的方式。我国的国情，使社会参与林业具有广泛的空间和众多的途径。

2. 木材与林产品供给潜力

我国木材和林产品需求与供给之间存在矛盾。一方面，木材及林产品供给的约束力较大，任何木材及林产品的生产原材料都来自森林资源，而我国森林资源的总体状况不容乐观。这主要表现为，天然林可采资源越来越少，特别是大中径级的木材资源非常少，人工林的树种单一，高质量资源的比重下降。此外，资源分布的不均衡也进一步加剧了木材及林产品供给的难度。我国现有的森林资源多分布在边远的局部，由于加工和运输的限制，不同程度地限制了木材及林产品的生产和供给。另一方面，随着我国社会经济的高速发展，社会对木材及林产品的需求越来越大，而且呈现出较强的多样性和广泛性，现有资源不具备提供全部供给的能力。随着需求的增加，国内的森林资源将面临更大的压力。同时，由于我国的木材加工工业还比较落后，木材利用率低，木材及林产品的深度加工技术不足，规模结构也都很不合理，这些都将加剧未来我国木材制品和林产品的供需矛盾。

虽然我国未来木材供求形势十分严峻，但是，通过技术进步、速生林基地和优质工业原料林基地的建设、木材综合利用率的提高、木材节约代用、回收复用等措施减少对木材的需求量，缩小木材供求差额，减轻木材供求失衡的潜力很大。

3. 木材进出口对我国木材供需平衡的影响

近年来，随着国家重视生态环境建设，启动了天然林保护工程等，源自天然林的林产品逐年下降。虽然源自人工林的木材产量有所增加，但总的来说木材总供给量是下降的。然而，随着国民经济的发展及人民生活水平的提高，各方面对木材及其产品的需要仍然呈上升趋势，这种缺口仍然在扩大。

我国木材供需矛盾是一个长期存在的问题。与替代产品相比，木材是唯一可以再生的资源，有利于可持续开发和供应；木材开发和利用对环境的不利影响和能源消耗远远小于替代产品；木材产品废弃后的回收和处理比较容易，可以回收利用或循环使用，无污染环境之患。解决我国木材供需矛盾的一个重要途径是市场机制，即开展国际贸易。改革开放以来，我国林产品进出口贸易量逐年上升。20 世纪 70 年代末期，木材和胶合板的进口量曾达到当时的最高峰，为当时国家迅速发展的基础设施建设和人民群众的生活需要，提供了充足的木材原材料。虽然在 20 世纪 90 年代，由于国家实行紧缩银根的宏观政策，经济增长有所放缓，木材进口也有所减少，但自 1997 年国家实施天然林保护工程以来，木材产量逐年下降，但木材需求仍在增长，于是木材进口迅速增长。特别需要强调的是，我国政府为适应国际贸易的发展趋势，及时调整林产品贸易的发展，为缓解我国木材供需矛盾起了很好的作用。我国积极参与亚太经合组织贸易的自由化进程，在林产品贸易自由化方面走在了我国入世进程的前面，于 1999 年就取消了原木、锯材和木浆的进口关税，同时降低了其他林产品的进口关税，使我国原木和木浆进口量从此有了较大的增加。

从目前林产品供需情况看，我国最主要的林产品在供需方面存在着较大的缺口，因此我国在国际林产品贸易中仍然表现为进口大于出口。随着国内小径材资源的增加和林产品加工业的快速发展，中国的国际林产品贸易将会发生从单向型贸易向双向型贸易方式的转变。也就是说，一方面中国继续大量进口大径材、锯材、胶合板和单板等产品，同时也能向国际市场提供一些以小径材为原料的产品和家具类的高附加值的产品。但是，从长远看，解决我国木材供应不足应该立足于国内。主要可以通过三个方面的措施加以缓解：加速培育森林资源，扩大木材供给量是最根本的措施；全面提高森林资源利用率和木材综合利用率；大力发展人工林、林区"三剩物"等为原材料的林产工业，提高技术水平，提高林产品的产量和质量，相应增加木材替代能力。

四、我国森林资源开发利用战略与对策

（一）战略目标

我国是世界森林资源贫乏的国家之一，人均占有率排在世界 100 位以后。由于前 60 年天然林资源的过度消耗和近 20 年来木材市场需求的不断走强，木材供需缺口日趋加大。虽然国家正在组织实施大规模的商品林基地建设，以满足未来对木材的需求，但我国木材现实供给能力受到森林资源有限的限制，在相当长的时间内不可能有效地满足市场需求；随着我国加入 WTO，高附加值的进口木材产品的成本进一步降低，对我国木材生产、加工、销售和消费都带来新的挑战。大力培育森林资源尤其是人工林资源，高效加工利用木材资源，大幅度提高木材的产品附加值，对我国林业和木材加工业的发展比以往任何时候都更加迫切。

在森林资源的开发和利用方面，总体战略目标应是，按照科学发展的要求，推动林业产业结构调整，淘汰落后产业，改造传统产业，培育新兴产业，推动新兴产业，推进产业重组；积极扶持建立一批龙头企业、知名品牌，带动产业发展；以开放促发展，建立起具有较强国际竞争力的外向型的林产工业；大力发展精深加工，延长产业链，增加附加值，用加工业的"上升"弥补采运业的"下降"；坚持高起点、高档次、高科技，大幅度提高集约经营水平；充分发挥市场机制的作用，增强企业活力。争取通过若干年的时间，把林业建成既有数量又有质量，既有规模又有效益的新型产业。到 2030 年，林产业的实力明显增强；到 2050 年，全面建成规范有序、集约经营、富有活力的林产业体系。通过森林资源的保护、培育、利用和发展，从根本上改变我国林业产业的落后面貌，使我国林业产业实现可持续发展，综合实力达到世界中等发达国家的水平。

（二）战略重点

1. 调整产业结构

加强第一产业的基础地位。根据国外森林产业的发展趋势及我国国民经济和社会发展对林业的要求，为加快国土绿化步伐，对第二产业的发展提供原料，必须在分类经营的基础上，选择地理位置好的地点发展高效、优质的速生丰产林和工业原料林基地，进行定向培育，满足工业对原材料的需求。

提高第二产业的素质。优先发展以原料基地化供应、规模化经营、科技含量高为特征的木材纸浆造纸业。经过一段时间的努力，把木材制浆造纸业逐步培育成林业的主导产业和林业产业发展的重点领域；依靠科技进步，采用先进技术、设备、工艺，大力发展以人工速生材、小径材、低质材等为原料的纤维板等材料的生产。同时，以国外材为主发展胶合板业和锯材业。

大力发展第三产业。积极推进森林旅游业、竹藤花卉业、经济果加工业为主的第三产业的发展，促进森林资源的综合开发利用。

2. 调整产品结构

重点是提高以人工速生林等为原材料的产品比重，降低以天然林为原材料的产品比重；

普遍提高产品的科技含量和质量，逐步提高高档次产品的比重；大力发展深加工产品和精加工产品，降低初级产品的消费和出口比重，发展以松香和松节油为主导的出口创汇系列产品；根据市场需求开发新产品，改进旧产品；积极开展林业的有偿科技服务，大力发展森林旅游等无形产品，使我国的林产品结构更符合可持续发展的要求。

3. 发展优势产业

大力发展木浆造纸业。以市场需求为导向，合理配置木浆原材料资源，发展规模经济，大力推进林浆纸一体化，加快发展木材制浆造纸业，促进造纸业工业产业结构、产品结构的调整和企业重组，逐步扭转我国造纸业木浆比值低、企业规模小、技术落后、污染严重的被动局面，使之成为国民经济的支柱产业，满足国民经济与社会可持续发展的要求。

大力发展新型的木质重组材料和木材基复合材料。根据我国当前可采伐森林资源严重不足的实际情况，充分利用林区剩余物，次小薪和人工林等资源，发展人造板材等新型的木质重组材料和木材基复合材料，缓解木材供需矛盾，满足经济发展和人民生活水平提高的需要。调整人造板工业产品结构和区域布局，重点抓好现有企业的技术改造和组织结构调整，着重开发有市场前景的深加工产品，做好现有龙头骨干企业的改扩建，逐步形成以素板为基础，以深加工产品为龙头的骨干企业。

大力发展林产化工。在建立原料林基地的基础上，调整企业布局，实现适度规模经营，加快建成一批基地、加工、出口一体化的大中型林产化工骨干企业，大力开展林化产品深精加工，重点抓好松香深加工工业和松节油工业，在抓好重点技改项目的基础上，逐步形成以松香为基础、以再加工产品为龙头的骨干企业。

（三）对策

面对可采森林资源急剧减少、生态环境不断恶化的局面，我国启动了"国有林区天然林资源保护工程"、"林业生态重点工程"及"中国生态环境建设规划"等工程。为确保中国森林资源的可持续开发与利用，今后应采取如下对策。

1. 加强森林资源管理

森林资源的可持续发展，要求资源管理部门能提供社会经济发展所需要的有形产品，并使生态系统环境要素的功能和环境承载能力得到维护和不断改善；同时，要求对森林资源采用资产化管理，使森林资源有形产品的价值直接体现在经济系统中，而景观、休闲娱乐等的价值则体现在社会文化系统中。因此，加强森林资源管理，就是要加强保护森林生态系统及其环境，就是要正确掌握森林资源消耗与生长变化动态，对森林资源的保护、培育、利用实行监督、管理，以提高森林质量，促进森林资源增长；同时，严格监督与控制森林资源消耗，加强现有中幼龄林抚育间伐，增加木材供应量，以充分发挥森林的多种效益，并建立森林生态效益补偿制度，提高林业在国民经济中的地位。着重做好"国有林区天然林保护工程"、"长江、黄河中上游地区治理和生态保护工程"等有利于森林资源可持续发展工程的建设。

2. 增加森林资源

增加森林资源，首先要坚持多林种、多树种、多形式、多层次的植树造林，以扩大森林面积。应充分利用南方、华北和中原地区自然条件优势，加快生产用材林基地建设步伐，加强工业原料林基地建设，以较短的时间达到供给木材的能力，弥补国有林区木材减产所造成的总量缺口，促进木材生产格局从北方向南方、从利用天然林向利用人工林转移。通过工艺成熟的人工林的采伐利用，增加木材供给能力。其次，要建设地域布局合理、生产力高、多层次、多功能的森林资源体系和比较完备的林业生态体系，积极抓好重点林业生态工程建设，加强"三北地区"荒漠化防治，实现中国森林生态环境体系的覆盖普遍、布局合理、结构稳定、功能齐全、整体效益最佳的局面。同时，还应抓好森林资源集约经营，提高森林单位面积生产力，以便增加森林资源内涵和提高森林资源质量。

3. 抓好资源综合利用

森林资源的可持续发展，需要对森林资源进行多功能开发，包括维持森林景观、提供休闲娱乐机会、保存原始林相、提供动植物生态环境、治理森林环境、生产木材及林产品、保护生物多样性等。这对于人口众多，森林资源相对贫乏，可用资源十分有限的中国来说，具有十分重要的意义。为此，应进一步开发新的森林经管资源，把以森林公园和森林旅游为主题的生态旅游，办成林业的支柱产业之一；发展林产工业，扩大木质森林资源的综合利用范围，提高综合利用率；合理利用非木质森林资源，提高林化工业的产品质量、经济效益和管理水平；充分利用林木、林地为主体的自然资源，发展农林复合生态系统，实行林农结合、林牧结合、林纸结合、多种经营，向规模和效益型方向发展，逐步形成木材生产、林产工业和多种经营"三足鼎立"的局面。

4. 适度利用和参与开发海外森林资源

为弥补国内木材及林产品的结构性短缺，应积极拓宽进口渠道，除继续从美国、俄罗斯、新西兰、加拿大等国家进口针叶林材和从马来西亚、缅甸、巴布亚新几内亚、加蓬、印尼、加纳、新加坡等国进口热带原木外，还应有计划、有步骤地积极进行海外森林资源开发。我国在巴西森林资源开发中已经盈利，在加蓬的森林资源开发也进展顺利。应在俄罗斯远东地区的森林资源合作开发启动的基础上，加大与南美、非洲及东南亚各国合作开发的力度，适度进口以珍贵树种为主的大径材和高档纸浆及其制品等产品，并力争以合作方式参与开发国外森林资源。

5. 加强林业科学研究

科学技术是第一生产力。应加大林业科研的深度和广度，在优良品种、集约经营、产品利用、节约代用等方面狠下工夫。如我国竹林资源丰富，应提倡以竹代木，加大竹地板开发力度，以竹胶合板及竹制板材在建筑、维修、交通、水利等领域代替木材；加大藤制品开发步伐，让藤椅、藤床等逐步走进家具市场；以塑料、石料、钢材、石膏等替代建筑市场中的木材等，都是值得探讨和研究的领域。

6. 建立林业经营新格局

按照森林资源的经济和生态双重功能以及社会结构性需求，按照森林多种功能主导利用的原则，重新构造森林经营格局。应重点抓好商品性林业，全民兴办公益性林业，加快建设兼容性林业。逐步建立森林市场，实现林工贸一体化，扩大木材综合利用，提高原木的加工利用率；确定主导产品，划定原料基地，注重发展以伐区剩余物为主要原料的小木制品厂，建立从原料到产品的完整经营体系；注重加工增值，充分利用有限的森林资源和木材资源，搞好木材的深加工、精加工及综合利用，发展系列产品，为中国森林资源的可持续开发利用提供更好的保障。

第九章

工程项目资源节约与综合利用分析评价

　　自然资源是经济社会发展的基础，是实现可持续发展的基本条件。相对于人类的需求，自然资源都是有限的，即使是可再生资源，在一定的时间和空间范围内也是有限的，更不用说不可再生资源。因此，我们应当合理有效地开发和利用自然资源，以便能够从其存量中获得最大化的经济福利。投资活动是推动经济增长和社会发展的主要动力之一，其具体表现主要是各种类型的工程项目。自然资源既可以是项目的投入物，也可能是产出物。因此，在项目的决策过程中，应通过适当的程序和方法，在资源的开发和保护间取得平衡，促进资源节约与综合利用。

第一节　资源与工程项目评价

一、自然资源与工程项目

（一）自然资源的分类

　　在第一章中，我们谈到，自然资源可按属性、用途、种类和产业分类。本章中，为了便于第 4 节中讨论工程项目中自然资源的定价问题，我们采用按属性的分类方法，即把自然资源分为恒定性资源、可更新资源和可耗竭资源。恒定性资源是指那些取之不尽、用之不竭的自然资源，通常称为无限资源，如太阳能、风能、光能、空间资源等。

　　可更新资源也称可再生资源，是指具有自我更新复原特性，并可持续利用的自然资源，如水、森林、鱼类、农作物、野生动植物等资源。可更新资源的可更新性，在开发利用得当的情况下，有可能长期维持，但如果开发利用不当，也会遭到破坏，出现短缺，如水资源和森林资源；有时甚至发生枯竭，如过度捕捞使渔业资源枯竭。

　　可耗竭资源又称不可更新资源，是指在人类开发利用过程中，其存量逐渐减少以致最终枯竭的那一类资源，这种资源的属性是无法再生或更新。可耗竭资源主要是指金属矿产资源以及包括煤、石油和天然气等在内的能源资源。可耗竭资源中有一部分属于可回收资源，称为可回收的可耗竭资源，主要包括金属矿产资源。尽管可以循环利用，但由于使用中的微量损耗，可回收的可耗竭资源不可能 100%回收。因此，这类资源最终也会枯竭，枯竭速度取决于回收利用的程度和价格。

（二）工程项目中的自然资源

　　由于项目至少要占据一定的空间，因此，所有的工程项目都涉及自然资源。但是，从总体上，可以把工程项目中的自然资源分为投入物和产出物。

　　自然资源作为投入物，通常是项目的原材料和燃料动力投入。实际上，对于大多数项目来说，都要占用一定面积的土地，许多项目也要应用煤、石油或天然气作为燃料动力。自然资源用作原材料投入，在农业、制造业、能源等类的项目中尤为明显。在农业类项目中，农产品加工和畜牧养殖项目要使用农作物和牲畜作为投入物；在制造业类项目中，木材加工项目使用的林木，石油化工（包括重化工和精细化工）项目中的煤、石油或天然气，造纸项目中使用的植物纤维；在能源项目中，火力发电厂用的煤炭，光伏发电项目中的太阳能，风力发电项目中的风能等，都是自然资源用作项目投入物的例子。这些资源中既包括了可更新和可耗竭资源，也包括了恒定性资源，只不过后者可以免费获得。

　　根据前述定义，自然资源一般是指天然存在的自然物，不包括人类加工制造的原材料，所以，自然资源作为产出物所涉及的项目类别相对较少，主要包括采掘工程类项目，如各种金属矿石的开采、煤炭开采、石油及天然气的开采等项目；同时，也包括农业类项目中种植农作物的土地垦殖项目和养殖项目。与自然资源作为投入物的情况不同的是，恒定性资源不会是项目的产出。

二、工程项目评价

　　工程项目评价又称为长期投资决策、项目评价、项目评估或项目分析，内容包括市场需求分析、企业能力分析、技术条件分析、财务分析、经济分析和社会分析等。

（一）项目管理周期

　　通过对工程项目管理周期的简单描述和图示，可以清楚地了解工程项目决策的全过程。图 9-1 显示了一个典型工程项目管理周期的情况。通常，项目始于对某一机会的设想。比如，有关项目的设想可能是来源于市场需求、业务发展需要、技术进步、法律法规的要求或客户的请求等。有了项目设想后，首先要提出项目建议书，说明上项目的理由。如果管理部门认为存在有价值的投资机会，可能就需要做进一步的可行性研究（可研），深入考察项目是否符合企业的发展战略、市场前景、企业实施项目的能力和技术可行性。在此基础上，还要进行包括财务与经济分析在内的经济评价，详细测算项目的经济效益并

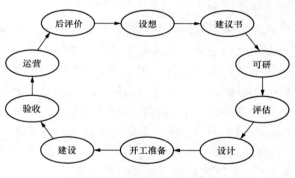

图 9-1　项目管理周期

分析项目的风险，最终判断项目的生存能力，为项目评估和项目投资与否的最终决策提供依据。如果决定上项目，项目经设计、建设实施并竣工验收后就进入生产运营阶段。最后，还要进行后评价，总结项目从设想到运营全过程中成功的经验和失败的教训，以便完善今后的类似项目。

　　一般来说，我们把从项目设想到评估的过程称为投资前期或决策期，在此期间的每一阶段，都要进行项目评价，只是分析的侧重点和深度不同。在项目设想阶段，一般是做简单的机会研究，侧重点是企业发展战略与项目目标的一致性和市场需求前景，只粗略测算项目的费用和效益，并在认为项目有发展前途的情况下最终提出项目建议书。在可行性研究阶段，要深入研究项目与企业发展战略的一致性、市场需求、企业实施拟建项目的能力及项目的技术可行性，提出各种可供选择的产品和技术方案，详细测算各方案的财务、经济和社会效益，最终提出最优方案或做出项目不可行的结论。在评估阶段，主要任务是对项目的可行性研究进行全面系统的评价，从市场需求到社会分析等方面，审查拟建项目的可行性。从原则上讲，

只要有条件和相应的规定，在任何一个阶段，这些分析都是必不可少的，而且它们的逻辑关系和顺序也是不变的。也就是说，不论是在项目建议书还是评估阶段，分析人员都要按照图 9-2 中箭头所指的方向，从市场到社会可行性等方面考虑相关项目的可行性。

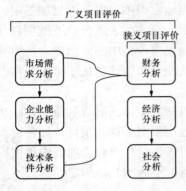

图 9-2　项目评价逻辑图

如前所述，项目评价的内容包括市场需求、企业能力、技术条件、财务、经济和社会等方面的内容。从狭义上讲，项目评价只是限于后三项分析。然而，如果没有深入细致的市场调研来确定在什么地方生产产品或提供服务，生产什么产品或提供什么服务，生产多少产品或提供多少服务，不了解企业是否有能力提供这些产品或服务以及提供这些产品或服务所需的技术条件，就不可能正确合理地估算拟建项目的经济和社会效益。所以，从广义上讲，前三项分析是后三项分析的前提和依据，因而是项目评价不可分割的组成部分。

（二）项目财务评价

财务分析又称为财务效益分析，是根据国家现行的财税制度和价格体系，以项目预期的直接成本和收益为依据，通过各种财务评价指标，分析评价项目将为所在企业或自身创造的净现金效益和财务生存能力，以便使投入到项目上的资源（人、财、物）能够为企业创造出最大化的经济利润。

经济分析虽然十分重要，但并不是所有的项目都需要做此项分析。只有其投入产出不具备市场交易条件、市场竞争受到限制或不充分的项目，即其投入产出的价格受到市场失灵或政府干预影响的项目，才有必要做经济分析，因为对于这些项目来说，市场无法依据价格有效配置资源，依照现行市场价格进行的财务分析不能反映项目的真实价值。

一般认为，下列类型的项目需要做经济分析：①具有垄断特征的项目；②产出具有公关物品特征的项目；③外部效果显著的项目；④资源开发项目；⑤涉及国家经济安全的项目；⑥受过度行政干预的项目。

（三）涉及自然资源工程项目的评价

在工程项目中，自然资源或为投入物，或为产出物，或两者兼而有之。因此，涉及自然资源工程项目的评价，原则上与一般情况下的项目评价没有区别，要进行财务分析，属于上述所列的项目类型时还要做经济分析。在做经济分析时，如果有充分的理由认为，自然资源的现行市场价格不能体现其经济价值，就需要在经济分析中采用经济价格，对其市场价格进行调整。

第二节　工程项目资源基础评价

一、资源基础评价及其目的

（一）资源基础评价

工程项目资源基础评价，就是在资源考察研究工作的基础上，根据资源的类别、属性、形成原理和形成条件以及时空分布规律，采用各种科学的方法，对其存在、数量、质量和可使用情况，进行客观的评述和估价。

（二）资源基础评价的目的

资源基础评价的目的，是在项目的决策过程中，从整体上分析自然资源的优势与劣势，开发利用潜力的大小，开发利用的制约因素及其强度，并提出合理开发利用和保护自然资源的建议，为资源价值和价格的确定以及价值的核算提供科学依据，以达到在自然资源开发利用的工程项目中，充分发挥自然资源的多种功能和综合效益。

二、资源基础评价方法分类

对于资源基础评价的方法，可根据评价对象的不同、评价侧重点的不同以及评价特定目的的不同，进行不同的分类。

（一）根据评价对象分类

根据评价对象的不同，自然资源基础评价可以分为单项自然资源基础评价和综合自然资源基础评价。

单项自然资源基础评价是指对某一项自然资源进行的评价，如单独对土地资源、水资源、森林资源、草地资源、生物资源、海洋资源、矿产资源、石油资源、煤炭资源、滩涂资源、旅游资源等单项自然资源的评价。目前的自然资源基础评价主要是单项评价。这种评价的针对性和适用性强，具有广泛的应用价值。通过多年大量的工作实践，单项自然资源基础评价已基本形成各自的评价体系、方法和指标。

综合自然资源基础评价以单项评价为基础，但不是单项资源基础评价的罗列或简单的算术叠加。综合评价的特点在于综合，起到总体大于局部之和的作用。通过综合评价，揭示自然资源的整体性质和功能，为自然资源的综合开发利用服务。综合评价的理论基础在于自然资源在一个地域内具有整体性的特点，同一地域的水资源、土地资源、森林资源、草地资源、生物资源等是成为系统存在的，是相互制约、相互联系的整体，其中任何一种资源的变化，都会影响到其他资源，如森林资源的破坏会影响地表径流，引起水土流失，威胁野生动物的生存，还会影响对气候的调节等。所以，衡量某一地域的自然资源，应分析其整体组合状况。组合适宜，质量就高，反之质量就会下降。就资源的开发而言，前者往往可以通过较少的资金和劳力投入，取得较好的经济效益。后者为改变组合中的不利条件，需投入较多的资金和劳力。由于各单项资源的功能、性质和评价标准有所差异，特别是可更新资源与不可更新资源之间评价标准的差异，至今综合自然资源基础评价尚未形成一套完整的评价体系。就一般原则而言，综合自然资源基础评价大致包括以下几个方面的内容：确定综合评价的目标；划分自然资源的组合类型作为综合评价的基本单元；选定评价的项目及相应指标；根据所选项目对基本单元进行评价，得出质量优劣的判断或指出自然资源综合开发类型、开发方向和开发顺序。

（二）根据评价侧重点分类

因评价侧重点的不同，自然资源基础评价又可以分为以自然属性评价为主的自然资源质量评价和以经济属性评价为主的自然资源经济评价。

自然资源质量评价，主要是评价自然资源潜力的高低。在确定潜力高低的标准中，一般以自然属性的评价为主，适当考虑与之有关的经济属性。在自然资源质量分析中，通过对自然属性在开发利用中所反映出的适宜性及适宜程度、存在的限制性因素及其强度，划分出自然资源的潜在开发利用能力等级。通过自然资源质量评价，可以在一定程度上揭示地区内或地区间自然资源优势的高低，为自然资源的合理开发和生产力布局提供科学依据。由于不同自然资源种类的质量内涵和标准不尽一致，所以，首先应对各单项自然资源的质量进行评价，然后在单项质量评价的基础上，通过综合分析，对区域自然资源质量进行全面评价。

自然资源经济评价是指按照经济原理，从经济发展和生产布局的角度出发，对自然资源开发利用的可行性、开发利用的方向以及开发利用的经济合理性进行的综合论证。经济评价必须从经济发展方向和具体要求的产业布局实际要求出发，在全面分析的基础上，找出对特定产业部门和地区经济发展与布局产生影响的主导因素进行重点评价，最后在技术可行性的基础上论证经济合理性，通过经济指标进行比较分析，选定优化方案。经济评价的主要内容有：自然资源的数量与质量及其与产业部门的关系；自然资源的地理分布与区域组合特点；自然资源开发利用的技术经济条件分析；自然资源开发利用的可行方式、方向选择与比较论证。

（三）根据特定评价目的分类

根据评价的特定目的不同，自然资源基础评价可分为自然资源开发利用评价、自然资源保护改造评价等。资源开发利用评价，是从经济发展需要及技术上可行、经济上合理的角度，对自然资源内在属性与外部有关条件的综合评价。资源开发利用条件评价的基本内容包括：自然资源的数量与质量特征及其对一定时期内经济发展需要的保证程度与适宜程度；自然资源的地区分布与地域组合特征及其对区域建设的有利与不利程度；影响地区资源开发利用的地理条件，特别是交通地理位置、城乡经济基础、劳动力资源等；自然资源在当代科学技术条件下开发利用的可行性、方向、方式及其财务与经济效益。上述评价基本内容因评价对象的范围、规模与类型不同而各有侧重。

资源保护改造评价，是以保护资源环境、资源生产力和改变不利条件而采取相应措施为目的的评价。根据评价对象与目的，有水土保持、盐渍土改良、防风治沙、围垦海涂、灌溉排水、沼泽地改造、防止污染、土地复垦、绿化造林、珍稀动植物保护以及建立自然保护区等评价。资源种类繁多，对于不同种类、不同类型、不同目的的保护改造评价，所考虑的评价因素是不同的，依据的原理与方法也不尽相同，但都必须考虑起主要作用的限制因素。例如，水土保持评价的主要因素是地面坡度和地表组成物质状况；盐渍土改良评价则主要考虑土壤改良条件和土壤盐分情况。评价因素指标的划分重点是确定临界标准，即在一定的技术经济条件下，容许资源退化的强度和速度，在此标准上所发生的资源退化不会给资源的主要生态环境质量和管理方式带来明显不利影响。临界标准应根据资源的具体利用方式确定。

简言之，用于特定目的的自然资源基础评价一般针对性强、应用目标明确，通常围绕特定目的和用途确定各自的评价内容和方法。近年来，这类评价发展较快，工作实践较多，已经成为自然资源基础评价的主要组成部分。

（四）资源基础评价分类实例

在实际工作中，资源基础评价的类型比理论上的分类要复杂得多，往往是多种分类方案的复合体。例如，土地资源基础评价属于单项资源基础评价，但由于其评价目的、任务及方法的不同，在实际工作中又可进一步分为土地潜力评价、土地适宜性评价和土地经济评价三种类型。

1. 土地潜力评价

土地潜力评价，是指评价土地在用于农、林、牧业生产或其他用途方面的潜在生产能力。这种评价主要是依据土地的自然特性及其对于某种持久利用方式的适宜程度或限制程度，以及由此表现出的潜在生产力，对土地的质量等级进行评定与划分，故又称为土地潜力分级，见图 9-3。目前，土地潜力评价大多是农用土地潜力评价，主要是评价土地的农业利用可能性与生产潜力高低。最早的土地潜力评价系统，是美国农业部土壤保持局在 20 世纪 30 年代建立的，当时的目的是为控制土壤侵蚀，60 年代后进行了改进，用于评价土地对于大农业利用的潜力。

土地潜在生产能力与光、温、水、土及其他自然因素有关，特别是气候与土壤两者是影响土地生态系统能量流动、养分循环的主要环境因子。所以，土地潜力评价，有以气候要素为主的评价、以土壤要素为主的评价以及将气候、土壤两者相结合的评价等形式。

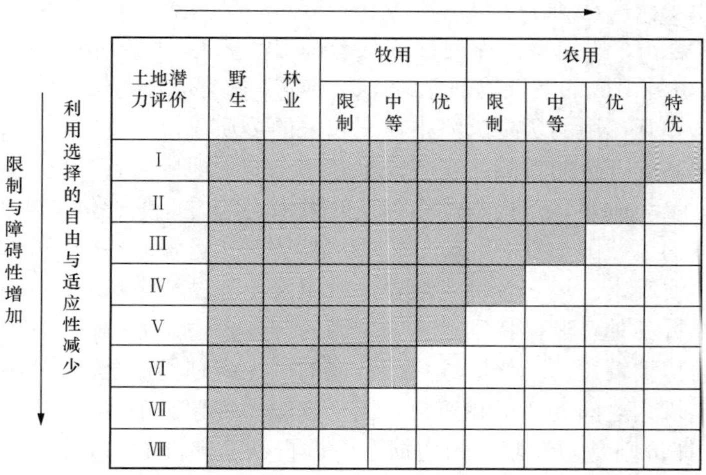

土地潜力评价	野生	林业	牧用			农用			
			限制	中等	优	限制	中等	优	特优
I									
II									
III									
IV									
V									
VI									
VII									
VIII									

（左侧纵向文字：利用选择的自由与适应性减少；限制与障碍性增加）

图 9-3　土地资源潜力分级图

2. 土地适宜性评价

土地适宜性评价则是针对一定的土地利用方式所做的评价。土地利用方式的分类有不同层次，高层类型如农业、林业、牧业、工业、交通、国防、城市、旅游等用地，低层类型如小麦、杉木、茶叶、果园、居住等用地。土地适宜性评价就是根据一定的标准，确定土地对一定用途适宜与否以及适宜程度的高低。根据土地适宜性评价分类中是否采用量化指标，可将土地适宜性分为以下两类：

（1）定性土地适宜性分类。定性分类只是根据土地评价单元的土地质量与土地用途要求相配比的吻合情况，定性地大致说明土地对一定的利用是高度适宜、中度适宜、勉强适宜或不适宜。

（2）定量土地适宜性分类。这种分类是用数量指标，定量地说明土地对一定的利用是高度适宜、中度适宜、勉强适宜或不适宜。

3. 土地经济评价

这种评价是运用经济指标对土地质量进行评定，即对土地进行投入和产出分析，并由此确定土地的适宜性类型及适宜程度。土地经济评价的实质，在于体现不同质量土地在不同的自然条件与经济条件下，生产耗费量与提供产品量的对比关系，或者在相同投入量下取得不同产出量的经济指标。土地经济评价强调土地的经济属性，从土地利用的经济价值方面来评价土地的质量。它与土地适宜性评价的差别是，既考虑土地的自然属性的差异，更着重研究在等量劳动耗费条件下，土地的产出效果。常用的土地经济评价方法有毛利分析与现金流量折现分析等方法。

总之，资源基础评价种类很多，其评价目的、内容、原则与方法均有一定差异。因篇幅所限，这里无法对所有类型的资源基础评价原理做进一步的分析，仅以国土资源的评价为例，来说明资源基础评价的基本原理与方法。

三、国土资源基础评价的目的与内容

（一）评价目的

国土资源基础评价，就是针对特定的国土区域，根据资源类别、属性、形成原因和形成条件以及时空分布规律，从科学角度对其存在、数量、质量和可使用情况进行客观评述和估价。其评价的对象是一个国家或国家内部的某一特定区域（行政区或自然区）由自然、经济、社会（人力）三大资源组成的复杂物质系统。这一物质系统是人类长期作用于自然界的产物，是人类与自然界在相互作用的历史长河中积累起来的物质成果。

开展国土资源基础评价的目的，在于通过对国土规划地域内各种重要资源，特别是整个国土资源系统的数量与质量、结构与分布以及开发潜力等方面的评价，从强化地域整体功能出发，明确所规划的地域国土资源的整体优势与劣势、优势资源在全局中的战略地位、制约优势资源开发的主要因素，揭示各种资源在地域组合上、结构上和空间配置上合理与否、匹配与否的关系，掌握各种资源，特别是重要资源的开发潜力，明确国土开发与整治的方向与重点，为制定人地协调发展与强化地域系统功能的国土规划提供全面的科学依据，是国土资源调查与政府制定规划之间的桥梁和纽带。国土资源"规划是手段、管理是核心、保护与合理利用是目的"，评价则是规划制定的依据，而调查则是评价的基础。因此，可以说，调查是基础、评价是依据、规划是手段、管理是核心、保护与合理利用是目的。显然，评价是科学制定规划的关键所在，是国土资源调查与政府制定规划之间不可缺少的桥梁和纽带。

简言之，国土资源基础评价服务于正确制定国土区域开发与整治的战略决策与强化国土区域的整体功能，是国土规划必不可少的前期工作，对于国土规划的质量有着深刻影响。

（二）评价内容

国土资源，首先是指这个疆域范围内从上空到地下的自然资源，主要包括土地资源、气候资源、水资源、生物资源、矿产资源、海洋资源六大类；其次还有被称为社会资源的人力资源，以及作为人类开发利用自然资源重要条件的各种设施，如工厂、矿山、交通线路、水利工程等。因此，在一定意义上国土资源还包括社会资源。因此，国土资源是一个由自然资源、经济资源与社会（或人力）资源共同组成的、彼此紧密联系在一起的复杂物质系统。这一物质系统是人类在地表空间创造并赖以生存和发展的基础。所以，人类在为规划未来而进行的资源基础评价中，应当考虑如表 9-1 所示的自然资源、经济资源和社会资源三个方面或三个系统的内容。

表 9-1 国土资源系统评价内容

所属子系统	子系统成分	各成分包括的具体内容
自然资源系统	土地资源	大农业（农、林、牧、渔）用地；城镇用地；工矿用地；交通用地；乡村居民用地；旅游用地与军事用地
	水资源	地表水（河川径流、湖沼积水、冰川与积雪）；地下水（主要指浅层地下淡水）

所属子系统	子系统成分	各成分包括的具体内容
自然资源系统	气候资源	光能；热量；降水；空气
	生物资源	森林（包括用材林、经济林、竹林等）；牧草；水生物（包括鱼类及其他水产品）；农作物；家畜家禽；野生植物；野生动物；微生物；天敌资源
	矿产资源	金属矿物原料（包括黑色金属、有色金属、轻金属、贵重金属、稀有金属、稀土金属等）；非金属矿物原料（包括化学工业原料、陶瓷原料、建筑材料以及国防工业原料等）
	能源资源	常规能源（包括煤炭、石油、天然气等组成的矿物能源和水能、生物能）；新能源（包括核能、太阳能、风能、地热能、潮汐能等）
	自然风景资源	奇特的地貌（山、洞穴等）；奇特的水体（河、湖、库、泉等）；奇特的地层（化石层、标准地层等）；珍稀植物；珍稀动物；特殊的景观
经济资源系统	农业资源	种植业（包括耕作业与园艺业）；林业；牧业；副业；渔业；农业基础设施；农业固定资产、产值与利润
	工业资源	钢铁工业；有色金属冶炼工业；机械工业；化学工业；建材工业；纺织工业；食品工业；电力、蒸汽热水生产和供应工业；炼焦与煤炭工业；石油加工业；煤炭采造业；石油和天然气开采业；黑色金属矿采造业；有色金属矿采造业；建筑材料及其他非金属矿采造业；采盐业；其他矿采造业；木材及竹材采运业；自来水生产和供应业；化学纤维工业；橡胶制品业；塑料制品业；金属制品业；交通运输设备制造业；电器机械及器材制造业；电子及通信设备制造业；医药工业；仪器仪表制造工业；缝纫工业；皮革工业；造纸工业；文教用品工业；森林工业；家具制造业；木材加工及竹藤、棕革制品业；烟草加工业；饮料制造业；工业装备；工业固定资产、产值与利润
	交通资源	公路；铁路；水运；航空；管道；交通固定资产与产值、利润
	通信资源	电话、邮件、数据、传真等通信设施；通信固定资产与产值、利润
	建筑业资源	建筑业规模；建筑业装备；建筑业固定资产、产值与利润
	商业资源	商业机构与网点；工业与农产品购销量；外贸进出口量；商业基础设施；商业固定资产、产值与利润
	旅游资源	旅游接待机构、旅馆、饭店；旅游商品；旅游交通设施；旅游文化、娱乐设施；旅游业固定资产、产值与利润
	金融资源	财政收入及构成；银行资金及构成；银行存款及构成；银行贷款及工、商、农等各业贷款；资金使用效益
	信息资源	科技信息；商品信息；市场信息；管理信息；产业信息
	基础设施	城市道路；城市住宅；城市供电；城市供热；城市给排水；城市电报电话
	人口资源	总人口；民族；农业人口；非农业人口；城镇人口
社会人力资源系统	劳力资源	社会总劳力；在业劳力；工业劳力；农业劳力；交通运输劳力；建筑业劳力；商业劳力；旅游业劳力；社会部门劳力（文教、卫、体科技等）；国家机关劳力
	智力资源（科技人才）	工程技术人员；农业技术人员；卫生技术人员；科学研究人员；教学人员；会计人员；经济人员；统计人员
	教育设施	各类学校数量；各类学校建筑面积与学生容量
	文化设施	各类文化机构；文化娱乐与服务设施；电视广播设施
	科技设施	科研单位；中试单位；推广单位；科研装备；科研实验场地
	卫生设施	卫生防疫、保健机构；医院病床；农村医疗点；饮水设施
	体育设施	体育及培训机构；体育场地与培训设施

自然资源系统主要包括水、土、气候、生物和矿产等五大资源，但在某些地区，常把能源与自然风景资源单独列出。这样自然资源系统最多的可以列出七项，其中水、土、气候、生物在评价时常归入农业自然资源，而矿产、能源及生物资源中的森林与农业产品则归入工业自然资源。这样划分只有相对意义，因为水、土资源不仅是农业的基础资源，也是工业的重要资源，而能源不仅是工业的动力，同时也是农业的动力。

经济资源系统主要包括工业、农业、交通与通信业、建筑业与商业五大资源，它们是各个地域开展国土资源基础评价的重点。但是，在某些地区，常需将旅游业、财政、金融业与科技信息资源也列为评价的内容，甚至列为评价的重点。

社会资源系统以人力资源为主体，它的内容主要包括劳力、智力（指科技人才）资源以及为人力资源服务的教育、文化、科技卫生、体育等社会基础设施。为人力资源服务的社会基础设施，既是服务性的公共设施，又是人们长期积累的物质成果，而且它们在服务过程中也能创造财富，故亦应列为国土资源的组成部分。

表 9-1 所列国土资源各项内容，并不要求每个地域全部逐项做出评价，更无需对每一项内容都做深入细致的评价，而是要从各个地域的具体实际出发，抓住其中的某些重点内容及重点方面，做出深入细致的评价；对于非重点内容，评价可以粗略一些，有的甚至可以不评或一笔带过；对于同重点资源有紧密联系的资源，也可以不单独列出来，而和重点资源结合在一起进行评价。

选择资源基础评价重点，主要应考虑对国土区域整体功能有重大影响的优势资源，同时也应对地域整体功能有重大影响的非优势资源予以考虑。为了便于评价人员能从不同的地域实际出发确定评价重点，下面按照拥有的优势资源及其对地域整体功能影响的不同，将我国的国土区域粗略划分为三种类型：

（1）自然资源优势明显的资源开发型地域。属于这一类型的包括矿产、水能与林特生物资源丰富或比较丰富的地区，农业自然资源特别优越或比较优越的平原与岗丘区，牧草资源丰富或比较丰富的牧区，水及水能资源丰富的大型水能开发区以及矿产资源集中分布的矿区等。

在评价时应突出重点自然资源，特别是突出拥有优势，对地域功能有重大影响的项目。这类地域由于经济、社会资源比较薄弱，因此在评价时可以概略一些，或作为优势自然资源开发的条件来进行评价。湖北省在鄂西土家族苗族自治州开展国土资源基础评价时，就是把经济、社会资源作为优势自然资源的开发条件来评价的。在评价中除了充分评述个别有利的方面外，主要是评述它的不利方面，特别是对优势自然资源开发有重大影响的方面。

（2）经济与技术资源优势明显的技术开发型地域。属于这一类型的有大中城市和经济特区。在评价时重点应突出经济、技术资源。经济资源主要应突出拥有优势的主导产业以及主导产业与非主导产业之间的配套关系。技术资源主要应突出科技与管理人才和主导产业与配套产业的劳动力素质，以及人才结构、教育结构等是否合理等方面内容。这一类型的地域在进行自然资源基础评价时，重点应抓住水、土两个方面，它们是这类地域发展的最主要物质基础，也是不可能或难以从外部取得的基本资源。这类地域维持其物质与能量转换的其他自然资源，如矿产、生物、能源等，除少数城市（主要是某些依矿起家的城市）外，大部分均以外部区域输入为主，因此，对这类资源一般不作为评价的重点。同时，对水、土为中心的自然资源的评价，应侧重于评价水、土资源对产业结构与布局的影响。

（3）以自然保护、环境治理、旅游观光为主的特殊功能的国土地域。属于这一类型的有大型的自然保护区、规模较大的重点国土整治区、大型的森林公园和自然与人文景观旅游区等。在评价时重点应抓住对各自功能有重大影响的资源项目。如自然保护区应突出对保护的重点资源——珍稀动植物及维护其生存的良好的自然生态环境、影响珍稀动植物良好自然生态环境形成的社会与经济资源方面的必备条件进行评价。对防治水土流失的重点国土整治区，则应围绕根治水土流失的必要条件，重点对地域内的降水、地表径流、土地资源数量与质量，乔、灌、草各类生物资源在不同坡度地区的分布与组合状况，林业、耕作业、牧业、粮食、农村能源和水土保护工程设施等农业经济资源的构成与配置状况以及人口资源的数量、素质与分布状况对水土流失的影响等做出评价。

综上所述，三种不同类型的国土区域资源基础评价的重点是不相同的，而且同一种地域类型中不同地区的评价重点也不尽相同。所以，应该从实际出发，选择对地域整体功能影响最大的那些优势资源以及与优势资源密切联系的少数非优势资源作为评价重点，并且在内容上应突出对整体功能影响最大的那些方面。但必须指出的是，尽管对不同地域有不同的评价重点内容，但就多数国土区域而言（特别是前两类国土地域），有许多评价内容是共同的，这些内容包括：①国土资源的整体优、劣势；②国土资源的组合与结构特征；③国土资源的空间分布与地域差异；④制约国土资源优势发挥的主要因素；⑤国土资源开发利用的潜力。总之，评价人员只有善于从地域实际出发选择评价重点，并能从强化地域整体功能角度全面回答以上五个共性的问题，才有可能高质量地完成评价任务。

四、国土资源基础评价的原则与方法

（一）国土资源基础评价的原则

开展国土资源基础评价应遵循整体性、实践性和可持续利用三个基本原则。

（1）整体性原则。即从地域或其子系统整体的角度评价国土资源，或者对某种资源做整体上的全面评价，这需要坚持以下两点。

1）将优势资源与非优势资源紧密结合。任何一个地域的国土资源系统或其子系统，都是由优势资源与非优势（或劣势）资源两部分构成的统一体。规划人员既需要通过数量、质量的评价，明确哪些是优势资源，又需要明确优势资源与非优势资源之间的联系。如对某些地区优越的农业自然资源、丰富的劳动力资源与短缺的煤炭和农村能源之间的关系等做出评价。这种评价既有助于扬长避短，发挥优势资源的作用，又有助于做转化工作，达到国土资源系统与地域整体功能优化的目的。从另一个角度看，一个地区的优势资源往往仅一、两种，如果没有必备的辅助资源与之配合，就会形成"孤掌难鸣"的状况；如果有足够的辅助资源与之配合，则会形成整体组合优势。所以，把优势资源与非优势资源结合起来评价，对发挥地域资源系统的组合优势也具有重要的参考价值。

同时，即使对确认的优势资源，也不能加以绝对化，既要认识它在总体上构成地域明显的资源优势，又必须深入地剖析它在优势中寓有的劣势方面，把资源的优势方面与劣势方面结合起来评价。以某市的水资源为例，其水资源十分丰富，总水量大约为北京市的 200 倍，水质总体比较好，市域范围内水域面积在全国各大城市中居首位，所以水资源的巨大优势是不容置疑的。但其水域资源也有劣势，首先是多雨年份的暴雨季节，洪灾威胁很大；其次是下游沿长江边的某些江段工业废水污染相当严重，湖泊和市域的某些水系的工业或生活废水污染与富营养化也很严重。因此，在侧重于评价水资源优势的同时，对水资源存在的劣势方面做出具体评价也是必要的。水资源的优势方面与劣势方面相互影响、相互制约，水量越大的年份，洪灾威胁越大，劣势越突出，但水量大可以减轻水污染的危害，削弱劣势，所以需要辩证地结合起来评价。

2）将局部与全局相结合。在开展国土资源基础评价时，既需要通过横向对比明确每一部门或某一个局部地区（如一个行政区域经济区）的资源优势，包括单项优势与组合优势，更需要把它置于全省或全国乃至世界同类地区的更大整体中来评价其优势；既需要从条条块块角度评价资源的开发价值，更需要从全局出发，即从强化整个地域的功能出发，来评定优势资源的开发。这种局部与全局相结合的评价，可以在全局指导下提出各地域合理开发利用与分配资源的最优方案，解决条条块块之间争资源的矛盾，确保资源整体优势的发挥。

（2）实践性原则。即坚持为国土规划服务的原则。贯彻这一原则需做好四个结合。

1）空间性与时间性相结合。国土资源是分布在地表空间的物质系统，它在地表空间的分布是不均衡的，同时在不同地域空间的构成也很不一致，因此必须对资源的空间性，即地域配置上的差异做出评价。这种评价能反映国土资源系统的静态分布与空间结构。但是，国土资源系统是一个随时间而变化的动态系统，因此，必须评价这一系统形成的过程，揭示其演化的规律和原因。这样把资源空间性的评价与时间性的评价紧密结合起来，就能揭示国土资源系统在不同地表空间的变化，既可为当前指导生产实践服务，又能为制定长远规划提供必要的科学依据。

2）宏观与微观层次评价相结合。所谓宏观层次是指从地域水平的高度评价资源，而所谓微观层次则是指从品种与化学成分角度评价资源。国土规划属于宏观决策，因此，无疑要侧重于宏观层次的资源基础评价。但是，国土规划在宏观决策中又需要对某些重点开发与整治项目，做出立项的初步论证或者为立项提出初步的论据。因此，对这些重大项目进行微观层次的评价也十分必要。正是这种宏观层次与微观层次评价的紧密结合，才能为重大开发与整治项目的立项提供必要的论据。

3）现状与潜力评价相结合。国土资源基础评价既要掌握各种资源，特别是优势资源的数量与质量，地域组合与结构状况，地域差异与空间结构等现状；又要通过资源开发水平与条件等现状的评价，明确资源进一步开发利用的潜力（包括扩大开发的潜力与增产的潜力）。这种把资源的现状与开发潜力结合起来评价的做法，是进行国土开发战略决策的需要。

4）顺向与逆向评价相结合。所谓顺向评价就是从资源出发，评价产品的开发及生产的规模。在国土资源基础评价中，虽然仍需从资源角度分析能开发哪些产品，但是评价工作决不能就此止步，而必须进一步从市场出发，根据市场分析确定要开发哪些产品，然后再确定资源开发利用的方向。只有这种立足于资源的顺向评价与立足于市场的逆向评价的有机结合，才能正确地制定产品及资源开发战略。在进行顺向评价时，不能单纯从自然资源出发，而应该立足于从全部国土资源（包括现存的经济、技术与人力资源）出发，确定产品开发的方向与重点，特别是一些经济发达的大中城市区域，更应当如此。同时，对于自然资源，也不应把目光局限于本地域的狭小天地，而应同周围地区甚至更大范围联系起来考虑，即充分考虑地域间的资源组合优势来评价产品的开发。这样，才能使国土资源基础评价更好地为国土规划战略决策服务。

（3）可持续利用原则。即坚持可持续发展的原则。贯彻这一原则，要把握好以下几点。

1）在对人类有意义的时间和空间尺度上，任何一类自然资源的开发利用，都必须保证其利用强度不超过自然资源的承载能力，使自然资源不仅能够满足当代人的需求，也能不对后代人满足其需求构成危害。在资源基础评价中，应根据资源种类特征把握这一原则。对于恒定资源，如太阳能、潮汐能等，应尽量提高利用率，发挥其最大效益；对于耗竭性不可更新资源，如石油、天然气、煤炭等，应节约利用；而对于耗竭性可更新资源，如森林、土地等，应在其可更新能力的范围内，优化利用。

2）坚持经济、社会、生态三个效益相结合。制定国土规划的战略目标，就是要在地区基础上，协调自然系统与人类社会系统之间的关系，从而建立一个和谐的人地关系系统。长期以来，由于人们在生产活动中片面追求经济效益，或者片面地追求社会、经济效益，导致许多地区人地关系不够和谐与协调，甚至在某些地区造成了人与自然关系的严重破裂。这种不协调的关系，必然在人类作用于自然界所积累的物质成果——国土资源中得到明显的反映。如果不从经济、社会、生态三个效益高度统一的角度进行考察和评价，而仍然因袭旧的观点，就无法揭示国土资源中反映出来的人地关系问题，更谈不上为协调人地关系提供科学依据。所以，坚持经济、社会、生态三个效益相结合，走可持续发展道路，是评价国土资源一条十分重要的原则。

（二）国土资源质量评价的方法

评价国土资源质量的方法，可以大体上概括为主导因素评判法、最低限制因素评判法、综合指标评判法、多因素综合评判法、地域对比评判法和标准值对照评判法等六种方法。

1. 主导因素评判法

这一评价方法是在影响某一资源质量的多个因素中，选择一或两个起决定性作用的主导因素，作为评判资源质量或划分资源等级的依据。然后，针对起主导作用的评价因素（或项目），提出一个或多个全面的评价指标，并对每一指标按一定标准做出分级，以便得到一张可以用于质量分级的标准表。这样，评价人员只需取得该资源的主导因素在不同地段（即评价单元）的全部指标，便可与评价标准表对照，迅速获得每一个评价地段的级别。

在运用该方法进行国土资源基础评价时，不仅需要科学地选取评价的主导因素（或评价项目）和表达这一评价因素的指标，还必须对指标进行科学的分级，切忌指标分级的主观随意性，以保证获得正确的评价结果。

2. 最低限制因素评判法

这一方法是选取多个限制因素作为评价项目（或评价因素），各限制因素按其对资源的限制程度进行指标分级，即划分为不同级别的定量或定性评判指标或标准；然后对评价对象的各个限制因素一一评定级别，记录在评价表格中，最后以限制因素评定的最低级别来确定评价对象的等级。

3. 综合指标评判法

这种评价方法选取公认能反映某一资源质量的综合性指标，并对这一指标进行分级，用以评定该种资源的等级。同时比较两个以上地域单元的评价结果，就可以获得资源优劣的明确结论。

4. 多因素综合评判法

这一评价方法是选取对评价对象（某一种资源）的质量有影响的多个限制因素作为评价项目，然后将每个评价项目进行指标分级，最后，采用一定的数学方法对各限制因素（评价项目）评定的级别进行综合评判，得到评价对象的质量等级。根据所采用数学方法的不同，多因素综合评判法还可进一步划分为以下六种具体评价方法。

（1）多因素模糊评判法。该种评价方法又称为 Fuzzy 综合评判法，即运用解模糊矩阵的方法来综合评判资源的质量。

Fuzzy 综合评判量给定两个有限论域：

$$u = u_1, u_2, u_3, ..., u_n$$
$$v = v_1, v_2, v_3, ..., v_n$$

式中：u 代表综合评判考虑的因素（评价内容或项目），即评价资源质量需考虑因素的集合，不同的评价对象，评判的因素亦不同；v 代表评价对象各评判因素评语的集合。

评判因素集合与评语集合之间存在着内在联系，可通过一定途径实现模糊变换。

模糊变换公式为

$$R = y/r$$

式中：r 为 u 上的模糊子集，而评判的结果 y 是 v 上的模糊子集；R 为模糊关系矩阵。

通常，模糊变换途径有两种：一是评审人员按一定标准对评判因素逐一评审，得出结论性的评语；二是在一级评判因素之下设二级评判因素，并按一定标准逐一得出结论性的评语，然后再对一级评判因素逐个做出评判结论。在综合评判过程中，将各个评判因素的评语加以统计，汇集在一起，就形成一个综合评判某一资源的模糊关系矩阵。最后，解模糊关系矩阵即可得到综合评价结果。

（2）等差指数定量评判法。这一评价方法是在可以取得资源质量评价因素的定量数据，但各因素相互关系不明确的情况下，将各因素按照作用的大小，人为地等差分配指数，以指数之和，求得资源质量的综合指数，并据此评定资源等级的一种综合方法。

其表达式为

$$P_M = \sum_{i=1}^{n} a_i$$

式中　P_M——某一等级地区的质量综合指数；

　　　a——资源质量评价因素；

　　　i——评价因素的某一项；

　　　n——评价因素的数量。

用上法求得的相邻两个等级地区的质量综合指数，取其平均值即为指数的范围界限。每一等级地区分几级，就把该指数范围相应分为几等分，以此评定各地域单元资源等级的指数及其范围。

（3）等差指数非定量评判法。这一评判法是在缺乏资源质量评价因素的定量数据，且各因素相应关系不明确的情况下，进行资源质量多因素综合评价的方法。它与等差指数定量评判法的区别在于：

1）不需要取得各评价因素（或项目）的分级定量指标，可以将某些评价因素定性地分为若干等级，其等级可以少于资源质量拟评的等级数。

2）需要在编制各评价因素等差指数分配表之后，根据评价因素定性与定量的实际分级，进一步编制一张用于鉴别资源质量等级的评价因素等差指数表。

3）评价时需将某一评价单元取得的各评价因子的分级标准或指标，与鉴别资源质量等级的等差指数表相对照，将取得的单一因素指数相加，求取综合指数，按表中指数的范围来评定其等级。

（4）平均值等差分级评判法。该法是以评价因素的平均值为分级的基准，按距基准线平均值一定的百分比进行等差分级。假设各因素是等值的，以多数因素属于某一等差分级域，即某一百分比的幅度值来评定其等级。

进行等差分级的百分比，需根据评价对象从实际出发确定，以保证分级能正确反映评价因素的质量状况。但是，各评价因素需采用同一百分比值作为分级指标。

（5）加权给分评判法。该评价方法在选定若干资源质量评价因素之后，按各因素的重要性分别给出不同分值，即相当于按因素分别加权给分，最后以所获总分来确定被评资源的等级。

5. 地域对比评判法

这一评价方法是按照反映某种待评价资源质量特征的各项指标，将这一资源与具有同一资源的地域单元的该类资源进行系统对比分析，评定该地域单元资源的相对质量，进而得出相对优劣的评价结论。

6. 标准值对照评判法

这一评价方法是按照国家或国际上规定的质量标准，或者按照公认的质量分级标准，与被评的某一资源质量的实际值相对照，评定其等级。

目前，我国对矿产资源的富矿与贫矿（或优质、中质与劣质矿）、水资源的质量等级、土壤质量分级以及某些农产品、工业产品的质量分级，均有明确的规定，可以作为标准值使用。若缺乏质量分级的明确规定，则可以本地区较成熟的公认相关资源质量的分级标准，如草场分级、耕地分级、林地分级、宜农荒地分级、养殖湖泊分级等作为评价的标准值应用。

第三节　工程项目资源节约与综合利用评价

一、资源节约与综合利用的目的、依据及主要内容

（一）资源节约与综合利用评价及其目的

1. 资源节约与综合利用评价

就工程项目评价而言，资源节约与综合利用评价是指在工程项目的决策过程中，依据循环经济的基本原则和国家的相关法律法规，采用定性与定量的方法，分析评价项目为促进资源节约与综合利用所做的贡献，并且提出相应的改进建议。

2. 资源节约与综合利用评价的目的

资源节约与综合利用评价的目的，是通过把循环经济的思想纳入工程项目决策程序，加强资源节约与综合利用工作，实现科学发展观，转变经济发展方式，建设资源节约型和环境友好型社会。

改革开放 30 多年来，我国经济高速发展，年均 GDP 增长率接近 10%，创造了世界经济发展的奇迹。在这一过程中，以工程项目为代表的投资活动是推动经济增长的最主要动力。然而，30 多年后的今天，中国经济仍未摆脱粗放经营的发展模式，并为此付出了难以承受的的代价：资源日益枯竭和生态环境日益恶化。中国政府和人们越来越深切地认识到，这种高

投入、高消耗、高排放、难循环、低效率的发展模式不可持续。

科学发展观的提出，就是根据我国资源短缺的基本国情，力求改变发展方式，建设资源节约型和环境友好型社会，使中国经济实现持续、稳定、协调发展。把资源节约与综合利用的思想纳入工程项目决策，通过项目的选择、规划、设计和实施，促使增量资产实现最大限度的资源节约与综合利用，使工程项目投资活动在推动经济增长的同时，为落实科学发展观，实现我国经济发展方式的转变，做出不可或缺的贡献。

（二）资源节约与综合利用评价的原则与依据

1. 资源节约与综合利用评价的原则

资源节约与综合利用评价的指导思想，是循环经济的理念。

（1）大系统分析的原则。循环经济更全面地分析投入与产出间的关系，在人口、资源、环境、经济、社会与科学技术的大系统中，研究符合客观规律的经济原则，均衡经济、社会和生态效益。

（2）生态成本总量控制的原则。如果把自然生态系统作为经济生产大系统的一部分来考虑，人们就会像传统工业经济考虑资本的投入一样，考虑生产中生态系统的成本，即当经济生产给生态系统造成破坏后，人为修复所需要的代价。生态成本应该有一个总量控制的概念。以从河流取水为例，联合国教科文组织通过数百例统计研究，得出这样的结论：在温带半湿润地区，从河流中取水不应超过河流总水资源量的40%。也就是说，从整条河中取用总水资源量40%以下的水，不至于造成断流；在污水处理达标排放的情况下，可以保持河流的自净能力。

（3）资源循环的3R原则。3R包括：①在投入端实施资源利用的减量化，通过综合利用和循环使用，尽可能节约自然资源；②产品的再使用，产品在尽可能多的场合下，用尽可能长的时间而不废弃，如产品标准化，可以不断更换配件，一辆汽车可以在不同的地形和气候条件下使用等；③废弃物的再循环，在材料选材、产品设计、工艺流程、产品使用到废弃物处理的全过程，实行清洁生产，最大限度地减少废弃物排放，力争做到排放的无害化和资源化，实现再循环。

（4）尽可能利用可再生资源原则。自然界很多资源都是循环再生的，循环经济要求尽可能利用这类资源，替代不可再生资源，使生产循环与生态循环耦合，合理地依托在自然生态循环之上。如利用太阳能替代石油，利用地表水替代深层地下水，用农家肥替代化肥等。

（5）尽可能利用高科技原则。提倡生产的"非物质化"，即尽可能以知识投入来替代物质投入。如利用互联网替代大量相应物质产品的生产。就我国目前发展水平来看，即以信息化带动工业化。目前称为高新技术的信息技术、生物技术、新材料技术、新能源和可再生能源技术及管理科学技术等，其基本特征都是大大减少物质和能量等自然资源投入。

（6）把生态系统建设作为基础设施建设的原则。传统经济只重视电力、热力、公路、铁路、水坝和堤防等基础设施建设。循环经济认为生态系统建设也是基础设施建设，如狠抓退田还湖、退耕还林、退牧还草和退用还流等生态系统建设。通过这些基础设施的建设来提高生态系统对经济发展的承载能力。

（7）建立绿色消费制度的原则。以税收和行政等手段，限制以不可再生资源为原料的一次性产品的生产与消费，如旅馆的一次性用品、餐馆的一次性餐具和豪华包装等，促进一次性产品和包装容器的再利用。同时，鼓励使用可降解的一次性用具。

2. 资源节约与综合利用评价的依据

工程项目资源节约与综合利用评价的主要依据，是国家相关部门颁布的、涉及资源节约与综合利用的法律法规、标准、规定以及强制性指标。

开展工程项目资源节约与综合利用评价工作，首要的依据是国家法律法规、标准及相关规定。例如，《矿产资源法》、《土地管理法》、《水法》等。其次，资源节约与综合利用评价工作还要依据行业法律法规、标准及相关规定进行。例如，"十二五"资源综合利用指导意见，招标拍卖挂牌出让国有土地使用权规定等。此外，工程项目资源节约与综合利用评价工作还要满足项目所在地方的法律法规及相关规定要求。

（三）投资项目资源节约与综合利用的主要内容

1. 投资项目资源综合利用的主要内容

（1）矿产资源综合利用。在技术上先进可行、经济上合理以及符合环保要求的前提下，矿产资源开发项目应最大限度地综合回收资源。

（2）"三废"综合利用。在技术可行、经济合理以及减少污染的前提下，投资项目应综合利用生产过程中产生的"三废"（固体废弃物，废水、液，废气）。

2. 投资项目资源节约的主要内容

（1）水资源节约利用

1）农业节水。农业节水主要内容包括：农业用水优化配置技术，高效输配水技术，田间灌水技术，生物节水与农艺节水技术，降水和回归水利用技术，非常规水资源化技术，养殖业节水技术，村镇节水技术等。

2）工业节水。工业节水的主要内容包括：工业用水的重复利用，冷却节水，热力和工艺系统节水，洗涤节水，工业给水和废水处理节水，非常规水资源的利用，工业输用水管网、设备防漏和快速堵漏修复等。

3）城市生活节水。城市生活节水主要内容包括：节水型器具，城市再生水利用，城区雨水、海水、苦咸水利用，城市供水管网的检漏和防渗，公共供水企业自用水的节水，公共建筑的节水，市政环境的节水，城市节水信息技术应用。

（2）土地资源节约利用。在技术可行、经济合理以及维护土地资源可持续利用的前提下，投资项目应最大限度地节约利用土地资源，提高土地资源的利用率、生产率和利用效益，实现土地资源高效合理的应用。

二、工程项目资源节约与综合利用评价的思路和方法

（一）投资项目资源节约与综合利用评价的基本思路

1. 投资项目资源综合利用评价的基本思路

投资项目资源综合利用评价是在咨询评估过程中，依据国家、行业以及地方的相关法律法规、标准、规范、规定，并适当参考同类项目的国内外先进水平，对投资项目待评资料（项目可行性研究报告、申请报告等）中的有关资源综合利用内容进行分析评价。

资源综合利用分析评价主要包括：资源开发方案分析评价以及优化建议等内容，采用宏观微观相结合、定性定量相结合方式进行分析评价。原则上，投资项目资源综合利用分析评价的结论和建议，应集中在咨询评估报告的资源综合利用评价章节中体现。

2. 投资项目资源节约评价的基本思路

（1）水资源。对北方水资源紧缺地区，要根据水资源和水环境承载能力实行严格的用水总量控制，加大产业结构调整力度，限制高耗水的作物和高用水工业，加大节水的力度，强化排污许可制度；在西北等生态脆弱地区，要以保护生态环境为基本前提，实行严格的水资源管理制度，以水定发展规模，严格控制高用水和高污染项目；在南方水资源丰富地区，从重视水资源开发利用向重视水资源节约、保护和优化配置转变，要加强用水定额管理，控制单位产品和服务的取水量，严格控制废污水排放。

（2）土地资源。土地资源节约利用分析评价主要包括对项目土地资源节约利用方案及措施分析评价、项目环境效应分析评价、土地节约利用效果分析评价等内容，采用定性定量相结合方式进行分析评价，并提供土地资源优化配置建议。

（二）投资项目资源节约与综合利用评价的通用要求和方法

1. 投资项目资源综合利用评价的通用要求和方法

（1）矿产资源综合利用方案及措施分析评价。分析项目在技术上先进可行、经济上合理以及符合环保要求的前提下，其矿产资源开发方案是否合理以及最大限度地开发了资源。

分析项目在技术可行、经济合理以及减少污染的前提下，其开发方案是否合理地综合利用了生产过程中产生的"三废"（固体废弃物，废水、液，废气）。

采用定性定量相结合方式，对项目资源综合利用的设计水平进行分析评价。如有可能，尽量采用对比方法进行量化分析，如与国家有关标准、行业平均水平对比、与国内外先进水平对比等。对于不符合强制性标准要求的项目，要明确提出项目不能建设的咨询评估意见。

（2）资源综合利用优化建议。针对项目在资源综合利用方面存在的问题和不足，提出改进优化的意见和建议。

2. 投资项目资源节约评价的通用要求和方法

（1）水资源。我国各地经济社会发展水平、水资源条件及承载能力差异较大，要根据经济发展社会的总体布局和区域特点，因地制宜地确定不同区域节水的重点和方法。

1）黄淮海地区。包括北京、天津、河北、山西、山东和河南 6 个地区，由于水资源紧缺、水环境恶化已成为该区经济社会发展的重要制约因素，要严格实行用水总量控制和定额管理，加快对高用水行业的节水技术改造，重点发展低用水高附加值产业，严格控制高用水和高污染工业项目。加强水污染防治，提高污水处理率和再生利用率。

要结合南水北调工程建设，合理调配地表水、地下水，本地水、外调水和再生水，逐步实现地下水采补平衡。

2）东北地区。包括辽宁、吉林和黑龙江 3 个省级区。该区土地资源丰富，水资源分布不均，北丰南欠，东多西寡，人均水资源约 $1400m^3$。辽河流域和辽宁沿海城市群水资源短缺、水污染、地下水超采和海水入侵等问题突出，是该区建设节水型社会的重点。应合理开发北部和东部地区的水资源，建设必要的水资源配置工程，缓解区内部分地区水资源短缺的局面。

3）西北地区。包括内蒙古、陕西、甘肃、青海、宁夏和新疆 6 个地区。西北大部分地区生态环境十分脆弱，目前已有一部分河流的生态环境用水被挤占，土地荒漠化等问题突出。内陆河地区和黄河宁蒙地区是该区节水型社会建设的重点。

西北地区要以保护生态环境为基础，严格按照水资源可利用量对用水总量进行控制，加强用水定额管理，在保证居民用水和国家重点能源基地用水的前提下，以水定发展，控制经济社会用水量过度增长。

合理安排农业布局和种植业结构，加大现有灌区改造力度，发展节水灌溉，有条件的山地缺水区要积极发展水窖等集雨工程。

节约用水要与水资源合理配置以及保护生态相结合，对内陆河上下游水量实行统一调配，保证基本生态用水；加强重点区域水污染防治，加强长江、黄河源头区原生态系统的保护。

4）长江中下游地区。包括上海、江苏、浙江、安徽、江西、湖北和湖南 7 个地区。长江中下游地区水资源相对丰富，但水污染、湖泊富营养化问题突出，部分地区已危及城乡居民饮水安全。

长江中下游地区应节水与防污并重，在加强治污的同时通过节水减污，强化用水定额管理，建立合理的水价形成机制，控制单位产品取水量。要进一步加强水污染的防治，实行严格的排污控制，开展农业面污染源的监控和治理，减少农业、农村对水资源的面源污染。

5）华南沿海地区。包括福建、广东、广西和海南 4 个省级区。华南沿海地区总体上水资源丰富，但部分地区季节性缺水严重，珠江三角洲水污染问题突出，是该区节水型社会建设的重点。

要加快健全用水管理制度，加强用水定额管理。通过深化水价改革，完善水价制度，形成以经济手段为主的节水机制；要积极促进产业升级，加大水污染防治力度，加强对河流湖泊排污的管制，实现工业废水全面处理和达标排放，减少农业面源污染，逐步改善水环境。

6）西南地区。包括重庆、四川、贵州、云南和西藏 5 个地区。西南地区多属高山与高原，水资源相对丰富，但田高水低，水资源开发难度大。重庆市、四川成都平原、云南滇中地区是该区节水建设的重点。

西南地区大部分属江河上游区，要加强对水资源开发利用的管理和保护，合理进行工农业生产布局；积极发展高科技产业和特色产业，严格限制高污染企业发展，重点对化工、造纸等高用水行业进行节水技术改造，提高工业用水效率。

（2）土地资源。

1）土地资源节约利用方案及措施评价。分析项目是否采取了技术上先进可行、经济上合理以及环境和社会上可以承受的措施，从各个环节减少土地资源的滥用、提高土地资源的利用效率，实现有效、合理地利用土地资源。

2）项目环境效益分析评价。分析评价项目的土地资源利用水平和指标是否符合国家有关规定要求，如有条件与同类项目的国内外先进水平进行对比分析。对于不符合强制性综合利用标准要求的项目，对土地资源中的生态环境以及水环境或者其他人类环境造成一定破坏的，要明确提出项目不能建设的咨询评估意见。

3）土地节约利用效果分析评价。采用定性定量相结合方式，对项目综合利用的效果进行分析评价。如有可能，尽量采用对比方法进行量化分析，如建设前后对比、与标准规范要求指标对比、与国内外先进水平对比等。

4）土地资源优化配置建议。针对项目在土地综合利用方面存在的问题和不足之处，提出改进优化的意见和建议。

三、工程项目资源节约与综合利用评价指标

（一）金属矿产资源综合利用评价指标体系

1. 主金属资源开发利用评价指标

资源利用率指标为：采矿回采率和选矿回收率。

2. 伴、共生有价资源综合利用评价指标

经矿产资源储量报告评价的伴、共生有价金属，按元素种类应全部进行回收。但具体回收率指标应根据评估当时技术条件、经济条件以及选矿实验的结果，综合研究确定。

3. 固体废物的综合利用评价指标

主要为采矿废石和选矿尾矿的利用，主要用于生产建筑材料以及采空区充填料。具体利用指标，应根据评估当时技术条件、经济条件，综合研究确定。

4. 废水（液）的综合利用评价指标

主要为采矿废水（包括矿坑涌水）和选矿废水，主要评价指标为：生产用水循环利用率，选矿回水率。

（二）油气资源综合利用评价指标体系

1. 油气田开发项目评价指标

油气田的石油和天然气储量一般分地质储量和可采储量。前者指存在于地下油气藏中的原始油、气量。后者指油气藏中，在一定经济技术条件下可以采出的油、气量。一个油气藏中可采储量与地质储量的比值称为采收率。对于油气田开发项目，油气资源综合利用的重点在于采用先进的开采工艺，提高难动用储量的开发利用程度，其主要评价指标为：不同开发阶段油气田原油、天然气最终采收率。

另外，在原油、天然气开采过程中应回收轻烃及伴生气，尽量经济合理地降低生产自用油气量。对于含硫气田，还应回收提取硫黄，相应主要评价指标为：轻烃、伴生气回收及利用率；油气处理厂单位油气综合处理自用指标；油气田单位产品生产油气综合利用指标；含硫气田硫黄的回收率。

2. 输油、输气管道项目评价指标

对于输油、输气管道项目，油气资源综合利用的重点在于尽量经济合理地降低输送过程中的自用及损耗油气量，评价指标主要为：单位输油、输气量下的油气综合利用指标。

3. 石油储存设施项目评价指标

对于石油储存设施项目，油气资源综合利用的重点在于回收储存过程中排放的烃类物质，同时经济合理地降低自用油气量，主要评价指标包括：液化天然气接收终端气化过程中油气综合利用指标；石油储存设施油气回收及利用率；装（卸）车过程中排放轻烃回收及利用率。

（三）水资源节约利用评价指标体系

1. 水资源利用评价指标体系

（1）可利用量。水资源可利用量由地表水资源可利用量和地下水资源可开采量组成。在评价中，一般可采取地表水资源可利用量与浅层地下水资源可开采量相加再扣除地表水资源可利用量与地下水资源可开采量两者之间重复计算量的方法。

一般而言，在我国北方广大地区水资源可利用量一般不应超过水资源总量的 50%，其中松花江地区、辽河地区、海河地区、淮河地区、黄河地区等一级区分别为 49.5%、50.4%、63.5%、56%、55.6%；西北地区，由于其地表水与地下水转化频繁，因此尽管其可利用量不到 40%，但其取水量可占河道径流的 70%；南方地区水资源可利用量一般不应超过当地水资源量的 25%。

（2）开发利用程度。水资源开发利用程度定义为年取用水量占可获得的（可更新）淡水资源总量的百分率，我国一般定义水资源开发利用程度为水资源消耗量占可利用水资源量的比率。

指标的阈值或标准系根据经验确定：当水资源开发利用程度小于10%时为低水资源压力；当水资源开发利用程度为10%～20%时为中低水资源压力；当水资源开发利用程度为20%～40%时为中高水资源压力；当水资源开发利用程度大于40%为高水资源压力。

（3）人均用水量。人均用水量是表征区域人均总体用水水平的指标，采用总用水量除以总人口的方法进行计算。另外，表征人均用水情况的指标还有城镇人均用水量、农村人均用水量、人均耗水量等指标，其计算方法如表9-2所示。

表9-2　　　　　　　　　　　　　　　　人均用水量表征指标

指 标 名 称	计 算 方 法
人均用水量	总用水量/总人口
用水模数	总用水量/用水总面积
城镇人均用水量	城镇用水量/城镇人口
农村人均用水量	农村用水量/农村人口
人均耗水量	总耗水量/总人口

2．用水效率与效益指标体系

（1）灌溉水利用系数。灌溉水利用系数是指一定时期内灌区实际灌溉面积上有效利用的水量（不包括深层渗漏和田间流失）与渠首进水总量的比值，也可采用田间用水量占取水口取水量的比值来表征，或等于渠系水利用系数与田间水利用系数的比值。

灌溉水利用系数是农业类投资项目水资源论证中需重点考虑的用水指标。灌溉水利用系数的一般规定是：大型灌区不应低于0.50，中型灌区不应低于0.60，小型灌区不应低于0.70，井灌区不应低于0.80，喷灌区、微喷灌区不应低于0.85，滴灌区不应低于0.90。

（2）万元工业增加值用水量。万元工业增加值用水量是表征地区工业用水水平和效率的综合指标，也称工业用水定额，指一定时期内一定区域的工业总用水量与工业总增加值的比值。

新建设投资类工业项目万元增加值用水量最低应以国际国内相同行业用水先进水平为参考，最高万元工业增加值用水量是不高于当地万元工业增加值用水量，即投资项目建成后，当地万元增加值用水量应有所降低。

（3）单方水GDP产出量。单方水GDP产出量是表征地区用水投入产出效益的综合指标，计算公式是

$$单方水GDP产出量=GDP/总用水量（元/m^3）。$$

在投资项目水资源论证中要充分考虑投资项目对单方水GDP产出量的促进作用。

（4）单方水粮食产量。单方水粮食产量是衡量单方水粮食生产效益的综合指标，也是粮食生产型灌区投资项目必须论证的核心指标之一。目前，我国平均单方灌溉水粮食产量约为1kg，而世界上先进水平的国家平均单方灌溉水粮食产量达到2.5～3.0kg。

3．水生态与环境评价指标体系

（1）生态用水占水资源量比率。随着社会经济系统的不断发展膨胀，人类对水系统以及以水为基础的生态系统扰动越来越强，社会经济系统挤占生态用水，社会经济用水占水资源

总量的份额也越来越大，生态用水占水资源量的比例也相应越来越低。

投资项目评价分析或论证中，投资项目建设后生态用水占当地水资源量比率应不低于建设前生态用水占水资源量比率，或者不低于当地生态系统生态需水量占水资源量的最低比率。该最低比率可根据有关规范、规划、规定确定。

生态用水占水资源量比率一定程度上反映了生态需水的满足程度，包括河道内生态需水满足程度和河道外生态需水满足程度。目前，国内外尚没有生态用水占水资源量比率合适标准的规定，但国际上公认通常情况下利用的水资源量不宜超过 40%。根据我国相关研究，从我国水资源与生态状况总体分析，一般认为，对于西北干旱内陆地区的生态用水占其水资源总量的比率不得小于 50%；对于黄淮海缺水地区，该比率可小于 50%，但必须保障基本生态用水要求。

（2）污染入河量占纳污能力比率。污染物入河量是污染物产生并排放进入水体的污染物数量。

水功能区纳污能力，指对确定的水功能区，在满足水域功能要求的前提下，按给定的水功能区水质目标、设计水量、排污口位置及排污方式，功能区水体所能容纳的最大污染物量，表征的是河流水体的环境容量，以 t/年表示。

投资项目分析评价过程中，一方面应对投资项目的污染物产生与排放量进行充分测算，一方面其排放总量与排放浓度应满足相关部门和行业规定、规划要求。

（3）污水处理率。污水处理是当前维护水体健康的主要措施，指经污水处理厂集中处理的废污水量占废污水排放总量的比率。

最低污水处理率的确定，与地区所处的水功能区、相关部门确定的污染物排放标准以及当时产生的污染物量有关。污水处理率的确定，需重点考虑两方面：一是污水处理率应满足国家和区域相关标准、要求或规划；二是根据投资项目所在区的纳污能力、污染物产生量、排放量和入河情况进行科学确定。一般而言，排放量和纳污能力之差即是需削减的污染量，结合污水排放量即可确定污水处理率。

（四）土地节约利用评价指标体系

1. 农用地主要评价指标

（1）农用地集约经营程度评价指标。一般从劳动集约、资金集约和技术集约三方面对农用地集约经营程度进行评估。劳动集约指在单位面积的土地上投入更多的活劳动进而获得较高的产量和收入的一种土地集约利用形式。资金集约指通过在单位面积土地上投入更多的资金、使用更多的能量、动力、化肥、农药等物化劳动来提高土地生产率。技术集约是指通过采用先进技术，在单位面积的土地上获得较高的产量和收入，反映的是科技进步对农业产量和收入的影响程度。

（2）农用地综合利用效应评价指标。农用地综合利用的效应包括两部分：一是农用地生态系统自身属性方面所产生的效应，属于内部效应；二是外部效应，包括对人类社会、经济和生态环境等方面的影响。

对农用地内部效应的评价可从土壤质量和农用地系统结构两方面进行。土壤质量体现了农用地生态系统服务功能的基础，对其评估可从土壤肥力、土壤结构、土壤污染程度、土壤侵蚀及退化程度等方面进行。

农用地综合利用的外部效应体现在经济、社会、生态三个方面。农用地综合利用的经济

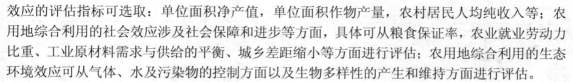

效应的评估指标可选取：单位面积净产值，单位面积作物产量，农村居民人均纯收入等；农用地综合利用的社会效应涉及社会保障和进步等方面，具体可从粮食保证率，农业就业劳动力比重、工业原材料需求与供给的平衡、城乡差距缩小等方面进行评估；农用地综合利用的生态环境效应可从气体、水及污染物的控制方面以及生物多样性的产生和维持方面进行评估。

　　2. 建设用地主要评价指标

　　（1）建设用地开发利用程度评价指标。建设用地包括居民点及独立工矿用地、交通用地和水利设施用地，其开发利用程度的评价指标选择较为复杂。土地成本、土地建设利用率、水库水面利用率、人均农村居民点用地面积、建制镇面积比例和土地闲置率是能反映建设用地开发程度的较好指标；城市建筑密度、人均城市用地面积可用于对城市开发利用的程度进行评估；对开发区言，可选择开发区土地开发率、开发区土地批租率、开发区土地建成率来反映开发区用地的开发利用程度。

　　（2）建设用地集约经营程度评价指标。影响土地集约经营程度的主要因素有土地投入程度（包括固定资产投入和基础设施水平投入）、土地利用强度等，同时土地集约经营可从土地利用效果和土地集约利用发展趋势上得到反映。土地投入程度评估指标可选择单位面积建设用地非农行业基本建设投资、开发区土地投入指标、房地产开发投资以及对外交通便利程度（每平方公里范围内的等级公路长度）等；土地利用强度可根据城市建筑容积率、城市土地利用系数（建成区内总建筑面积与建成区面积的比）、房屋建筑面积竣工率等指标进行评估；建设用地土地利用效果可从城镇化水平、单位面积建设用地就业人数（非农人口/建设用地总面积）、实际销售房屋面积/竣工房屋面积等指标方面进行评估；土地集约利用发展趋势可考虑采用城市用地扩展系数（年均城市用地增长率/年均城市人口增长率）等指标来说明。

　　（3）建设用地效益评价指标。建设用地效益主要有资源效益、经济效益、社会效益和生态效益。建设用地四种效益评价指标，见表9-3。

表 9-3　　　　　　　　　　　　建设用地效益评价指标体系

项目	评价指标	指标含义
资源效益	建设用地占用耕地水平	建设用地占用耕地/耕地总面积
	后备资源满足程度	定性指标
	项目用地保障程度	定性指标
	区位条件	定性指标
经济效益	城市商业用地比例	城市商业用地面积/城市建设用地面积
	工业用地产出率	工业总产值/工业用地面积
	单位建设用地产值	第二、三产业产值/建设用地面积
	非农产业占地系数	非农产业产值增长率/非农用地增长率
	开发区土地产出指标	开发区国内生产总值/开发区累计已征用土地面积
	开发区土地收益指标	开发区税收收入/开发区累计已征用土地面积
社会效益	城市人均居住面积	居住面积/城市人口
	社会人文环境	可用城市高校数量来说明
	单位建设用地从业人员	非农从业人员/建设用地

续表

项目	评价指标	指标含义
社会效益	城市基础设施条件	由供水、供电等因素组成，定性指标
	城镇密集度	每平方公里范围内的城镇
	村庄分散度	每平方公里范围内的村庄
	工业用地集中度	每平方公里范围内的工矿点个数
生态效益	森林覆盖率	林地面积/市地总面积
	土地污染面积和程度	
	饮用水质量	用饮用水含污量表示
	噪声污染大小	用噪声分贝值表示
	工业废气排放密度	工业废气排放量/土地总面积
	工业废水排放密度	工业废水排放量/土地总面积
	工业废弃物利用率	可利用的工业废弃物/废弃物总量
	自然灾害发生率	自然灾害发生的频率

3. 生态用地主要评价指标

生态用地以自然生态保护为主要目的，与侧重支撑人类生态系统用地类型的建设用地、农用地相对应。生态用地应当为自然生态系统的修复与弥合创造条件，最终恢复并保持自然生态系统的完整多样和健康稳定。

生态用地主要评价指标包括：①森林覆盖率；②人均林木绿化地面积；③绿化绿地空间占有率；④研究区域的人均公共绿地面积；⑤生态公益林比率；⑥水域健康指数等。

森林覆盖率：根据国家森林资源调查标准，森林覆盖率=（有林地+特灌林）/研究区域总面积。

人均林木绿化地面积：根据国家森林资源调查标准，林木绿化地包括有林地、灌木林、四旁乔木、四旁毛竹、四旁杂竹、四旁特灌林折算和其他灌木，其面积之和除以研究区域内总人口（除特别说明外，人口一般指户籍人口）等于人均林木绿化地面积。

绿化绿地空间占有率：指不同类型绿地在可达高度范围内的绿色植被实际体积与最大体积之比。

研究区域的人均公共绿地面积：指企事业单位、城镇居民点、乡村居民点范围内的各种绿地面积与户籍人口和流动人口之和的比值。

生态公益林比率：指水涵林、水保林、护岸林和护路林等防护林的面积与环保林、风景林等特殊用途林的面积之和占森林面积的比值。

水域健康指数：指水域水体达到国家有关标准的等级，通过实地考察得出。

四、资源开发类项目的资源综合利用评价

（一）金属矿产资源开发项目资源综合利用评价

金属矿产资源开发利用评价要求及方法适用于有色和黑色金属矿山开发的投资项目。本准则所指金属矿产资源为经过有资质的机构审查认证、并报国家主管部门备案的金属矿产资源。

1. 金属矿产资源开发方案分析评价

（1）主金属资源开发利用方案分析评价。分析项目矿产资源开发方案是否合理地开发利用了主金属矿产资源。尽量采用对比方法进行量化分析，将开发方案中的采矿回采率、选矿回收率等指标与国家有关标准、行业平均水平、国内外先进水平进行对比评价。

（2）伴、共生有价金属资源综合利用方案分析评价。分析项目矿产资源开发方案是否对伴、共生有价金属按元素的种类进行了合理的综合回收利用，主要采用定性分析评价。

（3）"三废"综合利用分析评价。固体废物主要为采矿废石和选矿尾矿，其主要综合利用于生产建筑材料和井下充填料。固体废物的综合利用，是在技术可行、经济合理以及减少污染的前提下，分析评价开发方案是否合理利用了生产过程中产生的固体废弃物，主要采用定性分析评价。

对于废水的评价，应分析项目建设方案是否对采矿、选矿产生的废水进行了循环利用，生产用水循环利用率以及选矿回水率指标是否符合行业有关要求，主要采用定量分析评价。

2. 资源综合利用优化建议

针对项目在资源综合利用方面存在的问题和不足，提出改进优化的意见和建议。

（二）油气资源开发项目资源综合利用评价

油气资源综合利用评价要求及方法适用于油气田开发投资项目、输油、输气管道投资项目和石油储存设施投资项目。油气资源包括原油、天然气、成品油及其生产、储运过程中排放的烃类气体。油气资源综合利用分析评价应首先分析项目采取的油气资源综合利用措施，进而分析这些措施的利用效果，最终评价油气资源利用的总体水平。

1. 油气资源综合利用主要措施

先进的开采工艺可以提高油气资源的采收率，在油气产品生产与储运过程中有效地降低烃类放空损耗并采取回收措施提高产品的收率。因此，项目采用先进合理的工艺技术及设备是提高油气资源综合利用水平的关键。

分析评价投资项目的油气资源综合利用水平，应首先分析项目采取了哪些油气资源综合利用措施。油气资源开发项目应采取的主要油气综合利用措施如下：

（1）油气田开发项目油气资源综合利用措施。油气田开发采用先进的开发技术，提高难动用储量的开发利用程度，提高油气田最终采收率；开采工艺采用伴生气、轻烃回收利用技术；油气田地面集输工艺采用密闭集输流程，降低油气集输损耗；对各种放空气体进行回收和综合利用；含硫气田采用硫回收技术回收硫黄。

（2）输油管道项目。输油工艺采用密闭输油工艺，降低输送过程中的油气损耗；输油工艺如需采用加热输送工艺，选择经济合理的加热工艺，节省燃油消耗；输油管道输送泵采用经济合理的驱动方式，减少自用油气消耗量。

（3）输气管道项目。输气管道下游天然气用户选择应符合国家天然气利用政策；输气管道天然气压缩机采用经济合理的驱动方式，节省燃气消耗；输气管道线路设置干线截断阀室减少事故和维修时的天然气放空量；输气工艺采用密闭不停气清管流程，降低清管损耗。

（4）液化天然气接收终端项目。项目下游天然气用户选择应符合国家天然气利用政策；选择合理的气化工艺，降低天然气的消耗，提高油气的利用率；对生产过程产生的各种放空天然气进行回收利用。

（5）原油及各类油品储存设施项目。合理选择储罐型式，降低储存过程中的油气损耗；

油品装（卸）车设置油气回收设施，回收装卸过程中排放的烃类气体。

2. 油气资源综合利用效果分析评价

对项目采取的油气资源综合利用措施进行分析后，对采取这些措施后取得的经济效益、环境效益和社会效益等效果进行分析评价。主要通过计算油气资源综合利用评价指标进行量化分析。如有条件，可对采取油气资源综合利用措施后节约的资源量进行分析评价，例如低品位油气田、非常规油页岩或油砂资源等难利用储量开发利用获得的油气量，伴生油气、放空气体和硫黄等资源回收量等，并进行技术经济指标计算，反映出油气资源综合利用取得的经济效益。另外，还可通过分析资源综合利用对减少废弃物、污染物排放等产生的作用，分析评价资源综合利用取得的环境效益。

3. 油气资源综合利用水平分析评价

项目油气资源综合利用水平的分析评价尽量采用对比方法进行。将前面分析得到的油气资源综合利用评价指标，与国家、行业标准规范要求进行对比分析，与国内外同类项目水平进行对比分析，或进行项目建设前后对比。通过比较，直观地反映出项目的油气资源综合利用水平是否先进，是否还有进一步提高利用水平的潜力和改进的余地。

4. 油气资源综合利用优化建议

通过项目的油气资源综合利用分析评价，判断项目采用的油气资源综合利用措施是否合理。例如，油气田钻采工艺、油气田集输与净化工艺、输油输气管道增压设备驱动方式选择、库区装卸工艺等是否合理，天然气利用项目用户选择是否符合规定等。针对项目在油气资源综合利用方面存在的问题和不足之处，提出最大限度提高油气资源回收、利用的优化建议。

（三）工程项目水资源节约利用评价

水资源节约利用分析评价一般包括，项目所在区域水资源及其开发利用状况及存在问题分析，项目所在区水资源供需分析，项目取用水合理性分析、水源论证、取水和退水影响分析、水资源保护措施分析等。

1. 水资源基础评价

按照国家有关规定，建设项目要进行水资源论证。新增水资源利用量的投资项目，应提供水行政主管部门的取水许可批件。水资源基础评价主要是评价可通过工程开发利用的地表水和赋存在地下含水层中的地下水，重点是易于被工程开发利用的、可更新的地表水和地下水。

（1）水资源基础评价的基本要求。主要包括：①投资项目的水资源分析报告应采用权威部门发布的最新统计资料，补充的资料要符合有关规范的规定；②评价内容要全面，评价方法需采用有关规范的规定；③综合考虑河川径流特征、地下水开采条件、生态环境保护要求和技术经济等因素，估算流域当地地表水资源可利用量、地下水资源可开采量和水资源可利用总量。

（2）水资源基础评价的内容。水资源基础评价的目的是了解项目所在区的水资源量、水资源质量及其基本特性，主要包括以下评价内容：①项目区在所在水资源分区的自然概况，包括地形、气候、植被土壤、水文地质条件、河流水系、湖泊、冰川等；②主要水文要素降水、径流和蒸发的时空变化特征；③项目区和所在水资源分区内的降水总量、年径流量、水资源量的丰枯变化、地表水可利用量等内容；④项目区所在水资源分区内的地下水资源量和可开采量；⑤由地表水资源量，地下水资源量，以及扣除地表水和地下水的重复计算量的水资源总量；⑥水质分析内容包括水质分类和水污染现状等。对于水污染严重地区或投资项目对水质有明确要求时，要分析污染源和入河污染物的现状与近年来的变化情况。

2．所在区域年水资源供需现状分析

按照选定年型或系列实际量算和调查的年来水、供水、用水状况资料进行年水资源供需现状分析，主要包括以下分析内容：

（1）年实际水资源总量，含地表水资源量（即径流量）和不重复的地下水资源量。项目区范围内的径流量由当地的产流量和区域内的入境水量减去出境水量的过境水量两部分组成。

（2）分析计算由蓄水工程、引水工程、提水工程和地下水工程提供的实际供水量。

（3）分析用水量和用水效率。各行业的用水量主要包括农业用水、工业用水、生活用水和生态环境用水等。

（4）分析污水排放量、节水和污水回用量。

（5）分析水资源供需结构、利用效率和工程布局的合理性。

（6）分析现状年供需平衡状况和项目所在水资源分区现状水资源开发利用程度和余缺水状况。

3．所在区域设计水平年水资源供需分析

（1）确定设计水平年。一般设计水平年应距现状年 10～15 年以上。远景水平年为 20～25 年。

（2）项目的供水保证率。灌溉设计保证率执行《灌溉与排水工程设计规范》（GB 50288—1999）的规定，城市供水保证率执行《城市给水工程规划规范》（GB 50282—1998）的规定；对有特殊要求的行业供水保证率，如电力，执行相关行业规范中的具体规定。

（3）水资源量变化趋势预测。在设计和远景水平年，因上游用水和下游需水增加引起的过境水量减少，不同保证率条件下水资源量的变化情况。

（4）各水平年需水预测。包括项目区社会经济发展的目标，人口与城镇化进程，经济发展和产业结构调整的预测，农业与灌溉面积发展预测等。

（5）供水量预测。各水平年新建供水工程将增加的供水量和洪水利用量，采取节水措施后的可节水量，废污水处理后的可回用量，海水淡化利用量。

（6）进行各水平年和不同保证率用水状况下供需平衡分析。

4．项目取用水合理性分析

（1）分析建设项目所属行业、产品、规模、工艺、技术和当地水资源条件等是否符合国家的产业政策。

（2）投资项目取水应符合水资源规划、配置和管理的有关要求，应遵守经批准的水量分配方案（协议）或国际公约（协议），以及地下水超采区（禁采区、限采区）、水功能区的规定等。

（3）对取用当地水的投资项目，取水后必须保证当地居民基本生活、生产用水，并满足河道内最小生态需水量；在通航河道上要满足最小通航水深要求。对取用外地水的取水项目要以不影响引水水源地取用水安全为前提。

5．项目用水合理性分析

（1）对于新建项目应分析其取水、用水、耗水及退水情况，并进行非正常工况和风险事故的可能性分析及应急措施研究。

（2）对于改、扩建项目，应按照"以新带旧"的原则，分析项目改、扩建前后的用水指标，提出对现有工程应采取的改进措施。

（3）需按国家标准《企业水平衡测试通则》（GB/T 12452—2008）的要求，绘制水平衡图，分析取水、用水、耗水、退水等过程。对于用水受季节影响较大的建设项目还需分析最大水量或绘制不同季节的水平衡图。

（4）应根据水平衡分析结果，计算相关用水指标。主要用水指标见表 9-4，具体用水指标可根据实际需要增减。

表 9-4　　　　　　　　　　　区域用水水平分析的主要指标

类别		用水指标
综合指标		万元国内生产总值取水量、人均用水量、计划用水率
工业用水	火电	间接冷却水循环率、蒸汽冷凝水回用率、重复利用率、每万 kWh 取水量、每百万 kW 装机取水量和耗水量
	一般工业	万元工业增加值取水量、重复利用率、单位产品取水量、单位产品耗水量、一般工业用水增长率、间接冷却水循环率、工业废水达标排放率
农业用水		不同作物灌溉定额、渠系水利用系数、灌溉水利用系数
自来水		供水管网漏失率、人均生活用水量、居民生活用水户装表率、公共生活用水重复利用率、城市污水集中处理率以及工业用水有关指标
其他		水力发电、生态、水土保持、林业等用水指标根据具体情况确定

6. 节水潜力分析

根据用水工艺（设备）、节水和减污措施，按照行业先进水平和清洁生产要求，分析投资项目节水措施的合理性与先进性。将投资项目用水指标与区域用水指标、国内外同行业用水指标、有关部门制定的节水标准和用水定额比较，分析其用水水平。根据水资源管理和节水要求，结合当地水资源条件，分析节水潜力。在分析节水潜力的基础上，对投资项目的用水合理性和节水潜力给出综合性的评价结论，提出技术可行、经济合理的节水措施，并确定合理的取用水量。

7. 项目供水水源论证

（1）地表取水水源论证。内容包括：①根据投资项目的位置和取用水情况确定水源地的论证范围；②基本资料，主要复核资料的收集与调查是否符合《水文调查规范》（SL 196—1997）和论证等级的深度要求，采用的资料系列是否具有代表性、可靠性和一致性；③可供水量分析计算，重点复核规划水平年不同保证率的可供水量与流域或区域水资源配置、水资源综合规划是否相协调；④水质的评价，以水功能区作为地表水质评价的基本单元，按汛期、非汛期及全年对水质状况进行评价；⑤调水水源论证，利用已建调水工程作为取水水源的，需收集工程建成后的实际运行资料进行水源论证；⑥取水口位置的合理性分析，在取水合理性分析的基础上，从取水河段的稳定性，取水口位置与现有取水口、排污口的关系以及对第三者的影响等方面分析，并明确给出取水口位置合理性分析结论；⑦取水的可靠性与可行性分析，需对来水量和用水量的可能变化及其各种组合情况进行多方案比较，分析各种组合方案的供水保证率和抗风险能力，结合水质变化情况，综合分析取水的可靠性。

（2）地下取水水源论证。基本要求：论证内容应包括水文地质条件分析，地下水资源量及可开采量分析与计算，地下水水质分析，地下水开采后的地下水位预测，取水可靠性和可行性分析等。

论证范围：以覆盖较为完整的或独立的水文地质单元，或不小于地下水水位降落漏斗及其影响的范围，作为地下取水水源论证范围。

地下水资源量分析内容应包括补给量、排泄量、可开采量及其时空分布，以及总补给量与总排泄量的平衡。沙漠区还需包括凝结水补给量分析。平原深层承压地下水的地区，需查明开采含水层的岩性、厚度和层位等水文地质特征，确定出限定水头下降值条件下的可开采量。山丘区地下水资源量分析可只进行排泄量计算。地下水可开采量可选择适用于评价区特点的方法分别计算并对比分析。

地热水资源量分析：可回收地热资源量（热量）和地热水的可开采量计算可参照《地热资源地质勘查规范》（GB/T 11615—2010）进行分析论证。

天然矿泉水水资源量分析：根据天然矿泉水水源地的地质、水文地质条件，结合水动力学实验、动态观测等资料，分析天然矿泉水的类型和形成机制，选择的计算方法和参数的合理性，参照《天然矿泉水地质勘探规范》（GB/T 13727—1992）的具体要求进行天然矿泉水水源地卫生保护区的卫生保护措施分析。

矿坑排水水源论证基本内容应包括：矿区概况、矿区地质条件、矿井充水因素、突水系数和导水性，以及已建和规划矿井矿坑排水量的分析计算和规划矿坑排水再生利用的分析。

地下水水质分析：地下水水质分析应参照《地下水质量标准》（GB/T 14848—1993）、《生活饮用水卫生标准》（GB 5749—2006）等有关标准，并符合水资源论证要求。

取水井布设的合理性分析：地下取水水源论证为一级的，应进行地下水取水井布设的合理性分析，主要内容包括取水井平面或剖面上的布置（排列）形式和井间距离与井数等。

取水可靠性与可行性分析：在地下水资源相对缺乏、地下水资源开发利用程度较高或开采地下水易发生环境问题的地区，需考虑水文要素、含水层参数等的不确定性，分析地下取水的可靠性。

8. 项目取水、退水影响及保护措施分析

（1）基本要求。主要包括：①依据有关法规、规划和水资源管理要求，分析投资项目取水和退水与流域和区域水资源配置、管理与保护的协调一致性，取水、退水行为应遵循水功能区管理规定，要考虑论证范围内已批准的规划建设项目取水和退水的累积影响；②从水资源基本条件、水功能区管理、水域纳污能力使用、水生态保护及对第三者的影响等方面，分析取水和退水对其所产生的影响，提出减缓和消除不利影响的对策措施与补偿方案建议；③对于可能严重影响水功能区的入河排污口，要进行专题分析，对地下水开发利用程度较高的区域、地下水取水规模较大或采取集中方式开采地下水的投资项目，要进行专题分析；④投资项目退水应满足防洪与河道建设项目管理的要求，在江河、湖泊等水域通过新建、改建、扩建入河排污口退水的，要符合《入河排污口监督管理办法》（水利部令第22号）及入河排污口设置论证的基本要求。

（2）地表取水影响分析。主要包括：①分析投资项目地表取水对论证范围内水量时空分布与水文情势的影响；②在水网区及湖泊、水库、闸坝河段等，应分析取水对水位和最小水深的影响，在水资源丰沛地区，若论证范围内累积取水小于多年平均流量的10%，或累积取水量小于多年最枯月平均流量 5%时，可简化或不进行取水影响分析；③投资项目取水后应能保证河流生态水量的基本要求，生态脆弱地区的投资项目取水不得进一步加剧生态系统的恶化趋势；④分析取水对水域主要功能和纳污能力的影响。

（3）地下取水影响分析。区域地下水开发利用程度高、地下取水规模较大或采取集中式开采地下水的取水工程等，要进行取水影响分析。内容包括：①分析取水造成的地下水位变化及其影响范围，开采地下水对其他取用水户产生的影响，开采影响范围内存在污染的地表水体时，要在分析地表水和地下水水力联系的基础上，预测地表水域污染可能对地下水质量的影响；②取水可能引发环境地质问题时，要根据取水工程和所在区域环境地质情况进行专题分析；③地下取水对附近地表水体构成影响时，要根据地下水和地表水的补给关系，分析影响的范围与程度以及可能产生的河流流量衰减等问题；④生态脆弱地区建设集中或大规模地下取水工程时，应分析开发地下水资源对区域植被生态系统的影响，在生态敏感区域或重点水土流失防治区的取水项目，应分析取水诱发水土流失和土地次生沙漠化的可能性，并预测有关生态敏感问题的发展趋势。

（4）退水影响分析。包括：①分析投资项目废污水退至地表水域后，对论证范围内水功能区的水资源使用功能、纳污能力、水质、水温和水生态的影响；②当退水水域形成较大范围污染混合区域或产生近岸污染带时，要定量分析退水对河流和近岸水域水功能及第三者取用水的影响，当退水可能会产生水源地重金属、有毒有机污染物和生物污染风险时，应专题论证有关特征污染物对水源地的污染风险影响，并提出针对性的对策意见；③投资项目退水不得引发水域生态失衡和破坏问题，当退水会改变区域水资源条件或造成水域污染时，应进一步根据水域生态保护及管理要求，分析对水域生态系统可能产生的影响；④在分析退水区域地表水与地下水补排关系基础上，应计算和分析建设项目退水对地下水，尤其是地下水水源地的水质影响；⑤建设项目需建设永久或临时固体废弃物堆放和存储场时，要在固废危险鉴别实验基础上，分析固废存储可能产生的水环境风险影响，并提出预防和保护措施；⑥农业灌溉工程和引水输水工程，应结合论证范围内土壤理化条件和工程措施情况，分析对农业耕地可能产生的盐渍化影响，农灌项目还应分析灌溉退水对受纳水域的污染影响。

（5）入河排污口（退水口）设置和水资源保护措施。对需设置入河排污口（退水口）的投资项目，应根据《入河排污口监督管理办法》（水利部令第22号）分析论证入河排污口设置的合理性和可行性。针对取水和退水可能产生的影响，提出相应的水资源保护措施。

（6）取水和退水影响补偿方案建议。当投资项目在采取必要的措施后，取水和退水行为仍会对第三者构成影响和损害时，应定量估算造成的损失，并提出补偿方案建议。对建设项目造成的间接影响或潜在的长期影响等难以定量估算的，应定性说明影响的可能程度和范围，提出补救或补偿措施建议。

9. 综合评价

投资项目水资源节约利用分析评价的基本要求是基础资料翔实、评价内容全面、评价方法合理、评价结论明确并具有可操作性。具体内容如下：

（1）明确给出评价范围内的水资源质量状况与近年来的变化情况、水资源的开发利用潜力、区域用水水平以及水资源开发利用中存在的主要问题。

（2）明确给出建设项目的用水合理性和节水潜力综合性的评价结论，并提出技术可行、经济合理的节水措施，确定出合理的取用水量。

（3）给出取用水合理性、取水口位置、取水对区域水资源和其他取用水户的影响等方面的分析结论；退水对论证范围内水功能区的水资源使用功能、纳污能力、水质、水温和水生态影响的分析结论。

（4）针对建设项目取水和退水可能产生的影响，提出相应的水资源保护措施。对采取必要的措施后仍对第三者构成影响和损害时，提出定量补偿方案建议，或定性补救、补偿措施建议。

（四）工程项目土地资源节约利用评价

1. 土地资源节约利用评价原则

（1）系统性与整体性相结合。从土地利用系统的结构完整性和其经济、社会、生态等功能的整体性出发，综合考虑，全面评估。

（2）科学性与客观性相结合。整个评价过程要以普遍接受的科学理论为基础，评价方法科学、成熟和可靠。对土地利用系统的分析和描述符合客观实际。

（3）发展与稳定相结合、开发与保护相结合。对土地资源的开发和保护要进行辩证地评价，不利于开发的保护是无意义的，不做保护的开发是不可持续的。在开发中保护，在保护下开发。

（4）静态水平分析和动态趋势分析相结合。土地资源利用的效果不仅与表征土地资源静态特征的指标有关，也与表征土地资源动态趋势的指标有关。需要对土地资源各类要素的本底水平（存量）和变化速率（流量）两方面进行评估，才可以得出全面的评估结论。

2. 农用地节约利用评价

农用地评价要求及方法适用于所有直接用于农业生产的土地投资项目，包括耕地、园地、林地、牧草地及其他农用地。

（1）农用地节约利用方案及措施分析评价。主要分析：①项目是否符合土地资源结构调整方向，是否符合国家土地资源利用政策及有关规定对合理综合利用的要求，项目产品是否属于国家明令禁止生产或不符合强制性土地高效综合利用的农产品；②项目是否符合国家节水高效农业的发展要求，是否采用了先进的、现代化的耕作方式及流程，是否采用了先进节能的耕作设备和材料，项目是否使用国家明令淘汰的低效高能耗设备和生产工艺；③项目是否应用构建节约型社会理念实现资源能源的节约和循环利用，是否采用了节水节能技术和措施。

（2）农用地项目环境效应分析评价。主要分析项目是否符合国家生态环境健康指标的有关要求，是否符合整体景观布局要求，评价项目的土地资源利用水平和指标是否符合国家有关规定要求。如有条件，与同类项目的国内外先进水平进行对比，如比较单位产品耗水指标等。通过比较，可以直观地反映出项目的耗水水平是否先进，是否还有进一步节水的潜力和改进的余地。

（3）农用地节约利用效果分析评价。尽量采用对比方法对农用地项目综合利用效果进行量化分析。如建设前后对比、与标准规范要求指标对比、与国内外先进水平对比等。通过对比分析得出综合利用效果评价结论，分析农用地综合利用产生的环境和经济效益。

（4）农业土地资源优化配置建议。针对项目在土地综合利用方面存在的问题和不足之处，例如，农业种植结构不合理或不够优化，土地政策和产业政策配合不力等，提出改进优化的意见和建议。

3. 建设用地节约利用评价

建设用地评价要求及方法适用于居民点及独立工矿用地、交通用地和水利设施用地等建设用地投资项目。

建设用地现状评价对象以各地市为基本单位，兼顾地区。评价可基于现状数据资料，采用科学合理的方法确立建设用地现状评价体系。利用该体系对建设用地进行定性和定量分析，找出制约建设用地利用的主要因素，明确建设用地利用的方向和重点，得出各地市的建设用地现状利用等级，提出相应的对策措施，为未来建设用地利用提出合理的方向。

（1）建设用地节约利用方案及措施分析评价。分析项目是否符合土地资源结构调整方向，是否符合国家土地资源利用政策及有关规定对合理综合利用的要求。项目产品是否属于国家明令禁止生产或不符合强制性土地高效综合利用的产品。项目是否符合构建节约型社会理念实现资源能源的节约和循环利用，是否采用了低耗节能技术和措施。项目是否使用国家明令淘汰的低效高能耗设备和生产工艺。

（2）建设用地环境效应分析评价。分析项目是否符合国家建设用地环境评价标准的要求，是否符合整体景观布局要求。评价项目的土地资源利用水平和指标是否符合国家有关规定要求，如有条件，与同类项目的国内外先进水平进行对比，如比较单位产品能耗指标等。通过比较，可以直观地反映出项目的能耗水平是否先进，是否还有进一步节能的潜力和改进的余地。

（3）建设用地节约利用效果分析评价。尽量采用对比方法对建设用地项目综合利用效果进行量化分析。如建设前后对比、与标准规范要求指标对比、与国内外先进水平对比等。通过对比分析得出综合利用效果评价结论，分析建设用地综合利用产生的环境和经济效益。

（4）建设用地资源优化配置建议。针对项目在土地综合利用方面存在的问题和不足之处，例如，建设用地规模不合理或不够优化，土地政策和产业政策配合不力等，提出改进优化的意见和建议。

4. 生态用地节约利用评价

生态用地节约利用要建立在多目标综合决策的基础上，追求社会、经济和生态效益的统一。在促进生态土地节约利用的过程中，注重土地资源的可持续发展。

生态用地节约利用的效果分析评价可采用如下依据判断：生态用地的生产功能是否得到提高，其生态环境的社会和经济价值是否得到充分发挥；对各种景观休闲用地，是否有效发挥生态用地的社会效益和社会文化价值；是否促进生物资源数量的提高，发挥生态用地的经济效益，生态用地可产生多种经济价值，如湿地、森林、草原等生态系统可提供大量的水资源、矿产资源、动植物资源和能源。生态用地的服务功能是否得到提高，可从维持生物多样性和生态用地布局角度进行分析。

第四节　工程项目资源价值评价

经济评价是资源基础评价的方法之一。正如第一节中所述，资源经济评价的一个主要任务，就是要按照经济学的原理，以定量和定性相结合的方法，综合分析自然资源开发利用的经济费用和效益，从而论证各种开发利用活动（如涉及自然资源的工程项目）的经济可行性。这里所谓定量分析，是指对自然资源开发利用的费用和效益进行货币量化，然后，采用适当的经济评价指标，衡量自然资源开发利用的效益是否大于费用，最终判定开发利用活动经济上的合理性，并找出其中能够为社会创造最大化效益的开发利用活动。显然，自然资源经济评价的要点，是对自然资源开发利用活动的费用和效益进行货币量化，即根据构成资源经济学基础的微观经济学和福利经济学理论，研究资源的价值、定价、价值核算以及经济价格问题，促进资源的可持续开发利用。

一、资源定价的经济学原理

资源定价，中心问题是要确保有限的资源得到最大限度的开发利用。从经济学的角度讲，资源定价的原理主要包括资源最优利用定价理论、共享资源与外部效果理论以及科斯定律与资源产权制度理论。

（一）资源最优利用定价理论

资源最优利用定价理论是关于自然资源，特别是不可更新自然资源的最优利用速度和条件的理论。许多自然资源，如石油、天然气、煤炭等矿物燃料资源或矿产资源等，是不能再生或更新的可耗竭资源，其特点之一是蕴藏量虽大，但在一定的时间范围内存量不会增加，因而需要研究如何长期永续利用或优化利用的问题，其关键是为资源确定一个合理的价格。

美国经济学家索洛和霍特林认为，自然资源优化利用有两个基本条件。首先，索洛认为，为使社会从一种资源存量中获得最大化的净效益（净现值），资源的价格不应仅与资源的边际生产成本相等，而应等于这种资源的边际生产成本外加未开采时的影子价格。此时，价格与成本之间的差额便是资源矿区使用费或资源稀缺租金，即资源影子价格或资源经济价格。资源的价格应等于资源边际生产成本与资源影子价格之和，被称为资源最优利用定价理论中的第一个条件，即自然资源产品生产最优利用的必要条件，是产品价格等于生产成本、环境成本和时间价值之和。在市场竞争情况下，企业经营者往往不考虑社会环境的损失，这个必要条件就成为自然资源产品价格等于边际生产成本与资源稀缺租金之和；在垄断情况下，这个必要条件改为自然资源产品边际收益等于边际生产成本与资源稀缺租金之和。

霍特林在可耗竭资源经济学中，第一次将导数和微分应用于资源存量的时间配置问题，得出了资源最优利用的第二个条件：随着时间的推移，矿区使用费应与利率同步增长，即对于社会来说，存量资源稀缺租金的增长率，应等于社会长期利率。这样，社会长期利率的高低，将对资源耗竭的速度产生影响。当社会利率提高时，会增加资源的利用成本，有利于资源的保护和节约。反之，如社会利率降低，则会加快资源的消耗，使任何时点的资源耗用与其获利水平相等，资源耗用的时间机会成本为零。霍特林所得出的这个最优利用条件，称为霍特林定理。

实际上，资源最优利用定价的第一个条件，是最优开采条件，其中亦对资源产品的最优定价做了部分说明；资源最优耗竭的第二个条件，则是最优存量或最优保护条件，其中亦对资源稀缺租金或资源使用费的合理调整做了说明，即对资源定价的另一部分说明。这两个条件所构成的资源最优利用定价理论，对于自然资源，特别是不可更新资源的合理开发、利用和保护，有重要的指导作用。

（二）共享资源与外部效果理论

由马歇尔提出，并由庇古等人做出过重要贡献的外部效果理论，为资源经济学的建立和发展奠定了理论基础。外部效果又称为外部费用和效益或间接费用和效益。当个人或企业的行为（消费或生产）为他人或其他企业带来好处或造成损失，而这个人或企业却得不到相应的报酬或负担相应的费用时，就产生了外部效果。例如，吸烟者在自己"享受"的同时也污染了空气，使其他不吸烟者的健康受到损害，但他并不因此而负担被动吸烟者的健康损失。

就自然资源而言，外部效果是指一种自然资源的开发利用对另一种资源或环境产生的影响，可用数学方式表述为：已知有两种资源开发利用活动（i 与 j）同时并存，其产出分别为 Q_i 和 Q_j，而投入则分别为 R_i 与 R_j，若下列数学函数关系成立时，i 与 j 两种资源开发利用活动就有依存关系发生，而且 i 承受到了 j 的外部效果影响，亦即：

$$Q_i = f_i(R_i, Q_j, R_j) \text{ 并且 } \partial Q_i / \partial Q_j \neq 0 \text{ 或 } \partial Q_i / \partial R_j \neq 0$$

上式中当 Q_j 增加时，若 Q_i 随之上升，此时存在的是正外部效果；反之，若 Q_j 增加时，Q_i 随之下降，则为负外部效果。

按照定义可知，当一种消费或生产活动，对其他消费或生产活动产生没有反映在市场价格中的直接效应时，就会产生外部效果。外部效果造成私人成本或收益与社会成本或收益不一致，因为市场价格不能反映外部效果。如上所述，外部效果包括正外部效果和负外部效果。正外部效果的典型例子有：上游居民种树，保护水土，下游居民的用水得到保障，此时社会收益大于私人收益。负外部效果的典型例子有：上游伐木，造成洪水泛滥和水土流失，对下游的种植、灌溉、运输和工业生产产生不利影响。

在自然资源开发利用活动中，外部效果与共享资源密切相关。在自然资源系统中，共享资源种类繁多，包括荒原上的野生动植物、公共水域、地下水域、地下水层、大气层等。由于这类自然资源可以人人共享，因此产生了种种问题，如使用者过度使用资源，或者使用者把人类共同拥有的大气层和水体当成个别集团或个人的排废场所而不顾忌环境后果。共享资源的问题源于允许每个人使用这种资源而又能排斥他人使用这种资源的权利。每个人都担心这种资源在自己未使用之前会被他人用尽，因此都争先使用，致使共享资源过度利用、加速耗竭，乃至破坏资源的再生能力和可持续利用。

（三）科斯定理与资源产权制度理论

科斯是出生于英国的经济学家，他提出了著名的"科斯定理"。科斯认为，如果交易成本为零，不论产权的初始配置状态如何，私人交易总能实现资源的最优配置，或者说，在交易成本为零或相当低的情况下，不管选择何种规则，只要财产权是明确界定的，都会出现有效配置资源的结果。这一表述被称作科斯第一定理。当存在相当大的交易成本时，不同规则对资源配置效率的影响是不同的，此时，所谓合理的规则，是使交易成本影响最小化的规则。这又称为科斯第二定理。显然，第二定理更具有现实性。

产权是以所有权为核心的若干权能的集合，在表明财产所有制关系的同时，还表明了占有权、使用权、收益权和处分权的关系，也即同时表明了原始所有权和法人财产权的关系。其中的使用权是指在法规所允许的范围内，以各种方式使用财产的权利；收益权是指直接从财产本身或经契约关系从别人那里获取收益的权利；处分权则是指财产的转让、消费、出售、封存处理等方面的权利，如通过出租或出售把与财产价值有关的权利转让给其他人的权利。上述这三大类权利，都可以进一步细分。例如，一片水域资源可以用来通航，也可以用来养殖、捕鱼、饮水、引水灌溉等，这样它的使用权就可以分为航行的权利、养殖水产的权利、捕鱼的权利、饮水的权利以及引水灌溉的权利等。又如，一块耕地转让给其他人的期限，可以是短期的（出租），也可以是永久的（出售），这样转让权就可以分为短期转让权（或出租权）和长期转让权（或出售权）。同样，收益权也可以进行类似的细分，如直接收益权和间接收益权。

通常所说的所有权与产权，既相互联系，又有区别。所有权是指财产所有者支配自己财产的权利，它决定着产权的性质，甚至可以决定产权的存在与否，而产权则是指一个社会所实施的选择一种产品使用的权利，它用来界定人们在经济活动中如何受益、如何受损以及他们之间如何进行补偿的规则。所有权只是初始的产权结构，在产权内容分离的情况下，所有制并不对资源配置起直接作用。对资源配置起直接影响的是产权制度。产权学派着重研究资源的产权制度、激励机制、经济活动和资源利用效率等之间的关系。产权学派认为，产权制度的主要功能，是引导人们实现将外部效果较大地内在化的激励机制，以及帮助一个人形成与其他人进行交易时的预期。产权交易是需要交易成本的，而正是由于这种交易成本的存在，资源的产权初始界定以及经济组织形式的不同，都会直接影响资源配置的效率。资源产权界定的外部效果越大，社会上"搭便车"的现象就越严重，资源配置效率也就会越低下。产权制度大致可以分为私有产权、社团产权、集体产权、国有产权等几大类制度，其中每一类本身又可以做进一步细分，比如，可以把土地私有产权制度进一步分为分成制、固定租约、工资合约等三种产权制度安排。

对于某种资源来说，应采用哪种产权制度，主要取决于该资源在特定环境下采用哪种产权制度安排的配置效率更高，或者哪种产权制度安排的交易成本更低。比如，在资源稀缺的情况下，或者在集体产权制度不能有效地保障资源持续利用的情况下，即保护资源持续利用的代价高昂到足以放弃保护资源的努力时，掠夺性的开发将致使资源利用效率低下或资源浪费，此时，社会可能就需要确立更为有效率的私有产权制度。相反，在资源不稀缺，人类对资源争夺不是很激烈的情况下，人们就没有激励机制去承担确立私有权制度的成本，而采取集体产权制度，甚至人们根本就没有必要去建立任何具有排他性的产权制度。此外，对于一些公共物品性质较大的资源（如水域），采用集体产权制度，往往会比采取私有产权制度更有效率（或只需付出低交易成本），因而社会就对这些资源采取集体产权制度。

二、资源的价值与价格

（一）资源的价值及其构成

在《辞海》中，价值一词被定义为"事物的用途或积极作用"，这是从非学术角度给予的定义，将价值与使用价值等同起来。在西方，最早在著作中使用"价值"一词的学者是古希腊奴隶主阶级杰出思想家色诺芬。到中世纪，价值一词已被广泛地使用。英国古典经济学家斯密是第一个明确将价值分为使用价值和交换价值的学者，他指出"价值一词有两个不同的含义，它有时表示特定物品的效用，有时又表示由于占有某物而取得的对其他货物的购买力，前者可称为使用价值，后者可称为交换价值"。因此，资源价值首先表现为它所拥有的使用价值与交换价值。

然而，由于资源具有一些不同于一般物品的特殊性，其价值构成也不同于一般物品。当前关于资源价值构成的认识主要有两种。一种是从资源的价值功能着眼，认为资源价值有三种：

（1）经济价值。资源的经济价值是指它作为生产要素被人类利用（主要是消耗性利用）所具有的价值。

（2）存在价值。资源的存在价值是指它以天然方式存在时的价值，特别是生态资源的价值，如为人类的生存提供生命保障系统的价值。

（3）环境价值。资源的环境价值是指资源承接并吸收人类生产和消费活动所排放的废弃物而具有的价值。

另一种认识也是把资源的价值分为三种，但其偏重于资源价值的货币计量方法类型：

（1）使用价值。资源的使用价值，是指资源能满足人们某种需要的特性，即使用资源给人类带来的经济收益，或称为用户经济价值，代表着自然资源的消耗性使用所产生的价值。

（2）选择价值。资源的选择价值，是指人类为保护某一类资源以便将来需要时能够将其加以利用而愿意支付的价格，或者说，是人类为保护一种自然资源的潜在用途而愿意支付的价格。因此，可以说选择价值是人们赋予一种资源的超出其目前实际使用价值的价值。

（3）存在价值。资源的存在价值又称为非使用价值，是指保护某一类资源能够为人类带来的生态价值和环境价值，它不与任何使用方式相关，而与物种生存的必要性、环境伦理、人类道德和人类认识的不确定性等因素有关，反映人类为了某种环境物品能够存在下去所愿意支付的价值。存在价值的例子如上述资源作为人类生存保障系统的价值和承接与吸纳废弃物的价值。

实质上讲，对资源价值的这两种认识是基本一致的，不论是经济价值或使用价值，还是存在价值、选择价值或环境价值，虽然措辞和表述不同，但都是基于形成资源价值的两个基本条件，即效用与稀缺性，前者表示资源可以提供各种不同的效用，如为经济活动的开展提供原材料等，满足人类不同方面的需要；后者则表示作为自然生成物的资源的供给无法由人类控制，因此，相对于需求来说，人类增加资源供给的能力十分有限。

根据上述分析，我们可以把资源总价值（TRV）定义为使用价值（UV）、存在价值（EV）与选择价值（OV）之和，即

$$TRV=UV+EV+OV$$

（二）资源的价格

资源价格是鼓励节约使用资源、引导和促进资源合理开发和有效利用、优化资源配置以及加强资源管理的主要经济杠杆。讨论资源的价格，首先需要了解资源价格的概念、资源价值与资源价格的关系以及资源价格的特性，然后，依据资源定价的经济学原理，进一步探讨资源价格的确定。

1. 资源价格的概念

价格是产品价值的货币表现，或者说是产品在市场上交换时经交易双方共同协商确定的货币量。就自然资源而言，其价格与一般商品的价格在本质上没有什么不同。但是，自然资源作为人类可以直接获取的、天然形成的物质要素，除具有一般商品所具有的稀缺性特点外，还具有与一般商品不同的特点：即垄断性。因此，要获得资源的使用价值，就必须购买它的所有权或使用权，或者说，资源价格是这种所有权或使用权发生转让的经济补偿形式。从这个意义上讲，资源的价格，是人们为了获得一定数量、质量的自然资源所有权或使用权而向自然资源所有者支付的一定数量的货币额。

资源价格是随生产力的发展而出现并演变而来的，是自然资源所有权垄断的必然结果。伴随着产品私有权的出现，自然资源作为生产过程中不可或缺的生产要素，其所有权也被用法律形式固定了下来。最初的资源价格见于封建社会，只体现在土地资源上。随着社会经济的进一步发展和人口的不断增长，稀缺资源的种类不断增多，稀缺程度也日益提高，拥有价格的自然资源越来越多。在市场经济体制国家中，资源价格是一种普遍存在的经济范畴。我国实行的是社会主义市场经济体制，自然资源属于国家或集体所有，资源的垄断性特点依然

存在，因此，资源的价格应当反映其所有权或使用权发生转让的经济补偿。

2. 资源价格的特性

资源的自然属性是资源价格形成的重要前提条件之一，与一般的产品价格相比，资源价格具有某些自己的特性。

首先，资源产品的生产能力具有增长缓慢的特点，常常表现为滞后于需求的增长。因此，在经济快速增长时期，各部门对资源产品的需求也会迅速增长，而资源的生产很难及时跟进，致使短期内供不应求，引起产品价格快速上涨。其次，资源替代产品的开发一般需要较长的时间，导致资源产品的短期可替代性差，导致供给的价格弹性低。这样，在价格上涨的情况下，供给也难以快速增加，其结果是进一步推动资源价格的上涨。此外，资源产品中短期可替代性差还会导致需求的价格弹性也比较低。价格上涨对需求的影响较弱，不能够通过降低需求来减少价格上涨。另外，资源产品价格的上涨往往是经济景气的伴随性产物，经济景气对需求的拉动作用高于价格上涨对需求的降低作用，因此，往往呈现出价格越上涨，对资源性产品的需求越增加的现象。资源产品价格的这些特性，是资源价格在中短期内的波动幅度变大的原因。但是，长期来看，供需在资源价格形成中仍起长期性、决定性作用。

3. 资源价格的类型

出于不同的目的，资源价格可从不同的角度进行分类。例如，可按前述资源的种类将资源价格分为水资源价格、土地资源价格、矿产资源价格、生物资源价格；按资源价格所反映和实现的社会经济关系可分为资源所有权价格和资源使用权价格，前者是指人们为购买自然资源所有权而支付的经济代价，后者是指人们为取得自然资源使用权而支付的经济代价，即资源的租金；也可根据工程项目财务和经济评价的目的，将资源价格分为市场价格、管制价格和经济价格；这里采用最后一种分类。

（1）市场价格。资源的市场价格又称资源的均衡价格，是指资源产品在市场上买卖的价格，这种价格由市场上的自由竞争形成，反映资源产品的市场供求状况和稀缺价值。市场经济最基本的法则，就是价格在资源配置中起决定性作用，均衡价格的形成是供给和需求共同作用的结果。供大于求，产品过剩，价格下降；供小于求，产品紧缺，价格上升。虽然资源价格具有短期波动性较大的特性，但从长期来看，由于价格机制的作用，资源的生产能力和替代能力都会得到合适的调整，使长期资源价格趋向于供给与需求的均衡水平。

（2）管制价格。资源的管制价格是指政府出于各种目的而对资源产品价格实行管制时确定的价格。对于一个国家来说，许多资源（如能源资源）具有重大战略意义，如水资源、能源资源、矿产资源等，这些资源的平稳供应不仅影响经济增长，更事关整个社会的安定，因此，在有些情况下，政府会出于效率以外的目的，对资源价格实行管制，规定最高或最低价格，以防价格出现较大的波动。在实行价格管制的情况下，资源价格往往不能反映市场的供求关系和资源的稀缺性，不是过高就是偏低。如果价格定得过高，一方面将造成利润过度集中于资源部门，另一方面，合理的需求得不到满足，企业要承担更高的生产成本，社会福利下降。如果价格定得偏低，将会因过度消费造成资源浪费，加剧资源紧缺状况。

（3）经济价格。资源的经济价格是指在完全竞争的市场条件下，社会资源的需求和供给达到平衡时形成的均衡价格，它反映的是资源的最优使用效率。从理论上讲，在完全竞争市场，市场价格本身能够有效配置资源，实现社会福利最大化。然而，由于外部效果、产权不明晰、垄断、公共物品、信息不对称等多种多样的原因导致的市场失灵以及政府对价格的管制，扭曲了市场价格，使得市场机制本身不能有效配置资源。此时，市场价格往往不能反映资源的供求关系和稀缺价值。此外，有些资源本身就没有市场交易，因而也就没有市场价格。所以，在市场价格扭曲或失真的情况下，对工程项目的资源利用情况进行评价时，就无法依据市场价格来直接或间接确定资源的经济价值，而必须采用经济价格，将相关资源的扭曲的市场价格调整为经济价值；而在相关资源没有市场价格的情况下，则需要借助于意愿调查方法，推断人们的支付意愿，确定这些环境资源的经济价值。因此，实现资源节约与综合利用的最有效的方法，应该是为资源确定一个合理的经济价格。

4. 资源价格与资源价值之间的关系

理论上讲，价值是价格的基础，价格是价值的货币表现。因此，从较长远看，价格最终由价值决定。对于资源来说情况也是如此，资源价格是资源价值的货币表现，资源价格围绕资源价值上下波动。但是，由于资源的特殊性，资源价格的波动波幅较大，周期较长，使其价格与价值之间的关系在短期内不太明显。一般来说，某种资源在未被人们认识或供给量相对充足时，其价格往往较低。当人们对该种资源的利用程度不断增加，而其可供利用的数量又不断减少甚至变得稀缺时，其价格往往会升至难以理解的高度。同时，与需求增长相比，资源的供给增长存在一个比较长的滞后期。因此，当经济快速增长导致对资源的需求迅速增加时，供给往往很难同步增加，从而导致短期内供给不足，引起资源价格快速上涨。无论是哪一种情况，资源价格的这种变化，都明显表现出与价值的无关性。但是，总体来说，人类对资源价值的认识和评价，是随着社会经济的发展和人口的增长而不断提高的。因此，资源价格与资源价值之间呈现出在攀升的过程中不断发生较大波动的关系，如图9-4所示。

5. 影响资源价格的主要因素

影响资源价格的因素很多，既有资源自身的因素，也有资源之外的因素，既有区域性因素，也有国家乃至世界性的因素，既有市场性因素，也有非市场性因素。归纳起来，影响资源价格的主要因素包括：

（1）资源的数量与质量。资源的数量不仅决定了一定区域范围内资源的供给量的大小，而且在一定程度上决定了单位资源产品的勘探和开发成本。资源的质量则直接影响并决定资源的开发价值，同时也必然影响到资源开发利用的各种成本及资源产品的市场需求范围，例如，低品位矿产资源的开发成本较高，需求范围也相对较小。

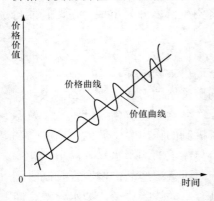

图9-4　资源价格与资源价值关系图

（2）资源的地域分布状况。即资源的区位条件，同样的资源，分布于经济发达、交通便利地区的价格相对较高。

（3）资源产品的社会需求。考虑到资源的稀缺性，在其他条件不变的情况下，资源产品的生产和消费需求量较大，特别是大到供不应求时，其价格就会较高。

（4）资源的权利特性。包括资源的权利类型、权利时限以及权利的分散程度等，对资源的价格有显著影响。

（5）涉及资源开发利用的政策与法律法规。保护资源的政策或保护生态环境的政策，使资源的供给量或消费量受限，资源价格就会上升。另一方面，鼓励资源开发的政策则相对使资源的价格下降。

（6）替代资源的状况。替代资源的储量大，生产成本较低，运输条件便利，将有利于抑制资源产品的价格。反之亦然。

（7）科学技术进步。与资源开发利用相关的科学技术进步及应用，将会提高资源产品的生产效率，降低生产成本，从而降低资源产品的价格。

三、资源价值核算

（一）资源核算概述

资源核算是对一定时间和空间范围内的某类或若干类自然资源，在其真实统计和合理评价的基础上，从实物和价值两个方面，运用核算账户和比较分析，来反映其总量和结构以及供需平衡状况的经济活动。对自然资源进行核算，必须首先做好三个方面的基础性工作。第一，必须先界定所要核算的自然资源。自然资源核算的对象是一定空间范围和时间跨度内的自然资源。因此，如果时间和空间发生变化，则自然资源的种类、数量、质量和利用状态等也都会随之发生变化。第二，必须具备有关自然资源数量、质量和利用情况的真实、可靠、连续的统计数据，否则，核算工作就不可能得出可信的结果。第三，必须对自然资源进行合理定价。自然资源定价是自然资源核算的主要组成部分之一，也是核算的主要难点之一，特别是在自然资源的价格存在扭曲的情况下，需要采用经济价格对市场价格进行调整。

自然资源核算的内容，包括自然资源实物量核算和自然资源价值量核算两部分。两者又各自由个量核算和总量核算两部分组成。个量核算又称分类核算，是指对某一类自然资源的数量和价值量的变化而进行的核算；总量核算又称综合核算，是指对一个地区或一个部门所有自然资源的价值的变化而进行的核算；个量核算或分类核算，是总量核算或综合核算的基础。不论是实物量核算还是价值量核算，都不仅仅是静态存量核算，还包括更为重要的动态流量核算，亦即进行连续时段的核算。

1. 自然资源实物量核算

自然资源实物量核算，是指在对自然资源及其利用情况进行真实、准确和连续统计的基础上，以账户等形式反映某类自然资源的存、流量和平衡状况，目的在于直观地反映一个区域、一个部门或一个企业所拥有的某类自然资源的数量及其变化情况。

自然资源实物量核算的一般程序包括：①界定待核算自然资源的空间范围和时间跨度；②在自然资源基础评价的基础上进行自然资源实物量统计，或者直接运用已有的自然资源实物量统计结果；③根据相关自然资源利用情况的数据资料，绘制自然资源利用流程图，说明资源的流向和流量；④根据自然资源利用流程图，用账户的形式核算自然资源的数量变化，既可采用 T 式账户，也可采用其他形式的账户；⑤分析实物量核算的结果，应特别关注各种用途的变化及其原因，从中找出平衡资源收支的可能途径。

自然资源实物量核算，只能是针对某类自然资源的核算，而价值核算则不同，既可针对一类资源，又可针对若干类资源；但是，资源实物量核算能直观反映某类自然资源的数量及其变化，更有助于揭示自然资源基础消长的直接原因，且核算结果不受价值因素的影响，更为实际工作者容易接受和掌握。

2. 自然资源价值量核算

自然资源价值量核算，是指在自然资源实物量核算的基础上，采用适当的价格对资源进行定价，然后，运用账户或比较分析方法，反映一定时空范围内自然资源价值总量及其收支或增减情况，目的在于以价值量形式，反映一个地区所有种类自然资源的总量水平及变化。此外，资源价值核算也是使自然资源总量及其变化在经济分析中得以反映的唯一方法。

自然资源价值量核算能同时反映若干类自然资源的数量及其变化，并能使资源以价值形式纳入国民经济核算体系，使这一体系能够同时兼顾经济效率和资源效率，讲求资源效率是科学发展观思想的中心内容之一。

资源价值应以资源不变价格（或基准价格）为基础，并同时兼顾市场价格。以不变价格计算的自然资源价值，只在各年度之间具有可比性，因而能比较客观地反映自然资源基础在各年度间的消长变化；而以市场价格计算自然资源价值量，更能反映当年或即时自然资源供求关系基础之上的自然资源总供给量及其变化。

自然资源价值核算，既可用账户方法，也可用费用效益法。采用费用效益法时，费用的含义扩大为包括物质资本、人力资本、自然（资源）资本和环境资本；而效益不仅包括经济效益，也应包括资源节约效益和环境改善效益。

目前，国际上已普遍把资源核算（RA）或环境核算（EA）看作是推进经济社会持续发展的一项重大措施，并将其纳入国民经济核算体系。关于把资源环境纳入国民经济核算体系的方式，主要有两种主张：一是对现行的国民经济账户进行彻底的修正，充分考虑资源环境与经济的关系；二是维持现行的国民经济账户，另外建立独立的资源环境核算账户，作为国民经济核心账户的"卫星账户"。由于考虑到现行的国民经济核算体系长期运行的现实性和稳定性，目前主要是按照第二种主张进行。为此，世界各国和诸如联合国、世界银行等国际组织已探索和尝试对国民收入核算体系进行改革。1992 年 6 月里约环境与发展大会通过的《21 世纪议程》，在建议各国大力促进环境与经济综合核算体系的开发和适用时明确指出："为了实现人类社会经济的可持续发展，主要目标是为了扩大现有国民经济核算体系，将环境和社会因素纳入该体系，至少所有会员国的核算体系应包括附属自然资源核算制度。"1993 年，联合国统计委员会首次对推行了 25 年之久的国民收入核算体系进行了修改，在其中引入了"环境经济综合核算"的卫星体系，简称 SEEA，并以指导手册的形式发表了包含这一卫星体系内容的新国民收入核算体系（93SNA），建议成员国予以实施。在中国，这一体系称为"综合经济与资源环境核算体系"或"绿色国民经济核算体系"（SEREA）。

（二）自然资源核算中定价方法的选用

资源定价是自然资源核算的重点和难点。自然资源定价的方法较多，主要有现值法、净价值法、再生产补偿费用法、机会成本法、替代市场价值法等，但是，资源定价方法应该以资源费用效益分析法、资源市场价值法和社会价值法为主要方法。

1. 主要资源定价方法

（1）资源费用效益分析法。资源费用即人们为了生产或获得资源而发生的支出，资源效益即资源对人们欲望的满足和人们福利的增加。假定人是理性的，在其他条件不变的情况下，理性的人所做出的是资源净效益最大化的选择，或者说是资源净福利最大化的选择。这种用价值来衡量资源费用与资源效益关系所做出的选择方式，就是资源费用效益分析法。资源费用效益分析法也是资源定价的重要方法，因为它有助于确定资源费用并据此判断资源的增加值。在使用资源费用效益定价法时，应特别注意资源费用的内涵。根据资源费用的不同，可以将资源费用效益定价法细分为：静态费用效益定价法和动态费用效益定价法，短期费用效益定价法和长期费用效益定价法，绝对费用效益定价法和比较费用效益定价法，可变费用效益定价法和固定费用效益定价法，总费用效益定价法、平均费用效益定价法和边际费用效益定价法。

（2）资源市场价值法。很多资源由于其本身的特点，不存在市场或市场不完善，因而也就没有现存的市场价格作为其定价的基础。这些资源的价格为零，因而被过度利用而变得日益稀缺。虽然有些资源存在市场，但其价格偏低，只反映劳动和资本成本而没有反映资源生产中耗费的资源本身的成本，这也会浪费资源并加剧资源的稀缺性。资源市场价值法，就是参照完全市场价格来确定那些无市场或市场发育不完全的资源价格的方法。资源市场价值定价法主要有四种具体方法。

一是资源的重置成本法。当所研究的资源本身没有市场价格或其市场价格较低，其被使用后需要重新补偿已经消耗的资源，这种恢复、保护资源所进行的投入会带来一定的效益，因而可以使用重置的真实费用即重置成本，来衡量或估计已消耗资源的价格，如可以用这种办法来评估保存土地资源的价格。

二是资源的机会成本法。当所研究的资源没有市场价格时，资源使用的成本可以用所放弃的替代用途的效益来间接计算。如禁止开采的矿产资源的价值不是直接用保护该矿产资源所得到的收益来测量，而是间接采用为了保护该矿产资源而牺牲的最大的替代选择的价值来衡量。与此相类似的情况有如退耕还林、退耕还湖、退耕还草、禁伐、禁牧、禁渔、禁猎等，均可以用这种可行的机会成本来确定资源的价格。

三是资源的替代成本法。当所研究的资源本身没有市场，因而也就没有市场价格时，可以寻找替代物的市场价格来间接衡量其价值。这需要在替代市场寻找到恰当的替代物，然后用替代物的市场价格来衡量没有市场价值的资源。如环境资源可以采用这种方法来确定其价格。

四是资源的虚拟市场法。当所研究的资源既没有直接市场，也没有替代市场时，可以先为其虚拟一个市场，然后，通过采用调查的形式，了解人们赋予资源环境质量变化价值的方法。采用这种方法时，调查人员向被调查者提出一系列问题，通过被调查者对问题的回答，了解其对资源价值的评价。对于许多缺乏市场交易条件或没有市场价格的环境服务，如难于找到可以利用的替代物市场的环境服务，虚拟市场类评价方法就成为评价其价值的可供使用方法。对于选择价值的评价，虚拟市场类方法是唯一可供使用的方法。

（3）社会价值法。当资源存在市场价格时，利用市场配置资源是有效率的，但是当资源不存在市场价格或市场价格不能完全反映资源利用的社会成本时，市场就不能有效地配置资源。因为市场上私人（企业）做出资源配置决策时，只考虑私人成本而不考虑或较少考虑社会成本，私人成本低于社会成本的结果，会造成资源浪费和环境污染。因此，社会（政府）在做出资源配置决策时必须把资源利用的全部社会成本考虑进来，这种根据资源的社会成本确定资源价格的方法就是资源的社会价值法。资源的社会成本是整个社会进行资源配置时应付出的总的机会成本，它等于私人成本与外部成本之和。外部成本是私人（企业）活动对外部造成影响而没有承担的成本，它是社会成本的一部分，而环境成本又是外部成本的重要组成部分。一般来说，外部成本是正数，但也存在着外部成本是负数的情况，在这种情况下会增加社会福利。可见，按社会总成本来确定资源价格，不仅有助于资源配置，而且可以实现私人与社会的双赢，资源的社会价值法已经成为一种重要的资源定价法。

2. 影响资源定价方法选择的因素

由于有多种资源定价方法存在，资源定价时必然要涉及各种方法间的选择问题。实际上，资源定价方法的选用，受诸多因素的影响，不同因素对定价方法选择的影响程度各不相同。

（1）资源存量及其空间分布。资源存量的大小（已探明或确定的资源总量小于其理论存量）是决定资源定价的物质基础，因为它是判定资源稀缺性的客观依据；同时，资源在各地区的空间分布状况，则是形成资源地区差价的重要原因。与此相联系的资源禀赋差异，即资源在量上的集中度和在质上的优劣差异，也是影响资源成本及其定价的客观因素。

（2）资源流量及其时间价值。选择资源定价方法是为了寻找最有效的资源配置途径，实现经济效益最大化。资源使用的规模和速度，决定着资源存量下降的程度；在现实经济生活中，资源的使用又受到时间因素的影响，从而出现资源在不同时间、不同代际之间的选择和优化配置问题，因而必须按一定的折现率来计算，将资源的未来价值折算为现在价值，即所谓现值。这说明，在确定资源成本和选择资源定价方法时，必须考虑资源流量及其时间价值的变化。

（3）资源市场及资源供求关系。资源的市场化程度，是影响资源定价方法选择的重要因素。资源市场化程度表现在两个方面：资源市场发育程度和资源市场供求状况。一般来说，主要的资源均已进入市场，具有其确定的价格，但也有一些资源，其市场尚未发育起来，或者根本没有市场，因而这些资源缺乏参照价格。就资源市场供求状况而言，资源的稀缺程度和资源的消费，分别影响资源的市场供求，形成资源的供给价格和需求价格，并最终决定资源的均衡价格。资源定价方法的选择，既要考虑资源市场发育程度，又要顾及资源市场供求状况，不可偏废任何一方。

（4）资源的国际贸易。在开放经济条件下，资源的国际贸易对国内资源定价的方法及资源价格构成也会产生影响。在国际资源市场上，资源产品价格受诸多因素影响，处于不断波动变化之中。国际资源价格变化，会通过汇率价格传导机制影响资源进口成本，从而影响国内资源价格的构成及国内资源的替代成本和机会成本。如果一国的资源贸易条件发生变化，则该国资源进出口规模及结构也会随之发生变化，从而在客观上要求调整或重新选择资源定价方法。

（5）资源价格政策与法规。政府是资源定价的重要参与者，因为资源具有公共物品性质，存在着市场失灵的情况，市场在有效配置资源上的失灵，为政府参与或干预提供了机会和理由。政府参与或干预资源配置的重要途径，就是参与资源定价、界定资源产权，以此保护和管理资源。政府通过制定有关资源的政策（如森林政策、水资源政策、土地政策等）和法规（如矿产资源保护法、野生动物保护法、环境保护法等），参与资源价格的制定。如政府实行的资源税政策、排污费和排污许可权交易政策等，都会影响资源的成本价格，从而影响资源的价格构成；特别是对一些重要资源或战略资源，政府可能根据有关的资源法而实行不同程度的支持价格或限制价格，影响资源的定价方法。可见，资源价格政策和法规，是政府进行资源定价方法选择的主要途径，因而也成为影响资源定价方法选择的重要因素。

（三）国民经济核算

把资源环境纳入国民经济核算体系，最重要的指导思想是资本思想，这里的资本是经济学里广义的资本概念，不仅包括人造资本，也包括自然资源资本。核算的基本思路与其他经济资产类似：一是当期流量的核算，即着眼于一定时期经济活动的发生，核算其与自然资源和生态投入、废弃物排放之间的关系，其中，自然资源和生态投入代表向经济过程提供的环境货物，接纳经济过程的废弃物排放可视为向经济提供环境服务，比如当期流量的增加可以是发现新的矿产地、土地复垦、动植物的自然增长等，当期流量的减少可以是开采矿产资源、土地侵蚀、动植物的捕获量、动植物自然死亡等；二是资源资产存量的核算，即要扩展国民经济核算账户中经济资产的概念，全面核算自然资产的存量及其变化。通过流量和存量的核算，就可以了解一定时期经济发展与资源资产的关系，从经济发展中的投入来看自然资产存量变化。

按照 SEEA 的指导手册，我国在 2000 年开展了"中国综合经济与资源环境核算体系"的研究，主要包括流量部分与存量部分。流量部分反映国民经济的一般经济活动（不包括资源产业和环保产业）与资源产业、环保产业之间的供给和使用关系，体现我国的自然资源产业活动、环境保护活动与一般社会经济活动之间相互促进、相互制约的有机联系。存量部分反映我国经济活动中创造积累的庞大的生产资产、丰富的自然资源等构成国家财富的重要内容的存量规模与结构，以及生态环境的质量状况，体现我国进行可持续发展所需要的经济资产条件、自然资源的潜在支撑力和生态环境的容纳度。2002 年颁布的《中国国民经济核算体系（2002）》，对 1992 年颁布实施的《中国国民经济核算体系（试行方案）》做了重大修订，新体系根据我国的统计现状，增加了自然资源实物量核算附属表，见表 9-5，为将来的发展提供了非常有益的尝试。

表 9-5　　　　　　　　　　　自然资源实物量核算附属表

项目	土地资源					森林资源				矿产资源				水资源			
	土地资产				非资产性土地资源	森林资产			非资产性森林资源	矿产资产			非资产性矿产资源	水资产			非资产性水资源
							非培育资产							初始利用量		重复利用量	
	农用土地	耕地	房屋及建筑物占地	其他		培育资产	人工林	天然林		能源矿藏	金属矿藏	非金属矿藏		地表水	地下水		
一、初期存量																	
二、本期增加																	
（一）自然增加																	
（二）经济发现																	
（三）分类及结构变化引起的增加																	
（四）其他因素引起的增加																	
三、本期减少																	
（一）自然减少																	
（二）经济使用																	

续表

项目	土地资源					森林资源				矿产资源				水资源				
	土地资产				非资产性土地资源	森林资产			非资产性森林资源	矿产资产			非资产性矿产资源	水资产			非资产性水资源
	农用土地	耕地	房屋及建筑物占地	其他		培育资产	非培育资产			能源矿藏	金属矿藏	非金属矿藏		初始利用量		重复利用量	
							人工林	天然林						地表水	地下水		
（三）分类及结构变化引起的减少																	
（四）其他因素引起的减少																	
四、调整变化																	
（一）技术改进																	
（二）改进测算方法																	
（三）其他																	
五、期末存量																	

自然资源实物量核算表反映了土地、森林、矿产和水四种主要自然资源在核算期期初和期末两个时间点的实物存量及在核算期内的变动情况，并且将每种资源分为资源资产和非资源资产两类。非资源资产是指不具有资源资产性质的自然资源。

自然资源实物量核算表分为五部分：第一部分反映核算期初始时自然资源的实物存量状况；第二部分反映核算期间由于各种因素引起的自然资源实物量的增加；第三部分反映核算期间由于各种因素引起的自然资源实物量的减少；第四部分反映自然资源在核算期间由于科技进步、核算方法改变等因素而引起的增减变化；第五部分反映核算期终结时自然资源的实物存量状况。

在自然资源实物量核算表中，相应的关系主要有：①期末存量=期初存量+本期增加−本期减少±调整变化；②土地资源=土地资产+非资产性土地资源；③森林资源=森林资产＋非资产性森林资源；④矿产资源=矿产资产+非资产性矿产资源；⑤水资源≤水资产+非资产性水资源（注：水资产中包括水重复利用量）。

新核算体系按照可持续发展的思想，以国际通行的国民经济核算原则和方法为基础，结合我国的实际情况和目前的统计工作，进行我国自然资源核算，开始了一个良好的起步。但这样的核算体系尚存在着重要的欠缺，主要包括以下方面：①纳入核算体系的自然资源种类偏少，我国是自然资源丰富的国家，应包括如生物资源、海洋资源、草地资源等；②没有与环境质量、生态状况很好地结合，综合地反映可持续发展能力，如生态投入等；③还缺乏与经济活动的深入接合，不利于绿色 GDP 的核算。

四、资源的经济价格

虽然从理论上讲，资源总价值等于使用价值（UV）、存在价值（EV）与选择价值（OV）之和，即资源的经济价格应涵盖这三方面的价值，但由于后两种价值十分难于估算，故在实际工程项目评价工作中，需要做一些简化处理，使经济分析成为可能。

（一）静态效益最大化

在资源稀缺的情况下，使用资源的成本，应当是另一使用者放弃的效益。在市场经济中，这就是另一使用者为获得资源而愿意支付的最高价格（支付意愿），又称为边际机会成本（MOC）。这一概念可以通过图 9-5 来加以说明。图中的需求曲线表示资源使用者的支付意愿，当资源的供给量固定为 q_0 时，市场价格为 p_0，其中一部分为边际生产成本（MPC），另一部分为稀缺价值或边际使用成本（MUC）。边际使用成本是竞争市场价格与边际生产成本之差（使用资源获得的净效益）的估计值，因而无法直接获得。此外，在资源的开发利用过程中，往往会产生外部效果。例如，采矿产生的硫化物和酸性物对空气和水环境造成的污染，开采矿山破坏地表植被后造成的水土流失和自然景观破坏等，都是资源开发利用过程中发生的边际环境成本（MEC）。所以，从整个社会的角度讲，资源的经济价格 P 应为

$$P=MOC=MPC+MUC+MEC$$

这表明，在任何一个时间点，资源的经济价格都应由边际生产成本、边际使用成本和边际环境成本构成。只有这样，才能保证资源由能够为社会带来最大经济福利的人来开发和利用。

（二）动态效益最大化

既然自然资源是有限的，人们今天开发利用资源，就意味着可供后代人使用的资源将会减少。所以，为了有效配置资源，还需要研究跨越不同时间段使用资源时如何实现经济福利（社会净效益）最大化的问题，即动态效益最大化的问题。具体来说，就是要对使用资源所涉及的不同年份发生的费用和效益进行比较。

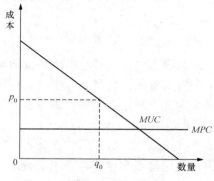

图 9-5　边际使用成本

考虑到资金具有时间价值，对发生于不同年份的费用（C）和效益（B）进行比较的最好方法，是求出各年费用和效益相抵后的净效益，然后，采用适当的折现率，将各年的净效益折算成现值并加总，以便得到净现值（NPV）：

$$NPV = \sum_{t=0}^{n} \frac{(B-C)_t}{(1+i)^t}$$

因此，研究跨时使用资源净效益最大化的问题，实际上就是研究净现值最大化的条件。从理论上讲，当各期（如各年）边际使用成本或资源的稀缺价值的现值相等时，净现值便实现最大化。如果第 A 期资源稀缺价值的现值大于第 B 期资源稀缺价值的现值，资源的使用将会从第 B 期转移到第 A 期，使第 A 期的价格下降，第 B 期的价格上升。直到两期边际使用成本的现值相等，实现资源开发利用最优化。

假设资源的边际生产成本在不同的时期保持不变并不考虑边际环境成本，要实现资源配置最优化，需要使边际使用成本每年按折现率或机会成本增长，即每年的边际使用成本等于上年的数值乘（$1+i$）：

$$(P–MPC)_1=MUC_1=(P–MPC)_t/(1+i)^t=MUC_t/(1+i)^t$$

如图 9-6 和图 9-7 所示，随着资源的逐渐减少和价格的逐渐提高，资源的存量将平稳走向枯竭。按资源当前开发利用的机会成本不断提高价格，至少可以从以下三个方面提高资源的使用效率，从而减缓资源的耗竭速度，增加资源的供给量：

（1）降低对资源的需求，抑制资源的消耗，通过使无效率的企业退出市场减少资源的浪费现象。

（2）激励资源的生产者或所有者保护而不是尽快开采资源，因为价格的不断增长意味着相对于资源作为产品出售的使用价值，其作为环境资产的价值不断提高。

（3）为旨在提高资源利用率的技术进步提供动力，并且促使生产者勘探潜在资源和开采低品位资源。

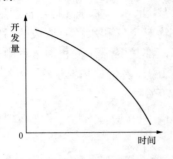

图 9-6　资源开采量随时间递减

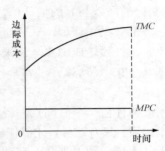

图 9-7　总边际成本随时间递增

总而言之，如果不考虑外部效果，资源的价格应当反映边际生产成本和稀缺价值，从长远来看，资源的价格也应当随资源的减少和稀缺价值的提高而增长，从而实现资源在现实与未来的开发利用之间的合理有效平衡。

（三）可再生资源的定价

这里以水资源定价进行分析。在大多数情况下，水是一种稀缺的可再生自然资源，因此，也需要保持现实消费与未来消费之间的平衡。然而，大多数人并不把水看作是一种商品或一种服务，水资源经常是用非经济的手段进行分配，即使采用价格手段，也往往不是按供水的成本对其定价，因而不能使水的消费创造出最大化的价值。有时，对供水短缺压力的本能反应是增加供给，但由于水资源相对稀缺，从长远来讲，这样的政策不可能具有持续性。价格机制很少用来对水的供给进行配置或对需求进行管理，这显然不利于水资源的保护并助长浪费。

1. 水的价值

水的用途或用户包括农业、工业、城市与居民、娱乐和废弃物的吸收等。无论是在这些不同的部门、行业或用途之间，还是在这些部门、行业或用途的内部，水的价值都存在很大的差异，具体差异的大小取决于水资源能够为不同用途带来的效益。一般来说，对于特殊农作物种植、工业生产、居民家庭消费和某些娱乐活动，水的使用价值较高，而对于低附加值农作物种植、工业冷却和废弃物的吸收等用途，水的使用价值较低。在美国有人曾对水的价值做过广泛的调查，范围涵盖工业、城市、农业灌溉、娱乐和废弃物吸收。调查结果表明，因用途、地理位置和季节的不同，城市居民用水和公共用水（如救火、公共建筑物清洁等）的价值为 3～14 美分/m^3，农业灌溉用水的价值为 0.4～2.7 美分/m^3，工业用水的价值为 0.6～61 美分/m^3，娱乐用水的价值为 1～10 美分/m^3，废弃物吸收用水（河流与其他水体）的价值为 0～2 美分/m^3。

2. 边际成本定价

如果把水看作是一种可再生自然资源并不考虑边际环境成本，资源的经济价格可简化为

$$P=MOC=MPC$$

也就是说，水的价格或水的边际机会成本等于它的边际生产成本。这样，就可以把问题简化为通过计算水的边际生产成本来确定水的价格。比如，可以采用下式计算供水的边际成本 MC

$$MC_t = \frac{R_{t+1} - R_t}{Q_{t+1} - Q_t} + \frac{rI_t}{Q_{t+1} - Q_t}$$

式中　t——需要计算 MC 的年份；

　　　R_t——第 t 年的运营与维护费用；

　　　Q_t——第 t 年的供水量；

　　　I_t——第 t 年的基建投资费用；

　　　r——资金回收系数。

由上式可知，水的边际成本由两部分构成：一部分是供水量增加的单位短期边际成本，即供水量增加导致的增量运营与维护费用；另一部分是供水量增加的单位边际基建投资费用，即为满足供水量的增长所需要增加的长期基建投资费用。

在实际工作中，应用上述公式计算水的边际成本（MC）进而确定水价，可能会导致水价的不稳定。当对水的需求增长较快而现有供给能力又不足时，由于要较大规模地增加基建投资，满足需求增长的边际成本就很高，导致水价偏高。大规模投资过后，满足需求增长的边际成本就会很低。在这种情况下，按照边际成本确定的水价，就会有较大幅度的波动。这不仅不利于供水的管理，也不利于水务部门投资成本的回收和借债投资情况下的还本付息。为了克服价格的波动，可以采用平均增量成本（AIC）确定水价

$$AIC_t = \frac{\sum_{t=1}^{T}\left[\dfrac{(R_{t+t} - R_t) + I_{t+t-1}}{(1+i)^{t-1}}\right]}{\sum_{t=1}^{T}\left[\dfrac{Q_{t+t} + Q_t}{(1+i)^{t-1}}\right]}$$

式中　t——需要计算 AIC 的时间期限。

平均增量成本反映的是在未来一段时间期限内，满足单位增量供水的边际成本，也就是该时间期限内水价的总体走势。在公式中可以明显看出，较之增量成本，计算平均增量成本所需的数据要多且复杂，不仅要预测未来多年的水需求量，还要测算资金的机会成本。此外，根据平均增量成本确定水价的过程非常反复，因为未来供水工程项目的准确时间安排，取决于投资成本与需求的价格弹性之间的相互作用。当价格定在平均增量成本时，一般会导致需求下降并推迟未来供水项目的投资，产生新的平均增量成本测算值、水需求量和投资计划。可以通过模拟或实际观察的形式来实现这一反复的过程，以便最终确定出一个适当的水价。

测算供水的平均边际成本，通常包括以下四个基本步骤：①根据规划的工农业发展、城市发展、人口与收入增长、价格弹性以及其他相关的变量，预测未来的水需求量，预测期限一般不宜超过 20 年；②找出满足预测水需求量的最小成本供水方案，成本中不仅应包括以经济价格计量的基建投资费用、运营费用、外部效果以及使用成本，还要折现；③测算满足预测水需求量的供水长期边际机会成本；④设计并实施既反映供水长期边际机会成本同时也考虑财务和社会因素的水价政策和收费标准。

附录 A　中咨公司工程项目资源节约与综合利用评价准则[1]

A.1　资源节约与综合利用评价准则的目的、适用条件和范围

A.1.1　资源节约与综合利用评价的目的

资源节约与综合利用是我国的基本国策，在固定资产投资领域加强资源节约与综合利用工作，落实科学发展观，是转变经济发展方式、建设资源节约型和环境友好型社会的一项重要措施。

工程项目资源节约与综合利用评价准则是中国国际工程咨询公司咨询评估业务中关于资源节约与综合利用评价的专业分析评价方法，用于指导咨询评估中的资源节约与综合利用评价工作。以资源节约与综合利用评价准则为指导开展工程项目咨询评估业务，有利于提高咨询评估工作的质量和水平，有利于促进工程项目在建设和运营过程中节约和充分利用资源，是在工程咨询领域贯彻落实科学发展观的具体体现。

A.1.2　资源节约与综合利用评价准则的适用条件和范围

工程项目资源节约与综合利用评价准则适用于中国国际工程咨询公司评估业务中，所涉及的金属矿产资源开发（具体为黑色和有色金属矿产资源开发）、油气资源开发（具体为油气田开发工程项目，输油、输气管道工程项目，石油储存设施工程项目）、水资源开发利用和土地资源利用等四大类。

A.2　资源节约与综合利用评价准则的依据、原则和主要内容

A.2.1　工程项目资源节约与综合利用评价准则的依据

A.2.1.1　国家法律法规、标准及相关规定

开展工程项目资源节约与综合利用评价工作，首要的依据是国家法律法规、标准及相关规定。例如，《矿产资源法》，《土地管理法》，《水法》等。

A.2.1.2　行业法律法规、标准及相关规定

工程项目资源节约与综合利用评价工作还要依据行业法律法规、标准及相关规定。例如，国家有关资源综合利用的指导意见，招标拍卖挂牌出让国有土地使用权规定等。

A.2.1.3　地方法律法规、标准及相关规定

除依据国家和行业法律法规、标准及相关规定以外，工程项目资源节约与综合利用评价工作还要满足项目所在地方的法律法规及相关规定要求。

A.2.2　工程项目资源节约与综合利用评价的原则

A.2.2.1　发展循环经济的原则

在咨询评估工作中贯彻落实科学发展观，按照工程咨询理论创新的要求，特别是必须从可持续的角度出发，统筹考虑投资建设中的资源、能源的节约与综合利用以及生态环境承载力等因素，促进循环经济发展的要求，本着发展循环经济的原则开展资源节约与综合利用评价。

A.2.2.2　对比分析的评价原则

资源节约与综合利用评价在项目能够符合国家和行业有关规定的基础上，进一步提高工

---

[1]　本准则供中咨公司内部使用，并根据情况变化适时进行修改完善。相关内容仅供参考。

程项目资源节约与综合利用的水平和效果，如有条件，还要与同类项目的国内外先进水平进行对比分析，通过对比找出差距和潜力，有针对性地提出措施建议及相关改进方案。

A.2.2.3　宏观微观相结合、定性定量相结合的评价原则

在工程项目资源节约与综合利用评价中，采用宏观微观相结合、定性定量相结合的评价原则，既有战略性、方向性的宏观展望，又有指标分析等具体测算；既要有定性分析，又要尽可能开展定量分析评价。

A.2.3　工程项目资源节约与综合利用的主要内容

A.2.3.1　工程项目资源综合利用的主要内容

（1）矿产资源综合利用。在技术上先进可行、经济上合理以及符合环保要求的前提下，矿产资源开发项目应最大限度地综合回收资源。

（2）"三废"综合利用。在技术可行、经济合理以及减少污染的前提下，工程项目应综合利用生产过程中产生的"三废"（固体废弃物，废水、液，废气）。

A.2.3.2　工程项目资源节约的主要内容

（1）水资源节约利用。

1）农业节水。农业节水主要内容包括：农业用水优化配置技术，高效输配水技术，田间灌水技术，生物节水与农艺节水技术，降水和回归水利用技术，非常规水资源化技术，养殖业节水技术，村镇节水技术等。

2）工业节水。工业节水的主要内容包括：工业用水的重复利用，冷却节水，热力和工艺系统节水，洗涤节水，工业给水和废水处理节水，非常规水资源的利用，工业输用水管网、设备防漏和快速堵漏修复等。

3）城市生活节水。城市生活节水主要内容包括：节水型器具，城市再生水利用，城区雨水、海水、苦咸水利用，城市供水管网的检漏和防渗，公共供水企业自用水的节水，公共建筑的节水，市政环境的节水，城市节水信息技术应用。

（2）土地资源节约利用。在技术可行、经济合理以及维护土地资源可持续利用的前提下，工程项目应最大限度地节约利用土地资源，提高土地资源的利用率、生产率和利用效益，实现土地资源高效合理的应用。

A.3　工程项目资源节约与综合利用评价的通用要求和方法

A.3.1　工程项目资源节约与综合利用评价的基本思路

A.3.1.1　工程项目资源综合利用评价的基本思路

工程项目资源综合利用评价是在咨询评估过程中，依据国家、行业以及地方的相关法律法规、标准、规范、规定，并适当参考同类项目的国内外先进水平，对工程项目待评资料（项目可行性研究报告、申请报告等）中的有关资源综合利用内容进行分析评价。

资源综合利用分析评价主要包括：资源开发方案分析评价及优化建议等内容，采用宏观微观相结合、定性定量相结合方式进行分析评价。原则上，工程项目资源综合利用分析评价的结论和建议，应集中在咨询评估报告的资源综合利用评价章节中体现。

A.3.1.2　工程项目资源节约评价的基本思路

（1）水资源。对北方水资源紧缺地区，要根据水资源和水环境承载能力实行严格的用水总量控制，加大产业结构调整力度，限制高耗水的作物和高用水工业，加大节水的力度，强化排污许可制度；在西北等生态脆弱地区，要以保护生态环境为基本前提，实行严格的水资源管理制度，以水定发展规模，严格控制高用水和高污染项目；在南方水资源丰富地区，从重视水资源开发利用向重视水资源节约、保护和优化配置转变，要加强用水定额管理，控制单位产品和服务的取水量，严格控制废污水排放。

（2）土地资源。土地资源节约利用分析评价主要包括对项目土地资源节约利用方案及措施分析评价、项目环境效应分析评价、土地节约利用效果分析评价等内容，采用定性定量相结合方式进行分析评价，并提供土地资源优化配置建议。

A.3.2 工程项目资源节约与综合利用评价的通用要求和方法

A.3.2.1 工程项目资源综合利用评价的通用要求和方法

（1）矿产资源综合利用方案及措施分析评价。分析项目在技术上先进可行、经济上合理以及符合环保要求的前提下，其矿产资源开发方案是否合理以及最大限度地开发了资源。

分析项目在技术可行、经济合理以及减少污染的前提下，其开发方案是否合理地综合利用了生产过程中产生的"三废"（固体废弃物，废水、液，废气）。

采用定性定量相结合方式，对项目资源综合利用的设计水平进行分析评价。如有可能，尽量采用对比方法进行量化分析，如与国家有关标准、行业平均水平对比、与国内外先进水平对比等。对于不符合强制性标准要求的项目，要明确提出项目不能建设的咨询评估意见。

（2）资源综合利用优化建议。针对项目在资源综合利用方面存在的问题和不足，提出改进优化的意见和建议。

A.3.2.2 工程项目资源节约评价的通用要求和方法

（1）水资源。我国各地经济社会发展水平、水资源条件及承载能力差异较大，要根据经济发展社会的总体布局和区域特点，因地制宜地确定不同区域节水的重点和方法。

1）黄淮海地区。包括北京、天津、河北、山西、山东和河南 6 个地区，由于水资源紧缺、水环境恶化已成为该区经济社会发展的重要制约因素，要严格实行用水总量控制和定额管理，加快对高用水行业的节水技术改造，重点发展低用水高附加值产业，严格控制高用水和高污染工业项目。加强水污染防治，提高污水处理率和再生利用率。

要结合南水北调工程建设，合理调配地表水、地下水，本地水、外调水和再生水，逐步实现地下水采补平衡。

2）东北地区。包括辽宁、吉林和黑龙江 3 个省级区。该区土地资源丰富，水资源分布不均，北丰南欠，东多西寡，人均水资源约 $1400m^3$。辽河流域和辽宁沿海城市群水资源短缺、水污染、地下水超采和海水入侵等问题突出，是该区建设节水型社会的重点。应合理开发北部和东部地区的水资源，建设必要的水资源配置工程，缓解区内部分地区水资源短缺的局面。

3）西北地区。包括内蒙古、陕西、甘肃、青海、宁夏和新疆 6 个地区。西北大部分地区生态环境十分脆弱，目前已有一部分河流的生态环境用水被挤占，土地荒漠化等问题突出。内陆河地区和黄河宁蒙地区是该区节水型社会建设的重点。

西北地区要以保护生态环境为基础，严格按照水资源可利用量对用水总量进行控制，加强用水定额管理，在保证居民用水和国家重点能源基地用水的前提下，以水定发展，控制经济社会用水量过度增长。

合理安排农业布局和种植业结构，加大现有灌区改造力度，发展节水灌溉，有条件的山地缺水区要积极发展水窖等集雨工程。

节约用水要与水资源合理配置以及保护生态相结合，对内陆河上下游水量实行统一调配，保证基本生态用水；加强重点区域水污染防治，加强长江、黄河源头区原生态系统的保护。

4）长江中下游地区。包括上海、江苏、浙江、安徽、江西、湖北和湖南 7 个地区。长江中下游地区水资源相对丰富，但水污染、湖泊富营养化问题突出，部分地区已危及城乡居民饮水安全。

长江中下游地区应节水与防污并重，在加强治污的同时通过节水减污，强化用水定额管理，建立合理的水价形成机制，控制单位产品取水量。要进一步加强水污染的防治，实行严格的排污控制，开展农业面污染源的监控和治理，减少农业、农村对水资源的面源污染。

5）华南沿海地区。包括福建、广东、广西和海南 4 个省级区。华南沿海地区总体上水资源丰富，但部分地区季节性缺水严重，珠江三角洲水污染问题突出，是该区节水型社会建设的重点。

要加快健全用水管理制度，加强用水定额管理。通过深化水价改革，完善水价制度，形成以经济手段为主的节水机制；要积极促进产业升级，加大水污染防治力度，加强对河流湖泊排污的管制，实现工业废水全面处理和达标排放，减少农业面源污染，逐步改善水环境。

6）西南地区。包括重庆、四川、贵州、云南和西藏 5 个地区。西南地区多属高山与高原，水资源相对丰富，但田高水低，水资源开发难度大。重庆市、四川成都平原、云南滇中地区是该区节水建设的重点。

西南地区大部分属江河上游区，要加强对水资源开发利用的管理和保护，合理进行工农业生产布局；积极发展高科技产业和特色产业，严格限制高污染企业发展，重点对化工、造纸等高用水行业进行节水技术改造，提高工业用水效率。

（2）土地资源。

1）土地资源节约利用方案及措施评价。分析项目是否采取了技术上先进可行、经济上合理以及环境和社会上可以承受的措施，从各个环节减少土地资源的滥用、提高土地资源的利用效率，实现有效、合理地利用土地资源。

2）项目环境效益分析评价。分析评价项目的土地资源利用水平和指标是否符合国家有关规定要求，如有条件应与同类项目的国内外先进水平进行对比分析。对于不符合强制性综合利用标准要求的项目，对土地资源中的生态环境以及水环境或者其他人类环境造成一定破坏的，要明确提出项目不能建设的咨询评估意见。

3）土地节约利用效果分析评价。采用定性定量相结合方式，对项目综合利用的效果进行分析评价。如有可能，尽量采用对比方法进行量化分析，如建设前后对比、与标准规范要求指标对比、与国内外先进水平对比等。

4）土地资源优化配置建议。针对项目在土地综合利用方面存在的问题和不足之处，提出改进优化的意见和建议。

A.4　工程项目资源节约与综合利用评价指标

A.4.1　金属矿产资源综合利用评价指标体系

A.4.1.1　主金属资源开发利用评价指标

资源利用率指标为：采矿回采率和选矿回收率。

A.4.1.2　伴、共生有价资源综合利用评价指标

经矿产资源储量报告评价的伴、共生有价金属，按元素种类应全部进行回收。但具体回收率指标应根据评估当时技术条件、经济条件以及选矿实验的结果，综合研究确定。

A.4.1.3 固体废物的综合利用评价指标

主要为采矿废石和选矿尾矿的利用，主要用于生产建筑材料以及采空区充填料。具体利用指标，应根据评估当时技术条件、经济条件，综合研究确定。

A.4.1.4 废水（液）的综合利用评价指标

主要为采矿废水（包括矿坑涌水）和选矿废水，主要评价指标为：生产用水循环利用率，选矿回水率。

A.4.2 油气资源综合利用评价指标体系

A.4.2.1 油气田开发项目评价指标

油气田的石油和天然气储量一般分地质储量和可采储量。前者指存在于地下油气藏中的原始油、气量。后者指油气藏中，在一定经济技术条件下可以采出的油、气量。一个油气藏中可采储量与地质储量的比值称为采收率。对于油气田开发项目，油气资源综合利用的重点在于采用先进的开采工艺，提高难动用储量的开发利用程度，其主要评价指标为：不同开发阶段油气田原油、天然气最终采收率。

另外，在原油、天然气开采过程中应回收轻烃及伴生气，尽量经济合理地降低生产自用油气量。对于含硫气田，还应回收提取硫黄，相应主要评价指标为：轻烃、伴生气回收及利用率；油气处理厂单位油气综合处理自用指标；油气田单位产品生产油气综合利用指标；含硫气田硫黄的回收率。

A.4.2.2 输油、输气管道项目评价指标

对于输油、输气管道项目，油气资源综合利用的重点在于尽量经济合理地降低输送过程中的自用及损耗油气量，评价指标主要为：单位输油、输气量下的油气综合利用指标。

A.4.2.3 石油储存设施项目评价指标

对于石油储存设施项目，油气资源综合利用的重点在于回收储存过程中排放的烃类物质，同时经济合理地降低自用油气量，主要评价指标包括：液化天然气接收终端气化过程中油气综合利用指标；石油储存设施油气回收及利用率；装（卸）车过程中排放轻烃回收及利用率。

A.4.3 水资源节约利用评价指标体系

A.4.3.1 水资源利用评价指标体系

（1）可利用量。水资源可利用量由地表水资源可利用量和地下水资源可开采量组成。在评价中，一般可采取地表水资源可利用量与浅层地下水资源可开采量相加再扣除地表水资源可利用量与地下水资源可开采量两者之间重复计算量的方法。

一般而言，在我国北方广大地区水资源可利用量一般不应超过水资源总量的 50%，其中松花江地区、辽河地区、海河地区、淮河地区、黄河地区等一级区分别为 49.5%、50.4%、63.5%、56%、55.6%；西北地区，由于其地表水与地下水转化频繁，因此尽管其可利用量不到 40%，但其取水量可占河道径流的 70%；南方地区水资源可利用量一般不应超过当地水资源量的25%。

（2）开发利用程度。水资源开发利用程度定义为年取用水量占可获得的（可更新）淡水资源总量的百分率，我国有关机构一般定义水资源开发利用程度为水资源消耗量占可利用水资源量的比率。

　　指标的阈值或标准系根据经验确定：当水资源开发利用程度小于10%时为低水资源压力；当水资源开发利用程度为10%～20%时为中低水资源压力；当水资源开发利用程度为20%～40%时为中高水资源压力；当水资源开发利用程度大于40%为高水资源压力。

　　（3）人均用水量。人均用水量是表征区域人均总体用水水平的指标，采用总用水量除以总人口的方法进行计算。另外，表征人均用水情况的指标还有城镇人均用水量、农村人均用水量、人均耗水量等指标。

A.4.3.2　用水效率与效益指标体系

　　（1）灌溉水利用系数。灌溉水利用系数是指一定时期内灌区实际灌溉面积上有效利用的水量（不包括深层渗漏和田间流失）与渠首进水总量的比值，也可采用田间用水量占取水口取水量的比值来表征。

　　灌溉水利用系数是农业类工程项目水资源论证中需重点考虑的用水指标。灌溉水利用系数的一般规定是：大型灌区不应低于0.50，中型灌区不应低于0.60，小型灌区不应低于0.70，井灌区不应低于0.80，喷灌区、微喷灌区不应低于0.85，滴灌区不应低于0.90。

　　（2）万元工业增加值用水量。万元工业增加值用水量是表征地区工业用水水平和效率的综合指标，也称工业用水定额，指一定时期内一定区域的工业总用水量与工业总增加值的比值。

　　新建设投资类工业项目万元增加值用水量最低应以国际国内相同行业用水先进水平为参考，最高万元工业增加值用水量应不高于当地万元工业增加值用水量，即工程项目建成后，当地万元增加值用水量应有所降低。

　　（3）单方水GDP产出量。单方水GDP产出量是表征地区用水投入产出效益的综合指标，计算公式是

$$单方水 GDP 产出量 = GDP / 总用水量（元/m^3）。$$

　　在工程项目水资源论证中要充分考虑工程项目对单方水GDP产出量的促进作用。

　　（4）单方水粮食产量。单方水粮食产量是衡量单方水粮食生产效益的综合指标，也是粮食生产型灌区工程项目必须论证的核心指标之一。目前，我国平均单方灌溉水粮食产量约为1kg，而世界上先进水平的国家平均单方灌溉水粮食产量达到2.5～3.0kg。

A.4.3.3　水生态与环境评价指标体系

　　（1）生态用水占水资源量比率。随着社会经济系统的不断发展膨胀，人类对水系统以及以水为基础的生态系统扰动越来越强，社会经济系统挤占生态用水，社会经济用水占水资源总量的份额也越来越大，生态用水占水资源量的比例也相应越来越低。

　　工程项目评价分析或论证中，工程项目建设后生态用水占当地水资源量比率应不低于建设前生态用水占水资源量比率，或者不低于当地生态系统生态需水量与水资源量的最低比率。该最低比率可根据有关规范、规划、规定确定。

　　生态用水占水资源量比率一定程度上反映了生态需水的满足程度，包括河道内生态需水满足程度和河道外生态需水满足程度。目前，国内外尚没有生态用水占水资源量比率合适标准的规定，但国际上公认通常情况下利用的水资源量不宜超过40%。根据我国相关研究，从我国水资源与生态状况总体分析，一般认为，对于西北干旱内陆地区的生态用水占其水资源总量的比率不得小于50%；对于黄淮海缺水地区，该比率可小于50%，但必须保障基本生态用水要求。

（2）污染入河量占纳污能力比率。污染物入河量是污染物产生并排放进入水体的污染物数量。

水功能区纳污能力，指对确定的水功能区，在满足水域功能要求的前提下，按给定的水功能区水质目标、设计水量、排污口位置及排污方式，功能区水体所能容纳的最大污染物量，表征的是河流水体的环境容量，以 t/年表示。

工程项目分析评价过程中，一方面应对工程项目的污染物产生与排放量进行充分测算，一方面其排放总量与排放浓度应满足相关部门和行业规定、规划要求。

（3）污水处理率。污水处理是当前维护水体健康的主要措施，指经污水处理厂集中处理的废污水量占废污水排放总量的比率。

最低污水处理率的确定，与地区所处的水功能区、相关部门确定的污染物排放标准以及当时产生的污染物量有关。污水处理率的确定，需重点考虑两方面：一是污水处理率应满足国家和区域相关标准、要求或规划；二是根据工程项目所在区的纳污能力、污染物产生量、排放量和入河情况进行科学确定。一般而言，排放量和纳污能力之差即是需削减的污染量，结合污水排放量即可确定污水处理率。

A.4.4　土地节约利用评价指标体系

A.4.4.1　农用地主要评价指标体系

（1）农用地集约经营程度评价指标。一般从劳动集约、资金集约和技术集约三方面对农用地集约经营程度进行评估。劳动集约指在单位面积的土地上投入更多的活劳动进而获得较高的产量和收入的一种土地集约利用形式。资金集约指通过在单位面积土地上投入更多的资金、使用更多的能量、动力、化肥、农药等物化劳动来提高土地生产率。技术集约是指通过采用先进技术，在单位面积的土地上获得较高的产量和收入，反映的是科技进步对农业产量和收入的影响程度。

（2）农用地综合利用效应评价指标。农用地综合利用的效应包括两部分：一是农用地生态系统自身属性方面所产生的效应，属于内部效应；二是外部效应，包括对人类社会、经济和生态环境等方面的影响。

对农用地内部效应的评价可从土壤质量和农用地系统结构两方面进行。土壤质量体现农用地生态系统服务功能的基础，对其评估可从土壤肥力、土壤结构、土壤污染程度、土壤侵蚀及退化程度等方面进行。

农用地综合利用的外部效应体现在经济、社会、生态三个方面。农用地综合利用的经济效应的评估指标可选取：单位面积净产值，单位面积作物产量，农村居民人均纯收入等；农用地综合利用的社会效应涉及社会保障和进步等方面，具体可从粮食保证率，农业就业劳动力比重、工业原材料需求与供给的平衡、城乡差距缩小等方面进行评估；农用地综合利用的生态环境效应可从气体、水及污染物的控制方面以及生物多样性的产生和维持方面进行评估。

A.4.4.2　建设用地主要评价指标体系

（1）建设用地开发利用程度评价指标。建设用地包括居民点及独立工矿用地、交通用地和水利设施用地，其开发利用程度的评价指标选择较为复杂。土地成本、土地建设利用率、水库水面利用率、人均农村居民点用地面积、建制镇面积比例和土地闲置率是能反映建设用地开发程度的较好指标；城市建筑密度、人均城市用地面积可用于对城市开发利用的程度进行评估；对开发区言，可选择开发区土地开发率、开发区土地批租率、开发区土地建成率来反映开发区用地的开发利用程度。

（2）建设用地集约经营程度评价指标。影响土地集约经营程度的主要因素有土地投入程度（包括固定资产投入和基础设施水平投入）、土地利用强度等，同时土地集约经营可从土地利用效果和土地集约利用发展趋势上得到反映。土地投入程度评估指标可选择单位面积建设用地非农行业基本建设投资、开发区土地投入指标、房地产开发投资以及对外交通便利程度（每平方公里范围内的等级公路长度）等；土地利用强度可根据城市建筑容积率、城市土地利用系数（建成区内总建筑面积与建成区面积的比）、房屋建筑面积竣工率等指标进行评估；建设用地土地利用效果可从城镇化水平、单位面积建设用地就业人数（非农人口/建设用地总面积）、实际销售房屋面积/竣工房屋面积等指标方面进行评估；土地集约利用发展趋势可考虑采用城市用地扩展系数（年均城市用地增长率/年均城市人口增长率）等指标来说明。

（3）建设用地效益评价。建设用地效益主要有资源效益、经济效益、社会效益和生态效益。

A.4.4.3　生态用地主要评价指标体系

生态用地以自然生态保护为主要目的，与侧重支撑人类生态系统用地类型的建设用地、农用地相对应。生态用地应当为自然生态系统的修复与弥合创造条件，最终恢复并保持自然生态系统的完整多样和健康稳定。

生态用地主要评价指标包括：①森林覆盖率；②人均林木绿化地面积；③绿化绿地空间占有率；④研究区域的人均公共绿地面积；⑤生态公益林比率；⑥水域健康指数等。

森林覆盖率：根据国家森林资源调查标准，森林覆盖率=（有林地+特灌林)/研究区域总面积。

人均林木绿化地面积：根据国家森林资源调查标准，林木绿化地包括有林地、灌木林、四旁乔木、四旁毛竹、四旁杂竹、四旁特灌林折算和其他灌木，其面积之和除以研究区域内总人口（除特别说明外，人口一般指户籍人口）等于人均林木绿化地面积。

绿化绿地空间占有率：指不同类型绿地在可达高度范围内的绿色植被实际体积与最大体积之比。

研究区域的人均公共绿地面积：指企事业单位、城镇居民点、乡村居民点范围内的各种绿地面积与户籍人口和流动人口之和的比值。

生态公益林比率：指水涵林、水保林、护岸林和护路林等防护林的面积与环保林、风景林等特殊用途林的面积之和占森林面积的比值。

水域健康指数：指水域水体达到国家有关标准的等级，通过实地考察得出。

A.5　金属矿产资源开发项目资源综合利用评价

金属矿产资源开发利用评价要求及方法适用于有色和黑色金属矿山开发的工程项目。本准则所指金属矿产资源为经过有资质的机构审查认证、并报国家主管部门备案的金属矿产资源。

A.5.1　金属矿产资源开发方案分析评价

A.5.1.1　主金属资源开发利用方案分析评价

分析项目矿产资源开发方案是否合理地开发利用了主金属矿产资源。尽量采用对比方法进行量化分析，将开发方案中的采矿回采率、选矿回收率等指标与国家有关标准、行业平均水平、国内外先进水平进行对比评价。

A.5.1.2　伴、共生有价金属资源综合利用方案分析评价

分析项目矿产资源开发方案是否对伴、共生有价金属按元素的种类进行了合理的综合回收利用，主要采用定性分析评价。

A.5.1.3 "三废"综合利用分析评价

（1）固体废物。固体废物主要为采矿废石和选矿尾矿，其主要综合利用于生产建筑材料和井下充填料。固体废物的综合利用，是在技术可行、经济合理以及减少污染的前提下，分析评价开发方案是否合理利用了生产过程中产生的固体废弃物，主要采用定性分析评价。

（2）废水。分析项目建设方案是否对采矿、选矿产生的废水进行了循环利用，生产用水循环利用率以及选矿回水率指标是否符合行业有关要求，主要采用定量分析评价。

A.5.2 资源综合利用优化建议

针对项目在资源综合利用方面存在的问题和不足，提出改进优化的意见和建议。

A.6 油气资源开发项目资源综合利用评价

油气资源综合利用评价要求及方法适用于油气田开发工程项目、输油、输气管道工程项目和石油储存设施工程项目。本准则所指油气资源包括原油、天然气、成品油及其生产、储运过程中排放的烃类气体。油气资源综合利用分析评价应首先分析项目采取的油气资源综合利用措施，进而分析这些措施的利用效果，最终评价油气资源利用的总体水平。

A.6.1 油气资源综合利用主要措施

先进的开采工艺可以提高油气资源的采收率，在油气产品生产与储运过程中有效地降低烃类放空损耗并采取回收措施提高产品的收率。因此，项目采用先进合理的工艺技术及设备是提高油气资源综合利用水平的关键。

分析评价工程项目的油气资源综合利用水平，应首先分析项目采取了哪些油气资源综合利用措施。油气资源开发项目应采取的主要油气综合利用措施如下：

A.6.1.1 油气田开发项目油气资源综合利用措施

油气田开发采用先进的开发技术，提高难动用储量的开发利用程度，提高油气田最终采收率；开采工艺采用伴生气、轻烃回收利用技术；油气田地面集输工艺采用密闭集输流程，降低油气集输损耗；对各种放空气体进行回收和综合利用；含硫气田采用硫回收技术回收硫黄。

A.6.1.2 输油、输气管道项目油气资源综合利用措施

（1）输油管道项目。输油工艺采用密闭输油工艺，降低输送过程中的油气损耗；输油工艺如需采用加热输送工艺，选择经济合理的加热工艺，节省燃油消耗；输油管道输送泵采用经济合理的驱动方式，减少自用油气消耗量。

（2）输气管道项目。输气管道下游天然气用户选择应符合国家天然气利用政策；输气管道天然气压缩机采用经济合理的驱动方式，节省燃气消耗；输气管道线路设置干线截断阀室减少事故和维修时的天然气放空量；输气工艺采用密闭不停气清管流程，降低清管损耗。

A.6.1.3 石油储存设施项目油气资源综合利用措施

（1）液化天然气接收终端项目。项目下游天然气用户选择应符合国家天然气利用政策；选择合理的气化工艺，降低天然气的消耗，提高油气的利用率；对生产过程产生的各种放空天然气进行回收利用。

（2）原油及各类油品储存设施项目。合理选择储罐型式，降低储存过程中的油气损耗；油品装（卸）车设置油气回收设施，回收装卸过程中排放的烃类气体。

A.6.2　油气资源综合利用效果分析评价

对项目采取的油气资源综合利用措施进行分析后，对采取这些措施后取得的经济效益、环境效益和社会效益等效果进行分析评价。主要通过计算油气资源综合利用评价指标进行量化分析，如有条件，可对采取油气资源综合利用措施后节约的资源量进行分析评价，例如低品位油气田、非常规油页岩或油砂资源等难利用储量开发利用获得的油气量，伴生油气、放空气体和硫黄等资源回收量等，并进行技术经济指标计算，评价油气资源综合利用取得的经济效益。另外，还可通过分析资源综合利用对减少废弃物、污染物排放等产生的作用，分析评价资源综合利用取得的环境效益。

A.6.3　油气资源综合利用水平分析评价

项目油气资源综合利用水平的分析评价尽量采用对比方法进行。将前面分析得到的油气资源综合利用评价指标，与国家、行业标准规范要求进行对比分析，与国内外同类项目水平进行对比分析，或进行项目建设前后对比。通过比较，直观地反映出项目的油气资源综合利用水平是否先进，是否还有进一步提高利用水平的潜力和改进的余地。

A.6.4　油气资源综合利用方案优化建议

通过项目的油气资源综合利用分析评价，判断项目采用的油气资源综合利用措施是否合理。例如，油气田钻采工艺、油气田集输与净化工艺、输油输气管道增压设备驱动方式选择、库区装卸工艺等是否合理，天然气利用项目用户选择是否符合规定等。针对项目在油气资源综合利用方面存在的问题和不足之处，提出最大限度提高油气资源回收、利用的优化建议。

A.7　工程项目水资源节约利用评价

水资源节约利用分析评价一般包括，项目所在区域水资源及其开发利用状况及存在问题分析，项目所在区水资源供需分析，项目取用水合理性分析、水源论证、取水和退水影响分析、水资源保护措施分析等。

A.7.1　水资源基础评价

按照国家有关规定，建设项目要进行水资源论证。新增水资源利用量的工程项目，应提供水行政主管部门的取水许可批件。水资源基础评价主要是评价可通过工程开发利用的地表水和赋存在地下含水层中的地下水，重点是易于被工程开发利用的、可更新的地表水和地下水。

A.7.1.1　水资源基础评价的基本要求

（1）工程项目的水资源分析报告应采用权威部门发布的最新统计资料，补充的资料要符合有关规范的规定。

（2）评价内容要全面，评价方法需采用有关规范的规定。

（3）综合考虑河川径流特征、地下水开采条件、生态环境保护要求和技术经济等因素，估算流域当地地表水资源可利用量、地下水资源可开采量和水资源可利用总量。

A.7.1.2　水资源基础评价的内容

水资源基础评价的目的是了解项目所在区的水资源量、水资源质量及其基本特性，主要包括以下评价内容：

（1）项目区在所在水资源分区的自然概况，包括地形、气候、植被土壤、水文地质条件、河流水系、湖泊、冰川等。

（2）主要水文要素降水、径流和蒸发的时空变化特征。

（3）项目区和所在水资源分区内的降水总量、年径流量、水资源量的丰枯变化、地表水可利用量等内容。

（4）项目区所在水资源分区内的地下水资源量和可开采量。

（5）由地表水资源量，地下水资源量，以及扣除地表水和地下水的重复计算量的水资源总量。

（6）水质分析内容包括水质分类和水污染现状等。对于水污染严重地区或工程项目对水质有明确要求时，要分析污染源和入河污染物的现状与近年来的变化情况。

A.7.2　水资源综合利用评价内容

工程项目的可行性研究报告或项目申请报告中必须包括水资源利用分析篇章，咨询评估单位的评估报告中必须包括对水资源利用分析篇章的评估意见（可附上水资源论证报告专家评审意见）。

A.7.3　所在区域年水资源供需现状分析

按照选定年型或系列实际量算和调查的年来水、供水、用水状况资料进行年水资源供需现状分析，主要包括以下分析内容：

（1）年实际水资源总量，含地表水资源量（即径流量）和不重复的地下水资源量。项目区范围内的径流量由当地的产流量和区域内的入境水量减去出境水量的过境水量两部分组成。

（2）分析计算由蓄水工程、引水工程、提水工程和地下水工程提供的实际供水量。

（3）分析用水量和用水效率。各行业的用水量主要包括农业用水、工业用水、生活用水和生态环境用水等。

（4）分析污水排放量、节水和污水回用量。

（5）分析水资源供需结构、利用效率和工程布局的合理性。

（6）分析现状年供需平衡状况和项目所在水资源分区现状水资源开发利用程度和余缺水状况。

A.7.4　所在区域设计水平年水资源供需分析

（1）确定设计水平年。一般设计水平年应距现状年 10～15 年以上。远景水平年为 20～25 年。

（2）项目的供水保证率。灌溉设计保证率执行《灌溉与排水工程设计规范》（GB 50288—1999）的规定，城市供水保证率执行《城市给水工程规划规范》（GB 50282—1998）的规定；对有特殊要求的行业供水保证率，如电力，执行相关行业规范中的具体规定。

（3）水资源量变化趋势预测。在设计和远景水平年，因上游用水和下游需水增加引起的过境水量减少，不同保证率条件下水资源量的变化情况。

（4）各水平年需水预测。包括项目区社会经济发展的目标，人口与城镇化进程，国民经济发展和产业结构调整的预测，农业与灌溉面积发展预测等。

（5）供水量预测。各水平年新建供水工程将增加的供水量和洪水利用量，采取节水措施后的可节水量，废污水处理后的可回用量，海水淡化利用量。

（6）进行各水平年和不同保证率用水状况下供需平衡分析。

A.7.5　项目取用水合理性分析

A.7.5.1　取水合理性分析

（1）分析建设项目所属行业、产品、规模、工艺、技术和当地水资源条件等是否符合国家的产业政策。

（2）工程项目取水应符合水资源规划、配置和管理的有关要求，应遵守经批准的水量分配方案（协议）或国际公约（协议），以及地下水超采区（禁采区、限采区）、水功能区的规定等。

（3）对取用当地水的工程项目，取水后必须保证当地居民基本生活、生产用水，并满足河道内最小生态需水量；在通航河道上要满足最小通航水深要求。对取用外地水的取水项目要以不影响引水水源地取用水安全为前提。

A.7.5.2 用水合理性分析

（1）对于新建项目应分析其取水、用水、耗水及退水情况，并进行非正常工况和风险事故的可能性及应急措施分析。

（2）对于改、扩建项目，应按照"以新带旧"的原则，分析项目改、扩建前后的用水指标，提出对现有工程应采取的改进措施。

（3）需按国家标准《企业水平衡测试通则》（GB/T 12452—2008）的要求，绘制水平衡图，分析取水、用水、耗水、退水等过程。对于用水受季节影响较大的建设项目还需分析最大水量或绘制不同季节的水平衡图。

（4）应根据水平衡分析结果，计算相关用水指标。具体用水指标可根据实际需要增减。

A.7.5.3 节水潜力分析

根据用水工艺（设备）、节水和减污措施，按照行业先进水平和清洁生产要求，分析工程项目节水措施的合理性与先进性。将工程项目用水指标与区域用水指标、国内外同行业用水指标、有关部门制定的节水标准和用水定额比较，分析其用水水平。根据水资源管理和节水要求，结合当地水资源条件，分析节水潜力。在分析节水潜力的基础上，对工程项目的用水合理性和节水潜力给出综合性的评价结论，提出技术可行、经济合理的节水措施，并确定合理的取用水量。

A.7.6 项目供水水源论证

A.7.6.1 地表取水水源论证

（1）根据工程项目的位置和取用水情况确定水源地的论证范围。

（2）基本资料。主要复核资料的收集与调查是否符合《水文调查规范》（SL 196—1997）和论证等级的深度要求。采用的资料系列是否具有代表性、可靠性和一致性。

（3）可供水量分析计算。重点复核规划水平年不同保证率的可供水量与流域或区域水资源配置、水资源综合规划是否相协调。

（4）水质的评价。以水功能区作为地表水质评价的基本单元，按汛期、非汛期及全年对水质状况进行评价。

（5）调水水源论证。利用已建调水工程作为取水水源的，需收集工程建成后的实际运行资料进行水源论证。

（6）取水口位置的合理性分析。在取水合理性分析的基础上，从取水河段的稳定性，取水口位置与现有取水口、排污口的关系以及对第三者的影响等方面分析，并明确给出取水口位置合理性分析结论。

（7）取水的可靠性与可行性分析。需对来水量和用水量的可能变化及其各种组合情况进行多方案比较，分析各种组合方案的供水保证率和抗风险能力；结合水质变化情况，综合分析取水的可靠性。

A.7.6.2 地下取水水源论证

（1）基本要求。论证内容应包括水文地质条件分析，地下水资源量及可开采量分析与计算，地下水水质分析，地下水开采后的地下水位预测，取水可靠性和可行性分析等。

（2）论证范围。以覆盖较为完整的或独立的水文地质单元，或不小于地下水水位降落漏斗及其影响的范围，作为地下取水水源论证范围。

（3）地下水资源量分析。分析内容应包括补给量、排泄量、可开采量及其时空分布，以及总补给量与总排泄量的平衡。沙漠区还需包括凝结水补给量分析。平原深层承压地下水的地区，需查明开采含水层的岩性、厚度和层位等水文地质特征，确定出限定水头下降值条件下的可开采量。山丘区地下水资源量分析可只进行排泄量计算。地下水可开采量可选择适用于评价区特点的方法分别计算并对比分析。

（4）地热水资源量分析。可回收地热资源量（热量）和地热水的可开采量计算可参照《地热资源地质勘查规范》（GB/T 11615—2010）进行分析论证。

（5）天然矿泉水水资源量分析。根据天然矿泉水水源地的地质、水文地质条件，结合水动力学实验、动态观测等资料，分析天然矿泉水的类型和形成机制；选择的计算方法和参数的合理性，参照《天然矿泉水地质勘探规范》（GB/T 13727—1992）的具体要求进行天然矿泉水水源地卫生保护区的卫生保护措施分析。

（6）矿坑排水水源论证。基本内容应包括：矿区概况、矿区地质条件、矿井充水因素、突水系数和导水性，以及已建和规划矿井矿坑排水量的分析计算和规划矿坑排水再生利用的分析。

（7）地下水水质分析。地下水水质分析应参照《地下水质量标准》（GB/T 14848—1993）、《生活饮用水卫生标准》（GB 5749—2006）等有关标准，并符合水资源论证要求。

（8）取水井布设的合理性分析。地下取水水源论证为一级的，应进行地下水取水井布设的合理性分析，主要内容包括取水井平面或剖面上的布置（排列）形式和井间距离与井数等。

（9）取水可靠性与可行性分析。在地下水资源相对缺乏、地下水资源开发利用程度较高或开采地下水易发生环境问题的地区，需考虑水文要素、含水层参数等的不确定性，分析地下取水的可靠性。

A.7.7 项目取水、退水影响及保护措施分析

A.7.7.1 基本要求

（1）依据有关法规、规划和水资源管理要求，分析工程项目取水和退水与流域和区域水资源配置、管理与保护的协调一致性，取水、退水行为应遵循水功能区管理规定，要考虑论证范围内已批准的规划建设项目取水和退水的累积影响。

（2）从水资源基本条件、水功能区管理、水域纳污能力使用、水生态保护及对第三者的影响等方面，分析取水和退水对其所产生的影响，提出减缓和消除不利影响的对策措施与补偿方案建议。

（3）对于可能严重影响水功能区的入河排污口，要进行专题分析；对地下水开发利用程度较高的区域、地下水取水规模较大或采取集中方式开采地下水的工程项目，要进行专

题分析。

（4）工程项目退水应满足防洪与河道建设项目管理的要求；在江河、湖泊等水域通过新建、改建、扩建入河排污口退水的，要符合《入河排污口监督管理办法》（水利部令第 22 号）及入河排污口设置论证的基本要求。

A.7.7.2　地表取水影响分析

（1）分析工程项目地表取水对论证范围内水量时空分布与水文情势的影响。

（2）在水网区及湖泊、水库、闸坝河段等，应分析取水对水位和最小水深的影响。在水资源丰沛地区，若论证范围内累积取水小于多年平均流量的 10%，或累积取水量小于多年最枯月平均流量 5% 时，可简化或不进行取水影响分析。

（3）工程项目取水后应能保证河流生态水量的基本要求，生态脆弱地区的工程项目取水不得进一步加剧生态系统的恶化趋势。

（4）分析取水对水域主要功能和纳污能力的影响。

A.7.7.3　地下取水影响分析

区域地下水开发利用程度高、地下取水规模较大或采取集中式开采地下水的取水工程等，要进行取水影响分析。

（1）分析取水造成的地下水位变化及其影响范围；开采地下水对其他取用水户产生的影响。开采影响范围内存在污染的地表水体时，要在分析地表水和地下水水力联系的基础上，预测地表水域污染可能对地下水质量的影响。

（2）取水可能引发环境地质问题时，要根据取水工程和所在区域环境地质情况进行专题分析。

（3）地下取水对附近地表水体构成影响时，要根据地下水和地表水的补给关系，分析影响的范围与程度以及可能产生的河流流量衰减等问题。

（4）生态脆弱地区建设集中或大规模地下取水工程时，应分析开发地下水资源对区域植被生态系统的影响；在生态敏感区域或重点水土流失防治区的取水项目，应分析取水诱发水土流失和土地次生沙漠化的可能性，并预测有关生态敏感问题的发展趋势。

A.7.7.4　退水影响分析

（1）分析工程项目废污水退至地表水域后，对论证范围内水功能区的水资源使用功能、纳污能力、水质、水温和水生态的影响。

（2）当退水水域形成较大范围污染混合区域或产生近岸污染带时，要定量分析退水对河流和近岸水域水功能及第三者取用水的影响；当退水可能会产生水源地重金属、有毒有机污染物和生物污染风险时，应专题论证有关特征污染物对水源地的污染风险影响，并提出针对性的对策意见。

（3）工程项目退水不得引发水域生态失衡和破坏问题。当退水会改变区域水资源条件或造成水域污染时，应进一步根据水域生态保护及管理要求，分析对水域生态系统可能产生的影响。

（4）在分析退水区域地表水与地下水补排关系基础上，应计算和分析建设项目退水对地下水，尤其是地下水水源地的水质影响。

（5）建设项目需建设永久或临时固体废弃物堆放和存储场时，要在固废危险鉴别实验基础上，分析固废存储可能产生的水环境风险影响，并提出预防和保护措施。

（6）农业灌溉工程和引水输水工程，应结合论证范围内土壤理化条件和工程措施情况，分析对农业耕地可能产生的盐渍化影响，农灌项目还应分析灌溉退水对受纳水域的污染影响。

A.7.7.5 入河排污口（退水口）设置和水资源保护措施

对需设置入河排污口（退水口）的工程项目，应根据《入河排污口监督管理办法》（水利部令第 22 号）分析论证入河排污口设置的合理性和可行性。针对取水和退水可能产生的影响，提出相应的水资源保护措施。

A.7.7.6 取水和退水影响补偿方案建议

当工程项目在采取必要的措施后，取水和退水行为仍会对第三者构成影响和损害时，应定量估算造成的损失，并提出补偿方案建议。对建设项目造成的间接影响或潜在的长期影响等难以定量估算的，应定性说明影响的可能程度和范围，提出补救或补偿措施建议。

A.7.8 综合评价

工程项目水资源节约利用分析评价的基本要求是基础资料翔实、评价内容全面、评价方法合理、评价结论明确并具有可操作性。具体内容如下：

（1）明确给出评价范围内的水资源质量状况与近年来的变化情况、水资源的开发利用潜力、区域用水水平以及水资源开发利用中存在的主要问题。

（2）明确给出建设项目的用水合理性和节水潜力综合性的评价结论，并提出技术可行、经济合理的节水措施，确定出合理的取用水量。

（3）给出取用水合理性、取水口位置、取水对区域水资源和其他取用水户的影响等方面的分析结论；退水对论证范围内水功能区的水资源使用功能、纳污能力、水质、水温和水生态影响的分析结论。

（4）针对建设项目取水和退水可能产生的影响，提出相应的水资源保护措施。对采取必要的措施后仍对第三者构成影响和损害时，提出定量补偿方案建议，或定性补救、补偿措施建议。

A.8 工程项目土地资源节约利用评价

A.8.1 土地资源节约利用评价原则

系统性与整体性相结合：从土地利用系统的结构完整性和其经济、社会、生态等功能的整体性出发，综合考虑，全面评估。

科学性与客观性相结合：整个评价过程要以普遍接受的科学理论为基础，评价方法科学、成熟和可靠。对土地利用系统的分析和描述符合客观实际。

发展与稳定相结合、开发与保护相结合：对土地资源的开发和保护要进行辩证地评价，不利于开发的保护是无意义的，不做保护的开发是不可持续的。在开发中保护，在保护下开发。

静态水平分析和动态趋势分析相结合：土地资源利用的效果不仅与表征土地资源静态特征的指标有关，也与表征土地资源动态趋势的指标有关。需要对土地资源各类要素的本底水平（存量）和变化速率（流量）两方面进行评估，才可以得出正确的全面的评估结论。

A.8.2 农用地节约利用评价

农用地评价要求及方法适用于所有直接用于农业生产的土地工程项目，包括耕地、园地、林地、牧草地及其他农用地。

A.8.2.1 农用地节约利用方案及措施分析评价

（1）项目是否符合土地资源结构调整方向，是否符合国家土地资源利用政策及有关规定对合理综合利用的要求。项目产品是否属于国家明令禁止生产或不符合强制性土地高效综合利用的农产品。

（2）项目是否符合国家节水高效农业的发展要求，是否采用了先进的、现代化的耕作方式及流程，是否采用了先进节能的耕作设备和材料。项目禁止使用国家明令淘汰的低效高能耗设备和生产工艺。

（3）项目是否应用构建节约型社会理念实现资源能源的节约和循环利用，是否采用了节水节能技术和措施。

A.8.2.2 农用地项目环境效应分析评价

（1）项目是否符合国家生态环境健康指标的有关要求，是否符合整体景观布局要求。

（2）分析评价项目的土地资源利用水平和指标是否符合国家有关规定要求，如有条件，与同类项目的国内外先进水平进行对比，如比较单位产品耗水指标等。通过比较，可以直观地反映出项目的耗水水平是否先进，是否还有进一步节水的潜力和改进的余地。

A.8.2.3 农用地节约利用效果分析评价

尽量采用对比方法对农用地项目综合利用效果进行量化分析。如建设前后对比、与标准规范要求指标对比、与国内外先进水平对比等。通过对比分析得出综合利用效果评价结论，分析农用地综合利用产生的环境和经济效益。

A.8.2.4 农业土地资源优化配置建议

针对项目在土地综合利用方面存在的问题和不足之处，例如，农业种植结构不合理或不够优化，土地政策和产业政策配合不力等，提出改进优化的意见和建议。

A.8.3 建设用地节约利用评价

建设用地评价要求及方法适用于居民点及独立工矿用地、交通用地和水利设施用地等建设用地工程项目。

建设用地现状评价对象以各地市为基本单位，兼顾地区。评价可基于现状数据资料，采用科学合理的方法确立建设用地现状评价体系。利用该体系对建设用地进行定性和定量分析，找出制约建设用地利用的主要因素，明确建设用地利用的方向和重点，得出各地市的建设用地现状利用等级，提出相应的对策措施，为未来建设用地利用提出合理的方向。

A.8.3.1 建设用地节约利用方案及措施分析评价

（1）项目是否符合土地资源结构调整方向，是否符合国家土地资源利用政策及有关规定对合理综合利用的要求。项目产品是否属于国家明令禁止生产或不符合强制性土地高效综合利用的产品。

（2）项目是否应用构建节约型社会理念实现资源能源的节约和循环利用，是否采用了低耗节能技术和措施。项目是否使用国家明令淘汰的低效高能耗设备和生产工艺。

A.8.3.2 建设用地环境效应分析评价

（1）项目是否符合国家建设用地环境评价标准的要求，是否符合整体景观布局要求。

（2）分析评价项目的土地资源利用水平和指标是否符合国家有关规定要求，如有条件，与同类项目的国内外先进水平进行对比，如比较单位产品能耗指标等。通过比较，评价项目的能耗水平是否先进，是否还有进一步节能的潜力和改进的余地。

A.8.3.3　建设用地节约利用效果分析评价

尽量采用对比方法对建设用地项目综合利用效果进行量化分析。如建设前后对比、与标准规范要求指标对比、与国内外先进水平对比等。通过对比分析得出综合利用效果评价结论，分析建设用地综合利用的环境和经济效益。

A.8.3.4　建设用地资源优化配置建议

针对项目在土地综合利用方面存在的问题和不足之处，例如，建设用地规模不合理或不够优化，土地政策和产业政策配合不力等，提出改进优化的意见和建议。

A.8.4　生态用地节约利用评价

生态用地节约利用要建立在多目标综合决策的基础上，追求社会、经济和生态三大效益的统一。在促进生态土地节约利用的过程中，注重土地资源的可持续发展。

生态用地节约利用的效果分析评价可采用如下依据判断：

生态用地的生产功能是否得到提高，其生态环境的社会和经济价值是否得到充分发挥；对各种景观休闲用地，是否有效发挥生态用地的社会效益和社会文化价值；是否促进生物资源数量的提高，发挥生态用地的经济效益，生态用地可产生多种经济价值，如湿地、森林、草原等生态系统可提供大量的水资源、矿产资源、动植物资源和能源。

生态用地的服务功能是否得到提高，可从维持生物多样性和优化生态用地的布局的角度进行分析。

参 考 文 献

[1] 林志明. 资源科学导论 [M]. 北京：科学出版社，2004.

[2] 刘成武，杨志荣，方忠权. 自然资源概论 [M]. 北京：科学出版社，1999.

[3] 薛平. 资源论 [M]. 北京：地质出版社，2004.

[4] 杨艳琳. 资源经济发展 [M]. 北京：科学出版社，2004.

[5] 宗寒. 资源经济 [M]. 北京：人民出版社，1994.

[6] 李金昌等. 资源经济新论 [M]. 重庆：重庆大学出版社，1995.

[7] 张勇. 试论我国自然资源的开发利用. 硕士学位论文，2005.

[8] 周永康. 资源与环境知识读本 [M]. 北京：中国地质出版社，2000.

[9] 冯士筰. 海洋科学导论 [M]. 北京：高等教育出版社，1998.

[10] 韩增林. 区域海洋地理理论与实践 [M]. 长春：辽宁师范大学出版社，2001.

[11] 鞠得峰. 我国海洋资源管理的现状问题 [J]. 经济师，2002（10）.

[12] 王芳，栾维新. 我国海洋资源开发活动中存在的问题与建议 [J]. 中国人口、资源与环境，2001（S2）.

[13] 王海英. 海洋资源开发与海洋产业结构发展重点与方向 [J]. 海洋开发与管理，2001（4）.

[14] 吴郁文. 国土开发与整治概论 [M]. 广州：华南理大学出版社，1993.

[15] 徐匡迪. 发展海洋工程技术开发利用海洋资源 [J]. 海洋开发与管理，2002（5）.

[16] 杨载田，李秀霞. 现代中国经济地理 [M]. 吉林：延边大学出版社，1996.

[17] 杨载田，熊绍华. 中国旅游地理 [M]. 广州：广东省地图出版社，1994.

[18] 张淑华，刘德辅. 海洋资源开发中心环境问题及保护对策 [J]. 环境保护，1998（1）.

[19] 中国自然地理编写组. 中国自然地理 [M]. 北京：高等教育出版社，1998.

[20] 何书金. 中国典型地区沿海滩涂资源开发 [M]. 北京：科学出版社，2005.

[21] 巴逢辰. 中国滩涂土壤资源 [J]. 土壤通报，1997.

[22] 蔡清泉. 我国沿海滩涂资源开发利用的现状与展望 [J]. 国土与自然自然研究，1990.

[23] 宝继刚. 旅游开发研究 [M]. 北京：科学出版社，1996.

[24] 何书金等. 黄河三角洲土地持续利用优化分析 [J]. 地理科学进展，2001（4）.

[25] 林南枝，陶汉军. 旅游经济学 [M]. 天津：南开大学出版社，2000.

[26] 连镜清. 不同地区耕地开发治理的经济效益 [J]. 自然资源，1990.

[27] 严恺. 中国海岸带和海涂资源综合调查报告 [M]. 北京：海洋出版社，1991.

[28] 吴传钧，蔡清泉. 中国海岸带土地利用 [M]. 北京：海洋出版社，1993.

[29] 吴传钧，郭焕成. 中国土地利用 [M]. 北京：科学出版社，1994.

[30] 于连生. 自然资源价值论及其应用 [M]. 北京：化学工业出版社，2004.

[31] 封志明. 资源科学导论 [M]. 北京：科学出版社，2004.

[32] 朱连奇，赵秉栋. 自然资源开发利用的理论与实践 [M]. 北京：科学出版社，2004.

[33] 杨开. 水资源开发利用与保护 [M]. 长沙：湖南大学出版社，2005.

[34] 刘成武，黄利民等. 资源科学概论 [M]. 北京：科学出版社，2004.

[35] 汤姆·泰坦伯格. 环境与自然资源经济学 [M]. 严旭阳等译. 北京：经济科学出版社，2003.

［36］中华人民共和国国务院新闻办公室．中国的能源状况与政策．北京，2007.

［37］国土资源部．全国土地利用总体规划纲要（2006—2020年）．中华人民共和国国务院印发，2008.

［38］张新安，戴自希，曹新元．我国周边国家矿产资源和矿业投资环境．中国地质矿产信息研究院，1998.

［39］左治兴，朱必勇，易斌．我国矿产资源安全及保障措施［J］．采矿技术，2006（3）.

［40］罗杰·珀曼等．自然资源与环境经济学［M］．北京：中国经济出版社，2002.

［41］魏荣道．对我国及世界主要金属矿产资源现状的认知［J］．甘肃科技纵横，2005（3）.

［42］国家海洋局．中国海洋21世纪议程［M］．北京：海洋出版社，1996.

［43］关于矿产资源循环利用的建议与对策［J］．中国矿业，2007.

［44］张新安，陈丽萍．市场经济国际矿产资源/储量管理［J］．中国地质矿产信息研究院，1997.

［45］胡魁．联合国国际储量/资源分类框架以及对我国储量分类系统的改革建议［J］．中国矿业，1998（2）.

［46］胡魁．三维储量/资源分类国际框架［J］．中国地质，1996（7）.

［47］沈镭、成升魁．论国家资源安全及其保障战略［J］．自然资源学报，2002.

［48］国土资源部．全国矿产资源规划（2008～2015年）．http://www.mlr.gov.cn，2009.

［49］萨缪尔森．经济学［M］．高鸿业译．北京：商务印书馆，1979.

［50］欧洲联盟欧洲委员会．发展项目财务与经济分析手册［M］．张小利，徐成斌译，李开孟审校．北京：中国计划出版社，2004.

［51］侯正伟．开发建设环境管理［M］．北京：中国环境科学出版社，2003.

［52］国家发展改革委和建设部．建设项目经济评价方法与参数（第三版）［M］．北京：中国计划出版社，2006.

［53］张超．水电能资源开发利用［M］．北京：化学工业出版社，2005.

［54］陈百明等．中国土地资源生产能力及人口承载量研究［M］．北京：中国人民大学出版社，1991.

［55］原华荣．土地承载力的相关理论和实践问题［J］．中国东西部合作研究，2008（5）.

［56］国家计划委员会．全国生态环境建设规划，中华人民共和国国务院印发，1999.

［57］陈开琦．我国自然资源立法保护研究［J］．生态环境，2008.

［58］秦鹏．论资源安全及我国相关制度的重构［J］．中国软科学，2005（7）.

［59］谷树忠等．资源安全及其基本属性与研究框架［J］．自然资源学报，2002.

［60］王礼茂．资源安全的影响因素与评估指标［J］．自然资源学报，2002.

［61］劳埃德·雷诺兹．微观经济学［M］．马宾译．北京：商务印书馆，1984.

［62］刘碧云．经济学［M］．南京：东南大学出版社，2002.

［63］国家统计局．中国统计年鉴2008—2013年.

［64］李开孟，张小利．工程项目环境影响经济分析［M］．北京：机械工业出版社，2007.

［65］John Lambert．资源配置［M］．北京：清华大学出版社，2004.

［66］Crown Agents. General Economic Principles for Environmental Management，Economics for Environmental Management，Vol. 1，Crown Agents for Oversea Governments and Administrations Limited，UK，1999.

［67］Crown Agents. Green Issues，Economics for Environmental Management，Vol. 3，Crown Agents for Oversea Governments and Administrations Limited，UK，1999.